専修大学社会科学研究所社会科学研究叢書16
『学芸の還流 ——東-西をめぐる翻訳・映像・思想』

正誤表

「第1章 墨、紙、そして筆—ポール・クローデルが日本で刊行した「書物」をめぐって」

ページ	行	誤	正
3	－5	この国でで執筆	この国で執筆
4	－13	『能』（Nô, 1927）	『能』（Nô, 1925－1926）
5	09	大統領からの	首相からの
20	03	『女とその影』	『女と影』
23	05	解説している。 　版型は縦長で… 蛇腹状に…	解説している。 　版型は縦長で…
23	06〜19	版型は縦長で… 蛇腹状に… ［…］ んだ石碑…。	版型は縦長で… 蛇腹状に… ［…］ 　んだ石碑…。
33	－1	こうしてみると	こうしてみると

「第2章 梁漱溟の東西文化論とデューイおよびラッセル」

ページ	行	誤	正
51	－3	対象	対照

「第3章 近代初期 Robinson Crusoe の翻訳について」

ページ	行	誤	正
116	08	修正され期間である	修正された期間である
116	09	『全集』	『六堂崔南善全集』
117	14	（影印本）ソウル：Yeokrak, 2013。	ソウル：玄岩社，1974。

「第4章 『十五少年』は東アジアでどのように翻訳されたのか」

ページ	行	誤	正
122	14	本文中 口絵挿絵9 は全てFのもの)	本文中 口絵挿絵9 葉は全てFのもの)
130	－4	最後に朝鮮語の翻訳ですが、	最後に朝鮮語の翻訳ですが、
131	03	以下でしばしば利用するので	以下でしばしば利用するので
138	7～8	生誤 看官。	生誤 看官。
158	04	緻密さを表す指標と考えられるので	緻密さを表わす指標と考えられるので
158	－4	以上の方法で算定したdの値の	以上の方法で算定したdの値の
160	15	中国訳にも似た部分があります。	（削除）
173	14	Accuracy（正確さ）．そしてstyle （スタイル）の3点に	Accuracy（正確さ），そしてstyle （スタイル）の3点に
182	6～7	"it is the foresail blown out of the bolt ropes!"	<u>"it is the foresail blown out of the bolt ropes!"</u>
200	－7	<u>離開不得呵[的]。</u>	<u>離開不得呵[的]。</u>
200	－2	<u>君は何の権利があってあえて法令を制定し，僕等に守らせるのだ。</u>	<u>君は何の権利があってあえて法令を制定し，僕等に守らせるのだ。</u>
201	8～16	（ウィルコックスが言った。<u>これは僕等の自由だ。</u>ブリアンが言った。君たちこのはしけ舟を下ろそうと思ってるのかい。ドノバンが言った。そうだよ。君は僕等に禁止する	（ウィルコックスが言った。<u>これは僕等の自由だ。</u>ブリアンが言った。君たちこのはしけ舟を下ろそうと思ってるのかい。ドノバンが言った。<u>そうだよ。君は僕等に禁止する</u>

ページ	行	誤	正
		権利があるのかい。ブリアンが言った。あるさ。だって君たちはみんなのことを顧みないから。…<中略>…石にぶつかって沈んでしまったらどうする?)	権利があるのかい。ブリアンが言った。あるさ。<u>だって君たちはみんなのことを顧みないから。</u>…<中略>…石にぶつかって沈んでしまったらどうする?)
214	14	두번아 심회를 져상치말고 손으로 치머리를 단「히 붓드러라	두번아 심회를 져상치말고 <u>손으로 치머리를 단々히 붓드러라</u>
216	09	구은 각지 [톡기와갓흔즘생] 새 견야 톡기 산적 칠면조 한머리 관쓰메 채쇼삼종 (K p. 77)	구은 각지 [톡기와갓흔즘생] 새 견야, 톡기 산적, 칠면조 한머리 관쓰메 채쇼삼종 (K p. 77)
217	06	[아] 이것이 아마 위관인가보다.	[아] 이것이 아마 위관인가보다
219	－4	(K：84-85)	(K p.84-85)
231	－8	韓国中央図書館	韓国国立中央図書館
233	19	26) 二つ目の引用文中で	26) 引用文中で
234	08	(三枝2000) 三枝壽勝「이중표기와 근대적 문체 형성므 이인직 신문연재「혈의누」의 경우―」	(三枝2000) 三枝壽勝「이중표기와 근대적 문체 형성―이인직 신문연재「혈의누」의 경우―」

「第5章　朝鮮文学とロシア語」

ページ	行	誤	正
239	05	галошの複数形	галошаの複数形
242	－2	хаяйство	хазяйство
259	17	счарующей	с чарующей
270	－7	취토 스토―야트?(いくらだ?	취토 스토―야트?(いくらだ?
307	16	(pl) подр-аботки	(pl.) подработки

「第6章　無味の帝国の夷狄たち」

ページ	行	誤	正
322	2〜3	のタブローのように、過度に性化されている、と（IV, 737-738）。 　バルトはなぜ不意に、	のタブローのように、過度に性化されている、と（IV, 737-738）。 　バルトはなぜ不意に、
328	11	また、中間的、としての	また、中間としての
332	22	調子のよくない	調子のよい
342	2	うるさい存在となった」	うるさい存在となった」[36]
344	18	ことだけはできるだろう」	ことだけはできるだろう」[44]
345	21	というわけだ」	というわけだ」[46]
345	26	ノーコメント	＜ノーコメント＞

「第7章　中国のハリウッド，ハリウッドの中国」

ページ	行	誤	正
xv	1〜2	ハリウッド映画の再来——文化大革命（1976〜2013年）	ハリウッド映画の再来——文化大革命終焉以降（1976〜2013年）
379	3〜10	倣されていた[41]。 　チャップリン人気の背後には 〜 では公開されたのである[42]。	倣されていた[41]。 チャップリン人気の背後には 〜 では公開されたのである[42]。
411	1	ハリウッド映画の再来——文化大革命（1976〜2013年）	ハリウッド映画の再来——文化大革命終焉以降（1976〜2013年）

専修大学社会科学研究所 社会科学研究叢書 16

学芸の還流

―― 東-西をめぐる翻訳・映像・思想

鈴木健郎・根岸徹郎・厳 基珠 編

専修大学出版局

まえがき

　本書は，専修大学社会科学研究所特別研究助成による共同研究「フランスと東アジア諸地域における近現代学芸の共同主観性に関する研究」（平成21年度〜23年度　代表：鈴木健郎　共同研究メンバー：厳基珠・下澤和義・土屋昌明・根岸徹郎）の研究成果報告である。

　この共同研究は，フランスをはじめとする西洋諸国と中国・韓国・日本といった東アジア諸地域の文化的な相互関係を，近現代における三つ以上の地域間の情報・イメージ・人間（学術研究・書籍・翻訳・映画・留学）の複雑な相互還流に着目し，その流れと影響を解明することを目指した。例えば，「フランス人研究者の中国イメージ」，「日本人研究者の中国イメージ」，「フランスや日本人の中国研究の知識を通過した上での中国人研究者の中国イメージ」といったものの形成過程を，動態的な様相の中で明らかにすることである。こうした目的に関連して3年間の助成期間に，以下に挙げる一般公開の研究集会・討論会・シンポジウムおよび研究メンバーによる現地調査をおこなった。

2009年7月21日　専修大学社会科学研究所　定例研究会（専修大学生田サテライトキャンパス）
　土屋昌明「フランスと中国との相互的な共同主観性」
　根岸徹郎「日本におけるクローデル像—大正末期の日本人はフランスから
　　　　来た詩人大使ポール・クローデルをどのように迎えたのか？」

2010年2月17日　専修大学社会科学研究所　定例研究会（専修大学生田サテライトキャンパス）
　下澤和義「表象の政治学—アントニオーニ『中国』をめぐる中・仏・米の

ポリローグ」
鈴木健郎「フランスにおける中国宗教研究と文物収集について」

2010年7月23日　専修大学社会科学研究所　定例研究会（専修大学生田校舎）
　劉文兵「中国の「アンドレ・バザン」と「ヌーヴェル・ヴァーグ」―文化大革命終焉直後の中国におけるフランス映画文化の受容」
　　※『専修大学社会科学研究所月報』568号（2010年10月20日）に同タイトルで発表。
　下澤和義「ソランジュ・ブラン『北京1966』とその写真展について」

2011年1月15日　専修大学社会科学研究所　定例研究会（専修大学生田サテライトキャンパス）
　三枝壽勝「ジュール・ヴェルヌ『十五少年』の翻訳の系譜」
　厳基珠「韓国におけるフランス」

2011年12月10日　専修大学社会科学研究所　一般公開シンポジウム（専修大学神田校舎）
　「映像としてのアジア―アントニオーニの『中国』」
　劉文兵（早稲田大学）「『中国』にみる文革時代の集団的身体」
　楊弋枢（南京大学）「「眼差し」への「眼差し」―『中国』をみる者の屈折的な言説」
　下澤和義（専修大学）「あるドキュメンタリーの存在証明―欧米批評家たちによる『中国』」
　印紅標（北京大学）※書面参加「歴史再訪―アントニオーニの『中国』を見る」
　新田順一（北京大学修士課程）※書面参加「中国における『中国』―「帽子をかぶせる」から「帽子をはずす」まで」
　　※このシンポジウム発表を増補し、『専修大学社会科学研究所月報』

591号(2012年9月20日)を「シンポジウム　映像としてのアジア—アントニオーニの『中国』」として刊行。所収論文は以下のとおり。
鈴木健郎「映像としてのアジア—アントニオーニの『中国』について」
印紅標「歴史再訪—アントニオーニの『中国』を見る」（鈴木健郎訳）
新田順一「中国における『中国』—「帽子をかぶせる」から「帽子をはずす」まで」（土屋昌明訳）
劉文兵「相容れない二つの〈リアリズム〉—ミケランジェロ・アントニオーニと「革命様板戯」の出会い」
楊弋枢「見られている観察者—『中国』と屈折する眼差し」（土屋昌明訳）
土屋昌明「日本人からみたアントニオーニ『中国』」
Laura De Giorgi (Department of Asian and Northern African Studies, Ca' Foscari University, Italy)「アントニオーニの『中国』をめぐるイタリアでの論争—美学・政治・イデオロギー」（土屋昌明訳）
下澤和義「あるドキュメンタリー映画の存在証明」

2013年1月27日　専修大学社会科学研究所　一般公開シンポジウム（専修大学神田校舎）
「レンズがとらえた文革—北京1966年から現代中国への視座」
下澤和義「『北京1966』あるいは眼差しの邂逅」
土屋昌明「文革時期に撮られた映像の諸相と文革社会史」
矢吹晋「私の中国研究における文革・天安門・官僚資本主義」
　※本シンポジウムは，2010年7月23日に専修大学社会科学研究所定例研究会で下澤和義が議論したソランジュ・ブラン『北京1966』について討論したもの。本書は本研究の一環として翻訳と注釈を進め，2012年12月に，ソランジュ・ブラン著，下澤和義・土屋昌明訳『北京1966—フランス女性が見た文化大革命』勉誠出版2012年として刊行した。
　　また，本シンポジウム発表は増補して，『専修大学社会科学研究所月報』596号（2013年2月20日）に「シンポジウム「レンズが撮ら

えた文革―北京 1966 年から 21 世紀中国への視座」として刊行。所収論文は以下の通り。

「レンズを見つめるとはどういうことか――都市・映像・他者」下澤和義

「文革時期を撮った映像と文革社会史」土屋昌明

「私の文革「体験」―シンポジウム「レンズが撮らえた文革」に寄せて」矢吹晋（横浜市立大学名誉教授）

「歴史を記録するということ、あるいは隠蔽への抵抗〜シンポジウム記録〜」土屋昌明・前田年昭（神戸芸術工科大学非常勤講師）整理・文責

　本書は，こうした三年間の共同研究活動を基礎として，研究メンバーのである鈴木健郎・厳基珠・下澤和義・土屋昌明・根岸徹郎の5名に，共同研究の協力者として公開研究会やシンポジウムなどで発表をおこなった三枝壽勝氏，劉文兵氏の二人を加えた七名による計八篇の論文から構成されている。

　これら八篇の論考が取り上げている知の相互還流は，大きく分けると，文化と文化，人と文化，そして人と人の接触から生じたものであろう。以下，各論考の要旨を示しておきたい。

　まず，根岸徹郎の「墨，紙，そして筆――ポール・クローデルが日本で刊行した「書物」をめぐって」は，1920 年代に駐日フランス大使として日本に滞在したクローデルがこの極東の地で刊行した4冊の書物を取り上げ，当時，詩人大使として評判の高かったポール・クローデルが自分の作品の器である「本」をどういったものとして捉え，またその構想を日本においてどのように実現させたかを論じている。ここではクローデルという一人のフランス詩人と中国，日本で育まれた本の形態が取り上げられる一方で，「漢字」が西洋人に与えた幻惑にも目が向けられている。

　この論考が，書物の形や印刷術，そして文字といったいわば物質的な面での接触から論を進めているのに対し，土屋昌明による「梁漱溟の東西文化論とデューイおよびラッセル」は，同じく 1920 年代に注目しながら，思想的

かつ人的な交錯から問題にアプローチしている。土屋は当時の「東西文化」をめぐるさまざまな言説を対照させながら，文化の優位性と東洋と西洋の文化融合というテーマの下で，儒教の復興をめざした梁漱溟の文化論を検討している。そこには，五四新文化運動の下で中国に滞在したアメリカのデューイやイギリスのラッセル，そして梁啓超を経由して導入されたフランスのプードルらの言説との主観的な共振があるという。その背後に隠れている要因のひとつは，今年100周年を迎える第一次世界大戦の影響であろう。

本書に収められた論考のひとつの大きな軸は，「翻訳」である。「翻訳すること (traduire) は裏切ること (trahir) である」というのは文学研究でしばしば指摘される問題だが，これを主として取り上げたものは3点ある。まず，厳基珠による「近代初期 *Robinson Crusoe* の翻訳について――崔南善の訳を中心に」では，1719年に刊行されたダニエル・デフォーの『ロビンソン・クルーソーの生涯と奇しくも驚くべき冒険』が日本，中国，そして韓国でどのような訳で紹介されたのかを丹念に追いながら，それぞれの訳の特徴を比較し，最終的には崔南善訳の底本には日本の百島訳があることを指摘するとともに，翻訳の在り方にまで視線を向けている。一人称から三人称への変更なども含め，翻訳は原文からどこまで離れるかを見ながら，重訳，意訳，抄訳といった点に目を向けることで，翻訳による作品の受容と再発信の間の振幅を図るこの論考では，また翻訳作品が発表された雑誌の性質への目配りもなされているが，こうした環境に対する視点は，作品の価値そのものだけでなく，受容される層の研究が必要であることを示唆している。

三枝壽勝氏からも，翻訳の問題を扱った論考が寄せられた。三枝氏は日本では『十五少年漂流記』という題で親しまれているジュール・ヴェルヌの Deux Ans de Vacances（『二年間の休暇』というのがタイトルの直訳）を取り上げ，「『十五少年』は東アジアでどのように翻訳されたのか Jules Verne; Deux Ans de Vacances から『冒険小説 十五小豪傑』に至るまで」の中で，フランス語の原書から日本語，中国語，韓国語，そして英語へと翻訳を比較しつつ，その間の流れや翻訳の違いと影響関係を検討している。とくに「翻訳密度」という尺度を提案することで，外見的な翻訳の状況を可視

化しつつ，内容の差異にまで目を向けている。文学的な実験や文体上の特異性が少ない上に，世界中で広く訳されているヴェルヌの小説は，こうした比較に適した素材だと言えるだろう。

　三枝氏はさらに，「朝鮮文学とロシア語」において，朝鮮の地理的特殊性に留意しつつ，この国が意外なほど外国の文化を取り入れてこなかった点を指摘している。その上で，20世紀半ばまで外国からの文学が直接に翻訳されることが少なかった事実を考えながら，ロシア語が朝鮮文学でどのように登場しているかを，具体的な例示とともに明らかにしている。文学的な影響という抽象的な視点ではなく，ロシア語というきわめて物質的なものに目を向けた点では，フランス人の漢字に対するまなざしを扱った根岸の論考と通底するものがあるが，朝鮮文学に向けられた三枝氏のこの着眼点はおそらくこれまで例をみないものであり，今後，この方面からのさらなるアプローチが期待される。

　さらに本書を構成するもうひとつの大きな軸は，映画である。おそらく，映画はインターネット普及以前の世界では，文化・思想等の流動に対して，もっとも能動的かつ影響力を持ったメディアのひとつだったと言える。それはフィルムの複数性や流通性という直接的な点だけでなく，映画は集団で作成するものであり，一本の映画に加わったスタッフが各地に散り，そこでまた新たな種を蒔くことにより影響関係が生じるという，いわば間接的な意味での媒介を果たした点にも注目することができる。

　劉文兵氏の論考「中国のハリウッド，ハリウッドの中国―中国におけるアメリカ映画の受容史」は，主として中国映画に関わる問題を扱っているが，ここではまず表現方法・技法として中国映画がどういった影響をアメリカ映画から受けたかが論じられる。その上で，映画の内容についての受容史が検討され，最後に経済的な側面からの映画の興隆にまで視野が広げられている。ここから見えてくるのは，「第七の芸術」ではなく，世界規模での「大衆文化」（たとえ，ある時期にある特定の人々によって映画の製作や上映がコントロールされていたとしても）としての映画の在り方であるように思われる。

　一方，下澤和義の「無味の帝国の夷狄たち―ロラン・バルトとミケランジェ

ロ・アントニオーニ」は，同じく映画を扱いながらも，まったく異なったアプローチになっている。ある意味で「映画史の余白に」といった趣のこの論考は，研究会活動の一環として開催されたシンポジウム「映像としてのアジア―アントニオーニの『中国』」と密接に結びついているが，M．アントニオーニとR．バルトの間の親密な交錯を軸に，一本の映画がひとりの人間にどのように受け入れられていくか，その共振の様子を描いている。ここで目が向けられているのは，技術・技法としての映画でもなければ，フィルムが映し出す内容についてでもなく，いわば映画監督とその作品を観る者のまなざしの交流そのものではないだろうか？　中国はこの点で一種のプレテクストであるが，上に書いたように「翻訳＝裏切り」であるならば，ふたりのまなざしの交差には，裏切りを越えた友愛のような親密さが感じられるように思える。

　最後の鈴木健郎の「三つ以上の地域の相互関係を研究する意味について」は，以上の七篇の論考の土台となった諸地域間の比較というテーマについて，これまでの流れを整理し，さらに補遺するものであり，全体のまとめの役割を果たしている。

　このように，これらの八論文はすべてヨーロッパと東アジアの諸地域，具体的にはフランス・中国・日本・韓国を中心とする複数地域にまたがる近現代の学術・思想・文学・翻訳・映画表象などの形成過程の諸問題を扱っているが，その中でも翻訳の問題が複数の論文で取り扱われているのは，地域を結ぶ基礎となる作業であるがゆえに，必然的だったと言える。また，映画が複数の論考で取り上げられているのは，この20世紀に新たに登場した技術を介して，人々の共振に対するメディアの役割を考える上で，やはり必要な視点だったと言える。その上で，実際にヨーロッパからアジアに来たクローデルやラッセル，さらにセガレンたち，逆にヨーロッパに目を向け，その地に赴いた中国人知識人の言説を追うことは，当時の具体的な交流状況と文化認識を把握する上でも，重要な意味を持つと考えられるだろう。

　「近現代学芸の共同主観性」を対象とした今回のわれわれの共同研究は，意識的に三つ以上の多数の地域・国家間の相互関係，相互交流を主題化する

ことにより，二者の比較研究とは質的に異なった複雑で動態的な様相を可視化することを企図したが，全体として文学研究を含んだ表象文化研究と近現代思想史研究を合わせる視野に立脚した点に意義があると考えている。

ただ，掲げた意欲的なテーマの深さに比べると，研究会から本書まで，達成された成果が十分であるとは言いがたい。複数の目から相互に対象にアプローチするという方法の重要性を認識しつつも，実際には二つのものの比較で力が尽きてしまい，共同研究テーマに掲げた「共同主観性」に切り込むまで至ることが難しい場合も多かった。研究メンバーは，この点を今後の課題としつつ，さらに研究を深め精進する所存である。

最後に，貴重な共同研究の機会を与えていただいた専修大学社会科学研究所所長の村上俊介先生，前所長の町田俊彦先生，事務局長の大矢根淳先生，また出版までお力添えをいただいた専大出版局の笹岡五郎氏と海老原実氏に，この場をお借りして，篤く御礼を申し上げる。

鈴木健郎・根岸徹郎　2014年2月

目次

まえがき

第1章 墨、紙、そして筆
――ポール・クローデルが日本で刊行した「書物」をめぐって
.... 根岸 徹郎 1

1. 日本で出版されたクローデルの本　1
2. 日本におけるクローデル　2
3. クローデルが日本で刊行した本　6
4. 表意文字としてのアルファベット　10
5. 一冊の本から一枚の紙へ　13
6. 詩人の視線　17
7. 『百扇帖』における漢字とフランス語の共存　20
8. 『百扇帖』とセガレンの『碑』　22
9. 『百扇帖』のさまざまな形　25
10. 漢字とフランス語の相互関係　28
11. 手書きによる文字と活字の間　31
12. 結びに代えて
　　～墨と紙と筆によって生みだされる息としての「言葉」　34

第2章 梁漱溟の東西文化論とデューイおよびラッセル
.... 土屋 昌明 41

1. 五四新文化運動と東西文化論　43
2. 梁啓超による刺激　47
3. 梁漱溟の東西文化論　51
4. デューイの東西文化論　53

5．ラッセルの東西文化融合論　62

6．結　語　67

第3章　近代初期 Robinson Crusoe の翻訳について
　　　——崔南善の訳を中心に

　　……………………………………………… 厳　基珠　73

1．はじめに　73

2．日本の翻訳状況　74

3．中国の翻訳状況　77

4．韓国の翻訳状況　81

　（1）金橃の翻訳　81

　（2）崔南善の翻訳　85

5．おわりに　112

第4章『十五少年』は東アジアでどのように翻訳されたのか
　Jules Verne; *Deux Ans de Vacances* から
　『冒險小説　十五小豪傑』に至るまで

　　……………………………………………… 三枝　壽勝　121

1．はじめに　121

2．文献，資料　122

　（1）初出・初版　122

　（2）補充資料　123

　（3）資料冒頭部分　131

3．予備的な考察　153

　（1）本の題名による翻訳の底本の考察　153

　（2）固有名詞による翻訳の底本の考察　154

　（3）翻訳の質を数値的に表す指標　156

4．各言語翻訳の個別研究　172

（1）英語訳　172
　　（2）日本語訳　176
　　（3）中国語訳　193
　　（4）朝鮮語訳『冒險小説　十五小豪傑』　205
　5．おわりに　230

第5章　朝鮮文学とロシア語
　　　　　　……………………………………………三枝　壽勝　235
　1．はじめに：朝鮮の地理的，政治的特殊性　235
　2．朝鮮における外来語としてのロシア語　238
　　（1）朝鮮方言の中のロシア語　238
　　（2）一般の外来語としてのロシア語　242
　3．ロシアの詩の翻訳集　246
　4．ロシア語の出てくる小説　261
　　（1）李孝石の短編集『露領近海』　261
　　（2）白信愛『コレイ』　275
　　（3）咸大勳『青春譜』　285
　　（4）尹厚明「狐狩り」　293
　5．おわりに　305

第6章　無味の帝国の夷狄たち
　　　──ロラン・バルトとミケランジェロ・アントニオーニ
　　　　　　……………………………………………下澤　和義　311
　1．「文学」と「映画」の出会い　311
　2．映画『中国』における「言語のざわめき」　319
　3．「無味」の帝国への旅　340

第7章 中国のハリウッド，ハリウッドの中国
―― 中国におけるアメリカ映画の受容史

　　　　　　　　　　　　　　　　………………………………………… 劉 文兵　355

1．はじめに　355
2．ハリウッド映画の上映　356
　（1）上海との深いかかわり　356
　（2）フランス映画との王位争い　357
　（3）ハリウッド映画の中国進出　358
　（4）ハリウッド流の配給スタイル　358
　（5）ハリウッド映画の上映形態　359
　（6）ハリウッド映画の上映本数　361
3．ハリウッド映画の影響　363
　（1）中国映画人とハリウッド映画　363
　（2）グリフィスと中国のメロドラマ　369
　（3）チャップリンの神話　375
　（4）ルビッチ・タッチの変形と発展　381
4．ハリウッド映画に描かれた中国　386
　（1）『バグダッドの盗賊』をめぐる論争　386
　（2）『危険大歓迎』騒動　390
　（3）中国の映画検閲制度の確立　391
　（4）スタンバーグ監督の「上海」　396
　（5）中国ロケに対する規制　400
　（6）ポジティヴな中国人像　401
5．ハリウッド映画との断絶・連続　402
　　―中国人民共和国成立後（1949～1976年）
　（1）断絶―1950年の米国映画批判キャンペーン　402
　（2）連続―中国第三世代映画監督とハリウッド　404
　（3）文革時代とハリウッド映画　410

6．ハリウッド映画の再来　411
　　——文化大革命（1976〜2013 年）
　（1）偏った上映プログラム　411
　（2）ハリウッド映画の襲来　411
　（3）ハリウッド的製作・配給システムの導入　412
　（4）中国映画の大作路線　413
　（5）ハリウッド映画の「中国化」　415
　（6）ハリウッドにどう対抗すべきか　417
7．おわりに　418

補論　三つ以上の地域の相互関係を研究する意味について
　　…………………………………………………………鈴木 健郎　427
1．はじめに　427
2．近代以前のヨーロッパと東アジア諸地域　428
3．近代以降のヨーロッパと東アジア諸地域　429
4．進化論と社会進化論　433
5．おわりに　441

第1章
墨，紙，そして筆
—— ポール・クローデルが日本で刊行した「書物」をめぐって

根岸　徹郎

1. 日本で出版されたクローデルの本

　1921年秋に日本に到着したポール・クローデル（Paul Claudel, 1868-1955）は，次の任地であるワシントンに向けて横浜港から旅立つ1927年まで，休暇でフランスに戻っていた1年間を除いた足かけ6年を，駐日フランス大使としてこの極東の国で過ごした。この間，全権大使という職務をこなす傍らで旺盛な執筆活動を続け，数多くの作品を残している。

　実際，『繻子の靴』（*Le Soulier de satin*, 1924）を頂点として，この地で成し遂げられた創作の成果は大きい。「『繻子の靴』の完成によって，クローデルの実人生と深く結びついた内心の劇の表現に一応の区切りがつけられる。そして，このことはクローデルの書く行為にも変化をもたらす」[1]と内藤高氏が指摘するように，1924年秋に『繻子の靴』を書き上げた前後のクローデルの作品からは，さまざまな試みや変化を読み取ることができる。具体的に例を挙げれば，会話体のエッセイをはじめとする散文作品の比重が大きくなっていくこと，『内濠十二景』（*La Muraille intérieure de Tokyo*, 1922），『四風帖』（*Souffle des quatre souffles*, 1926）から『百扇帖』（*Cent phrases pour éventails*, 1927）へと至る短詩への関心と実践，さらに能や文楽といった日本の伝統演劇に直に接したことを契機とした新たなドラマツルギーへの取り組みなど，日本滞在期にクローデルが示した変化はきわめて特徴的，かつ多彩である。

こうした中，ここで注意を向けたいのは，「詩想（l'esprit）が墨と紙を手に入れるために，私は日本に来る必要があった」[2]というクローデル自身の言葉である。これは1923年（大正12年）に『聖女ジュヌヴィエーヴ』(Sainte Geneviève, 1917) が新潮社から刊行されたことを記念して，雑誌『日本詩人』が詩人大使に捧げる特集号を組んだ際に，クローデルがその冒頭に寄せた謝辞である。もとよりこの言葉は日本へのオマージュに違いない。けれども同時に，微妙なニュアンスを含んでいるようにもみえる。つまり字義通りに取るならば，日本がクローデルに与えたのは詩の内容（＝詩想）ではなく，表現の手段と方法（＝墨と紙）だったということになる。だとすれば日本が提供したものは，詩人大使がこの時期に発表した作品の形態そのものの上に現れているのではないだろうか？　そしてそこには，日本がクローデルに及ぼした影響がどのようなものだったのか，その性格が投影されているのではないだろうか？

　本稿ではこうした視点から，とくに滞日期間に日本で刊行されたクローデルの本に目を向け，そこに現れた詩人大使の試みを出版の形まで含めて検証することで，この時期に形成されつつあった表現形式に対するクローデルの意識を明らかにすることを目的としている。

2. 日本におけるクローデル

　具体的な作品の検証に入る前に，まずクローデルの日本滞在期間と，そこで生じてきた作品の変化を概観しておく必要があるだろう。

　新任の駐日フランス大使は1921年（大正10年）11月19日，アマゾン号で横浜港に到着した。そのまま，皇居近くの雉橋の脇にあったフランス大使館（現在の東京国立近代美術館の裏手）に入り，翌日には職務に就いた旨の電報を本国外務省に送信している。さらに翌21日には最初の公信を，当時のフランス首相兼外務大臣だったA．ブリアン[3]に送っている。その後，訪日したジョッフル元帥の迎え入れ（1922年5月），インドシナ総督メルランの来日実現（1924年5月），日仏会館の設立（同年12月）といった成

果を外交官として上げた。1925年1月末に一度日本を離れ、ほぼ1年間の休暇をフランスで過ごしている。ただ、休暇とはいえ、帰路にフランス領インドシナに寄り懸案の関税問題[4]を協議し、同じ年の夏にはパリで行われた同問題に関わる非公式の日仏折衝では進行役を務めている。またこの間、ヨーロッパ各地で日本文化に関する講演を行っている。後に『朝日の中の黒鳥』(*L'Oiseau noir dans le soleil levant*, 1927) に収められた『日本文学散歩』(*Une Promenade travers à la littérature japonaise*, 1925) は、このときの講演の記録である[5]。

1926年2月に日本に帰任。1927年2月7日の大正天皇の大喪儀に出席した後、同月17日に次の任地であるワシントンに向けて旅立ち、その後は日本に戻ることはなかった。付け加えておくならば、最初の滞日期の1923年9月1日、クローデルは大使館での執務中に関東大震災に遭遇しているが、そのときの体験と印象はフランス外務省宛の報告書とともに、『炎の街を横切って』(*À travers les villes en flammes*, 1923) という散文作品の中で、詳細に描かれている[6]。

こうした足かけ6年におよぶ日本滞在中に、クローデルは大使の職務の傍らで着実に作品を書き残している。そのうちで最も著名かつ重要なのが『繻子の靴』であることは衆目の一致するところだが、この作品はすでに来日前の1919年から書き始められていた[7]。もっとも、渡邊守章氏が「日本で書かれた傑作」[8]と呼ぶように、とくに『繻子の靴』の後半の「三日目」、最終幕にあたる「四日目」には、日本の影響が色濃く投影されている。また戯曲としては、中村福助(五世)の主催する新舞踊の羽衣会から依頼された舞踊劇『女と影』(*La Femme et son ombre*, 1923) (1923年3月、同会によって帝国劇場で上演)、同じく短い作品である『埴輪の国』(*Le Peuple des hommes cassés*, 1927) などがこの国でで執筆されている。

さて、日本滞在中のクローデルの作品に現れる変化については、いくつかの特徴を指摘することができる。そのひとつは、作品が相対的に短いものになってきているという点であろう。これは短詩への関心、さらにマラルメ、老荘思想の影響が反映されているとされる余白への注目といった、クローデ

ルの文学的思考が重要な要因として考えられる。短詩への関心については, 来日後の早い時期 (1922 年 7 月) に書かれた『内濠十二景』においてすでに, それまでの長い詩から短いものへという変化のステップを見て取ることができる。さらに, 1923 年の関東大震災の折に書かれた「1923 年 9 月 1 日の夜　東京と横浜の間で」(« La nuit du 1er septembre 1923 entre Tokyo et Yokohama ») という短い詩が, 公にされたクローデルの日本風の短詩の第一作となるが, 事実この詩には後に「俳諧」(« Haï-Kaï ») という題が与えられている。『日本文学散歩』での俳諧への言及もまた, 日本の短詩への関心が時期に大きくなっていることを裏付けているが, それが最終的には, 1926 年の『四風帖』から始まり『百扇帖』に結実する俳諧風の短詩へと結びついていくと言うことができるだろう。クローデル自身, 『百扇帖』の序文でこれらの自作の短詩を, 「厚かましくも, 俳諧の聖なる一群に加えようと努めた」[9] ものだと認めている。

　また, この時期にはそれまでの詩, 演劇作品だけでなく, いわゆるエッセーと呼べる作品が急速に数を増やしてくることも特色として指摘できる。それは『詩人と香炉』(Le Poète et le Vase d'encens, 1926) や『詩人と三味線』(Le Poète et le Shamisen, 1926) といった会話体のものから, 『能』(Nô, 1927) や『文楽』(Bounrakou, 1926) といった芸術論, 『小さな者たち』(Mies, 1926) のような随想風のものまでさまざまな形, 長さのものだが, それらの作品の中ではときに, 『日記』(Journal) に書きつけられた記述がそのまま使われている点が興味深い。あるいは逆に, 震災のときの『日記』には, 「九月一日, 正午, 激しい地震 (ルネ・ドミックの注文！で『レクチュール・プール・トゥス』誌に書いた自分のノートを参照)」[10] といった記述が見つかるが, これらは, 本来は個人的なはずの日記の内容が, 雑誌に発表された公的な文章と交錯していることをクローデル自身が認めた証しだと言えるだろう。

　実際, 日本滞在期のクローデルにとっての『日記』は, 忘備録や日々の記録といった面よりも考えの貯蔵庫, 場合によっては熟成所といった意味合いがときに強く感じられる[11]が, こうした役割はとくにこの時期以降に顕著

である。こうした意味で，クローデルにとっての『日記』の役割もまた，日本において変化を見せていると指摘することができるが，このような点に対しては，現実的なレベルにおいて全権大使という職務による執筆時間の制約が影響していたのではないかと推察される。それまで公使[12]や委員会でのフランス代表[13]を務めたことはあったものの，クローデルがこの一国を代表する全権大使の役職に就くのは日本が最初だった。実際，滞日年譜である『日本におけるポール・クローデル』を見ると，クローデルが一国を代表する外交官として精力的に仕事をこなしている姿を追うことができる。ちなみに，クローデルが日本に来る直前にパリで受け取った大統領からの訓令を読むと，新任大使の役割のポイントは「孤立化しつつある日本の満州や山東省への行動，ワシントン会議での軍縮への日本の反応に注意を払うこと」，「イギリスやドイツの勢力を排して日仏間の関係を強化すること」，「フランス語の普及を目指し，文学や科学を宣伝すること」，「武器，航空機等のフランス製品を売り込むこと」，関税問題を中心とした「仏領インドシナと日本の関係を改善すること」，そして「フランス国庫債券の円滑な維持」であったことが分かる[14]が，外交官クローデルの行動を追うと，とくに 1925 年までの最初の滞在期間に，積極的にこうした役目を果たそうとしている姿が窺える。具体的には，各地でフランス語についての講演を行っていること（1922年 5 月 24 日に京都帝国大学，同 27 日には関西大学で講演を行っている），澁澤栄一らの協力を取り付けて懸案だった日仏会館設立を成し遂げたこと（1924 年 12 月 14 日に開館式），そして仏領インドシナ関係ではメルラン総督の来日（1924 年 5 月）を実現させたことなどが挙げられるだろう。

　クローデルはその一方で，文学的な集まりにも積極的に顔を出していて，文字通り「詩人＝大使」という日本での役割を忠実にこなしている様子が窺える。その中でも 1922 年 1 月 15 日に上野の精養軒で行われたクローデルの歓迎会は大がかりなものだと言える。この会では，クローデルの『1914年クリスマスの夜』(*La Nuit de noël 1914,* 1915) が学生のグループによって，部分的にではあるが演じられている。また 1922 年 12 月 2 日の「シャルル＝ルイ・フィリップの会」[15]では当日の講演だけではなく，詩を朗読す

る女優たちに事前に稽古を付けることまでしている[16]。

3. クローデルが日本で刊行した本

このように文字通り「詩人大使」という役割をこなしていたクローデルが，日本で刊行した本は次の4冊である。

1923年5月『聖女ジュヌヴィエーヴ』新潮社刊　1,000部限定
1926年10月『四風帖』山濤書院刊　200部限定
1926年11月『雉橋集』(*Poèmes du pont des faisans*)，日仏芸術社刊　240部限定
1927年12月『百扇帖』小柴書院刊　200部限定

この4冊の他に『埴輪の国』があるが，これは日本を離れる際に託された原稿を山内義雄氏がクローデルの許可を得て後に公表したもので，詩人大使の滞日中の刊行物とは言えない。これ以外に雑誌，新聞等に発表された短い文章，作品はかなりの数になるが，単独の本として出版されたものは意外に少ないことが分かる。他方，同時期にフランスで発表された作品もやはり短いものが多く，それらは後に『朝日の中の黒鳥』としてまとめられ，1927年にパリのエクセルシオール社から刊行されている。

クローデルの日本滞在は，1年間の一時帰国を挟んだ前期，後期の二期に分けることができるが，4冊のうちの3冊までが後半の短いわずか1年の滞在中に書かれ，そして出版されていることは指摘しておく必要があるだろう。この3冊の成り立ちについては，中條忍氏の詳細な報告がある。それによれば，これらの本は一連の発展的な流れに沿った作られ方をしている。すなわち，まずクローデルの詩と冨田渓仙の絵が1枚の扇に並べて置かれた4枚からなる『四風帖』からスタートし，それを軸にクローデルの詩のみの16枚と渓仙の絵のみの扇面16枚，合計32枚が加わった36枚からなる『雉橋集』が作られている。そして最後の『百扇帖』では短詩の数も172篇へと

第1章 墨，紙，そして筆

膨らみ，冨田渓仙の絵の代わりに有島生馬の漢字二文字による揮毫が添えられた形で，3分冊の本として出版されている[17]。

さて，ここでこれら4冊の本に共通する特徴に注目したい。それはまず，日本で刊行された本であるにもかかわらず，詩はすべてフランス語によって書かれているという点である。しかも，活字印刷ではなくクローデルが自ら書いた文字通り自筆の詩をそのまま写したもの（『聖女ジュヌヴィエーヴ』では一部）が載せられている。さらに，これらがいずれもが豪華本であり，絵ないしそれに類したものが添えられ，それらが重要な役割を果たしているという点が挙げられる。しかもこれらは単なる挿絵入りの豪華本ではなく，それぞれに本としての体裁がきわめて特殊なものとなっている。つまり，『聖女ジュヌヴィエーヴ』と『百扇帖』はそれぞれ，折本ないし経本仕立てと呼ばれる形で，長い紙を折り畳んだアコーディオン型の造りである（図1・図2参照）。『四風帖』，『雉橋集』に至っては，通常の本とみなすべきかどうか迷うといった体裁で，製本されていない扇面状の紙が畳紙に挟まれた，一種のポートフォリオ形式となっている（図3参照）。

図1-1　『聖女ジュヌヴィエーヴ』表紙と詩

図1-2　『聖女ジュヌヴィエーヴ』の裏面に印刷された冨田渓仙の絵とクローデルの自筆の詩（『内濠十二景』の冒頭）

図2　『百扇帖』(1927年の初版)
アコーディオン型の造本とクローデル自身による墨書および有島生馬の揮毫（漢字二文字）

図3　『四風帖』の一枚
渓仙の絵とクローデルの詩、扇面を入れる畳紙

　このように手の込んだ本が部数の限られた限定出版だったことは十分に納得できるが、そこには単に詩人大使の贅沢なお遊びと言って済ますことができない、クローデルの問題意識が投影されているように思える。しかもこうした特徴は、日本に来る以前も以後も見られない、いわば日本滞在期に集中的に試みられたものである。詩人大使はどうして自筆の文字による出版にこだわったのか？　『百扇帖』でフランス語の詩の傍に漢字が添えられたことには、どういった意識が働いていたのか？　クローデルが書物という表現形態に託した役割は何だったのだろうか？

　こうした問題に注目したときに浮かび上がってくるのが、クローデルが1925年5月、休暇で帰国していたときにイタリアで行った講演である。後に『書物の哲学』(*La Philosophie du livre*, 1925) という題で公表されるこの短いテキストは、フィレンツェで開催された「書籍展覧会」におけるスピーチ原稿として書かれたもので、そこではタイトルが示す通り「書物」に関するクローデルのビジョンが、さまざまな角度から述べられている。すなわち、マラルメの「書物」に対する言及を皮切りに、「ページ」が持つ重要性、本という「想像力の実験室」が持つ価値がさまざまな角度から語られているのである。さらにフランスの新しい傾向として「豪華本」の存在が指摘され、

また挿絵，タイポグラフィについての言及も見られる。講演用の原稿ということもあって，このテキストは問題を深く掘り下げるというよりも，むしろさまざまなテーマに広く触れるという姿勢で書かれているが，いずれにせよ，いろいろなレベルでクローデルが目を向けているのは，本の内容よりもその形式，形態そのものである。

例えば書物の役割について，冒頭でクローデルは書物が「長い年月を経るうちに，このような形態を取るようになったか，私はその理由を今晩，皆さんと一緒に検証しようと思ったのです」[18]と切り出している。そしてそれに続けて，書物を次のように描き出す。

> 澱りものを取り除いたばかりの思想の集積所，「過去」のさまざまなイマージュ，「現在」のさまざまな証言，「未来」へのさまざまな推進力がそこに来て凝固し，形作られる鋳型，おのおのの著者が，それとは気が付かないうちに「建設現場」でそうしろといわれるままに，「人間の説明」という壮大な記念碑に運んでいく石なのです[19]。

ここには，世界を一冊の書物として捉えようとするマラルメの問題提起が投影されていると同時に，クローデルがそれぞれの作品，本をひとつの石に喩えている点が興味深い。すなわち，「人間の説明」の壮大な記念碑という一種の抽象的な「書物」のイメージから，ひとつの「石」という具体的な一冊の本に向かうクローデルの意識を，ここで確認することができるだろう。実際，この言葉に続けて詩人大使は，「書物はページによって作られ，ページは単語によって成り立っています。そこで単語，ページ，書物についてこれから考えを巡らし，楽しんでみましょう」[20]と講演の聴衆に語りかけるのである。

このように，「単語，ページ，書物」という視点から形式に強い関心とこだわりを示したクローデルが，講演のあと再び戻った日本で，まさにこれら三つの要素のあり方を問うような豪華本を立て続けに出したことは，決して偶然ではないだろう。ある意味で，クローデルの考える書物という形態を現

実のものとして形にしようとしたのが、日本で刊行された詩人大使の本だったと言えるのではないだろうか？　そこでまず、日本で刊行された4冊に対して、書物という形態そのものに注目し、そこでの文字の印刷やタイポグラフィ、ページのあり方とレイアウト、挿絵といった、いわば作品の提示方法の面から目を向ける必要があるだろう。

4．表意文字としてのアルファベット

　はじめに例として、『四風帖』に収められた作品のひとつを取り上げてみよう（図4参照）。クローデルの自筆で書かれた詩の中に《Hasé》という文字が見えるように、これは奈良の長谷寺の観音像をモチーフとしたものである。執筆の時期は、1926年5月6日に長谷寺を訪れて牡丹を堪能した時期の直後と推測される[21]。詩そのものは、「黒い羽の胸のなかに真直ぐかくれてしまう巨大にして浄らかなる胴体——長谷寺の観音は金色の足しか見えない」というものだが、一見して了解されるように、冨田渓仙の絵をクローデルが自筆の詩によって賛美した画賛のようでもあり、またクローデルの詩を渓仙の絵が支えているようでもある。面白いのは、渓仙の絵では詩とは逆に観音像の足が隠れて見えない点であるが、そういったことも含め、通常の挿絵や詩画集といったレベルとはまったく別の次元での、詩と絵の協調関係だ

図4　『四風帖』から　長谷寺の観音

第1章 墨, 紙, そして筆　11

と言わなくてはならない。
　しかも, さらによく見ると詩の文字の配置自体が一種の絵画性を目指していることが分かる。つまり, ここでは渓仙の描く観音像の立ち姿に呼応するように, 頭, 差し出された腕といった形が浮かんでくるように文字が配置されているように見えないだろうか？　実際, クローデルは1926年8月から9月にかけて中禅寺で書かれた『西洋の表意文字』(Idéogrammes occidentaux, 1926) という短いテキスト[22]の中で, アルファベットの文字の形, あるいは配置がその単語の対象と対応した形態を持っているという, 大胆な論を展開させている。それに従えば, 例えば« Maison »という単語に対し, クローデルはこれをアルファベットに分けながらそれぞれの形に注目して, 「Mはわれわれに壁, 屋根, そして仕切りを示し, aは繋がっているところ（結び目, それはふたつのものを結び付ける関係！）であり, 内側の流れを, iは火を, oは窓, sが廊下と階段, nは扉を, そして（iの上の）点はこの素晴らしい建物を感嘆して見ている！そこの住人である」[23]と読み解く。あるいは« Locomotive »という単語は「真に子どもたち向けのデッサンである」として, Lが機関車の出す煙, oは車輪, mがピストンであると書いている[24]。ある意味で子どもじみて冗談のような主張であるにもかかわらず, その後ろには文字の形, 配列そのものに意味を見出そうとするクローデルの姿勢を感じることができる。このテキストが『四風帖』と同時期に書かれたことを考えるならば, 長谷寺の観音像を詠んだ短詩の文字のレイアウトにも, やはりこのような意識が反映されていると見るべきだろう。
　こうした文字による提示の方法は, その後の『百扇帖』でも自在に使われている。例えばそこには, 「M」というアルファベットを詠んだ, 「M　それはふたつの翼でやって来る伝令」[25]という短詩が収められているが, これは文字通り« messager »という語の頭文字のMの形を双方の翼に見立てたものである。ここではもうひとつの例として, 「窓　靄」という揮毫が添えられた作品を挙げておこう（図5参照）。「窓は　日の出とともに　白い霧の中に　熾と火の国を開く」という意味になるこの詩のレイアウトには, さまざまな視覚効果の工夫を感じとることができる。まず, 単純に見れば四角

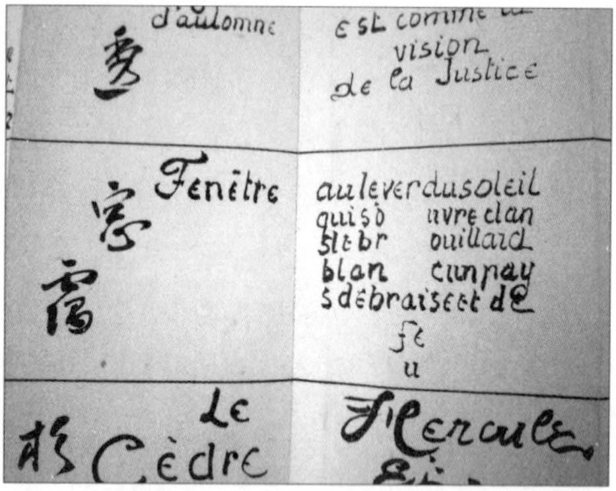

図5 『百扇帖』から「窓　靄」という揮毫が添えられた短詩（中央の段）

く並べられた文字そのものが窓であると考えることができるし，その中の空白が日の出の太陽であり，まわりの文字は「白い霧」と捉えることができる。あるいは，中ほどに空いた白い部分が「窓」を示していると見ることもできる。さらに文字で示された形そのものが，昇りつつある太陽を表していると考えることも可能だろう。いずれにしても，詩の内容とは別のレベルで，クローデルが文字そのもの，テキストそのものを絵画のように示そうと意図していたことがこれらの例からも窺える。

　その一方で，こうした絵画的な表現の試みとは別に，単語そのものの提示の仕方においても，実験的な試みが行われていることにも注目しておく必要がある。すなわち，単語の綴りが，通常ではありえない箇所で区切られているのである。例に取った「窓　靄」という詩では，真ん中の空白を作るために s'ouvre, brouillard, blanc がそれぞれ s'o / uvre, br /ouillard, blan / c と分断されているが，これはフランス語の綴りの約束事ではありえない切り方である。また pays, feu という文字も，pay / s, fe / u と分けられている。これらの試みは，窓や太陽を文字の配置で示すという視覚的効果，絵画的効果と同時に，読む者の想像力に対して一種の刺激を与え，文字そのものへの注目を喚起することを狙ったものだと言えるだろう。

　実際，こうした方法についてクローデル自身は，「たとえば，La Clo-che

の代わりに，La C-loche と私が書くような場合である。同様の理由によって，作者が自分の詩をいくつかに分割し，その断片を分散させたとする。すると読者のほうは，この切り刻まれて恐れおののいている死体の破片の復元を自分の腕に託されて，どうしてもこの活版印刷のオジリスをもと通りに貼り合わせる方法を見つける仕事をやり遂げざるを得なくなる」[26]と書いている。ここでクローデルが問題としているのは，文字通り言葉の指し示す内容ではなく，その提示方法による効果そのものに他ならない。実際のところ，こうした方法はクローデルの最初の戯曲である『黄金の頭』(*Tête d'or*, 1890)ですでに試みられていた[27]。しかし，その後絶えて見られなかったものが，日本での詩作で再び，しかもより大胆な形で行われていることは，日本の役割を考える上でも注目に値する。

5. 一冊の本から一枚の紙へ

それでは，こうした詩による絵画への接近と呼べるような試みや，文字そのものの書き方にまで手を加える一方で，書物という形態に踏み込んだ作品の見せ方の点で，クローデルはどのようなアプローチを試みているのだろうか？

日本で出版されたクローデルの最初の本は，書誌的には『聖女ジュヌヴィエーヴ』ということになる。これは表紙に相当する二枚の桐の板に挟まれた，折本仕立てによる豪華本だったが，この折本という形をクローデルは後に，『百扇帖』でもう一度試みることになる。

他方，この長篇詩そのものはブラジル滞在期の 1917 年に執筆されたもので，作品としては多少古いものに属する。むしろ日本滞在中に書かれてそのまま出版されたものとしては，すでに名を挙げた『内濠十二景』が相当する。これは別名『聖女ジュヌヴィエーヴの裏面を飾る詩』(*Poëmes au verso de « Sainte Geneviève »*) という題が付けられた 12 篇からなる短詩群で，おそらくクローデル自身と思われる詩人が皇居の内濠を右回りに散策しながら，その目に映り，あるいは脳裡に浮かんだ情景や思索を，あたかも『徒然

草』のように書き綴った散文詩である。そしてその最初の部分（第一景）が，クローデルの自筆を写す形で，長詩「聖女ジュヌヴィエーヴ」が印刷された紙の裏面に，冨田渓仙の筆による皇居の濠を描いた絵とともに印刷されている。

さてこの作品では，「裏面を飾る」という題が示す通り，詩篇が紙の裏面に印刷されているということに大きな意味がある。『内濠十二景』の第三景の詩には，「かくしてブラジルでジュヌヴィエーヴが私の目の前を，ひとつのページから次のページへと通り過ぎていったときに［……］すでに言葉はあらかじめ不思議な影を描くもう一方の側から　未来の風景は白い靄を通して立ち上がっていた」[28)] とある。つまり裏に印刷されたページを透かして見ることで，二つのテキストが時と場所を超えて一体となって立ち上がってくることを，クローデルはこの本を出す際に見据えていることになる。少なくともこの一節は，出版の形態をあらかじめ考えた上で散文詩が書かれたことの証であり，いわば本という形式，そして紙の表裏という形を，クローデルは新たな形のテキストが発生する場として捉えた上で詩を書いたと考えることができる。

先に記したように，『四風帖』と『雉橋集』はそれぞれ扇型の紙に印刷されていて，一般的な意味での製本はなされていなかった。それはそれぞれが独立した扇面，一枚の紙の上に記された作品であると言える。そして表と裏という問題も含めたこの一枚の紙というのは，日本滞在期に浮かび上がってきたクローデルにとっての大きなテーマだった。内藤高氏はこの点について，次のように示唆している。

　　詩人の注意が向かうのはとりわけ一つの頁，断片として存在する一枚（一を強調しなければならない）の白紙のもつ意味作用の可能性である。数頁，数十頁に渡って連なるクローデルの長編のヴェルセ（たとえば「内堀十二景」の表に書かれている「聖女ジュヌヴィエーヴ」）と異なり，一枚の紙の閉ざされた枠の中での詩のテキスト，それが持つ多様な可能性を新たに意識するきっかけがそこに生まれてくるのである[29)]。

他方，この一枚の紙というテーマでわたしたちの関心を強く惹きつけるのが，『オミ山上の老人』(Le Vieillard sur le Mont Omi, 1924) という作品である。これは1924年10月，ちょうど『繻子の靴』を書き上げる直前に伊香保に遊んだクローデルが，この地で一気に書き上げた22篇[30]の短い散文詩からなる作品である。

オミ山 (Mont Omi) というのは峨眉山 (Mont Omei) を指していると思われるが，山内義雄氏の回想によれば，伊香保から帰ってきたクローデルは，中国の山に非常に似た姿の山を見たと語っていたそうである[31]。またクローデル自身の言葉として「オミ山は中国の四川では有名な山だが，日本には存在しない。だが，そんなことはどうでもいい」[32]というブノワ＝メシャンによる証言がある。

他方，「老人」というのはおそらくクローデル自身を指している。実際，この時期の日記や手紙には，自分の老いについての言及が繰り返し見られる[33]。ちなみにこのとき，詩人大使は56歳だった。

22篇の詩の内容は，クローデルの目にあるいは耳に入ってきた印象をそのまま即興的に書き綴ったような体裁のもので，先に挙げた『内濠十二景』と共通したエクリチュールだと言える。ただ，『内濠十二景』ではある程度まで書かれた内容や情景を想像することができるのに対し，この作品で何が書かれているのかを特定することはきわめて難しい。後年，伊香保に赴いて実地調査をした山本功氏の報告では，いくつかの詩篇はクローデルの宿泊した伊香保ホテルにあった事物がそのまま詠まれている可能性がある。例えば，「純粋なる大地」という詩篇の中で語られている「囀らない小鳥」については，ホテルの玄関の広間に剥製の鳥が留まった木があったという指摘[34]や，「胸いっぱいに吸い込む木」という詩篇に対しては，やはりホテルの「玄関を出た右側に，高台の上に，みごとに紅葉する楓があった」[35]という報告がなされている。ただし，これらの指摘は非常に興味深いものであるものの，あくまでも推測の域を出ない。また，仮に山本氏の指摘が適切だったとして，そこから浮かび上がってくるのは，逆に各詩篇が内容的に連続性，関係性をあ

まり有していないことの証しということになる。

　一方，創作のプロセスを追うために詩の源泉を検証しようとしたアンリ・ミチオロの論考では，クローデルがこの作品の前後に書いたものや行ったこととの関連性がさまざまに指摘されている[36]。それによれば，例えば「純粋なる大地」における秋の草木の表現が，伊香保に旅するおよそ一カ月前の9月28日の多摩川での散策についての『日記』での言及と同じ要素を含んでいるという。あるいは，同年1月に訪れた成田山新勝寺で見た回転する経堂が，「廻すことができる」という詩で詠われた，経本を収める八角形の小さな台に投影されていると説明されている。さらに当時のクローデルの読書との関連では，B. ブリュヌの『エネルギーの段階的移行』(La Dégradation de l'énergie, Flammarion, 1909)[37]やモロー神父の『他の世界に人は存在しているか？』(Les Autres mondes sont-ils habités? Éditions Scientifica, 1912)といった本との関係が挙げられている。これらはそれぞれに興味深い指摘であり，たしかに当時のクローデルの関心や経験と各詩篇との関連性を認めることは可能であるものの，やはり推測の域を出ていない。また，これらの本の記述を基にクローデルが『オミ山上の老人』全体で何を表現しようとしたのかという点については，依然として明確な答えを得ることはできない。

　これに対して，「詩想」よりも「紙と墨」の役割に注目する私たちがここで関心を向けたいのは，詩の内容よりも出版された際の形態である。というのも，この作品はフランスの雑誌『コメルス』に掲載され，またその後『朝日の中の黒鳥』の豪華版に再録された際に，22篇の作品全体が一枚の大きな紙に印刷されるという，きわめて特殊な形で発表されているのである（図6参照）。ミチオロもこうした形に注目しているが，論考としてこうした問題点を整理，検討したのは，ニナ・ヘラシュタイン[38]である。出版前の草稿段階での各詩篇の配置図を参照しながら，ヘラシュタインはそこに，詩を提示する空間と，詩を読み進める上での時間に対するクローデルの問題意識を見て取っている。そしてこうした指摘をした上で，ヘラシュタインはミチオロの源泉の示唆も踏まえながら『オミ山上の老人』の各詩が持つテーマを

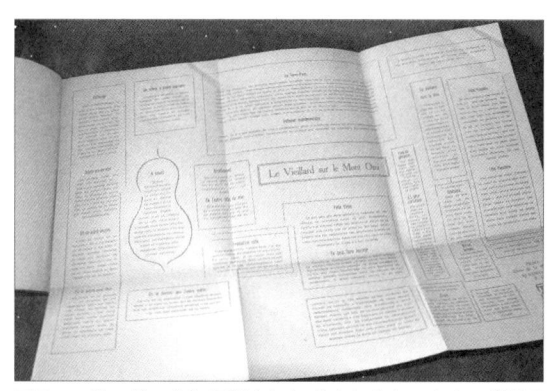

図6　一枚の紙の上に印刷された『オミ山上の老人』(『朝日の中の黒鳥』から)

検討し,「知覚」・「死」・「自然」・「距離」といった問題を重要な要素として抽出している[39]。

6. 詩人の視線

　22篇の短詩を一枚の大きな紙に印刷するというのは,いろいろと本の形態にこだわってきたクローデルにとっても初めての試みだった。それはどういった点での実験だったのだろうか？　たしかに,新潮社から出版された『聖女ジュヌヴィエーヴ』のようなアコーディオン式の本も,ある意味で細長い一枚の紙に印刷されている。けれども一度に全体を見ることはできず,読み進める際にはそれなりに線的な流れが生まれてくる。あるいは『内濠十二景』にしても,皇居周辺を歩く詩人の散歩の歩みが感じられるとともに,第一景から第十二景までの番号が振られていることから,順番とある種の時間性を感じ取ることができる。それはまさに,「散策者クローデル」の足取りであり,「ここかしこ (ça et là)」に向けられた詩人の視線の流れを示していると言える。
　一方,一枚の紙の上に印刷された『オミ山上の老人』では,「読む」というよりもむしろ,まず「見る」という行為によって,わたしたちは一瞬で詩

全体を見渡すことになる。それはあたかも，霊峰峨眉山の頂上から世界を見渡す仙人の視点に喩えることができるかもしれない。つまり，ここではひとつの目，視点としての詩人の存在が想起されているのである。一枚の紙の上では時間的，線的な流れは排除され，すべての詩が一瞬，同時に立ち上がってくるような印象を受ける。ヘラシュタインも注目するように，『オミ山上の老人』の中に置かれた一篇の詩の中で，クローデルは「真夜中，私は明かりを灯す，するとすぐに，私のいる粗末な建物の壁の廻りに吊り下げられた格言や絵が，いたるところから浮かび上がってくる」[40]と書いているが，この部分はそのまま，クローデルにとっての『オミ山上の老人』という作品のあり方を示していると言えるだろう。すなわち，中心にいる詩人が自分の周囲に浮かび上がってくる文字や絵に視線を投げかける姿であり，そこには見るものとしての詩人の視点がある。この意味では，一枚の紙の中央に印刷された「オミ山上の老人」というタイトルそのものが，詩人の存在を表わす一篇の詩と捉えることができるかもしれない。

いずれにしてもここで問題とされているのは，視線の対象としての詩，つまり詩の絵画性である。そしてクローデルがこの点に執着するのは，自らの詩法のひとつの鍵であり，詩人が1898年に日本に初めて来た際に日光で体験したことと深く結びついている「一瞬の理解」，「同時性」と絵画が不可分であることと無関係ではない。と同時に，そうした視線の中心には，視点としての詩人の存在があることも忘れるべきではない。

『内濠十二景』の第七景には，「かくして，私が書かなかった詩では，時間や場所の差異というものはまったく存在せず，そこではすべてのものが秘かな親密さによってひとつに結びついている」[41]という一節がある。『オミ山上の老人』はおそらく，この『内濠十二景』で示された境地に向かって書かれた作品だと言うことができるだろう。

付け加えておくならば，この後1927年にパリのル・リーヴル社から230部限定で刊行された際には，この作品は一枚の紙ではなく，本の形で出版されている。実はこの作品が単行本として出るまでにはいろいろな経緯があったようで，出版社との交渉にあたったオードリー・パーに対してクローデル

図7 ル・リーヴル社版『オミ山上の老人』から　A．パーの蝶々の挿絵
下のページが透けて見えている

は，刊行が決まった際に「そんな風に『老人』問題を解決してくれたのですね」[42]と書き送っているが，そこにはこうした印刷形態の問題があったのかもしれない。やはり一枚の紙だけという形では，出版は難しかったのだろうか？　ちなみに，パーはこの本に挿絵を提供している。

　ただ，ル・リーヴル社版の『オミ山上の老人』にしても，一枚の紙への印刷ではないものの，通常の本とは異なった工夫が施されている。まず，文字を途中で分断して提示する試みが何カ所かでなされているが，これは先に『百扇帖』で具体例を見たような文字の配置法の先例である。もっとも，ここではまだ活字による絵画性といったレベルにまで至っているとは言い難い。また，単行本化された際，この作品には「蝶々と蝶々の影（Papillons et Ombres de Papillons）」という言葉が副題のようにして添えられているが，パーの挿絵は文字通り蝶々を描いた絵である。しかも，それらの蝶々は半ば半透明の紙の上に印刷されていて，下の紙に刷られた絵と重ね合わせて見ることができる。つまり，通常の紙よりも透ける紙に白いインクで印刷されたパーの蝶々の挿絵（図7参照）は，文字が印刷された次のページに重ねることでテキストの上で蝶が羽を休めているようにも見えるような配置がなされているのである。これは先に指摘した『内濠十二景』における，紙を透か

して裏面からテキストを呼び出すというのと同じ発想だと言える。この点で、蝶々の姿はまさに「影」に他ならない。そもそも『オミ山上の老人』の詩篇には蝶のモチーフが出てこないことや、『女とその影』における《ombre》がクローデルにとって極めて重要な存在であり、帝国劇場での上演の際には半透明の紗幕を通して女の影が登場したことなどを考えるならば、「蝶々の影」というテーマをパーに与え、またこうした本の形態を提案したのはおそらくクローデルだったと推測される。少なくとも、「蝶々と蝶々の影」という副題とそれに対応するパーの絵を載せたこの本の形態を考え併せることで、『オミ山上の老人』はそれまでとはまた違った意味で、他のクローデル作品との関係性の中で読み解かれる可能性を秘めた作品になったと言えるだろう。

7.『百扇帖』における漢字とフランス語の共存

　ここまでは、日本で出版されたクローデルの本に対して、主として単語、ページないし紙の面からその特徴とクローデルの試みを検討してきた。ここからはさらに「本」という形そのものに目を向けながら、四冊の中で最後に刊行され、また質、量ともに最大と言ってよい『百扇帖』を中心に据え、クローデルが行った試みを検証していきたい。

　日本で出された『百扇帖』を考えるときにまず考慮しなくてはならないのは、この豪華本の成立にクローデル自身がどこまで関わったのか、という問題である。中條忍氏によれば、「一九二七年（昭二）、クローデルは短詩一七二句を墨書しなおし、句の説明に堕しないような装飾的な漢字二文字を加えて欲しいと先生（＝山内義雄氏）に言い残して日本を去っていった。先生は吉江喬松の協力を得て句ごとに漢字二文字を選ばれ、その揮毫を有島生馬に依頼された。こうしてできあがったのが、この年の十二月に小柴書院から出版された三巻本の折本『百扇帖』である」[43)]。ここからは、本の体裁自体はおそらくクローデルがある程度考えていたものの、刊行には山内義雄氏を中心とした、日本側の関与がきわめて大きかったことが推測される。

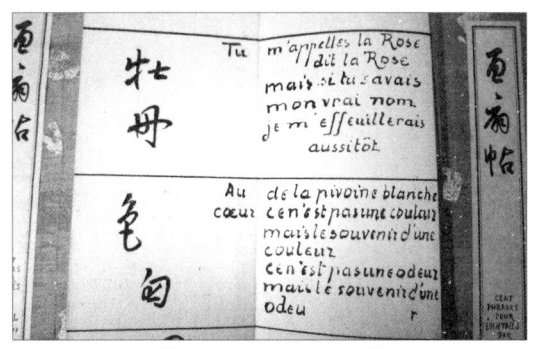

図8　1927年刊行の『百扇帖』から　「牡丹」という揮毫が添えられた短詩（上段）

　こうした経緯は，一方で興味深い事態を生みだしている。例として，巻頭に置かれた短詩を見てみよう（図8参照）。直訳すれば「あなたは私のことを薔薇と呼ぶ，と薔薇は言う，けれどもあなたが私の本当の名を知ったなら，私はすぐに崩れてしまうでしょう」となるこの詩に対して，添えられている揮毫は「薔薇」ではなく「牡丹」である。漢字を読める日本人は，ここから素直に「私の本当の名」は「牡丹」だと推測することもできる。けれども漢字が読めないフランス人にとっては，牡丹（pivoine）という単語が出てこない以上，そういった想像力を働かせることはできない。そのかわりに，読めない「牡丹」という漢字が神秘的な存在のまま，「本当の名」だと感じ取る余地は残される。あるいは，「牡丹」という揮毫をそのまま「Rose」を指す文字と考えてしまうこともあるだろう。

　こうしてみると，ここでは漢字とフランス語の間に直截的ではない，なにかズレを伴った特別な結びつきが生じてくるように感じられる。現在一番入手が容易なポッシュ版の『百扇帖』（M. トリュフェ校訂）では，巻末に揮毫の解説が添えられていて，その中でpivoineも説明されている。これは編者の配慮であり漢字を読めない者にとっては有益であるものの，一方でフランス人読者の想像力を縛ってしまいかねない。『百扇帖』のすべての作品に注釈を試みた栗村道夫氏は，山内氏は「大輪の牡丹をあらわすため特に薔薇の文字を用いた」[44]点を揮毫選択の際に根拠としたのだろうと推測している。

その上で栗村氏は，クローデルが日本で『百扇帖』と同時期に書いた『詩人と三味線』の中に，「長谷寺の境内で我らの見た，君が牡丹と呼ぶあの大輪の薔薇」[45]という一節があることに注目している。

いずれにしても，このような経緯を考慮するなら，日本で刊行された『百扇帖』の揮毫の部分は詩人の手を離れた存在であり，ある意味で詩から独立しているとさえ言える。逆にいえば，どんな漢字が置かれたとしてもクローデルはほとんど関心がなかったということにもなるだろう。こういった点で『百扇帖』の揮毫は，クローデルの山内義雄氏への信頼なしには生まれ得なかったものであると同時に，詩人大使にとって問題だったのは意味や音ではなく形式であり，肝心なのは二文字の漢字が詩の傍らにあること，その存在そのものだったと考えることができる。

8.『百扇帖』とセガレンの『碑』

このような『百扇帖』における漢字とフランス語のテキストの並置には，実際のところ，注目すべき先例がある。それはヴィクトル・セガレン（Victor Segalen, 1878-1919）が1912年に北京でごく少部数出版した，『碑』(Stèles, 1912) という本である（図9参照）。タイトルが示すように，この作品は文

図9-1 セガレンの『碑』の表紙

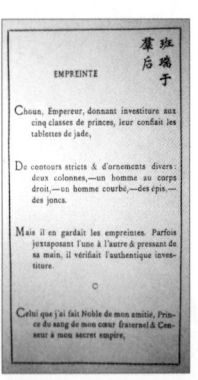

図9-2 セガレンの『碑』の中の1ページ
漢字とフランス語の併記

第 1 章 墨，紙，そして筆　　23

字が刻まれた碑文という設定で，中国語による，すなわち漢字による銘文（短いもので 1 文字，長いものだと 8 文字から 10 文字。また古代の形と思しきものや，反転したものなどもある）と，それに呼応するセガレンの一種の散文詩を集めた本である。その特異な体裁について，有田忠郎氏は次のように解説している。

　判型は縦長で，縦二十八センチ，横十四センチの薄紙が，屏風状あるいは蛇腹状に折り畳み形式で連なっていて，それを二枚の板が挟んでいる。板は布貼りの厚紙でくるみ込まれている。この版型は，セガレンがジルベール・ド・ヴォワザンとともに試みた大旅行の際に各地で見掛けた石碑の形にヒントを得ている。［……］「書物」の頁には，各詩篇の右上隅に漢字による碑文（エピグラフ）が筆書きの《公式に使用される簡素な書体》で置かれ，それに対応するフランス語のタイトルが左に，各文字とも大文字で印刷されている。漢字の碑文は木版で刷られている。［……］セガレンはタイポグラフィに細心の注意を払っているはずだが，原則が貫かれているとは言いがたい。フランス語の活字の状態もあまりよくない。セガレンの考えるレイアウトを実現するには，印刷所の設備や技術が不足していたのかもしれない。［……］さらに，この漢字碑文とフランス語のタイトルおよび本文をすべて含んで，各篇が四角の線により，長方形の枠に囲まれている。文章あるいは語句を刻んだ石碑そのものの形を紙上の詩篇に移したと言えよう [46]。

　こうした漢字とフランス語の併記，さらに経本仕立ての造本は，まさに『百扇帖』の原型と呼んでも差し支えないだろう。ちなみに，山内氏による『百扇帖』の説明を見ると，「句集の體裁は，金泥雲襴模様の布の厚表紙，經本仕立の折本にした薄い三冊，それを紺布の帖におさめた東洋好み」[47] とある。クローデルの本の方が若干豪華な感じがするものの，2 冊の形態がどれほど共通しているかが，ここからも分かる。しかも，セガレンは「これらの碑をオマージュとしてポール・クローデルに捧げる V. S.」[48] という言葉とともに，この作品集を文字通りクローデルに献呈しているのである。付け加えておけば，セガレンは続けて北京でクローデルの『東方所観』（*Connaissance de l'Est,* 1895-1905) の出版も手掛けているが，これは薄くて繊細な高麗紙に丹精に印刷されて糸で綴じられた，美しい本に仕上がっている。そしてこれらの本から窺えるのは，書物という存在に対するセガレンのきわめて意識的な姿勢である。『碑』とそれに続く本の出版に際して，セガレンはこう記している。

> これは勝手な《思いつきの》出版物などではまったくなく，ましてや《異国趣味の》──（すでにさんざん安売りされてきた言葉をきっぱりと退けて言うと）ものでもない。「中華帝国」における「書家」と「印刷術の名匠」によって，この五百年から六百年にわたって確立されてきた書物愛好の規範を，西欧の「書物」に応用してみただけものなのだ。
>
> それゆえここに，いかなる風変わりで偽の目新しさの要素も，中国から持ちこまれたいかなるものも求めるべきではない。私たちが達成したいと願った目標はただひとつ，この中国，「文人」と「賢者」の古き王国で，伝統的に念入りに作り上げられた「書物」という芸術を，「書物」を愛しそれに礼儀正しく敬意を抱いている「西欧の文人」に伝えたいということに尽きる[49]。

クローデルが『百扇帖』の出版を構想した際，セガレンの『碑』のことが念頭になかったとはやはり考えにくい。タイポグラフィも含め，書物の形態まで視野に入れたトータルな形で表現を行うという発想は，ふたりの詩人が共通して持っていたものだと言える。というよりも，おそらくクローデルはセガレンからこうした問題意識を受け継いだと見るべきだろう。1925年5月にフィレンツェで行った講演の中では，先に引用したようにクローデルは書物を「それぞれの著者が［……］『人間の説明』という壮大な記念碑に運んでいく石」[50] に譬えている。また，残念ながら『碑』への直接の言及はないものの，この講演で「以前に極東に長く滞在したおかげで，私は文字，それから読み取ることが可能で不変的な記号に対する注意深い観察者となりました」[51] という言葉とともに，東洋の本との比較からスタートして西洋

の書物の歴史を辿りつつ，文字やタイポグラフィ，ページの問題，豪華本，挿絵，さらに「デッサンとタイポグラフィの結びつき」[52]にまで言及するその語り口は，石碑から扇へ，石に刻まれた文字から風の上の文字へとイメージは変わっているものの，書物という形態に対する問題意識をセガレンと共有したものだと言える。

9.『百扇帖』のさまざまな形

ところで，『百扇帖』は1927年に日本で出版されたものの，フランス人読者の目に触れる機会はしばらくなかった。ようやくガリマール社から新たにクローデル自身の序文を付して出版されたのは，1942年になってのことである。このときは，揮毫とクローデルの自筆によるテキストというオリジナル版を踏襲する形での刊行だった。その後，この作品はクローデル全集の第四巻に収められたが，これは漢字の揮毫もなく，文字も活字印刷によるものだった（図10参照）。一般のフランス人の手に入るようになったのは，それからさらに後の1967年刊行のプレイヤード版（『詩作品集』）以降だが，この版では揮毫はそのまま添えられたものの，詩は活字による印刷になって

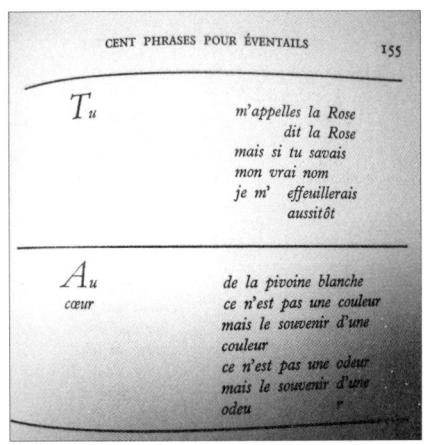

図10 『クローデル全集』第四巻に収められた『百扇帖』から「牡丹」の短詩（上段）

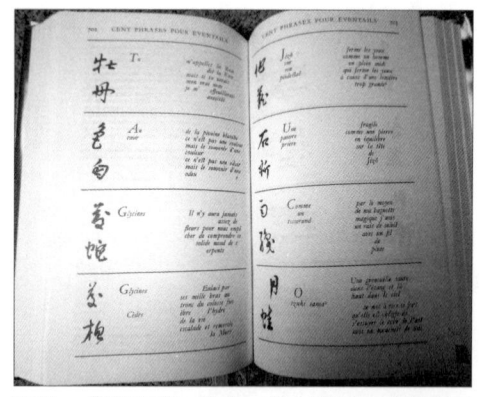

図11 『詩作品集』(「プレイヤード版」) に収められた『百扇帖』から「牡丹」の短詩 (左上)

いる (図 11 参照)。さらに誰もが簡単に買える本としてオリジナルの形でこの詩集が読めるようになるには，1942 年のものをそのまま印刷した 1996 年のポッシュ版の刊行まで待たなくてはならなかった。

　今日ではクローデルの最も重要な詩集のひとつとして注目されている作品が，ほぼ 15 年もの間，フランス人の目にまったく触れる機会がなかったというのは，詩人大使が自分の作品をどのように読者に届けようとしていたのかを考える上でとても興味深い。『書物の哲学』の中でクローデルは本が大衆化されたことについて，「そこで書物は [……] 贅沢品であることをやめて，必需品，つまりすべての人々から必要を感じられるものとなったのです。[……] 書物はもはや脆弱でしゃれた表紙に挟まれて，そこらの質の悪い紙の分厚い堆積と，白い綴じ糸の集まりにすぎなくなりました」[53] と書き，新聞や雑誌の台頭に対して嘆いて見せている。そして続けて豪華本の登場に触れて，美しい豪華本の収集家によって「一時期は危機的な状況にあった書物が，今日では腐食や害虫からだけでなく，書物にとって最も微妙な敵である読者から安全に守られる避難場所を見つけることができました」[54] と述べている。こういった書き方や，私家版といっていいほどの部数しか作成しなかったことを見る限り，クローデルは自分の本が広く読まれることは想定せず，むしろ限られた人たちの間だけで流布することを望んでいたと言って

もよいだろう。

　そして，こうしたクローデルの意図が影響しているのか，実のところ，最初に刊行された日本でもまだこの詩集の全貌が知られているとは言い難い。もっとも，その要因のひとつは，やはり限定版だったこと以上に翻訳の問題だろう。というのは，現在までこの作品の訳を完全な形で出版したものがないのである。フランスの俳人ローラン・マブソン氏が著書の中で試訳を提示している[55]ほか，研究者としては中山篤子氏も論文の中で訳しておられる[56]。また前述した栗村道夫氏は，日本クローデル研究会の会誌に全篇を注釈とともに訳し出されておられるが[57]，これらはいずれも『百扇帖』そのものの出版とは言い難い。またこの本の成立に深く関わった山内氏にしても，残念ながら全訳を達成することは叶わず，残された六十七篇の訳詩が遺稿集の形で私家版として刊行されるに留まっている。また，その後を引き継がれようとしたフランス文学者の木村太郎氏の訳も，まだ本として刊行されていない。最近では芳賀徹氏が『ひびきあう詩心―俳句とフランスの詩人たち』(阪急コミュニケーションズ，2002 年) の中でやはり何篇かを取り上げておられるが，これも全篇の訳ではない。短いとはいえ，それぞれにイメージが凝縮された 172 篇におよぶクローデルの詩を訳し出すのがいかに力のいる業なのか，こうした事実からも推察されるだろう。

　ちなみに，先に例として取り上げた冒頭の短詩について見れば，山内氏の訳では「牡丹の曰く　君われを呼んで牡丹といふ／さもあらばあれ　君にしてわがまことの名を知らんとき／われはたちまち崩るべし」[58]とある (図 12 参照)。面白いことに，ここでは揮毫とは逆に原詩にある「薔薇 (Rose)」という言葉が一切出てこない。そのために，フランス語を読めない日本人の読者は，そのまま揮毫に記された「牡丹」のことを詠んだ短詩だと考えるだろうが，そのときに「まことの名」とは何なのか，大きな関心が生じてくるに違いない。あるいは，訳に添えられた原文に「Rose」という単語を認めた読者は，これこそが「まことの名」と考えるかもしれない。

　なるほど，この山内訳は翻訳というよりも翻案と呼ぶべきものかもしれないが，ここでは漢字で書かれた揮毫を理解できないフランス人とはまた異

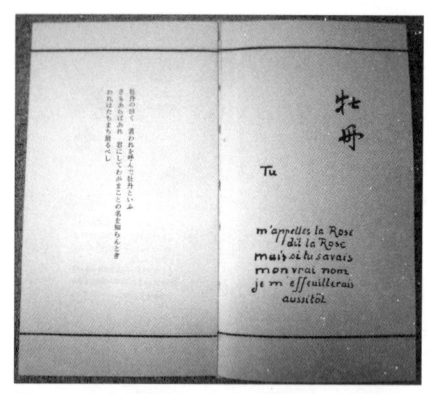

図12　山内義雄訳による「牡丹」

なったレベルでの微妙なズレが生じていると言えるだろう。これほど極端ではないにせよ,『百扇帖』に収められた短詩では，翻訳のレベルまで含め，漢字とフランス語の間の関係はきわめて複雑に絡み合っている。そもそも，揮毫の漢字が選ばれた時点で，詩はすでに翻訳というフィルターを通過しているのである。ある意味で，揮毫の漢字を選んだのが詩人本人ではなかったことは，逆に『百扇帖』という本にいっそう豊かな可能性を拓いていると言うべきなのかもしれない。

「これは何を意味しているのか（Qu'est-ce que ça veut dire?）」[59]という問いかけは，クローデルが師のマラルメから受け継いだ命題だったが，こうしてみると漢字の読めないフランス人読者，そしてフランス語の読めない日本人読者の双方がこの問いかけを抱きながらこれらの短詩と揮毫に向かうとき，漢字とフランス語が並置されていることによって，その間から予想もできなかったイメージが生まれてくると言えるのではないだろうか？

10.　漢字とフランス語の相互関係

こうした関係は，漢字とフランス語が並べられたセガレンの『碑』においても当然生じている。ただし，それは『百扇帖』とはまったく異なったレベ

第1章　墨，紙，そして筆　　29

ルの問題と言わなくてはならないだろう。セガレンにいち早く注目して日本に紹介しようとした豊崎光一氏は，『碑』における漢字とフランス語の関係を次のように指摘している。

> ［……］ときにはフランス語テクストは，全体としてあるいは部分的に，シナ語のかなり忠実な翻訳を示しているし，また別の場合には，その関係はむしろ転置ないし例示のそれです。
> どのケースにおいても一貫していることが一つあります。それは漢字とフランス文とのあいだの極めてはっきりした距たり，対立，セガレンが解していた意味における「エグゾティスム」であって，彼によればこの語は，ローカル・カラーの安ぴかものを想起させる通常の意味を剥ぎとられて，本質的な，永久に還元＝縮減不能な一個の差異を意味することになります[60]。

こうした関係にある漢字とフランス語は翻訳される際に，『百扇帖』とはまた違った種類の問題を引き起こすことになる。上の文章に続けて，豊崎氏は『碑』における翻訳の問題を次のように述べている。

> そう，一篇の「碑」を我々の国語に翻訳するとき，どんなことが起きるでしょうか？　それはこうです，日本語の文は通常かなり多くの漢字を含んでおり，そして，すでに申し上げたように，シナ語のエピグラフとフランス文とは翻訳の関係にあるために，日本語訳がエピグラフにあるのと同じ漢字を含んでいるということが起こってくるのです。［……］したがって翻訳者はそれらの単語をそのままにしておくことになる。言うまでもないことながら，こうした状況下では，対立の，「エグゾティスム」の効果は，無に帰されるとまではいかなくとも，少なくとも目に見えて減殺されてしまうことになります[61]。

豊崎氏が指摘するように，漢字とフランス語の間に類を見ないような緊張

関係を打ち立てたセガレンのテキストに対して、翻訳によってその関係が別の次元のものになってしまう可能性があるのは、たしかに大きなリスクだと言える。

　これに対して『百扇帖』の場合は、文字を選んだのがクローデル本人ではない上、詩人は明快に「日本語のタイトルはその示唆的で装飾的な意味合いによって山内氏と吉江氏によって選ばれ有島生馬氏によって墨書された」[62]と書いている。ここから、クローデルは漢字を『碑』の場合とは違った存在として捉えていたと考えるべきである。「タイトル」や「装飾的」といった表現からは、詩人がやはり詩を中心に据えていたことは間違いない。と同時に、「示唆的」という部分からは、単に説明的な挿絵とは異なるものを望んでいたことが分かるが、こうしたフランス語と漢字の関係は決して対峙、対立するものではなく、むしろ補完的かつ相対関係であることが感じ取れる。それはクローデルの『詩法』(Art poétique, 1904)にあるように、「まこと青はオレンジ色を知り、まこと手は壁の上のおのれの影を知る。まこと、そしてたしかに、三角形のひとつの角は、イサクがリベカを知ったのと同じく、ほかのふたつの角を知る」[63]ことにつながる状態であり、そのキー・コンセプトとなった「共同＝出生（co-naissance）」の具体的なイメージの表われだと考えられる。すなわち、「万物にはそれぞれ過剰な部分と不足な部分があり、それが万物の個性となっているが、万物はそうした過不足をたがいに補い合い、共に生まれ、ともに存在し、見事な調和を生み出している」[64]のである。それはまた、クローデルが日本で最初に発表した作品となった『内濠十二景』の中で示された、「かくして、私が書かなかった詩では、時間や場所の差異というものはまったく存在せず、そこではすべてのものが秘かな親密さによってひとつに結びついている」（第七景）[65]という関係でもあるだろう。

　『四風帖』や『雉橋集』における冨田渓仙の絵とクローデルの詩との共同作業を考え併せるなら、『百扇帖』においてクローデルは、添えられた漢字そのものをひとつの絵と捉えるという意図を持っていたのではないだろうか？　そう考えるなら、文字の選択にクローデルが頓着をしなかったことも

理解できる。この意味で，揮毫はそれまでの『四風帖』における渓仙の絵のポジションを引き継いだものだと言えるだろう。

11. 手書きによる文字と活字の間

他方，日本で刊行された『百扇帖』のもうひとつの大きな特徴は，クローデルの筆による墨書である。この点について，山内氏はこう指摘している。

> 本文を三段に仕切り，その各々の欄にクローデル自筆の毛筆書きで一つ一つの句が書かれている。このクローデルの毛筆書きというのがなかなか堂に入つたもので，私の知るかぎりにおいて，外国人はもとより，日本人に書かせてもこれほどの筆法の面白さは一寸出せまいと思われるほどのしろものである。葦手書きの面白さまで取り入れて，詩句を自由に配列したまではいいとして，さらには，一語を勝手な綴りのところで切り放つはおろか，複数形を示すsの字を思いもかけないところにちよんと一つ据えて，葉末にかかる露の滴，乃至風に鳴る風鐸のおもむきを出そうとしたあたり，何とも心にくいかぎりである[66]。

一方，ガリマール社から刊行されたクローデル全集に収められた『百扇帖』は，先に触れたように揮毫が添えられていないどころか，すべて活字印刷によるものだった。これに対して山内氏は，「最近手にしたクローデル全集第四巻『極東』に，この『百扇帖』なるものがおさめられている。ただし，これは全部活字による印刷である。したがって，かつてクローデルが滞日中，特別限定私家版として上木した『百扇帖』の面影はしのぶべくもない」[67]と記しているが，たしかにふたつの版を並べてみるなら，同じ詩という印象を持つことさえ難しいように感じられる。それはいみじくもクローデル自身が書いたように，詩の中身（詩想）ではなく，印刷の形態（紙と墨）の問題にほかならないと同時に，作品を提示する方法にまで意識を向けたセガレンやクローデルの試みの意味を，逆説的な形で示してくれていると言えるだろ

う。揮毫と自筆によるテキストというオリジナル版を踏襲する形で『百扇帖』をフランスで刊行した 1942 年のあと，クローデルは『言葉には魂がある』(Les Mots ont une âme, 1946) という短いテキストを発表している。その中で詩人は,「言葉というものは魂を持っている。話された言葉だけではなく,けれども書かれた言葉そのものにも，私はそこに通常の幾何学とは別の何かを見出す。図像的な記号と意味されるものとの間には，ひとつの関係性が存在する。私を非難したければ好きなだけすればいい，だが私は断言するが,書かれた言葉にはひとつの魂が，その内には私たちのペンからひとつの形,表現をする線の形となって表われ出てくる，ある生き生きとした力があるのだ」[68]。

　このように印刷された文字ではなく，わざわざ「書かれた文字」にこだわるクローデルが，日本で刊行した本で手書き文字をそのまま印刷したことの意味を考えるためには，活字を中心とした印刷技術という側面を考える必要があるだろう。つまり，日本の印刷術の歴史で言えば，明治期に大きな転換期があった。それはこの時代に導入された，活字による印刷術である。活字というのは《movable type》の意味であり，自由に組みかつまた組み変えることができる点で便利で経済的であると同時に，文字や文章に均質性と非人称性をもたらす。これに対して，それまでの日本の印刷術はページ全体に手書き文字を逆字で彫り込む整版という形を採っていた。この技術によって墨の濃淡，文字の動きの抑揚，文字の連綿（続け字）などが紙の上に写し取られ，それはそのまま書いた者の息遣いまでも伝える。その文字が持つ親密な雰囲気は，江戸時代の俳諧一枚摺などからも窺うことができるだろう。書道史の研究家である古賀弘幸氏は「明朝体活字によって言葉は変わったか」という論考の中で,「言葉を運搬する媒介である文字の視覚的な変化が，言葉の価値にどのような変化を及ぼすかという問い」[69]を立てて,「明治期に訪れた公共的な字の不可逆の変化――手書きから明朝体活字へ――が短歌の言葉をどのように変化させたか」[70]を検証している。古賀氏によれば,「手書きの文字が帯びる〈何か〉はその筆跡の書者への連想を呼び，歌の作者による筆跡であれば，その家風と書風と人格はほぼ等しいものとして親密さと

ともに受け取られることは、共通の感覚としてあったであろう。文と書き振りと人格を等しく見ることは古代からある。[……]つまり、手書きの文字は、読者にとって、書き手の人格＝人称性・個別性を感得できるものとしてある」[71] のに対し、「明朝体活字は仮に何回印刷しても、得られる字の姿は同じであり、同じ文字は文字列の中でどのような使われ方をしても交換可能である。[……] その意味で明朝活字体は、規格化され、工業化された非人称的な文字である」[72]。そして、「均質的な表情を持った活字は、和歌から手書きの文字が帯びていた〈何か〉を追い出してしまったかのように見える。追い出してしまった今、〈何か〉を正確に記述することは難しいが、それは言葉を可視的なものとする条件（文字）が必然的に帯びているようなものである」[73] という。クローデルもまた、フィレンツェの講演を記録した『書物の哲学』の中で、「間もなく、ペンの細いくちばしの先から出てきてページの上でまだ乾かずに震えている一面に書かれた文字を、印刷機械が掴み取り、製版し、数限りない部数を刷るためのたったひとつの母型を作るのです。こうして、人間が書いたものは、空想や出の悪い葦ペンとはおさらばし、機械装置のごとく、オルゴールの中の穴の開いた帯のごとく、いわば様式化され、単純化されて、テキストはその価値において非個性的、決定的、一般的、抽象的なものとされたのです」[74] と述べているが、こうした口調は、古賀氏の指摘にそのまま重なるものだと言える。

このような認識を持ったクローデルが『百扇帖』で試みた、活字ではなく筆で書かれた自筆の文字による詩の出版は、まさに日本における印刷技術の変革、つまり活字導入とは逆の方向を向いているように見える。それは整版というかつての日本の印刷技術の利点を取り込みながら、詩を「非個性的」なものから「人間の書」へと引き戻す試みだったとは言えないだろうか？ 実際、『百扇帖』の序文でクローデルは、詩人が「ペンから筆に持ちかえると、すべてが変わる」[75] と書いている。筆を手にした「詩人はもはや単なる作者ではなく、ちょうど画家のように、作品を創り上げている最中の自分自身の姿を見ていくにつれ、自分の作品の観客であり、また批評家になるのだ」[76]。こうしてみると、揮毫が漢字の存在そのものを問題としていたのと同じよう

に，筆と墨によって書かれたフランス語の短詩もまた，詩の内容だけではなく描かれた文字それ自体を作品と見なし，その自律した存在を強調しようとするクローデルの考え方を示していると言える。そして私たちがその描かれた文字の背後に見出すのは，画家に喩えられた人間，筆を手にした詩人の姿そのものであろう。この意味で，『四風帖』と『雉橋集』で墨書した詩のすべてにあたかも絵画のようにクローデルのサインないし《PC》という頭文字が書き込まれているのは，偶然ではないだろう。

12. 結びに代えて～墨と紙と筆によって生みだされる息としての「言葉」

　筆を手にした詩人——その筆から生み出された詩を，クローデルは『百扇帖』の序文でいみじくも，「手から生じた呼気（Une haleine issue de la main）」[77]と言い表している。それはまた，空気の動きを生じさせる扇のイメージとも重なってくる。こうして，クローデルの「詩想」は，「息」へと収斂されていく。実際，『百扇帖』の原稿を出版社に託したクローデルは，親しい知人に向かってこの本のタイトルは「息についての書（Ecrit sur le souffle」となるだろうと話し，「それは俳諧ではない。それよりももっと小さい。それは息（souffle）が，よく響く呼気（haleine）が含み持っているものだ。私がきれいな白い紙に墨で黒々と書いた文字は意味を与え，精神の翼が想像の息吹でその意味を生き生きとさせるのだ」[78]と語っているのは，きわめて示唆的である。

　また序文の中では幾度となく「動き」が強調されているが，たしかにクローデルの詩想のイメージの中心にあるのは筆の動きであり，翼の羽ばたきであり，息という空気の動きであるように思える。そして筆によるクローデルの手書きの文字は，活字では到底感じ取ることができない詩人の動き，息遣いまでも感じさせる存在となっている。

　セガレンが中国の「碑」に自分の表現を託す形式を見出したように，クローデルは日本で「扇」に自らの作品を描く形式を求めた。その結実のひとつが，扇という言葉をタイトルに掲げた『百扇帖』であることは間違いない。「息」

というイメージを詩想としたクローデルにとって，ゆるやかな空気の動きを生み出す「扇」，そして筆で描かれた文字は，まさに一種の理想的で象徴的な形態だったと言えるだろう。その一方で，実際に扇面状の紙の上に詩や絵が描かれていた『四風帖』や『雉橋集』，あるいは文字通り一枚の紙の上に二十数篇の短詩が絵画のように配列された『オミ山上の老人』などとは異なって，折本という特殊な形態にせよ，クローデルが『百扇帖』では書物という形に戻っていることは興味深いことである。あるいは，なぜ『オミ山上の老人』をクローデルは最終的に，一枚の紙ではなく本の形で出版したのだろうか？ 論考を締めくくる前に，最後にこの問いを考えておきたい。

そこで注目したいのは，『百扇帖』でそれぞれの詩の上下に引かれた2本の線の存在である。すなわちこの本では，折本仕立てであることも含め，ページを捲ることではなく，詩と詩との境界を明瞭に示しているのはこれらの線である。もし，一面の扇に一篇の詩が書きこまれたように，一枚の紙が一篇の詩を生み出す場であるならば，この線の間の部分こそが本質的に一枚の紙，一枚のページであるとクローデルは見なしたということになるのではないだろうか？

他方，ここでもう一度『オミ山上の老人』に目を向けるなら，ここにおいても一枚の紙の上に印刷されたそれぞれの詩篇は，線に囲まれていることが確認できるだろう。そしてこの線に囲まれた空間がひとつのページであり，詩の発生する場だとするならば，『百扇帖』においても『オミ山上の老人』でも，物質的には一枚の紙であるひとつのページの上に複数のページが存在することになる。あるいは，『内濠十二景』のように裏から紙を透かして見えてくるテキストもまた，一枚の紙の上に複数のページが存在するための試みだったと言えるのではないだろうか？ 何をもって一枚の紙と捉えるのか，一枚の独立したページとは何なのか？ あるいはページ同士の関係は？ ここからは，そうしたクローデルの問いかけが聞こえてくるように思える。

いずれにしても，日本滞在中に出版された本，とりわけ一年間の一時帰国から東京に戻った1926年から翌年にかけて出された3冊において，ある意味でクローデルは自分が書物に求めた可能性をさまざまな形で試みていると

言ってもよいだろう。ヘラシュタインは日本におけるクローデルの創作の特徴として、「日本期の作品はある程度まで、すでにクローデルのコーパスの中に昔からあったテーマを、もう一度取り上げたものである、しかし、それらは日本のインスピレーションの下で、完全に更新された形態を与えられている」[79]と指摘している。クローデルが「詩想が墨と紙を得るために」と言ったのは、来日二年目の1923年のことだった。けれども、墨と紙だけでは文字は生まれない。そこには筆が必要だったのだ。さらに、画家にとってのキャンバスにも相当する一枚の紙を、さらに書物を、筆を手にした詩人はどのように詩が発生する場とすることができるのか？『百扇帖』はこうした問いかけに対してクローデルが出した、ひとつの答えであるように思える。

　1921年1月10日、コペンハーゲンにいて東京赴任の知らせを受けたクローデルは『日記』に、「東京の大使に任命される。[……]私はかくしてまたもう一度、あの東洋の偉大な書物を開けるのだ」[80]と記した。それから6年後に日本を離れるとき、『オミ山上の老人』、さらに『四風帖』から『百扇帖』までを書き終えた詩人大使の頭の中には、どういった姿の「書物」が浮かんでいたのだろうか？

【注】
1) 内藤高「詩のテキストと絵画：クローデルにおける絵画と文学の接点」『大阪大学文学部紀要』39号、1999、p. 59.
2) Paul Claudel, « À propos de la publication de Sainte Geneviève »,『日本詩人』、新潮社、1923年, p. 4.
3) 1920年に第5次内閣を組閣していたブリアンは、フランス外務省事務局長のフィリップ・ベルトロとともにクローデルの駐日大使任命の原動力とも言うべき存在だったが、クローデルが日本に着任した直後に、政敵ポワンカレにその地位を譲っている。またベルトロも1921年12月に更迭されたことから、重要な後ろ盾を失ったクローデルは、非常に厳しい状況の中で東京での任務を遂行せざるを得なかった。
4) 仏領インドシナが日本にかけていた関税は最高率のもので、輸出入問題に大きな障害となっていた。
5) クローデルはマドリッドなどフランスだけではなくいくつかの都市で講演を行っているが、『朝日の中の黒鳥』に収められたものは、リヨン大学で行われたものである。

第 1 章　墨，紙，そして筆

6) 関東大震災については，『炎の街を横切って』の他に，『一年後に』(Un an après, 1924) というエッセイが残されている。
7) 『日記』の 1924 年 10 月 22 日の記述に，「セルトとの対話によって，1919 年から書き始めた『繻子の靴』の最後にラテン語で『作品ヲ終了』と記す」とある。Paul Claudel, *Journal* I, Gallimard, 1968, p. 647.
8) 渡邊守章「日本で書かれた傑作」『舞台芸術』14 号，角川学芸出版，2008 年。
9) Paul Claudel, « introduction de Cent phrases pour éventails », *Œuvre poétique*, Gallimard, 1957, p. 700.
10) *Journal* I, p. 605.
11) 根岸徹郎「『日記』に見るクローデル」『日本におけるポール・クローデル』(クレス出版，2010 年) を参照のこと。
12) ブラジル全権公使 (1917-1919)，在ローマ経済特使 (1915-1916) など。
13) 日本に赴任する直前のクローデルの職務は，コペンハーゲンにおけるシュレスウィヒ国際委員会のフランス代表委員だった。
14) 中條忍「来日前後」『日本におけるポール・クローデル』，p. 428.
15) Cf. *Journal* I, pp. 566-567. 明治会館で開催されたこの集まりでは，クローデルの詩「シャルル＝ルイ・フィリップ (« Charles-Louis Philippe », 1909)」の原詩を東京外国語学校の E. オーブリアンが，訳詩を帝劇女優鈴木福子がそれぞれ朗読した。
16) 1922 年 11 月 29 日に大使館で「シャルル＝ルイ・フィリップ」を鈴木福子と E・オーブリアンに読んでみせている。
17) 中條忍「山内義雄先生のこと」『流域』67 号，2010 年，pp. 24-25.
18) Paul Claudel, *La Philosophie du livre*, *Œuvres en prose*, p. 72.
19) *Ibid.*
20) *Ibid.*
21) 『日記』には「午後に長谷寺，牡丹」とある。*Journal* I, p. 716.
22) クローデルは 1926 年 10 月 23 日に，同じ題の講演を日仏会館で行っている。
23) Paul Claudel, *Idéogrammes occidentaux*, *Œuvres en prose*, p. 84.
24) *Ibid.*, p. 83.
25) Paul Claudel, *Cent phrases pour éventails*, *Œuvre poétique*, p. 760.
26) Paul Claudel, *Réflexions et propositions sur le vers français*, *Œuvres en prose*, p. 6.
27) Cf. Paul Claudel, *Tête d'or*, *Théâtre* I, Gallimard, 2011, p. 102 では cri-/Ez や v-/Ous といった切り方が見られる。
28) Paul Claudel, *Poëmes au verso de « Sainte Geneviève »*, *Œuvre poétique*, Gallimard, 1967, p. 647.
29) 内藤高「詩のテキストと絵画」，p. 60.
30) 『オミ山上の老人』の詩篇の数については，ミチオロは 23 篇，ヘラシュタインは 22

篇と数えている。なお、クローデル自身は当初『日記』などでは 18 編の詩としていたが、その後いくつかの書き加えがなされた上で出版されている。

31) 山本功「『オミ山上の老人』のいわれをたずねて」『日仏文化』23 号, 日仏会館, 1968, p. 76.
32) Jacques Benoist-Méchin, *Bibliographie des Œuvres de Paul Claudel*, Éd. du Sagittaire, 1925, p. 100.
33) 例えば、1924 年 1 月末の『日記』には、「年寄りになり始めた」という記述がある。また 1926 年 4 月 28 日付の A. パー宛の手紙には、「自分がひどく年を取った」と書かれている。
34) 山本功「『オミ山上の老人』のいわれをたずねて」, *op. cit.*, p. 76.
35) *Ibid.*, p. 77.
36) Henri Micciollo, « *Le Vieillara sur le Mont Omi*: les sources », *Revue des Lettres Modernes*, 391–397, 1974, pp. 235–248.
37) クローデルはこの本について、1923 年 12 月に『日記』の中で数回に亘って言及、引用をしている。
38) Nina Hellerstein, *Le Vieillard sur le Mont Omi: une énorme plaisanterie archiconnue*, Bulletin de l'Association pour la Recherche Claudélienne, no. 7, 2008.
39) *Ibid.*, pp.13-19
40) Claudel, *Le vieillard sur le Mont Omi, Œuvre poétique*, p. 751.
41) Claudel, *Poëmes au verso de « Sainte Geneviève »*, p. 647.
42) 1926 年 8 月 6 日付の A. パー宛書簡。『日本におけるポール・クローデル』p. 358 を参照のこと。
43) 中條忍「山内義雄先生のこと」, p. 25.
44) 栗村道夫「『百扇帖』注釈 (2)」*L'Oiseau Noir*, VIII, 日本クローデル研究会, 1995 年, p. 2.
45) Paul Claudel, *Le poète et le shamisen, Œuvres en prose*, p. 828.
46) 有田忠郎「解説」『セガレン著作集 6 − 2』水声社, 2002 年, pp. 268–270.
47) 山内義雄「百扇帖」『クローデル　百扇帖』私家版, ページ記載なし。
48) Victor Segalen, *Stèles, Œuvres complètes de Victor Segalen* II, Robert Laffont, 1995, p. 33.
49) Victor Segalen, « Aux lettrés d'Extrême-occident », *Œuvres complètes de Victor Segalen* II, p. 141.
50) Claudel, *La Philosophie du livre, op. cit.*, p. 72.
51) *Ibid*.
52) *Ibid.*, p. 81.
53) *Ibid.*, pp. 79–80.

54) *Ibid.*
55) ローラン・マブソン『詩としての俳諧　俳諧としての詩』永田書房，2005年。
56) 中山篤子「クローデルの百扇帖について」，*Gallia*, 21-22, 大阪大学フランス語フランス文学会，1982年，pp. 246-256.
57) 栗村氏の「『百扇帖』注釈」は，日本クローデル研究会の会誌 *L'Oiseau Noir* の第6号（1990年）から第15号（2009年）まで，合計8回に亙って掲載され，172篇すべてについて注釈が付けられている。
58) 山内義雄訳「牡丹」『クローデル　百扇帖』私家版，ページ記載なし。
59) Paul Claudel, *La catastrophe d'Igitur, Œuvres en prose*, p. 511.
60) 豊崎光一「翻訳と／あるいは引用」『他者と［しての］忘却』筑摩書房，1986年，p. 223。
61) 上掲書, pp. 223-224.
62) Paul Claudel, *Cent phrases pour éventails*, 1942, s.p.
63) Paul Claudel, *Art poétique, Œuvre poétique*, p. 150.
64) 中條忍「来日前後」，『日本におけるポール・クローデル』, p. 427.
65) Claudel, *Poëmes au verso de « Sainte Geneviève »*, p. 649.
66) 山内義雄「百扇帖」『クローデル　百扇帖』私家版，ページ記載なし。
67) 上掲書，ページ記載なし。
68) Paul Claudel, *Les Mots ont une âme, Œuvres en prose*, pp. 91-92.
69) 古賀弘幸「明朝体活字によって言葉は変わったか―口語短歌について」『金壺集―石田肇教授退休記念金石書学論叢』石田肇教授退休記念事業会，2013年，p. 332.
70) 上掲書，同ページ。
71) 上掲書, pp. 337-338.
72) 上掲書, p. 338.
73) 上掲書，同ページ。
74) Claudel, *La Philosophie du livre, op. cit.*, p. 76.
75) Claudel, « introduction de *Cent phrases pour éventails* », p. 718.
76) *Ibid.*, pp. 718-719.
77) *Ibid.*, p. 717.
78) « Interview par Frédéric Lefèvre sur le retour d'Amérique », *Supplément aux œvres complètes*, tome II, L'Age d'Homme, 1991, p. 166.
79) Nina Hellerstein, *op. cit.*, p. 4.
80) Claudel, *Journal* I, p. 501.

第2章
梁漱溟の東西文化論と
デューイおよびラッセル

土屋　昌明

　1920年の夏のある暑い日，ヨーロッパ視察に出かける教授たちの歓送会が北京大学でおこなわれていた。視察に出かける教授たちを前に，つぎつぎにスピーチをする北京大学の教授たちは，口々に「蔡先生がぜひ中国文化の優れた部分を西洋に持って行き，西洋文化の優れた部分を中国に持ち帰ってくれることを期待します」と話した。

　この蔡先生とは，北京大学学長蔡元培52歳である。彼は1917年から北京大学学長の任にあり，「科学と民主」（＝西洋化）を確立普及させようとする，いわゆる五四新文化運動を実践していた。北京大学の改革として，カリキュラムや研究機関といった基本的な問題の整備はもちろん，男女共学や優秀な人材の大胆な招聘もしていた。

　この席には蔡元培が招聘した人で，インド哲学を講じる梁漱溟27歳がいた。彼は当時，仏教の唯識学に新解釈を加えた『唯識述義』という著書を書いたが，内面的な悩みから出家の志を捨てて儒家思想の研究を始めたところだった。その梁漱溟が，この歓送会で教授たちのスピーチを聞いて質問に立った。いわく「先生方は，蔡先生が西洋に中国文化を持って行ってほしいというが，いったい何を持って行けというのですか？　先生方は何を指して中国文化といっているのか，私にはよくわからないので，ぜひ教えていただきたい」。

　この質問の答えに立つ人は，当然のことながら誰もいなかった。梁漱溟は憮然として席に戻った。それでも歓送会は白けることなく，無事終了した。散会後，梁漱溟のところに，アメリカ帰りの論壇のリーダー胡適教授29歳

が近づいてきてこう言った。「梁漱溟先生，あなたの出した質問はすばらしかった。でも天気がこう暑くっちゃ，みんな頭が働かないんだ」。

以上は，梁漱溟の回想にもとづいた逸話である[1]。このとき梁漱溟は次のような感想を記している。「世の人は，うそでもなんでも，みな耳障りのよい，格好をつけた言葉を話すのを好むものだ。……「中国文化」を単にからっぽで無意味な名詞として使うだけなら，彼らの話はまったくウソであり，社交辞令にすぎない」。ここには，梁漱溟の理想主義的性格と生真面目さが感じられるが，それと同時に，彼が五四運動直後の緊迫した社会状況に敏感に反応している様子も窺える。その後，梁漱溟はいわゆる現代新儒家の代表とみなされるようになるのであるから，この歓送会こそ現代新儒家の起点と見ることもできる。

現代新儒家は，孔子・孟子以来の儒家思想を中国哲学あるいは中国思想の根本精神とみなし，それを文化伝統としてそこに「西洋近代思想と西洋哲学を吸収，受容し，改造することで，当時の中国の社会，政治，文化等の諸方面での現実的な活路を探索した」とされる[2]。ここには，伝統文化が重くのしかかるある社会が，いかにして西洋化するか，という非西洋社会の近代化で必ず直面する東西世界の文化的差異の問題がある。この問題は，中国では19世紀に始まって，五四新文化運動時期に盛り上がっただけでなく，文化大革命終結後の1980年代にも再び問題にされ，いわゆる「文化熱」ブームを巻き起こした[3]。その後の中国は経済的に繁栄しているが，「科学と民主」は，現在でも大きな問題として残されており，しかも往々にしてそれは文化問題として議論される[4]。

ところで，彼らが吸収・受容・改造しようとした西洋近代思想の魅力にはグラデーションがあり，それは西洋人からのアピールとともに，中国人の主観に起因して生じていた。両者の主観には，中国に対する彼らの現実的な問題意識が関わっていただけでなく，中国文化についての西洋人の主観を中国人が共同するような無意識が関わっていたのではなかろうか。つまり，西洋人の主観から虚構された中国文化（それはサイード的な意味におけるオリエンタリズムの偏向がある）が，真の中国文化の特性とみなされ（そうみなす

ようなアピールも西洋側からおこなわれ），中国人はそれに近づくように自己を「改造」しようとする，そのような契機があった，と考えられるのではなかろうか．以下，この問題意識を軸にしながら，五四新文化運動当時の東西文化論について梁漱溟を中心に考えてみたい．

1. 五四新文化運動と東西文化論

まず上述の1920年夏の北京大学における歓送会に対する梁漱溟の説明から出発しよう．これによって当時の中国の思想状況を概観してみると，次の二点に気がつく．

第一に，当時の知識界では「文化」の問題がクローズアップされていたこと．すなわち彼らは，中国の近代化のプロセスにおいて，西洋の科学技術を学ぶことから，西洋の文化的要素を学ぶ必要を認識した．1920年にはこの点が中国の知識人には共有されていた．これについて，梁漱溟が次のように述べているのが参考になる．

明代の徐光啓（1562〜1633）がマテオリッチとともに『幾何原本』を翻訳してユークリッド幾何学を紹介してから，19世紀末の日清戦争に至るまで，中国人は西洋の科学技術の長所に感心し，とくに19世紀後半は，西洋の科学技術を取り入れることで富国強兵を図った．ところが1894年の日清戦争で，同じく西洋の科学技術を取り入れて近代化を図ってきた日本に大敗，西洋文明の利器と技術を導入するだけでは富国強兵はできないことに気づいた．つまり政治制度を西洋化するべきことに気づいた．こうして康有為らが1898年に戊戌の変法を進め，立憲君主制をおこした．これは100日で挫折したとはいえ，それからは政治制度の一新が求められつづけた．その後，革命と立憲政治が求められて，1911年に辛亥革命がおこった．立憲論者も革命論者も，みずからの主張が実現の暁には，西洋文化は中国に備わり，日本と同様の強国になれると考えていた．しかし，辛亥革命を経ても，西洋的な政治制度は根付かなかった．政治制度を根付かせるにはどうしたらよいのか．つまり制度だけではなく，倫理を変えること，つまり思想や文化も変えなけ

ればだめだ，ということを人々は悟った[5]。こうして，科学と民主による全面的な西洋化が必要なのだという文化革命，新文化運動が唱えられるようになった。以上の梁漱溟の見解は，当時の諸意見をまとめており，広く共有されていたものであろう。

さて，その新文化運動の旗手の一人が胡適だった。胡適は，五四運動のあった1919年にこう述べている。

> 新思潮の根本的意義は一種の新たな態度にほかならない。この新しい態度は「批判的態度」というべきだ。……現今の時代は「すべての価値を決め直す（Transvaluation of all values）」時代だとニーチェは言った。この「すべての価値を決め直す」という言葉こそ，批判的態度の最もよき解釈である[6]。

すべての価値を決め直すとは，価値観の変更であり，価値観を規定する文化・思想を変えることである。このように，梁漱溟を含めてこの歓送会に列席していた人々は，文化問題こそが喫緊の課題だという点では意見が一致していた。つまり五四新文化運動の精神を共有していたのである。

第二に，この歓送会で蔡元培に期待されたことは，「中国文化の優れた部分を西洋に持って行き，西洋文化の優れた部分を中国に持ち帰ってくれること」，つまり東西文化融合の理念であった。しかも，ここでいう「東洋文化」とは中国文化である。この「東洋」は韓国や日本やベトナムなどを含んだ「東アジア」の概念とは異なる。つまりこれは，中国文化と西洋文化の融合の謂いであった。

蔡元培がそのように期待されたのには，蔡元培の経歴が関係する。彼は，清朝末期の1905年に廃止された科挙に合格したことのある秀才であり，1911年の辛亥革命後，フランスやドイツに留学して西洋の学問も修めた。いわば新旧の学＝西洋と東洋（中国）の学に通じた知識人だったのである。また，北京大学学長という彼の地位もそうした期待に値する。

では，思想状況的にはどうか。この歓送会は1920年夏におこなわれた。

五四運動がおこった翌年である。上述のように、一般的に五四新文化運動とは、反封建・反伝統を標榜したものと考えられている。そしてこの時期は、マルクス主義が陳独秀ら五四新文化運動の旗手に浸透しはじめたことにより、北京大学の知識人の間で意見が分かれつつある時期だったと考えられている。ところがこの歓送会では、反伝統でもなくマルクス主義でもなく、東西文化融合が主たるテーマとなっているようである。では、この東西文化融合の理念と反封建・反伝統の五四新文化運動との関係はどう考えるべきなのだろうか。

反封建・反伝統として批判する対象となるのは、封建的な政治体制であり、その背景となっていた儒教であった。やはり蔡元培によって北京大学に招聘された陳独秀は、「憲法與孔教」で次のように述べていた。

> もし我々が中国の法と孔子の道で、国を組織し社会を支配し、今日の世界の中で生き残れるのなら、ここ十数年来の変法維新、流血の革命、国会の開設、法律の改正など一切の新政治や新教育は無駄になる。……この新しい国家・社会と相容れない孔子の教えを、徹底的に見極め、勇猛に決意することが必要だ[7]。

中国文化の三つの思想とされる儒教・仏教・道教で、儒教が中国文化を代表する政治思想であるとされるのであるから、如上の観点に立てば、中国文化は近代化にたえないことになり、儒教は完全に否定されなければならない。

つまり、当時の文化問題において、中国文化は近代化に得るところがないという立場が、北京大学を中心とする新文化運動の流れとしてある一方で、同じ北京大学の新文化運動の旗手たちが出席する場でありながら、中国文化は西洋文化に裨益するという考えが支持されているわけである。ということは、新文化運動が反儒教・反伝統であったことからすれば、1919年から1920年の間に、新文化運動のごく近辺で中国文化への復帰傾向が生じていたことになる。ただし、梁漱溟が中国文化の何たるかを突っ込んで質問したのに、それを同席した人々が無視し、胡適がそれを暑さのせいにしたことか

らわかるように，東西文化融合の考えは，東西の学を修めた学長に対する教授たちの社交辞令にすぎない性質もあったのであろう[8]。つまり，中国文化の可能性に関する期待が登場しつつあったが，胡適らはそれが重要な問題だとは認識していなかった。それに対して梁漱溟は，この問題は重要だと考えたのである。

　その結果どうなったか。梁漱溟は，唯識思想の研究から中国文化の研究を本格的に進め，この年の秋から「東西文化とその哲学」の講義を始め，翌1921年10月に講演記録として『東西文化とその哲学』を発表した。この書は1922年1月に上海商務印書館から正式出版され，一世を風靡したばかりか，それ以後，1930年代までの中国人の世界観に大きな影響を与えた。これはおそらく，当時の都市の新興知識人・商人・労働者といった五四新文化運動の支持者だけでなく，伝統保守的な人々にも魅力的であったからであろう[9]。

　この点について胡適は，その後の1924年に，当時の思想界に整理を加えた「当代中国的思想界」の中で次のように書いている[10]。中国の知識人たちの伝統文化回帰の動向は，大戦後の西欧（とくにドイツ）の悲観的な状況を渡欧した人士が中国に伝えたことに起因する。特に梁啓超の影響が強い。つまり，西欧の人々は大戦の影響で物質文明に対する不安感がつのり，東洋文化（孔子・老子）を賛美する意見が高まり，それを梁啓超が中国国内に導入した。このことを中国の青年たちの側から見れば，自分たちが新文化運動で崇拝しなくなった孔子や老子が，どうしてカントやヘーゲルといった自分たちが尊敬する西洋哲学の故郷で崇拝されるのか，それに対してどのような態度を採るべきなのか，こうした問題意識が東西文化の論争を招いた。梁漱溟の『東西文化とその哲学』はこの動向に火をつけた，と。つまり，伝統文化回帰の動向は，梁啓超ら欧州訪問者が導入し，その動向の中から梁漱溟が現れて火付け役となった，と胡適は見ているのである。

　胡適は「梁漱溟氏の著作は孔子尊重の旧学者に大いに歓迎された。しかし彼らは新思想の抵抗に遭った」と書いている[11]。ここで「抵抗」という中には，胡適自身が梁漱溟に反対したことが含まれている[12]。つまり，この

時期に対する胡適の分析には，東西文化論をライバル視する態度が反映している。そうすると，1924年頃にはもはや東西文化論は社交辞令の域を超えて，新文化運動を脅かすような勢いになっていたのである。

ところが胡適は，1926年の「中国文芸復興」という講演になると，梁漱溟の論に前述の「新たな態度」があることを認めるようになる。つまり梁漱溟には「現代文明の基本的意義である欲望の理解によって，西欧文明の背後にある哲学を理解する」態度があると認めるのである。ここで胡適が認めた態度とは，1919年の五四運動において自身が描いた「新思潮の根本的意義」にほかならない。そうすると，この段階で胡適は，梁漱溟の『東西文化とその哲学』の研究を，新文化運動の重要な構成要素だと認めたことになる[13]。

このように東西文化論は，胡適のような西洋化推進論者にも無視しがたい状況に至り，数年後には新文化運動の一部と認められる段階にまで至ったのである。

だとすると，反伝統を標榜する新文化運動に対して，どのような事情が伝統文化回帰の動向を受け入れさせることになったのだろうか。伝統文化の復権を主張する意見は，この時期を待つまでもなく存在したし，旧態依然とした儒家信奉者の勢力もあったが，それらが継承・発展したというより，新文化運動のごく近く（同じ北京大学）から，伝統文化回帰の契機が生じてきた点が重要である。

知識人のこの動向の契機の一つには，第一次世界大戦後の西洋の衰退ぶりと，それを梁啓超が中国に紹介したこととが関わっていると胡適は指摘している。これは梁漱溟の指摘とも一致している。そこで，梁啓超の事情について先に見ておこう。

2．梁啓超による刺激

梁啓超は1918年12月から1920年1月に欧州を訪れ，そのときの見聞を『欧游心影録』に書いた。『欧游心影録』は1919年10月から12月の作であり，1920年3月から6月，北京の『晨報』と上海の『時事新報』に同

時に連載された。そのなかで彼は，東西文化融合について次のように述べている。

　我が国は前途に横たわる巨大な責任がある。その責任とは，西洋の文明を持ってきて我が文明を拡充させ，また我が文明を持っていって西洋の文明を補助して，それを化合させて一種の新文明をつくることだ[14]。

つまり，西洋文化は優れているが欠点があり，中国文化は劣っているが西洋文化を補助できる優れた要素があり，両者を融合することによって，いずれよりも高次な文化が創り出せる，そしてそれこそが人類文明史における中国の責任だ[15]，というのである。

　ここでは「化合」という化学用語を使っている。しかし化合とは，二つの物質の接触により，全く性質の異なる別の物質だけが生成されることである。したがって，甲の長所により乙の欠点を補うという発想にこの語を使うことは妥当ではない。とはいえ，「化合」という語は，科学的なニュアンスを感じさせるだけでなく，時間的な短さ，爆発的，色彩も変わるような完全な変容などを想起させるため，文化の変容を喫緊の課題とする知識人には魅力的であったにちがいない。同じ梁啓超はかつて，中国人の「病原」を「奴隷根性」「愚昧」「利己主義」「うそつき」「無気力」などと論じていたのであるから[16]，それから激動の十数年が経過し，欧州視察によって彼の文化論が大きく変わったことが見て取れる。

　では欧州視察の何が彼の文化論を変えさせたのか？　梁啓超が劇的に語るのは，現地で出会った人々との対話である。

　まず，サイモンというアメリカの有名記者と，次のような対話をしたという。

　彼は私にこう質問した。「中国に帰ったら何をするつもりですか。西洋文明を持ち帰ろうというのですか」。私は「それはそうです」と答えた。相手はため息をついてこう言った。「ああ，情けないことに，西洋文明

はすでに破産してしまいました」。私は彼に聞いた。「あなたはアメリカに戻ったらどうするんですか」。彼はこう言った。「帰ったら閉門蟄居します。あなたたちが中国文明を送りこんできて我々を救い出してくれるまで」[17]。

　この話は，論述を興味深くするために入れられているだけではない。梁啓超はこれをヨーロッパ人の心理の一斑を示す事例としている。だから梁啓超は，当初，相手のこうした話は自分を皮肉っているのだと思ったが，至る所でこの類の話を飽きるほど聞いたので，これが欧州人の心理の一斑を示していることがわかった，とこの話題を補強し，決してこの記者一人の問題ではないことを示している。そしてこれを素材として，世界大戦を経過したヨーロッパが，思想的な矛盾葛藤から脱せられず，物質文明が社会的な危険の種となっており，この憂慮に苦しんでいることを述べている。

　もう一人は，哲学者のエミル・ブートルー（Émile Marie Boutroux 1845～1921）との対話である。ブートルーはベルグソン（Henri-Louis Bergson 1859～1941）の師であることが文中でコメントされている。ブートルーとの対話を梁啓超はこう記している。

　　彼は私にこう言った。「一個の国民として，最も大切なことは，本国の文化に磨きをかけて発展させることだ。それはあたかも，子孫が祖先の遺産を受け継ぐには，それをしっかり保持し，しかもそれを役立たせるようにするようなものだ。たとえ浅薄な文明だとしても，発展させることはすばらしい。なぜならどんな文明にもそれなりの特質があり，その特質と別の特質とを化合させれば，おのずとよりすばらしい第三の特質が生まれ出るからである。あなたがた中国は，本当に敬愛すべきだ。我々の祖先がまだ鹿皮をかぶって石器を執って野外に狩猟していたころ，あなたがたはすでに何人の哲人を出していたことか。私は最近，中国の哲学書の翻訳を少し読んだが，つねにその精密さ広さ深さを感じる。年を取ってしまい，中国語を学べないのが残念だ。望むらくは，中国人には

この財産を失わないようにしてほしい」。私は彼のこの話を聞きながら，その場で何百キロもの重りをつるした担い棒を肩に担ったような気がした[18]。

ここにも「化合」という語が登場する。前掲の梁啓超が使った「化合」は，このブートルーとの面談を語る文章の前に置かれているので，あるいはブートルーとの談話から啓発されたものかもしれない。ここでブートルーが話したのは，祖先の文化に磨きをかけるために，それと他の文化を「化合」させるべきだ，という意見であった。中国文化はもともと優れており，それを西洋文化と融合すべきだと梁啓超は解釈したのである。

ブートルーが語る中国上古の哲人の話は，神話上の帝王伏羲が造ったと伝わる『易』をはじめとして孔子に至る儒家の聖人・賢人を想起させる。またそれは，中国文化の時代的な先行性を強調している。

以上のように梁啓超は，ヨーロッパの衰退を強調し，それを救う中国文化の優秀性は古代の儒家思想にあり，それが西洋文化と化合することで新しい文化が生じ，それが人類史的意義を持つと述べた。これは中国人を励ますことにはなるが，梁啓超がとりあげた西洋の中国文化に関する言説は，中国人に人類史的意味を期待するにとどまっていた。その後，梁啓超自身が古代哲学の概説『先秦政治思想史』（1922年）を書いて，その人類史的意味を説こうとしたが，それだけで東西文化論が盛り上がったのではなかった。

東西文化論の契機として胡適は指摘しなかったが，梁漱溟が指摘した点は，ジョン・デューイ（John Dewey）とバートランド・ラッセル（Bertrand Russell）の影響であった[19]。デューイとラッセルらが中国文化を尊重し，東西文化融合論を語ったために，こうした動向が生じたと梁漱溟は述べている。

この点は，胡適がデューイ（およびラッセル）の来華について，「1918年の復興」つまり中国のルネッサンスの一部と定義しているのと似ているが，実は対照的である。胡適は「こうした西洋の大哲学者の来華は，中国で哲学面の興味を喚起するのに大きな助けとなった。彼らの講演録と著作の翻訳は，中国のアカデミズムが中国古代の思想様式を比較研究する資料となった」と

述べている[20]。つまり，中国古代思想を研究する参照資料を彼らが西洋哲学の例から提供したというのである。参照資料を提供したというのは，つまり比較対象研究の材料を提供したという意味である。したがって胡適は，デューイとラッセルの来華を伝統文化回帰の動向と関連させているわけではない。

このように，この二人の同時代への影響について，胡適と梁漱溟の間には見方の違いがある。そこで次に，デューイとラッセルの学説と伝統文化復興の動向との関わりを検討しつつ，それと梁漱溟の学説との関わりも考えてみたい。その前に，ひとまず行論の便宜のため，『東西文化とその哲学』の内容を先に示しておく。

3. 梁漱溟の東西文化論

梁漱溟によれば，中国の危機は中国と西洋の文化的な齟齬と衝突から立ち現れた文化的相違の問題から生じている。したがって，近代化は小手先の技術や制度の西洋化ではなく，文化運動としておこなわれなければならない（この点は，陳独秀などの新青年派と一致している）。そこで梁漱溟は文化問題を検討するために，まず先験的に人類の生活の態勢を三分類する。

①何か問題に行き当たった場合に，前に向かって解決させようと努力する態勢。この方向性はその局面を改め，みずからの要求にたえられるように改変を加えていく。

②何か問題に行き当たった場合，その解決に向かわず，したがって局面を改めようとせず，そのままそれをよしとして自足する態勢。

③何か問題に行き当たった場合，その問題を根本的に消去してしまおうとする態勢。

これらをそれぞれ第一路線・第二路線・第三路線とした場合，世界文化である西洋・中国・インドの文化はそれぞれ第一・第二・第三の路線に相当する性格がその文化的特徴である。この三路線は並列した文化的地位を持つのではなく，本来，第一路線が人類の最も進化にかなった路線であった。とい

うのは，この三路線は人類の基本的な三問題への解決策としての性格も持っているからである。基本的な三問題とは，

　①人はどう自然の脅威に対処するか，という「人対自然」つまり生存の問題
　②人はどう人々に対処するか，という「人対人」つまり社会の問題
　③人はどう自分に対処するか，という「人対自分」つまり死の問題

という三点である。生存への脅威という最も基本的問題への対処として，第一路線にもとづき人類の文明が進化を遂げた。そして次に，社会の中で調和を貴び，極端を避ける中庸の精神を重んじる境地に至り，第二路線へと進んでいく。こうして生存の脅威と社会の秩序の問題が解決されると，残った問題はこの二つの路線では解決不能の死の問題に対して，第三路線の境地に至る。

　これが人類の文化の進化のプロセスであるはずだった。ところが，中国文化とインド文化は，それぞれ第二路線と第三路線において早熟な進化を遂げ，第一路線が完了しないうちに別の境地に至ってしまったのである。中国社会が健全にならないのは，根本的にこの文化の発展路線に奇矯が生じたためなのである。

　したがって，中国のとるべき態度は，まず第一路線に立ち戻って，つまり西洋文化を受け入れたうえで，自民族の第二路線の伝統を復興・保持させるべきである。その伝統とは，社会の人間関係についてすぐれた哲学を備えた儒家思想である。

　梁漱溟の文化論の骨子はこのようであった。梁漱溟によれば，人類は梁漱溟の同時代に第一路線から第二路線へと移る徴候を見せている。その徴候の一つは，西洋における個人本位・生産本位の経済が，消費本位と社会本位の経済に転化し，社会主義が生じつつあることであった。社会主義は中国文化の精神に近い。他に，理知的傾向から直観的傾向への変化もそうである。フランスのベルグソンの哲学などはその一例である。客観世界を対象とする哲学から，情感・生命といった主観世界を対象とする哲学への変化は，中国哲学への接近と受け取れる。

　また，孔子の「剛」の精神は現代的精神に合致している。これが，中国的

精神の主流である「自得」の欠陥を補う作用を持つ。この「剛」とは，前へと向かっていく気風であり，西洋的気風に近い。孔子は「剛毅朴訥は仁に近し」と言っている。剛の精神は，個人の意志の強さ・情感の充実したさまを表している。

梁漱溟当時の知識人の間では，胡適のように中国と西洋の文化的相違を歴史の進化という古今の相違に還元する主張や，陳独秀のように西洋文明の精神は民主と科学であり，中国にはそれが欠けているという主張など，西洋と中国の比較論は現れていた。しかし，これらは中国と西洋を二項対立的に対照させるだけで解釈的効果のある原理ではなかった。こうした思想状況の中で梁漱溟は，世界の文化が三つの路線を備えており，西洋・中国・インドの世界的三文化は生命ある総体として存在し，それぞれの価値基準を持っている，という一種の文化相対論とそこからの脱出方法を展開したのである。

4. デューイの東西文化論

デューイは，日本滞在後，1919年4月30日から1921年7月24日まで2年余り中国に滞在した。その間，中国各地で200回にのぼる講演をおこなった[21]。中国の人々へのデューイのこの精力的なアプローチと彼の名声，そして当時のオピニオンリーダーたる胡適がデューイに師事していたこと，こうした状況からして，中国知識人に対するデューイ学説の影響の大きさが想像できる。「中国と西洋文化が接触して以来，外国の学者で中国の思想界への影響がデューイ先生ほど大きい人はいない」と胡適も語っている[22]。この発言には，自身の師匠を顕揚する嫌いもないではないが，それだけの自信をもってデューイの来華の成功を語り得たわけである。北京での講演は胡適によって編集され，『杜威五大演講』と題して1920年に出版された[23]。梁漱溟の「東西文化とその哲学」の講義は，デューイの講演の直後であり，『東西文化とその哲学』にもしばしばデューイの名前が言及されている。

では，デューイと東西文化融合論の関係はどのようだったのだろうか。じつはデューイ自身が北京大学で東西文化融合論を説いていた。それを聴講し

たとおぼしき梁漱溟の言及によれば，その骨子は，西洋哲学は自然研究を偏重し，東洋哲学は人間研究を偏重するという認識のもと，両者の調和融合を願うものであったという[24]。このデューイの見解を梁漱溟が聴講したのは「一昨年」，つまり1919年のある晩の北京大学哲学研究会であった。しかも，1919年8月の段階でデューイは，中国が西洋文化の輸入・模倣だけでなく，そこから創造をすれば，［その東西文化が融合した新文化は］西洋社会の欠点を補い，世界文化に貢献すると考えていた[25]。つまりデューイは，五四運動と同時的に東西文化融合論を持っていたのである。このような趣旨のことは，来華以前，日本での「哲学の再構成」の講演でも語られている。

　西欧人は，実験科学と自然支配におけるその応用という道では，東洋人に比べて，早くから進んでいる。私が思うに，東洋人の生活慣習のうちに，より観想的，審美的，瞑想に富む宗教的気分があるのにたいし，西欧人の場合には，科学的，産業的，実際的な気分が多くあると考えても，まったくの空想でもないだろう。……こうして，両者［西洋と東洋］の関係のなかでのそれぞれの態度について，釣り合いのとれた理解を行なおうと，真面目に努力する哲学は，相互の経験から学ぶ能力を推し進め，実り豊かな文化という課題で相互により有効に協力することに失敗しはしないだろう[26]。

これと以下に見る「哲学の再構成」の結論とを斟酌すると，哲学の再構成において，西洋の科学と東洋の感情（観想的文化）との相互協力が必要だとデューイは考えていたようである。つまり新しい哲学のための東西哲学融合である。「哲学の再構成」の結論部分で次のように述べる。

　哲学が出来事の進行と協力し，日常の詳細の意味を明らかにし，首尾一貫させれば，科学と感情は相互浸透し，実践と想像力とは抱擁するだろう。詩と宗教的感情は，人生の自然な花になるだろう[27]。

ここで西洋と対照されているのは東洋文化であるが，中国人にとってそれは中国文化であった。以上の事例によって，デューイは中国に入った当初から，すでにこのような東西文化融合論を持っていたことがわかる。つまり，東西文化融合論はデューイの中国での一次的な仮想ではなく，彼の哲学のある側面を表現したものなのである。

　梁漱溟は，デューイのこの東西哲学融合論を参考にしただけでなく，みずからの文化進化論を補強する証拠ともした。つまり，西欧哲学の最先端的学者であるデューイ本人が，このように東洋哲学の必要性を認識していること自体，西洋哲学が第一路線（西洋文化）から第二路線（中国文化）へと移る東洋化（＝中国化）の徴候だと見るわけである。

　デューイが東西文化問題を考えるようになった背景として，『新青年』の創刊に始まる東西文化論戦がデューイに影響したとする見方がある[28]。しかし上述のように，デューイは五四運動と同時的に東西文化融合論を構想していた。少なくとも，梁漱溟が火付け役となった東西文化論争の動向を受けて東西文化論を構想したわけではない。ならば，1919年以前の『新青年』に登載されたような東西文化論をデューイが知っていたのだろうか[29]。彼は中国語が理解できないために，中国の最新の思想状況を胡適とその周辺の新青年派の人々を介してしか知り得ない。その胡適やその周辺の反伝統・反儒教の人々が，デューイに五四以前の東西文化融合論の動向を説くとは考えにくい。したがって，おそらくデューイは中国に来る以前に日本や中国に関する欧米のオリエンタリズム言説に触れて，哲学における東西融合の着想を持っていて，中国に来て生活した経験と，胡適ら伝統的学問にも通じた知識人[30]との人間的な接触の中から[31]，中国文化の優秀性をみずから思うようになり，自分が知り得た中国史の知識を構成して，中国文化の優秀性を自分の思想に導入したのであろう。

　こうして体得せられた中国文化の優秀性とは，じつは片々たる知識にすぎず，あくまで主観であり，一種のイメージである。ここで重要なのは，デューイと中国の知識人との間に，中国文化の優秀性に関する主観の共振がおこっている点である。つまり，デューイは中国の生活や知識人との接触から中国

文化の優秀性を構成し、それにもとづいて東西文化融合論を述べた。その結果、東西文化融合論は権威化されて説得力を増幅し、中国の知識人に戻っていった。彼ら自身も中国文化の優秀性を無意識に欲望しており、デューイの主観が構成した中国文化像に共振した。そして、その共振の中にいた梁漱溟がさらにそれを理論化し増幅させることとなった。

じつは、デューイが中国に期待する文化的可能性とは、哲学の再構成に関わるだけではなかった。デューイによれば、西欧文化に接続すべき社会のあり方においても、中国文化には重要性があった。すなわち民主主義の中国的姿である。それをデューイは「道徳的知的に父子家族的なタイプの民主主義 morally and intellectually a democracy of a paternalistic type」と言っている[32]。

> 西欧の考え方は現在に至るまで、問題の要素を明らかに、きわだてることに集中してきた。そこには当然ながら西欧の政治生活に適した諸問題がある。地方政府への権力の調整だとか中央政府の権威だとかいったことや、政府における行政的法的な影響力といった関係の問題や、個人の任意性や恣意性を排除するために法的手続きと法律の改正をすることなどだ。そのようなことには効果があるが、これらによって中国を再組織化しようとするのは、工学的問題を手業で解決しようとしているようなものだ。真の問題は、階級の不在、社会と市民における平等の普及、物質的力よりも道徳的力による個人や集団のコントロール、つまりおきまりの法的やり方よりも指導と世論を教育によってすすめること、これら歴史的に顕在化している民主的精神に、それ自身の組織的な表現をいかに見いだすことが可能であるかである[33]。

つまりデューイからすれば、歴史的に中国には、社会に階級が存在せず、社会と市民において平等が普及しており、個人や集団のコントロールには法律より道徳による強制力が教育として働いていたのであり、それは民主主義に結びつくことができる、と考えているのである。こうした民主主義は、「父

子家族的な民主主義」というように,明らかに郷村の宗族社会がモデルになっている[34]。これは,父子の愛情=「感情」の問題と結びついた観念であり,この点でデューイの東西文化の比較から見た中国文化観と,「父子家族的な民主主義」は一貫している。このような民主主義は,一つの目的のために人間的感情的な相互理解が通いあっている社会であり,そうした相互理解こそ教育の効果であると想定するデューイの考え方によっている。

デューイにおける民主主義社会とは,社会問題を解決へと導く法案の作成と決定が可能な能力(市民的有能性 civic efficiency)を持つ人々が,その実現のために協同的活動をおこない,その参加者に目的と価値についての観念が共有され,その活動における分担の意義が自覚されているような社会のことであった[35]。デューイによれば,このような協同的活動は,歴史的にさまざまな「社会」「共同体」でおこなわれてきたという。デューイは『学校と社会』において,伝統的な農村の家庭における家業のような労働形態を,協同的活動の典型と見ている。つまりデューイは,中国社会を認識するプロセスで,これと同様な協同的活動を中国の郷村に見いだしたのである。

しかし,もしそのような協同的活動をもって民主主義の可能性を語るのであれば,特に中国でなくても,ベトナムでもタイでも語れるであろう。したがって,この点をことさらに中国文化の可能性と見るのは,ほかの動機が関わっていると思われる。つまり,西洋と対峙できる文明史的な大国として中国を見る観念が関わっているのではなかろうか。この問題はラッセルにも窺えるので,引き続きラッセルの項で議論したい。

以上のことから,デューイにとって西洋文化と相違する中国文化とは,観想的,審美的,瞑想に富む宗教的気分,つまり感情的な要素であり,西洋文化と中国文化とに共通し,東西文化が融合してもたらされる未来の新たな理念の一つは,民主主義のより優れた形態としての中国郷村の家族主義的な民主主義であることがわかる。彼が北京大学の講演で述べた,次のような中国政治の可能性は,このような中国文化観と民主主義観に通じていると見ることができる。

西洋の近ごろの最も重要な問題は，国家の勢力を用いて社会を平均し，不平等をだんだん減少させるに，どの程度までいけばよいか，ということである。これは政治学上の討論の最も切要なものである……すなわち一方には社会主義があり，一方には個人主義がある。(中略) 私のみるところでは，この問題は，西洋だけでなくすなわち中国においても，重要であるとは思われる。ただ中国にあっては，一点だけちがっている。すなわち，中国は個人の自由発展を提唱するに，西洋の経過してきた争権奪利の時代を通って，のち再び国家の権力を用いて社会を平等にするか？　または両歩を合せてまったく一歩とするか？　である。私らはすくなくとも理想上からこの問題の理由を討論することができる。第一に，中国は両歩を一歩にし，同時に做すことができるようである。というのも中国には古代孟子のころ以来の保民政策の学説があって，これを根基とすることができる。中国には以来個人主義的政治学説はなかった，そこでこれまでの父母式的皇帝的保民政策を，変じて民主的保民政策とすることができる[36]。

「中国は両歩を一歩にし，同時に做すことができる」，つまり個人の自由を発展させつつ社会の平等を実現できるというのである。これは「個人の自由」＝西洋文化の特徴と「社会の平等」＝孟子以来の保民政策という中国文化とを，一挙に歩むことができるという意味であり，梁漱溟のいわゆる第二路線（中国の儒教文化）を保持しつつ第一路線（西洋の科学と民主）を実現するという『東西文化とその哲学』の結論を彷彿とさせるものがある。梁漱溟は『東西文化とその哲学』のなかで，デューイの指摘した東西哲学の特徴を承認してはいるが，こうした民主主義観には言及していない。しかし，デューイがこのような民主主義のあり方を説いていたことに気がついていたのではなかろうか。梁漱溟はデューイの実験主義の方法について，次のように述べている。

実験主義派の方法は，人生の行動を特段に意識的な態度にもとづかせ，

知識の支配を受けさせ，無意識なことをおこなわないようにさせることであり，これが現実世界の人類幸福の唯一の保障だとする。……西洋派が最も円満な進歩をとげた産物だと言える。しかし現在，西洋の気風に変化の兆しが見えはじめており，こうした人生思想はもはや末期の機運にある[37]。

ここでは，デューイの哲学を西洋哲学では最高に円満なものであると認めつつ，そこに中国化への徴候を見ている。これはデューイの哲学が中国文化への移行点に極めて近いという梁漱溟の認識を示しているのであるが，その認識の根拠に，デューイが持っていた中国の伝統的儒教的な家族主義への関心が踏まえられていたのではなかろうか[38]。

デューイは伝統的な農村の家庭における家業のような労働形態を，協同的活動の典型と見て，それを中国の郷村の家族主義にも見いだし，東西文化融合による民主主義の新たな形態と見ていた。さらに一歩進め，西洋文化が新たな文化を生み出すために，中国文化のそのような要素（郷村の家族主義的民主主義）を吸収すべきだと考えていた。これに対して梁漱溟は，中国文化が持つ儒教の要素（家族主義）は，本来は西洋の個人主義的な民主主義から発展して出現するはずだったのが，中国では文化の早熟で個人主義を飛び越えて出現してしまった，と考えている。社会の進化につれて西洋（デューイの場合はアメリカ）では失われていった協同的活動を，デューイは中国文化から吸収できるとしている。この考えによれば，社会進化の行く先は中国の郷村の儒教的な社会にあることになり，梁漱溟の考え方と一致するはずである。

梁漱溟は『東西文化とその哲学』の段階では，儒教の要素としての家族主義的郷村社会のあり方が，西洋の民主主義と共通しつつ，新たな民主主義の可能性を持っているとは論じていない。ところが，その後の『郷村建設理論』では，デューイの『民主主義と教育』を引用しつつ，感情的な相互理解のある社会として，みずからの郷村建設の理念が西洋の進歩の先にあるもの，つまり新たな中国文化的な集団になっていると述べている[39]。

以上のことから，梁漱溟にとってデューイは，東西文化融合のモデルと証拠を提供しただけでなく，西洋文化が中国文化に移行する文化的進化の可能性とその軸となる儒教的な郷村社会の可能性に気づかせたとも言えるのではなかろうか。
　ところで，デューイの強調する郷村社会の倫理が儒教に由来するとしても，デューイはそれを孔子と直接結びつけていたわけではなかった。デューイが北京大学で東西文化論を述べたことを受けて，それを孔子の儒教と直接結びつけたのは，蔡元培によっておこなわれたように思われる。蔡元培は，1919年10月20日におこなわれたデューイの60歳誕生パーティーで次のように述べている。

　　博士［デューイ］は我が大学［北京大学］でこう語った。「今や大学の責任は，東西文明において仲人になることであるべきだ」。「自分はこの仲人の責任を大いに負担したい」。……［デューイは］西洋新文明の代表であると私は思う。孔子の哲学は，中国文明のすべてではないにせよ，大きな部分を代表することができる。……私は，孔子の理想とデューイ博士の学説とは，共通する点が大いにあると思う。これこそ東西文明がいっしょになろうとする証拠である。しかし，いっしょになる方法は，まず西洋科学の精神を自分のものとしたあとに，それによって中国の学説を整理することだ。そうしてこそ新たな意義が生じ得る[40]。

　これによれば，デューイは五四運動の半年後までには東西文化融合論者と認められており，儒教とデューイの学説との親和性が感じとられていたことがわかる。これは，梁漱溟がある晩の研究会で，デューイから東西文化融合論を聞いたと言及しているのと時期的に一致している。蔡元培がデューイの前でデューイ本人を孔子に喩えていることからすれば，本人もそれを善しとしていたのであろう。デューイに対する蔡元培のこのような認識があったればこそ，この翌年の夏，蔡元培の渡欧に際して，東西文化融合論によって歓送がおこなわれたのであり，梁漱溟もこの問題を考えようとしたのである。

また，以上のようにデューイの東西文化融合論を見てみると，胡適はデューイの東西文化融合論を承知していたのではないかと思われる。胡適の1919年の著作『中国哲学史大綱』の序言には，次のような議論が展開されている[41]。

> 世界の哲学は，おおよそ東洋と西洋の二つに分類できる。東洋にはまたインドと中国の二系，西洋にもギリシアとヘブライの二系がある。この四系統は，それぞれ独自に発生したものだが，あたかも漢代以降，ヘブライ系がギリシア系に入ってヨーロッパの中世哲学となり，インド系が中国系に入って中国の中世哲学となった。近代に至ってインド系の勢力は次第に衰えたが，儒学が復興し，中国の近世哲学が生まれ，宋元明清を経て今日に至っている。ヨーロッパ思想は次第にヘブライ系の勢力を離脱し，ここにヨーロッパの近世哲学が生まれた。くだって今日，この二大哲学は相互に接触し合い，影響し合っている。五十年後か百年後に，一つの世界哲学が生まれないとも限らない。

この議論では，世界の諸哲学思想からインド・中国で代表された東洋哲学と，ヘブライ・ギリシアに代表された西洋哲学だけが選択され，対等な関係に置かれている。そして東洋は中国の哲学である儒学に収斂し，それが西洋と影響し合って，一つの新しい哲学を生む。この新しい哲学は，中国哲学の変容でもあり，西洋哲学の変容でもある「一つ」の哲学，つまり両者の融合した哲学だという。

胡適は，デューイらの講演録と著作の翻訳は，「中国のアカデミズムが中国古代の思想様式を比較研究する資料となった」と述べていた（前述）。その「比較研究」の成果の一つが，この『中国哲学史大綱』であろう[42]。だとしても，世界の哲学を中国哲学と西洋哲学に二分し，両者の融合を展望するという理念は，西洋哲学研究との「比較研究」の成果なのであろうか。この時点では胡適は，哲学史研究の方法としてデューイを参照しただけでなく，デューイが抱いていた東西文化融合の主観を共有していたと言うべきではな

かろうか。

5. ラッセルの東西文化融合論

イギリスの論理哲学者バートランド・ラッセル (1872～1970) が,北京大学客員教授として招かれたのは,1920年10月から1921年7月までである。彼は帰国後に『中国の問題』を著し,中国文化の優秀性を書いている[43]。それによれば,ラッセルは西欧文明に対する反省を中国から学んだらしい。

> ある中国人は私に「一九一四年までは中国は西欧文明にそれほど批判的でなかったが,第一次大戦は中国人に西欧的な行き方に不完全なものがあるにちがいないと考えさせた。」と語った[44]。

つまり,第一次世界大戦は西欧文明のどこかに誤りがある点を示した。ラッセルもそのような感想を持っていて,中国での体験がそれを確実にしたのであろう。ラッセルの中国に対する関心は,第一次世界大戦をおこした西欧文明に対する懐疑から出発している。その懐疑は,第一次大戦における西欧人同士の殺し合いと,西欧文明の粋であるはずの科学技術がその殺し合いに活用されたことに起因している。それゆえ「西欧的な行き方に不完全なものがある」とは,科学技術を人間的に活用できなかったという意味である。

西欧文明は,科学技術こそ発展させられたが,人間を尊重する精神や倫理道徳の面を発達させることについて限界に達した。しかし中国にはそれが保存されている,とラッセルは主張する。

> 普通の中国人が,たとえひどく貧乏であるにしても,西欧よりもずっと人道的で文化的な考えに立脚しているから,普通の西欧人よりもずっと幸福であると,私には思われた。われわれはせわしく落ち着きのないことや攻勢的で争い好きであることは一目瞭然の悪徳となるだけでなく,

われわれの生活を不満足なものにしてしまい，われわれが美を楽しむこ
とも不可能になり，さらに，われわれの瞑想的な徳行をほとんどなくし
てしまう。こういう点で，われわれは過去百年間に急速に悪化の一途を
たどってきた。私は中国人がわれわれと反対の方向へ少し行き過ぎてい
る点を否定しないが，そういう事情であればこそ東西の接触が東西双方
の成果の多いものになりそうであると，私は考える。中国人は西欧人か
ら実際的な能率を，どうしてもなくてはすまされぬ最小限度の程度で学
びえよう。そして，われわれも中国人から瞑想的な知恵を，他のすべて
の古代国家が滅亡してしまったのにひとり中国人だけが生き抜いてくる
ようにさせた瞑想的な知恵のあるものを，学びえよう[45]。

「美」や「瞑想」などの知恵を西洋は失っており，それを中国は古代から
保持し続けており，それこそ西洋人が学ぶべきであり，そうして東西文化の
接触に成果が出る，つまり東西文化融合によって新しい文化が創造される，
とラッセルは考えている。しかも中国人は，西洋の長所を最小限にしか受容
しないとラッセルは期待している。なぜなら，西洋文化を多く受容すると，
第一次大戦のような非人間的な事態に至ることを中国人は意識しているから
である。

われわれ白人の繁栄とわれわれ自身のために努力してつかもうとするも
のの大半は，広く弱小国を圧迫しかつ搾取してはじめて手に入れうるも
のである。ところが，中国国民は他国民に危害を加えるほど強力でもな
い。……進歩と能率とは中国人には，西欧的影響を受けた中国人を除い
て，何らの魅力ともならない。……中国人は，それらを無視して，西欧
が中国を攪乱する以前には，全体的に，平和な共存と喜悦のあふれた生
活を確保してきた[46]。

中国は，西欧に比べて弱小だが，それゆえに西欧が失った倫理を保って平
和的であり，戦争へ至るべき進歩と能率の観念を欲望しない，古来そのよう

な社会として平和的な生活を中国人は送ってきた，とラッセルは語る。
　したがって，西欧にとって学ぶべき中国文化とは，倫理，人間主義の美徳であり，つまり孔子の儒教なのである。

> 孔子の体系は……一つの階級だけに限られることなく，最も下賤な苦力階級の間にさえ存在している。中国人が，白人たちの残忍で横柄な行為に対し，粗暴に対するに粗暴をもって対応し己を慎みのない人間に堕落させたりするのをいさぎよしとしないで，落ち着いた威厳をもって，接している場面を目撃するのは白人として恥ずかしいことである。欧州人たちはしばしばこの態度を弱さとみなしているが，実は真の強さなのである[47]。

　ラッセルの中国観には，このようなオリエンタリズム的偏向が濃厚である。しかも「美」「瞑想」「平和な共存と喜悦」といった言葉から，ラッセルの中国イメージがユートピア的であり，郷村の民主主義を信じるデューイと相似していることがわかる。
　では，ラッセルにとって中国がそのような可能性を持つと考えられたのはなぜか。その根拠の大きな要素は，中国が人類の進化における大文明の一つであったからだと思われる。ラッセルは中国を「文化的実在」と見ている。

> 中国は政治的実体であるよりもむしろ，文化的実在である。古代より生き残ってきたただ一つの文化的実在である。孔子の時代から，エジプト帝国も，バビロニア帝国も，ペルシア帝国も，マケドニア帝国もさらにローマ帝国も滅びてしまった。しかし，中国は不断の進化を経て持続して今日に及んでいる[48]。

　彼は，このような文明史的な先入観から時の中国を見ている。だからこそそれは東西文化融合に帰結するのである。

第2章　梁漱溟の東西文化論とデューイおよびラッセル

西欧文明の顕著な長所は，確かに，科学的方法である。中国人の顕著な長所は人生の目的を正しく悟る点である。これら二つのものを次第に融合して欲しいと誰も望むにちがいない[49]。

こうした人類の文明史的な見地から中国文化の可能性を前提しているのは，前述のようにブートルーやデューイと共通している。ラッセルが中国をエジプトやバビロニアといった古代文明と対照できるのは，孔子（紀元前6世紀）という，古代ギリシアの賢人ソクラテスに比肩すべき哲人が存在しただけでなく，それ以前の古代文明が実証されたばかりだったからである。つまり，20世紀初頭に甲骨文字が発見され，それがオリエントのヒエログリフや楔形文字と併称されるべき古代文字であることが見いだされていた。これら古代文字は象形から発したという点でも同様であった。甲骨の出土地が黄河の北岸にある河南省安陽であることを羅振玉がつきとめたのは，1911年であった。このような中国の古代文字の存在に関する知識が，どのように欧米で受容されたのか，本稿では議論できないが[50]，古代文明としての中国のイメージを構成するには，決定的に強力な事実であることはまちがいない。

ところで，中国には個人主義がないとデューイは考えていたが，ラッセルからは，中国に個人主義があるように見えていた。

人々は今なお自主的に考え，自分が到達した結論を発表するのを怖れていない。個人主義は西欧において亡びたが，中国においては善きにつけ悪しきにつけ，残っている。自尊心と個人の尊厳とは，今日西欧人の間ではただごく僅かな指導的財政家にしか許されないが，この程度ならば，中国におけるクーリー（苦力）一人一人にも存在している[51]。

つまり，中国の政府と大衆，国家と個人とは一体化しておらず，しかもそれは政治的な統一の欠如や混乱の結果ではなく，伝統的な個人の自由，いわば個人主義があるからなのである[52]。ラッセルがこのように中国の伝統的

な個人の自由を強調するのは,中国の後に訪れた日本が,個人と国家とが一体化した全体主義的な印象だったことが影響しているとも思われる[53]。それを差し引いても,西欧的な価値観である「個人主義」を中国の伝統倫理に見いだしているのは興味深い。そして,やはりデューイが西欧的価値観であった「民主主義」を中国の伝統的郷村社会に見いだしたのと類似している。

梁漱溟は1913年頃からラッセルに関心を持ち始め,1917年には「無性談」でラッセルの「現象と物自体」を解釈している[54]。この文では,ラッセルの論理哲学について,梁漱溟は唯識説との相似性を見いだし,唯識説を解釈するのに参照している。彼にとってラッセルの学説は,西洋の哲学の進化が極まって東洋(中国)の哲学と同じテーマを見いだした事例であり,それゆえに,ラッセルの見いだしたテーマと孔子の思想とは接近しており,それによって自説を説明できるものであった。梁漱溟は次のように述べる。

　生機をいかに損なわないようにするかが根本的に必要だ。ラッセルはこの点で,孔子の着眼点をよく見つつ,同様の考慮をしている。違うのは,孔子は問題の起こる前に気づいたが,ラッセルは痛みを感じてはじめて求めるようになったという点にすぎない。ラッセルが感じた痛みは,経済面が根本となるような,彼らの社会の組織や制度の情勢が彼らに加えたもの[第一次大戦]である[55]。

ラッセルが見た孔子の着眼点について,梁漱溟はラッセルのいわゆる「創造衝動」がそれであるとして,次のようなラッセルの言葉を引用する。

　衝動を排除し,目的と欲望によって生活を統制するのは実に苦悩の生活である。こういう生活は活力を消耗させ,人はついには,その追求する目的に対してさえ冷淡になる[56]。

梁漱溟によれば,この「創造衝動」が西洋文化から中国文化への接点にあり,ここに中国人が持すべき生活態度,すなわち中国文化を保持しつつ西洋

文化を取り入れる態度がある。またそれが孔子の哲学の核心である「剛」の態度でもある。

> 今や,根本から一つの人生を啓発して,個人の利己心,物質的欲望,種々の打算,何かのためにする行為,これらを超脱すること,ラッセルが創造衝動というように,内面から活気を発出させ,そこに前に向かう態度を融合させ,感じたままに反応すること,こうしてはじめて前述の情感的行為が出てくるし,またそうでなければ情感的行為は得られないのである。このようであってはじめて,前に向かう行為に真の力が生じ,活気を継続させて,阻喪や苦悩を生じさせず,そればかりか自身の行為から楽しさを感得できる。このようであってはじめて,前に向かう行為は中国人の旧弊を補い,中国人の現在の苦しみから救い,同時に西洋の弊害を避け,世界の必要に対応させることができる[57]。

梁漱溟がいう「剛」は,欲望と同じく,前に向かう行為をもたらす。しかし,それは人の内面の情感から直接発するのであって,欲望のように所有・利己・打算といった外的な目的を求めない。それはラッセルが説く「創造衝動」と同じものである。「前に向かう行為」「欲望」は,西洋文化の路線であり,科学と民主の路線であり,個人主義の路線であった。その「前に向かう態度」に創造衝動を融合させる,つまり前に向かう態度を孔子の「剛」によって換骨奪胎せよ,と梁漱溟は述べているのである[58]。

6. 結 語

デューイとラッセルの主観にあった中国文化は,北京大学での彼らの講演や著作を通して梁漱溟によって共有され,梁漱溟はそれを説明するような東西文化論を構想したように思われる。特に興味深いのは,ラッセルの提案する説を,人類の文化の第一路線から第二路線への進化の転轍機としている点である。梁漱溟はラッセルが抱いていた中国文化の主観に共振しつつ,その

中国文化を説明するのに都合のよい概念をラッセルの学説から利用したのである。当時の保守的あるいは民族的な思想は、他者と自己の相違を際立てて自己の文化を措定しようとする、つまり東西の相違を強調して自己東洋化するが、梁漱溟の提示した中国文化は、西欧人と共同した主観を論じることによって、中国人を自己東洋化しようとするものだ、と言えるのではなかろうか。

　文化論において、ある一つの文化の特性を分析していっても、主観的な観察の羅列に陥り、そこから何かの特性を析出できるわけではない。陳腐な比喩だが、皮をむいていくと何も残らないタマネギみたいなものではないか。それは、梁漱溟があの夏の歓送会で問いただした問題でもある。つまり、「文化」は「単にからっぽで無意味な名詞」なのである。当時の東西文化論争では、おびただしい言説が東西文化の異同を語ったが、そのどれが正しい認識だと証明することはできないのである。ある一つの文化は、言説によって表象され、それが複数の主観によって共有されてはじめて存在する（ように感得される）。だとすれば、複数の主観に共有され表象されたイメージを検討するという方法が可能であるように思われる。このような文化の考察には、廣松渉のいわゆる「共同主観性」がヒントになるのではないかと私には思われる[59]。もちろん、廣松はものの実在に関する認識を議論しているのであって、文化について議論しているのではないことは考慮されなければならない。本稿で論じてきたように、西洋の哲学者が思い描く中国文化を中国の哲学者が共有しているような現象について、それはオリエンタリズムの一種だと批判するだけではなく、その共同主観性がもたらした思想的な生産性も考慮したいと思うのである。しかし、今回の研究では、その目標まで十分に到達できなかった。今後、改めてこの問題について踏みこみたい。

【注】

1) 梁漱溟『東西文化及其哲学』緒論，『梁漱溟全集』（以下『全集』）第1巻，山東人民出版社，2005年，330頁。長谷部茂訳『東西文化とその哲学』農村漁村文化協会，2000

年。『東西文化とその哲学』は，1921年8月の講演記録をもとに，1920年の講演記録を参酌してまとめられ，1921年10月に北京財政部印刷局から出版された。1922年1月に上海商務印書館から新版が出て，1930年まで8版を数えた。『全集』第1巻320頁「題記」参照。
2) 李沢厚『中国現代思想史論』1987年「略論現代新儒家」。
3) 1980年代の文化論争は，ゼロ年代に再考される動向が顕著となる。例えば，甘陽『古今中西之争』生活・読書・新知三聯書店，2006年，を参照。
4) 例えば，ノーベル平和賞をうけた劉暁波の思想にもそれが窺える。劉暁波の思想にどう向き合うかについて，近年の日本で争論があったことは記憶に新しい。坂元ひろ子「劉暁波「現象」所感」『中国研究月報』第67巻第1号，2013年1月，38〜44頁を参照。
5) 陳独秀「吾人之最終覚悟」(『青年雑誌』第1巻第6号，1916年6月) がそのメルクマールとなると梁漱溟も指摘している。
6) 胡適「新思潮的意義」『新青年』7巻1期，1919年12月。
7) 『新青年』第2巻第3号，1916年11月。
8) 中国文化が東洋文化を代表できるのは，梁漱溟によれば，当時の彼らにあって，まず日本はすでに西洋文化を実現した国家だと認識されていた。インド，ベトナム，朝鮮，ビルマなどは，日本を含めた西洋文化の権力に占領されているから，文化が緊急の問題とならない。したがって，東洋文化の問題を考えることができるのは，中国を措いて他にないことになる。
9) 馮友蘭の回想によれば，梁漱溟の東西文化論は，当時の一般の人々が心中に感じていたことにほかならなかったという。馮友蘭「哲学回憶録（一）」『中国哲学』第3輯，1980年3月，364頁。
10) 『胡適全集』第20巻，安徽教育出版社，2003年，546〜547頁。
11) 同上，549頁。
12) 胡適「読梁漱溟先生的《東西文化及其哲学》」1923年3月。胡適はこの書評で梁漱溟の議論の稚拙さを酷薄なまでにあげつらっている。
13) 余英時「文藝復興乎？啓蒙運動乎？——一個史學家對五四運動的反思」余英時等著『五四新論』聯經出版事業公司，1999年，20頁。
14) 『欧游心影録節録』，『飲冰室専集』23，35頁。『飲冰室合集』中華書局，1989年。
15) 梁啓超によれば，中国は世界主義的国家を建設し，中国人は世界人類全体の文明に貢献すべきだとした。「欧游心影録節録」による。
16) 「中国積弱遡源論」『飲冰室文集』5，1901年，12頁。
17) 「欧游心影録節録」『飲冰室専集』23，15頁。
18) 「欧游心影録節録」『飲冰室専集』23，36頁。
19) 『東西文化及其哲学』第1章，『全集』第1巻331頁。梁漱溟は，彼らがそのように語るのは「おそらく，西洋は世界大戦を経た影響で自身のもともとの文化に反感が生じ

たため，東洋文化に対して理由のない羨望を持つ」のだと見ている。『全集』第1巻 342頁。
20)『胡適全集』第20巻，546頁。
21) 元青『杜威与中国』人民出版社，2001年，54頁。
22) 胡適「杜威先生与中国」『晨報』1921年7月11日，『胡適文存』巻2，遠東図書公司，1990年，380頁。
23) 北京晨報社，1920年。1934年5月第16版による。本書には邦訳がある。永野芳夫，大浦猛編『デューイ倫理・社会・教育（北京大学哲学講義）』飯塚書房，1975年。
24) 梁漱溟『東西文化とその哲学』第5章，『全集』第1巻，503頁。
25)「学問的新問題」1919年8月11日『晨報』。袁剛，孫家祥，任丙強編『民治主義与現代社会―杜威在华讲演集』北京大学出版社，2004年，153頁。
26)『デューイ＝ミード著作集2』川村望訳，人間の科学社，1995年，97〜98頁。
27) 同前159頁。
28) 元青『杜威与中国』111〜116頁。デューイの中国文化観は，中国文化保守主義者のように，中国文化の短所や西洋文化の長所を無視するものではなく，とくに東西文化融合による新文化の創造を提案しているのは理性的であり，現実的な意味があると元青氏は見ている。
29) 陳崧によれば，五四新文化運動における東西文化の問題に関する論争には三つの段階がある。第一段階は1915年の『青年雑誌』（のち『新青年』）の創刊から1919年五四運動まで，第二段階は1919年の五四運動以後，第三段階は，梁啓超の『欧游心影録』と梁漱溟の『東西文化及其哲学』の出版から始まる激しい論争。陳崧「前言」，同編『五四前後東西文化問題論戦文選』中国社会科学出版社，1985年，4〜5頁。
30) 胡適は在米時代に中国の伝統的学問を知らないことを恥じて，中国の古典も努めて学んでいた。このことは在米時代の日記からよく窺える。余英時『中国近代思想史上的胡適』臺北：聯經出版事業公司，1984年5月，21〜27頁。
31) 元青『杜威与中国』112頁で，*Characters and Events* や *Letters From China and Japan* といった著作によって，デューイの体得した中国人と中国文化の特徴がまとめられている。それによれば，デューイは雄大で変化に富んだ中国史をヨーロッパ史に相当させ，発明・技術・哲学・詩歌そして絵画が中国文化に輝きをもたらしていると見ている。また，中国人は頭が働き，謙虚で，柔和で，適応性が高く，よく言われるような頑なでも愚鈍でもないことは，彼らの日常生活や手工業で使っているやり方や道具を見ればわかるという。
32) John Dewey, "Transforming the Mind of China", *The Middle Works,* Vol. 11, Carbondale: Southern Illinois University Press, c1976–c1983, pp. 212.
33) 同前，pp.212-3.
34) 鶴見和子がつとにこの点を指摘している。「デューイは，中国の郷村における村落共

同生活が，中国民の結合の基本的紐帯であることをみとめている。そしてこれらの郷村の集合としての各地方が自治性を保ち，集権的な専制的官僚統治が，これら自治性をもつた各地方の経済社会政治に浸透していないから，中国は近代的な意味における国家主権をもたないと説く。……かれ［デューイ］は，現存の専制的官僚統治を強化して中国を統一することを考えているのではない。かれは，村落自治の形態の中に，もつともデモクラティックなものを見出し，この中国特有の郷村共同生活を基底とした中国の国家的統一を主張している。」鶴見和子「デューイの中国論」中国研究所『アメリカの新アジア観』潮流社，1948 年，145〜146 頁。

35) 藤井千春『ジョン・デューイの経験主義哲学における思考論』早稲田大学学術叢書 5，早稲田大学出版部，2010 年，298〜303 頁。

36) 前掲『デューイ倫理・社会・教育（北京大学哲学講義）』193〜194 頁。

37) 梁漱溟『東西文化とその哲学』第 4 章，『全集』第 1 巻，484 頁。

38) 本稿ではデューイの社会思想と中国伝統社会との比較はおこなわないが，David L. Hall と Roger T. Ames によれば，デューイの著作 *Art as Experience, Individualism Old and New, The Public and Its Problem* に見られる民主社会に関する論述と，伝統中国における社会組織の理解とは驚くほど相似しているという。David L. Hall and Roger T. Ames, *The Democracy of the Dead,* Chicago & Lasalle, Illinis: Open Court, 1999.

39) 『郷村建設理論』『全集』第 2 巻，310〜312 頁。

40) 蔡元培「杜威六十歳生日晩餐会演説詞」『蔡元培全集』第 3 巻，浙江教育出版，1997 年，715〜716 頁。

41) 胡適『中国哲学史大綱』商務印書館，1919 年。

42) 『中国哲学史大綱』巻上（1919 年）に対するデューイ哲学の影響は決定的であり，いわばデューイの哲学史に準じた「中国哲学史」になっていると指摘されている。緒形康「哲学の運命—胡適とデューイ」『中国—社会と文化』第 19 号，2004 年。

43) Bertrand Russell, *The Problem of China,* 1922. 以下，牧野力訳『中国の問題』理想社，1970 年を使う。馮宗義『羅素与中国—西方思想在中国的一次経歴』北京：生活・読書・新知三聯書店，1994 年も参照。

44) ラッセル『中国の問題』217 頁。

45) 同前 221 頁。

46) 同前 17 頁。

47) 同前 213 頁。

48) 同前 234 頁。「文化的実在」という訳語には違和感があるが，ひとまず訳文を尊重する。原文は以下のごとし。"China is much less a political entity than a civilization—the only one that has survived from ancient times." Bertrand Russell, *The problem of China,* London: Allen & Unwin, 1966, Chapter 12.

49) ラッセル『中国の問題』217頁。
50) フランスのヴィクトール・セガレンの詩集である『碑』(Victor Segalen, *Stèles*, 1912) の序文に，甲骨文字に関する知見が説明されているのは，その一端である。
51) ラッセル『中国の問題』230頁。
52) 今村与志雄「近代化過程における日本と中国」，尾藤正英編『日本文化と中国』大修館書店，1968年，305頁。
53) ラッセルは「日本人は自己の欠陥の外に西欧の欠陥をとり入れたが，中国人は自己の長所を失わず，西欧の長所を採用して，日本と反対の選択をするだろうと希望することができる」と述べている。『中国の問題』217頁。
54) 梁漱溟「無性談」『東方雑誌』14巻5号。『全集』第4巻，516頁。
55) 『東西文化とその哲学』第5章，『全集』508頁。
56) 同前。
57) 『東西文化とその哲学』第5章，『全集』538頁。
58) 孔子の「剛」は，いわば儒家的個人のあり方だと梁漱溟は考えていた。彼において個人の概念は，西洋文化・中国文化・インド文化において一種の相続関係にあり，それは唯識学の個人のあり方にもとづいて解釈されている。つまり，西洋文化の個人は第六識にあたる「分別我執」であり，中国文化の個人は第七識にあたる「具生我執」であるという。西洋的個人主義が衰退し，中国的な個人のあり方が出現するのは，いわば個人がみずからの「心」のあり方を悟っていくプロセスに等しい。梁漱溟は，ここに西洋文化から中国文化への跳躍を位置づけようとしており，それはまた文化相対主義を脱しようとする彼独自の考え方でもある。土屋昌明「梁漱溟における「個人」の問題―『東西文化及其哲学』を中心に」『富士フェニックス論叢』第6号，1998年3月，63～75頁。
59) 廣松渉『世界の共同主観的存在構造』勁草書房，1972年および廣松渉・増山真緒子『共同主観性の現象学』世界書院，1986年を参照。

第3章
近代初期 Robinson Crusoe の翻訳について
―― 崔南善の訳を中心に

厳　基珠

1. はじめに

　近代初期，東アジアは発達した物質文明の西洋勢力に脅かされ，それに対応するためにも西洋の文物を受け入れざるをえなくなる。中国・日本・朝鮮の3国の中で西洋の近代化を一番早く受け入れたのは日本である。日本は外国人教師を招き，外国に留学生や視察団を派遣し，外国の重要な文献を翻訳したのである。日本においての翻訳が近代化に大事な役割を果たしたことはよく知られている。

　日本に次いで翻訳の重要性に気がついたのは中国である。中国では1840年頃から『イソップ寓話』『天路歴程』などが翻訳されてはいたが，翻訳が盛んになるきっかけは日清戦争に負けた後の1896年，梁啓超が「論譯書」で「以譯書爲強國第一義」[1]と，つまり，訳書が強国になるための最高の方法であると翻訳の重要性を強調してからのようである。彼は実際，自らも積極的に翻訳作業に取り組んだ。それに伴い康有爲，嚴復，夏曾佑なども近代化における西洋の小説の重要性を力説しつつ翻訳に励み，その中でも林紓は外国語を知らないのに，外国語ができる人に口述訳させてそれを文章にするという独特な方法で様々な言語の本を170余部訳したと言われる[2]。

　一方，朝鮮では1895年『千一夜話』や『天路歴程』『イソップ寓話』などが訳されるが，翻訳の重要性を主唱したのは1902年『皇城新聞』が初めてで，「清を見習って翻訳担当の国の部署を作って文明帝国の本を訳し，刊

行しなければならない」という趣旨の論説を載せている[3]。その後,『愛國精神談』(1906),『羅蘭夫人傳』(1907),『瑞士建國誌』(1907)のような翻訳が数本出版されるが,歴史・伝記物が主になっている。

　以上のような翻訳についての新しい考え方が生まれてくる中で,Daniel Defoe の *Robinson Crusoe* を,日本では1850年頃『漂荒紀事』,中国では1898年『絶島飄流記』,朝鮮では1902年「유루소의 흑인을 엇어 동모함」(クルーソーの黒人を得て友になる)[4]というタイトルで,それぞれ初めて訳したのである。文芸物の翻訳があまり多くなかった時期なのに3国揃ってこの作品を訳したということはこの作品が文芸面だけではなく他の意味でも重要だったからであろう。しかし,今は児童文学として『ロビンソン漂流記』というタイトルが馴染んでおり,タイトルに『漂流記』がついたのは原作とは関係なく日本の翻訳でつけたものであることや,原作が三部作で,無人島の話はその一部分にすぎないなどはあまり知られていないまま,単純な漂流記として読まれている。因みに,この作品の第一部は,*The Life and Strange Surprising Adventures of Robinson Crusoe* (1719),第二部は,*The Farther Adventures of Robinson Crusoe* (1719),第三部は,*Serious Reflections of Robinson Crusoe* (1720) である。翻訳は,第一部のみが多く,第二部の訳はあることはあるが少ない。第三部の訳はあまり見当たらないのである。

　本稿は,韓国の翻訳の中で日本の巖谷季雄編『無人島大王』を底本にしたといわれてきた崔南善訳 (1909) の底本に関する定説の真偽の検討も含め翻訳の内容を,テキストの比較を通して詳しく考察することを目的とする。そのため1910年までの3国における *Robinson Crusoe* の翻訳に限定して検討することにする。

2. 日本の翻訳状況

　日本における翻訳状況については先行研究もあり[5],詳細な目録も出ている[6]。それに従ってまとめると1910年までの状況は以下のようである。

(J1) 黒田行大道譯『漂荒紀事』嘉永3（1850）頃[7]

(J2) 横山保三譯『魯敏遜漂行紀略』安政4.9（1857）

(J3) 齋藤了庵譯『英國魯敏孫全傳』（上・下）香芸堂，明治5（1872）

(J4) 山田正隆譯『回世美談』（第1回〜第4回）山田正隆，明治10.11（1877）

(J5) 横須賀橘園譯「九死一生魯敏孫物語」『驥尾団子』明治12（1879）

(J6) 齋藤了庵譯『英國魯敏孫嶋物語』川越屋松次郎，明治16.10（1883）

(J7) 井上勤譯『絶世奇談 魯敏孫漂流記』博聞社，明治16.10（1883）

(J8) 高垣守正編「一名小魯敏孫傳」『耐忍企業東洋偉談』寶文書房，明治19.5（1886）[8]

(J9) 牛山良助譯編『新譯 魯敏遜漂流記』和田篤太郎（春陽堂）明治20.3（1887）

(J10) 訳者不詳「ロビンソン，クルソウ」『小国民』明治25（1892）

(J11) 高橋雄峯譯『ロビンソンクルーソー絶島漂流記』（上・中・下）博文舘，明治27（1894）

(J12) 好遊生譯「ロビンソン，クルーソーの冒險」『日本之少年』明治27.3（1894）

(J13) 高橋雄峯譯『ロビンソンクルーソー絶島漂流記』（合本版）博文舘，明治30.10（1897）

(J14) 松尾豊文譯『ロビンソンクルーソー直譯註釈』[9] 金刺芳流堂，明治31.7（1898）

(J15) 巖谷季雄編『無人島大王』（世界お伽噺第五編）博文館，明治31（1898）

(J16) 石井研堂譯「少年魯敏遜」『少年世界』明治33（1900）

(J17) 鈴木虎市郎編『ろびんそんくるーそー』育成会，明治35.8（1902）

(J18) 河島敬蔵註釋『漂流者と野蠻人』（英文學叢書第4編）濱本明昇堂，明治35.9（1902）

(J19) 佐野天聲編『ロビンソン物語』（少年世界文學第十六篇）冨山房，

明治 37（1904）

(J20) 菅野徳助・奈倉次郎譯註『無人島日記』（青年英文學叢書 5）三省堂書店，明治 40.3（1907）

(J21) 百島操譯『ロビンソン漂流記』（通俗文庫 6）内外出版協會，明治 41.6（1908）

(J22) 大谷正信譯註「倫敦疫癘記」『英語の日本』明治 41.11（1908）

(J23) 佐川春水譯註「ロビンソン，註「クルーソー漂流記」『英語の友』明治 42.3（1909）

(J24) 松島剛監修・学窓餘談社譯『ろびんそんくるそう 冒險奇談 奮闘の生涯』[10)] 春陽堂，明治 42.4（1909）

(J25) 横地良吉譯註「ロビンソン，クルーソー」『正義の鐘』（英語世界叢書 5）博文館，明治 42.11（1909）

(J26) 鈴木正士譯註『ロビンソンクルーソーの話』（初等英語叢書第 8 編）英語研究社，明治 42.11（1909）

(J27) 鈴木正士譯註「後のロビンソン」『正義の鐘』（初等英語叢書第 11 編）英語研究社，明治 43.5（1910）

(J28) 笹山準一譯『漂流奇談 新譯ロビンソン』精華堂書店，明治 43.7（1910）

(J29) 松島剛監修・学窓餘談社譯『奮闘美談 ろびんそんくるそう』春陽堂，明治 44.1（1911）[11)]

先行研究によると，この中でもっとも早く一人称の語り手を試みたものは (J7) 井上訳であり[12)]，初めて第二部の内容を含めた訳は (J9) 牛山訳で，(J11) 高橋訳と (J21) 百島訳も第二部までの内容だが，三つとも抄訳で，第二部までの完訳であると評価できるものは訳註もついている (J24) 松島剛監修・学窓餘談社訳であるという[13)]。しかし，筆者が確認したところ, (J1) 黒田訳[14)] の冒頭は「我祖父ノ名ヲ魯敏孫ト云其名ヲ以氏トス我先考貴家ノ冑ナレドモ本此邦人ニ非ズ…」[15)] になっており，その後も「我」が主語になっ

ているので，一人称の語り手を残していると看做すべきではないかと思う。また，訳註に関して言うと（J2）横山訳にも何カ所か訳註がついている。

3. 中国の翻訳状況

中国のものは『新編増補清末民初小説目録』[16]から該当する翻訳を抜き出してみたが，資料が手に入らなかったものに関しては先行研究に頼って紹介する。目録に載っている翻訳は以下のようである。

(C1) 沈祖棻譯『絶島飄流記』1898
(C2) 跛少年(沈祖棻)筆譯『絶島飄流記』上海・開明書店，光緒28(1902)
(C3) 沈祖棻譯『絶島飄流記』上海・文明書店，光緒28(1902)
(C4) 訳者不詳「魯濱孫漂流記」『大陸報』1〜12号，光緒29.9〜光緒30.1（1903.10.10〜1904.2.10）[17]
(C5) 林紓・曾宗鞏同譯『魯濱孫飄流記』上下巻，商務印書館，光緒31.12（1905）[18]
(C6) 林紓・曾宗鞏同譯『魯濱孫飄流記續記』上下巻，商務印書館，光緒32.4（1906）[19]
(C7) 從龕譯『絶島英雄』広益書局，1906
(C8) 小波節・紅紋重譯「無人島大王」『民呼日報図画』1909
(C9) 孫毓修編譯『絶島飄流』上海商務印書館，年代不明（童話），1909？
(C10) 周砥譯『絶島日記』（青年英文学叢書1）上海・郡益社，1910

以上に関する先行研究によると，(C3)沈祖棻訳の『絶島飄流記』は上海図書館，南京図書館が所蔵しているものであり，訳者誌に「英文に基づいて訳したが高橋雄峯訳の『ロビンソンクルーソー絶島漂流記』を襲用した」と書いてあるという[20]。内容は1章から13章までが第一部で，14章から20章までが第二部になっており，その中で削除と追加はあったものの，一人称

の語り手の形式を維持しながら訳した[21]もののようである。

　次の（C4）『大陸報』という雑誌に載った「魯濱孫漂流記」は訳者が不明である。今回入手できたのは第1号に1・2回7頁，第2号に3・4回8頁，第3号に5・6回9頁，第4号に7・8回9頁，第7号に9・10回8.5頁，第8号に11・12回9頁，第9号に13・14回9頁，第10号に15・16回11頁，第12号に19・20回10頁である。20回の最後は中国で韃靼人と戦う場面で，第二部の終わりに近い部分である。『大陸報』第13号以降の確認はできなかったが，樽本照雄の目録にも崔文東の論文にも20回が最後になっているので，未完だったのであろうか。毎回の頁数が大体決まっていたらしいので抜けた17・18回分まで推定して大体の長さを計算すると4万字程度である。長さだけでもかなり縮約したものであることが分かる。ところが，この訳には以下のような序文がついている。

> 著者德富 Dcfoe 英國倫敦人。生於一千六百六十一年。德氏自二十二歲始發憤著書及其死時。共著書二百五十巨冊。其最有大名者。即魯賓孫漂流記也。當一千七百零四年。英國有一水手名 Alexander Selkirk 舍爾克。在 Juan Fernondez 眞福蘭得海島爲船主所棄。獨居孤島者四年。後乃得乘經過此島之船以達英倫。此事大動倫之人心。傳爲美譚。德氏乃著此書。而假名爲魯賓孫。出版之後。一時紙貴。愛讀者至今不衰焉原書全爲魯賓孫自敍之語。蓋日記體例也。與中國小說體例全然不同。若改爲中國小說體例。則費事而且無味。中國事事物物皆當革新。小說何獨不然。故仍原書日記體例譯之[22]。

　Robinson Crusoe が Alexander Selkirk の実話からヒントを得たという由来談が含まれており，その名前と地名である Juan Fernondez までを英文で明記しているところが目を引く。筆者が確認したところ，1801年版の *The Life and Most Surprising Adventures of Robinson Crusoe, of York, Mariner.*[23] の後ろに，The remarkable history of Alexander Selkirk という文がついており，そこに Juan Fernandez という地名が出ている。しかし，

このテキストを『大陸報』の訳者が見たとは言いにくい。なぜかというと『大陸報』には Defoe ではなく Dcfoe を，Juan Fernandez ではなく Juan Fernondez という違うスペルを使っているからである。ともあれ日本の翻訳の中でもこの事実について触れている序文があることはあるが英文併記ではなく[24]，地名は出てこない。『大陸報』訳は，本文の中でも人名や地名に英文併記しているところがある。また，この序文は，原作の日記体が中国の伝統的な文体とは違うと言って，中国の文体に変えると手間がかかるだけではなく作品の面白みを失う，中国の文物は革新すべきで小説も同じであるから日記体のまま訳すると述べているところも目新しい。先行研究で『大陸報』の構成員が資産階級の革命派や日本に留学した人々で，その中には英文に詳しい人もいて，梁啓超の『新民説』の影響を受け，革命的な思想を著していたと述べているが[25]，この序文からは，まさに訳者の見識と進んだ意識が窺える。表記と語り手についての言及を合わせ考えると，この訳者は原作を見て訳したと思われる。しかし，1回から16回までが第一部，17回から20回までが第二部の内容ではあるが，削除および追加が多く，粗筋だけ残した独特なものになっている。ところが，一人称の語り手については日本のものの中で（J11）高橋訳の「例言」にもこの訳と類似した以下のような内容が含まれている。

　　此書凡て自叙躰を用ゆ故に書中「余」若くは「余等」の文字を使用すること多し他人との問答中に於てもロビンソン自身に關する事は間々第一人稱を以てす此書を讀むものゝ豫め注意すべき一要點たり

次は，林紓の訳である。(C5)『魯濱孫飄流記』上下巻の内容は第一部で，1905年に出版して以来，1968年に至るまで再版し続けたということなので，人気が高かったことが分かる。第二部にあたる(C6)『魯濱孫飄流記續記』上下巻も1906年に刊行された。1914年上海商務印書館刊行の『説部叢書』は一頁あたり384字程度で，『魯濱孫飄流記』上下を合わせて260頁，『續記』上下を合わせて213頁もあるので18万字を超える。冒頭に「魯濱孫曰。余

生於一千六百三十二年。約克城中。一積善之家。」となっているように原作の一人称の語り手をまず三人称の語り手に変えた後，その人が「余」を主語にしゃべるといった設定をしている。後述するが，このような手法は (K3) 崔南善訳も同様である。口述訳に依ったものであるので一人称の語り手のままにした方が翻訳しやすいだろうに，一人称の語り手が馴染みにくいものであることを意識していたと思われる。その他の特徴は，省略が少なく，「中庸の道」「積善之家」のような儒教思想をうまく取り入れているところであろう。また，数は多くないが，註釈がついている単語および句がある。

次の (C7)『絶島英雄』は從龕の訳で，樽本照雄の目録には *Robinson Crusoe* の訳として載っているが，実は原作が別の作品であるという[26]。また，(C9) 孫毓修編訳の『絶島飄流』は叢書の中の一冊として年代が表示されていないが，叢書の他作品の出版時期からみると1909年出版であろうという[27]。

次の (C8)「無人島大王」は (J15) 巖谷編をもとにした重訳で，4回目分からの影印がある[28]。巖谷のものが三人称の語り手を使っていることをそのまま訳して「克祿蘇」が主語になっている。締めくくりの部分も，巖谷編のとおりロビンソンが家に帰って父親と会うことになっている。しかし，巖谷編の「久しぶりで阿父さんに會ひ，手を執り合つて，お互ひに無事を賀びましたとさ。」だけのものが (C8)「無人島大王」では家に帰ったロビンソンと彼を知らない召使いとのやりとりや横たわっている目の前の老人が父親であることにすぐ気がつかなかったなど少々長くなっている。また，「めでたしめでたし。」だけの部分に，ロンドンにロビンソンの話が広まって記録の依頼があったのでそれを書いて文部に上げたら文部が国民精神を促進するために全国に広めて，それを聞いた各国が競って訳して東亜大陸でも彼の名を称えざるを得なくなった[29]という内容を付け加えている。このような締めくくり方は梁啓超の『十五小豪傑』にも見えていることから，この時期の中国の翻訳の決まり文句のようなものだったかもしれない。

(C9)『絶島飄流』は先行研究者も現物が見られなかったようで，(C10)『絶島日記』は周砥の訳述で英漢対照の読み物であるが，これは日本で青年英文

学叢書の一冊として出版した（J20）『無人島日記』の重訳であるという[30]。

以上で，中国における Robinson Crusoe 翻訳の特徴を見てみると，最初の訳から林紓の訳までの三つが，共に第二部まで訳していること，そして，中国の伝統的な小説の語り手とは違う原作の一人称の語り手をそのまま残していることである。

4．韓国の翻訳状況

韓国における Robinson Crusoe 翻訳は，以下のようである。

> (K1)「그루소의 흑인을 엇어 동모함[31]」（クルーソーの黒人を得て友になる）『그리스도新聞』（キリスト新聞）光武6（1902）
> (K2) 金瓚譯『絶世奇談 羅賓孫漂流記』義進社，隆熙2（1908）
> (K3) 崔南善譯「로빈손無人絶島漂流記」（ロビンソン無人絶島漂流記）『少年』隆熙3.2.1〜9.1（1909）

「그루소의 흑인을 엇어 동모함」（クルーソーの黒人を得て友になる）はあまりにも短いせいか先行研究でも扱われていない。これは新聞に一回載っただけのもので，内容は無人島に住んでいたロビンソンがフライデイを野蛮人から救出して自分の家に連れていく場面のみである。短いが，フライデイが殺した野蛮人を土に埋めて，その後，食べようとしたのでロビンソンが止める場面が入っている。抄訳としては珍しい。

（1）金瓚の翻訳

（K2）金瓚訳は，（J7）井上訳の『絶世奇談 魯敏孫漂流記』をもとにし，その半分程度に縮約または抄訳したものと言われている[32]。しかし，先行研究ではその根拠を提示していないので，何カ所か詳しく見てみることにする。

My father, a wise and grave man, gave me serious and excellent counsel against what he foresaw was my design.
(賢明でまじめな父は，わたしの気持ちを見抜いて，真剣に，たいへんりっぱな忠告をしてくれた。)[33]

父ハ有徳ノ古老デアレバ其教訓モイトヾ，實儀ニ見ヘタリケル去ヲ彼ニハ交易ノ道ニモ (J4 pp. 2〜3)

予ガ父ハ固ヨリ英明ニシテ端正ノ君子ナリケレバ常々予カ志望ノ誤レルコヲイト懇ロニ諭シ玉ヒケル曾テ時疫ニ罹リテ (J7 p. 2)

父ハ早くも夫と悟り (J9 p. 2)

余が父は性來賢く且つ實着なる人なりければ，夙に余の心の程を看破し，是に對して精嚴なる忠告を與ふることもありき (J11（1回）p. 2)

賢ク而シテ嚴ナル人ナル余ノ父ハ彼レガ余ノ企圖デアリシト知リシ所ノモノニ反シテ嚴肅ナル而シテ高妙ナル勸言ヲ余ニ與ヘシ (J14 p. 1)

吾父者智士亦正士也。曾授我以良計而余竟不謂然。(C5（卷上）p. 2)

一體私の父は，極く賢い性質で，それに生得温和しい人であつたから (J21 p. 1)

羅賓孫의 父는 原來로 英明端正한 君子 ㅣ라 恒常 羅賓孫의 誤想함을 懇切히 敎諭하다가 (K2 p. 2)

그러나 우리 父親끠서는 性質이 매우 溫順하고 (K3（1回）p. 21)

第3章　近代初期 *Robinson Crusoe* の翻訳について　　83

　　私父は, 賢明且老實なりければ, 我の意圖を疾く察し, 常々眞實に諭し
　　給ひけるが (J24 p. 3)

　つまり,「a wise and grave man」の訳として「英明端正な君子」という
独特な単語の組み合わせを選んだのは井上訳と金瓚訳のみであるので, 金瓚
が井上訳を底本にしたことに間違いない。訳の仕方は, 1〜7 頁まではほぼ
井上訳のままだが, 8 頁から縮約が行われ, 場面によって何行何頁も途中を
抄訳している。先行研究のとおり, 量的には井上訳の半分以下で, 付け加え
たりしたところはあまり見当たらないが, いくつか重要な変更点がある。
　まず, 冒頭の「I was born in the year 1632…」を井上は「予ハ紀元一
千六百三十二年ヲ以テ…」としているのに対して「羅賓孫크루―소―는　西
暦一千六百三十二年에…」といった変更をしている。これはこの時期までの
韓国の小説が三人称の語り手しかなかったから一人称の語り手を避けたとい
うことで, 語り手の差を明確に認識していたことを意味する。また, タイト
ルを「魯敏孫」ではなく「羅賓孫」にしているが, 日本を含め中国にも「羅
賓孫」を使った例はない。この変更の理由は「魯敏孫」の韓国の読みが「노
민손」[nominson] になるので, Robinson の英語の発音である [rabinson]
に近い発音にするために「羅賓孫」つまり「라빈손」[rabinson] にしたので
はないかと思われる。その他, 結末においては大幅な修正が加わっている。
井上訳では, ロビンソンが再びブラジルに渡って商業で成功を収めた後, 自
分の財産を甥や姪などに分与し, 家庭を持つが妻に先立たれ, 子供を人に預
けて, 1694 年東印度に向けて英国を離れ, 自分が漂流していた無人島に渡っ
ている。原作と井上訳の最後の場面は以下のようである。

　　All these things, with some very surprising incidents in some new
　　adventures of my own, for ten years more, I shall give a farther
　　account of in the Second Part of my Story.
　　(以上, およびわたし自身の 10 年にわたる新しい冒険におけるいくつ
　　かのおどろくべき事件については [34], 私の話の第二部でさらに報告す

ることにする。)

此等ノ奇談珍話ヨリ余ガ此後十年間ノ航海中ニ於テ又幾回カ危難ニ遭遇シ萬死ヲ出テヽ一生ヲ得ルニ至ルマテ驚ロク可キ奇遇ノ紀事ヲハ盡ク之レヲ後編ニ讓リテ子細ニ之ヲ説話セント欲シ本編ハ筆ヲ茲ニ閣ム（井上訳381〜382頁）

現代訳である増田義郎訳の最後は「私の話の第二部でさらに報告することにする」のではなく，「またいずれ物語る機会もあろう」となっている。この違いは英文からのものである。現代訳は初版である1719年出版本を底本にしたようで，その原文は「I may perhaps give a farther Account of hereafter.」である。しかし，1840年版にはこの部分が「I shall give a farther account of in the Second Part of my Story.」となっている。因みに，1840年版は，第1部が332頁まで，第2部が638頁までとなっている合本である。このことを含め，挿絵を確認すると井上訳は1840年版を底本にした可能性が高い。つまり，井上訳は，第2部を予告する原作の最後の行までもそのまま訳したので，井上がまさに原作に忠実な翻訳をしていたと言える。これに対して金瓚訳は，ロビンソンがブラジルで儲けた後，以下のように締めくくっている。

此時 羅賓孫은 如此한 巨額을 受하고 前者에 受한 財産을 合하면 一巨富를 致한지라 姪二人의게 各各 優數히 分與하고 娶妻하야 二男一女를 生하얏더니 不幸히 其妻ㅣ死한 後, 自然 心神이 不一하나 子女를 敎育하고 平穩이 一生을 享樂하니라 (K2 p. 178)
(この時ロビンソンはこのような大金を手に入れ，以前手に入れた財産を合わせると大金持ちになったので姪二人に各々多く与え，妻を娶り，二男一女を儲けたが不幸に妻が死んだ後，自然に心と精神が常に揺れたが，こどもを教育し平穏な一生を享楽したのである)

財産分与,結婚,子供,妻の死までは井上訳と一致するが,その後は子供を育てながら一生を終えたことになっている。これは金찬が訳する時点で井上の「後編」が存在していなかったので朝鮮の小説の終え方をまねて締めくくったのであろう。

(2) 崔南善の翻訳

崔南善の翻訳である (K3)『로빈손無人絶島漂流記』(ロビンソン無人絶島漂流記) は,彼が創刊した『少年』第二年第二巻 (1909.2) から第二年第八巻 (1909.9) まで6回にかけて掲載したものである。先行研究では巖谷季雄編 (J15)『無人島大王』(1899) を重訳したと見ており[35],その後の研究でもその事実の検討が行われず,そのまま認めたうえで崔南善についての研究を進めてきた。ここではまず崔南善の翻訳を扱う前に,彼の活動の中でもっとも注目され,様々な方向から研究がなされている雑誌創刊に関して述べることにする。これは彼の翻訳を理解するのにも役に立つと思われる。

(2.1)『少年』と『少年世界』

崔南善 (1890〜1957) は歴史学者,文人として韓国の近代歴史および文学を論じる際,必ず言及される存在である。彼は,家業が漢方を商う家に生まれ,7〜8歳頃から漢文を学びはじめ,中国の書籍を通して西洋の知識に接したようである。13歳の時である1902年に,京城学堂で日本語を学び,1904年10月に皇室留学生として東京府立第一中学校に入学するが3カ月で退学し,1905年1月に帰国,1906年9月再び日本に渡り,早稲田大学歴史地理科に入学するが,1907年3月に退学したそうである[36]。滞在時期を修正した先行研究によると,崔南善は早稲田大学を退学した後も日本に滞在し,帰国は1908年,新文館の創立も1908年で,日本における滞在期間は2年3カ月に及ぶという。当時,崔南善が日本で受けた文化的衝撃について自ら述べた以下のような内容がある。

일본에 이르러 보니, 문화의 발달과 서적의 풍부함이 상상 밖이요, 전

일의 국문 예수교 책과 한문 번역 책만을 보던 때에 비하면 대통으로 보던 하늘을 두 눈을 크게 뜨고 보는 것과 같은 느낌이었다. 나는 그런 책이라는 것은 다 좋아서 보고 또 한옆으로 번역까지 하는 버릇이 일본에 가서 더욱 활발해졌다.[37]
(日本に渡ってみたら文化の発達と書籍の豊富さが意外で、ハングルのキリスト教の本と漢文翻訳本だけ見ていた時と比べたら、竹筒をとおして見ていた空を両眼を大きく開けて見るような感じだった。私はそのような本はすべて好きで読み、また読んだ傍から翻訳までする癖が日本に行ってからますます活発になった。)

崔南善の本についての愛着がよく表れている。これを見ると崔南善が退学後も日本に滞在しつつ書籍などを買い集めたと思うのが自然であろう。

崔南善は帰国して新文館という出版社を創立し、一般図書を出版しながらその11月に『로빈슨無人絶島漂流記』を掲載した雑誌である『少年』を創刊する[38]。その後も1912年に『붉은져고리』(赤い上着)、1913年に『아이들보이』(子供の読みもの)、『새별』(啓明星)、1914年『青春』を発行するが、その中で『少年』は「韓国においての最初の雑誌」としてもっとも重要な存在として扱われてきた。その重要さは現在、『少年』の創刊日である11月1日が「雑誌の日」になっていることからも分かる。ところが、『少年』が日本の影響を十分に受けたものであることについてはあまり知られていない。

当時の日本には、イギリスの児童雑誌の影響を受けて創刊した『少年園』(1888〜95)をはじめ、『小国民』(1889〜95)、『日本之少年』(1889〜94)、『少年文武』(1890〜92)、巖谷小波(季雄)が主筆であった『少年世界』(1895〜1933)・『幼年世界』(1900創刊)・『幼年画報』(1906創刊)・『少女世界』(1906創刊)に至るまで「少年」向けの多くの雑誌が刊行されていた。その中でも崔南善は『少年世界』をかなり参考にしていたのではないかと思われる。

日本の『少年世界』は毎月1日と15日に発行した雑誌であり、その編成

は目次の次に皇室の人物の写真，本文に載った文章と関係ある絵，広告，本文といった順になっている。これに対して毎月１日に発行した韓国の『少年』創刊号を見てみると，目次の後に日本に留学中の皇太子の英親王と伊藤博文の写真，本文に文章があるナイヤガラ滝の写真，やはり本文に文章があるペーター大帝の写真，月暦，本文の順になっている。第一年第二巻も目次，本文に対応してナポレオンの連年の写真と北極氷世界の写真，月暦，本文の順になっており，『少年世界』の構成とかなり似ている。『少年世界』が博文館から，『少年』が新文館から発行したという出版社名が似ているところも偶然ではないであろう。

　『少年』と『少年世界』誌のこのような関係について，韓国における先行研究では触れられたことがない。たぶん韓国の研究者達が知らないわけではなく，近代初期の重要な人物である崔南善を，また，韓国における「最初の雑誌」である『少年』を，低く評価することに繋がりやすい事実だから都合悪く思われ，あえて言わなかったのではないかとも思う。しかし，新しいことを学ぶ際，模倣から始めるのは自然なことではなかろうか。現在の評価基準で崔南善の活動を評価すると誤った結果に導かれると思われる。大切な点は，似ていながらどこが違っていてその意味がどこにあるか，ということであろう。

　『少年』には『少年世界』との異質化を図ったように見えるところがある。まずは月暦だが，一頁を占めていて，日曜日が何日なのか，立冬・小雪といった節気が何日なのかを示している。ところが，「時令」というサブタイトルの下，創刊号には以下のような内容が入っている。

　　　今朔부터 氣物이 閉塞하야 冬을 成하니，冬은 日暈로 言하면 晝短夜長하니 晝間，學校에서 學修한것을 夜間，自家에서 復習하기에 適하고，景物노 言하면 郊外에는 紅葉이 錦을 曬한듯하고 籬邊에는 黃菊이 金을 攢한듯하야 自然의 華美가 勝春에 讓티아니하니 紅粧黃飾한 山野，氣高光寒한 天日에 課隙을 乘하야 快遊暢叙함이 또한 妙하니라
　　　（今月から気候や事物が閉塞して冬になるが，冬は日の光からいうと昼

間は短く夜は長いので，昼間に学校で学んだものを夜に家で復習するのに適し，景色からいうと郊外には紅葉が錦に太陽が照りつけたようで，垣の周辺には黄菊が金を集めたようで，自然の華やかさが春にも勝るほど色鮮やかに飾られた山野，空高く寒くなる日に，学習の余裕を利用して愉快に遊び，心の奥を述べあうことがまた特別であろう）

　第一年第二巻も同様，季節と関連した思いや感想を述べているのである。しかし，第二年第一巻には以下のような内容が入っていて，季節と関係のない啓蒙的な内容になっている。

●今年부터, 우리는, 真正한, 말만, 이르난者가 되옵시다. ●今年부터, 우리는, 着實한 業을 가지난者가, 되옵시다●今年부터, 우리는, 압길만, 보고, 나아가난, 者가, 되옵시다●今年부터, 우리는, 서서, 일하난, 者가, 되옵시다●…
（今年から我々は真正な言葉だけ言う者になりましょう，今年から我々は着実な業を持った者になりましょう，今年から我々は前だけ見て進んでいく者になりましょう，今年から我々は立って働く者になりましょう…）

　次は表紙だが，『少年世界』の表紙にはタイトルの下，記事の一部に関する簡単な目次，右側の縁に宣伝文を入れている。『少年』もタイトルの下に簡単な目次があることまでは同じだが，タイトルの両側にスペースを取り，そこに結構長い文を入れている。つまり，表紙に目次の一部を載せ，文を入れることは模倣したが，文を入れる場所を変え，比重も変えたのである。

第 3 章　近代初期 Robinson Crusoe の翻訳について　　　89

『少年世界』の表紙　　　　　　　『少年』の表紙

以下はそれぞれの文である。

　　本誌は幼年雑誌。日本之少年。學生筆戰場及少年文學合併改題したる者なり
　　（『少年世界』第壹號）

　　本誌初版印刷高は未曾有の巨額にしてしかも注文は印刷部數に超過し再版も瞬間に盡き今や三版の榮を得たり（『少年
　　世界』第弐號）

　　懸賞課題當撰者には美麗る名譽賞牌を贈呈す詳細規則は來號に揭げん（『少年世界』
　　第參號）

　　サァサァ御約束の大附錄！面白い面白い！（『少年世界』第七號）

　　今에 我帝國은 우리 少年의 智力을 資하야 我國歷史에 大光彩를 添하고

世界文化에 大貢獻을 爲코뎌 하나니 그任은 重하고 그責은 大한디라 (『少年』第一年第一卷, 右)
(今我が帝国は我々の少年の智力を助け我が国の歴史に大光彩を添え, 世界文化に大きな貢献をせんとするのでその任務は重くその責任は大きいであろう。)

本誌는 此責任을 克當할만한 活動的 進取的 發明的 大國民을 養成하기 爲하야 出來한 明星이라 新大韓의 少年은 須臾라도 可離티 못할디라 (『少年』第一年第一卷, 左)
(本誌はこの責任に当たるに足る活動的, 進取的, 発明的な大国民を養成せんがため出来た明星なり。新大韓の少年, 須臾も離るるべからざらん。)

『少年世界』の場合は, この文が毎回変わり, 本誌の出版に関することや広告の内容になっている。一方, 『少年』の方はこの文を通して啓蒙的な理念を語りつつ, 発行の意義を述べ, 第一年第一巻から第二年第四巻まで繰り返して同じ内容を載せていたのである。その後, 第二年第五巻は春期特別号で, 左には「勝日尋芳泗水濱 無邊光景一時新 等閒識得東風面 萬紫千紅總是春」という朱子の「春日」を, 右には「雲淡風輕近午天 訪花隨柳過前川 傍人不識余心樂 將謂偸閒學少年」という程顥の「春日偶成」を載せ, さらに上部に「花柳와 本誌는 何者가 較美하뇨」(花柳と本誌を比べたらどちらが美しいでしょう) という文も入れている。その後, 第二年第六巻からは再び以下のような啓蒙的な内容を繰り返して載せている。

向上精進은 新大韓少年의 人文開發에 從事하난 精神이오 (『少年』第二年第六巻, 右)
(向上精進は新大韓少年の人文開発に従事する精神であり)

勞動力作은 新大韓少年의 天命服從에 努力하난 道理니라。(『少年』第

二年第六巻，左）
(労働力作は新大韓少年の天命服従に努力する道理である。)

つまり，『少年』は『少年世界』のレイアウトを模倣しながらも何らかの形でそれとの異質化を図り，『少年世界』の商業的な面を避け，「新大韓少年」への理念的な呼びかけを重んじたのである。

崔南善は雑誌だけではなく単行本の出版にも力を入れていた。『十銭叢書』というタイトルの下，単行本を多く出版するが，その中身はほとんど文芸作品の翻訳である。韓国では1895年『千一夜話』，『天路歴程』などが翻訳されて以来，1907年からやっと文芸作品の翻訳が何本か出てくるが，翻訳書の大量出版は『十銭叢書』からといっても過言ではない。崔南善のこのような出版活動は，翻訳というものには単なる外国の文芸作品の紹介の意味を超える重要性があるということを分かったからであろう。おそらくその背景には日本や中国の動きが参考になったと思われる。崔南善が留学した時期は，日本や中国で翻訳が文芸面だけではなく，政治面でより重要な意味を持っていると認識され，膨大な翻訳本が溢れていた時期でもある。崔南善が日本で接した「豊富な書籍」の中には翻訳書がかなりの割合で含まれていたに違いない。彼はそのような流れの中で朝鮮だけが取り残されていたことに気がつき慌てて出版活動を始めたのでないかと思われる。

(2.2)『無人島大王』との関係

崔南善がもとにした日本の翻訳書を探すためには，まず崔南善の訳の特徴を把握しておく必要がある。崔南善の『로빈손無人絶島漂流記』の文字数を数えると3万2千余字で，8万余字の金贊のものに比べてもかなり短い。しかし，内容は金贊訳が第一部のみであるのに対して崔南善訳は第一部と第二部を含むものである。先行研究では崔南善が(J15)巖谷季雄編『無人島大王』を底本にしたと言っているが，(K2)金贊訳の場合と同様，根拠の提示はされていないので詳しく確認する必要がある。まず，巖谷編は第一部の内容しかない。この時点ですでに崔南善のものは巖谷編を底本にしていないのでは

ないかと思われるが，巖谷編がどういうものであったのか知るためにもう少し詳しく見ることにする。以下は巖谷編の冒頭である。

> 今から三百年ほど前の事で，英吉利のヨークと云ふ處に，ロビンソン，クルウソーと云ふ人が在りました。此人は幼少い時分から，船に乗つて遊ぶのが，何より好きでありましたから，何卒自分は航海者に成つて，一生船に乗つて暮らし度いと，此事斗り考へて居ましたが，阿父さんや阿母さんは，そんな浮雲い事はするなと云つて，如何しても許しませんので，とうとう遂には，兩親に内證で自家を出て，航海者の仲間に入つてしまひました。その時がやつと十九であつたのです。(J15 pp. 1〜2)

このように生まれた年や家を離れた年を明記しないで航海に出た時期を「十九歳」と表したのは巖谷編以外に，(J10) 訳者不詳「ロビンソン，クルソウ」(1892)，(J19) 佐野天聲編『ロビンソン物語』(1904)，(J23) 佐川春水訳「ロビンソン，クルーソー漂流記」(1909) 程度ではないかと思われる。

この部分を比較的原作に近い翻訳として評価を受けている[39] (J7) 井上訳と比べてみるとその特徴が分かりやすい。

> 予ハ紀元一千六百三十二年ヲ以テ英吉利國ヨーク府ニ生レタリ然レド元ト本國ノ人種ニハアラズ予ガ父ハ獨逸國ブレーメンノ人ニシテヒュール府ニ商廛ヲ開キ大キニ利益ヲ獲テ富有ノ身トナリシガ後ニ商業ヲ廢シテヨーク府ニ移住シ給ヒ當國ノ伯爵ニシテ就中名家ト聞エタルロビンソン氏ノ女ヲ娶リテ…(J7 p. 1)…(中略)…倫敦行ノ船ニ乗リ込ミタルハ實ニ一千六百五十一年ノ九月一日ニシテ是レゾ予カ宿昔ノ志望ヲ達センカ爲メニ…(J7 p. 8)

井上訳の中略の部分にはロビンソンの兄弟の話や両親とその期待に背くロビンソンとの間の葛藤や父の教えなどが描かれているのに，巖谷編はすべて

を省略していることが分かる。一方，崔南善のものは以下のようである。

> 나는 西曆一千六百三十二年에 뿌리탠國 요옥府에서 난 로빈손, 크루서
> 란 사람이온데 내가 經歷한 말삼을 여러분 압헤서 베풂은 참 榮光스럽게
> 아난바올시다 (K3（1回）p. 21）[40] …（中略）…一千九［sic］百五
> 十一年九月一日에 런돈 가난 風帆船을 타고 바라고 바라던 물ㅅ길을 떠
> 낫소이다 (K3（1回）p. 23)
> （私は西暦一千六百三十二年にブリテン（英国）のヨーク府で生まれた
> ロビンソンクルーソーという者ですが，私が経験した話を皆さんに伝え
> ることはとても光栄と存じます。…（中略）…一千六百五十一年九月一
> 日に，ロンドン行きの風帆船に乗って望んでいた海に発ちました。）

崔南善訳の中略部分には，兄弟についての記述はないが親との葛藤や父の教えが簡略ではあるが含まれている。注目すべきは，巖谷も金贊も原作の一人称の語り手を三人称の語り手に変えたのに対して金贊の翻訳時期とほぼ同時期だった崔南善のものは読者に話しかけるという設定を加え，一人称の語り手のままにしていることである。そして，家を出て船に乗る時期について巖谷は年度を明かさずロビンソンの年齢を明記するが，崔南善のものは原作および横山訳をはじめ，ほとんどの日本語訳と同様，年度を明らかにしているのである。

以上の点だけでも崔南善が巖谷のものを底本にはしていないと確定してもよいと思われるが，もう少し見てみよう。次は，巖谷の「解題」である。

> 無人島大王とは，『ロビンソン漂流記』の事です。ロビンソン漂流記は，
> 世界中で名高い本で，現に日本文に譯した本が，いくらも出來て居りま
> すが，何れも長過ぎたり，堅過ぎたりして，少年諸君の讀物には，却つ
> て適しない様ですから，今度は其梗概を，短かく，易しく書いて見まし
> た。
> それで，中には省いた所もあり，また拔いた處もありますが，それでも

まだ長く成つて，規定の紙數に充ちましたから，これにはわざと下篇をつけません。
題を無人島大王とした理由は，別に申さずとも御解りでしやう。

果たして何処を省いて何処を抜いたのであろうか。再び (J7) 井上訳と比べてみることにしよう。巖谷編も井上訳も第一部のみである点には違いがないが，巖谷編は全体が84頁で，16頁から84頁までが無人島での出来事になっている。その分量を大凡計算すると80％以上で，無人島から出た後の話は3行しかない。一方，井上訳は全体が410頁で，55頁から340頁までが無人島の話でその分量は全体の70％を占めていて，その後の話も全体の20％を占めている。また，崔南善訳は全体が第一部と第二部に当たり，そのうち第一部の内容が約70％で，さらにその中で無人島の部分が約半分程度を占めている。つまり，無人島の話は全体の三分の一程度である。このような事実から巖谷のものがかなり無人島の話に偏っていることが分かる。「題を無人島大王とした理由は，別に申さずとも御解りでしやう」といったのは読めば分かるという意味だったのではなかろうか。

巖谷編のもう一つの特徴はわずか3行たらずの締めくくりの内容である。それによると無人島から出た後，実家に帰って父と会うことになっている。しかし，原作ではロビンソンが家に帰った時はすでに両親が死んでいて，親子の巡り合いは崔南善のものも含め，どの翻訳にも存在しない内容である。つまり，巖谷のものは翻訳でもなく，翻案でもない，改作ではないかと思われるので「小波編」とするのも適切かどうか疑われる独特なものであると言えよう。しかし，この巖谷編は前に述べたように中国でも翻訳されている。

(2.3) 日本の翻訳との関係

崔南善の『로빈슨無人絶島漂流記』は『少年』第二年第二巻から6回にわたり掲載していて，5回までが第一部，6回が第二部の内容である。分量的には5回までが全体の70％程度を占めている。次に，発行日を見てみると，掲載が始まった第二年第二巻が1909年2月1日に，最終回である第6回

が載った第二年第八巻の発行日は1909年9月1日になっている。崔南善が底本にした可能性のある日本語の訳を探す手掛かりを得るために，1909年8月までに出版されたものの中から，第一部と第二部の内容を含んでいる，(J9) 牛山良助訳編『新譯 魯敏遜漂流記』(1887), (J11) 高橋雄峯訳『ロビンソンクルーソー絶島漂流記』(1894), (J21) 百島操訳『ロビンソン漂流記』(1908) の3点を柱にし，第一部を比較する部分に関しては第一部のみ翻訳している他の翻訳も一緒に比べてみることにする。

(J9) 牛山訳は，全体178頁の中で24頁が第二部の部分だが，分量面で第一部の部分だけ井上訳と比べると井上訳の半分以下である。中国の章回体小説の形式をまねて「回」に分けていて，毎回該当する内容について七言の詩をつけている。牛山訳は全12回のうち第一部は第11回の154頁までなので全体の87％程度である。

(J11) 高橋訳も牛山訳と同様「回」に分かれているが，より細かく場面を分け，回の要約は漢詩をやめて詳細な日本語をつけている。全体が三巻に分かれていて，一巻が第12回まで180頁，二巻が第13回から23回まで169頁，三巻が第24回から32回まで140頁になっている。第一部は二巻までで，全体の70％程度である。

(J21) 百島訳は「回」を使わず番号だけで場面を17に分けている。総79頁で，第一部が62頁の中間までで全体の80％弱を占めている。通俗文庫第六編として少年少女向けで口語体にしている。

次は語り手の問題だが，前にも述べたように崔南善は読者に語りかける余計な文脈を加えて話を始め，最後にも以下のように述べ，語り手の存在を明確にしている。

　　내가 그동안 지낸일은 이뿐 아니나 너모 張皇하면 도로혀 厭症이 생기실 뜻하야 大綱大綱 따서 엿줍이니 仔細하게 알녀하시면 內外國文字間에 내 事蹟이 記錄되지 아니한데가 업스니 그것을 보시오 (崔南善訳6回43頁)

　　(この間私が経験したことはこれだけではないが，あまりに長くなると

かえって厭になるかと思い，大ざっぱに抜きだして申し上げたので，詳細なことが知りたければ内外国の文の中で私の事蹟が記録されていないところはないので，それをご覧ください。)

　語り手を一人称にしているか三人称にしているかは，日本文学や中国文学だけではなく韓国文学においても，近代文学とそれ以前の文学を分ける一つのポイントにもなる。崔南善の試みは，(K2) 金瓚訳のように三人称の語り手ではなく一人称の語り手を使ったこと，朝鮮の伝統的な物語の形式との差を熟知し，違和感がないように導入しようとしたことに重要性があると思われる。

　これに対して，(J9) 牛山訳の冒頭は「話説す魯敏遜克爾騒ハ紀元一千六百三十二年を以て英國ヨークの町に生れたるが氏の父ハ…」になっていて，その後も「克爾騒」を主語とし，原作の一人称の語りを三人称に変えている。(J11) 高橋訳は「余は千六百三十二年ヨーク町に生れたるもの。」で始まり，「例言」で「此書凡て自叙躰を用ゆ故に…」と述べたように原作の一人称の語り手を維持している。(J21) 百島訳は「私は紀元一千六百三十二年に，英國はヨーク市に生れた者である。」のように「私」を主語とした一人称の語り手を使っている。

　ここで崔南善訳の底本の可能性から牛山訳を除外してもよいが，さらに以下の検討によりこの妥当性は確かめられることになる。ロビンソンが航海に行きたがっていることを知った父親が「middle station」に属していることがどれぐらい大事なことなのかについて長く説得する場面が原作にあって，高橋訳や百島訳には「中等社会」云々する内容に訳されたが，牛山訳にはこの部分が完全になくなっている。この部分を削除した訳は，(J15) 巖谷編・(J19) 佐野編・(J23) 佐川訳・(C4)『大陸報』訳などで，短いものではほとんど省略されている。

　この部分について百島訳を見てみよう。

　『…一體外国へなど行くのは，何か事業の失敗者か貧乏人のする事だ，

第3章　近代初期 *Robinson Crusoe* の翻訳について　　97

それでなければ何かの野心家か富豪のすることだ。我等みたいな中等社會の者は，貧乏人や富豪のする冒險など爲なくても可い。中等社會の者は社會の基礎で，また一番幸福な者だ。だからお前が俺の云ふことを聽かないで，そんな馬鹿な眞似でも爲るなら，それこそ神様はお前を罰しなさるに違ひない』(J21 p. 2)

　百島訳が以前のものと違うところは口語体を使っている点であるが，それだけではなく会話文を挿入しているところである。原作のこの部分には会話文の引用がないのに，引用符号の中に会話文を入れている。一方，高橋訳は原作どおり，この部分には会話文もなくかなり長い。その内容を要約すると以下のようである。外国に行きたがる者は失敗者または神様の助けを受けている特別に幸運な者のみ，中等社会に生まれるのは下等社会の苦難を味わう必要もなく，上等社会の高慢な人や贅沢な人達から嫉妬の対象になることもないよい階級で，上下の人達が羨むものである。帝王も中等社会に生まれることを望むぐらいである。聖賢もこの階級にもとづいて幸せを論じている。また中等社会は変化が少ないところもよい。放浪する心配もなく，下等の労働の苦しさ，衣食の乏しさを心配する必要もない。安定，健康，娯楽など愉快なものばかりである。ここから高橋訳は原作に準じていることが分かる。崔南善訳はどうであろうか。

『…大體 배타고 도라다니난 것은 무슨일에 狼狽를 본 사람이던지 먹고 입고 살수업난 사람이던지 그러치 아니하면 큰 慾心을 가진 사람이나 富者들이 하난일이오 할일이지…… 우리갓흔 中等社會의 사람이야 왜 그런 일을 한단말이냐 大抵 中等社會는 왼 社會의 基礎일뿐 아니라 또한 過하지 안코 不足하지도 안허 가장 福스럽고 多幸한 階級이니 네가 만일 내가 이르난 말을 듯지 아니하고 쓸ㅅ대업난 일을 하다가는 하날이 도리혀 너를 미워하시리라』(K3（1回）pp. 21～22)
(『…大体船に乗ってまわることは何かのことに失敗した人か生活できない人がやることで，そうではなければ大きな欲を持っている人や金持ち

がやることであろう……我々のような中等社会の人間がなぜそのようなことをするんだろう。大抵中等社会は社会全体の基礎であるだけではなく，また過ぎることなく足りないこともないので一番幸福な階級だから，お前が万一俺の話を聞かず無駄なことをするなら神様がかえってお前を憎むだろう』）

　内容が百島訳と一致するだけでなく，口語体を試みていて，引用符号の中に会話文を入れているところまで同様である。これだけでも崔南善が百島訳をもとにしていると見なしてもよいであろうが，もう少し確認してみよう。次はロビンソンが無人島からイギリスに帰った時の場面であるが，百島訳と崔南善訳は以下のようである。

　　友人や，執事や，寡婦達は尚生きて居たけれど，兩親は早や此世には生きて居ず，二人の妹と兄弟の子供とが殘つて居た。(J21 p. 44)

　　友人과 家傔과 寡婦들은 다 사라잇스나 兩親은 발서다 作故하엿고 손아래ㅅ누의 둘과 족하 몟치 잇더이다 . (K3（5回）p. 40)
　　（友人や家の使用人や寡婦たちはみんな生きていたが，両親はすでに亡くなって二人の妹と甥や姪が何人かいたのである。）

　いきなり「寡婦」が登場していて，何の説明もないので唐突な感じがする。この「寡婦」はこの場面だけではなく，後半でロビンソンが再び航海に出る際，彼の子供を預かる人物と同一人である。(J9) 牛山訳にはないが，(J11) 高橋訳には該当する部分がある。

　　唯余が信友なる老寡婦の苦諫のあるありて，能く余の輕擧を停め，之より殆んど七年間余が海外に出づるを制止したり。(J11（23回）p. 168)

　高橋訳では「寡婦」が信友になっていて，当分の間ロビンソンの放浪を止

める役割をしている。高橋訳と百島訳の差がどこで生じているのかもう少し見てみよう。次は (J7) 井上訳である。

> 彼ノ爲替券ヲ盡ク貨幣ト交換シ了リ又彼ノ未亡人ヲ訪ヒタルニ彼ノ婦人ハ余ガ先キニ送リタル金子ヲ交受シ厚ク之ヲ謝シ又常ニ己レガ勞ヲ厭ハズ余ガ事業ノ爲メニ奔走周旋ナシ聊カモ別意アラザレバ余ハ又ナキ良キ助手人ヲ得タリト打チ喜ビ今ヨリ萬事ヒ此ノ婦人ニ委任スルノミナラズ余ガ貨財ノ保護等ニ至リテモ擧ゲテ之レヲ附托スルトモ…(J7 p. 376)

井上訳では「彼」の妻が「彼」が死んだ後も変わらずロビンソンの財産を真面目に管理してくれており，引き続き彼女に託すという話になっている。ここで「寡婦」がどういう人物なのかは分かるが，「彼」が誰なのかがまた分からなくなる。これに当たる原作は以下のようである。

> My benefactor and faithful steward, whom I had left my money in trust with, was alive, but had had great misfortunes in the world; was become a widow the second time, and very low in the world. I made her very easy as to what she owed me, assuring her I would give her no trouble; but, on the contrary, in gratitude for her former care and faithfulness to me, I relieved her as my little stock would afford; which at that time would, indeed, allow me to do but little for her; but I assured her I would never forget her former kindness to me; nor did I forget her when I had sufficient to help her, as shall be observed in its proper place.
> (金を信託しておいた恩人でありまた誠実な管理人は，生きてはいたが，世俗的にたいへんな不幸な目にあって，二度も寡婦になり，大変落ちぶれていた。わたしは預かってもらった金については迷惑はかけないからといって安心させ，逆にそれまで誠実に世話してくれたことに感謝の意を表して，わたしのわずかな資産の許す範囲で援助を与えた。精一杯の

わずかなものにすぎなかったが，あなたのご親切はけっして忘れませんと，私は彼女を力づけた。そして後で述べるように，援助できるほどのじゅうぶんな貯えができたときには彼女のことを忘れなかった。）[41]

　原作によるとロビンソンの財産を管理してくれた人は「彼」ではなく，今は「寡婦」になった「彼女」であったようで，「寡婦」の夫は登場しないのである。高橋訳はこの部分を縮約しながらも原作にしたがって忠実に訳したと言えるが，井上訳は，原作とはかなり違う訳になっていることが分かる。一方，百島訳はすべての説明を省略したが，この「寡婦」にロビンソンの子供を預けるようになるのでその人物まで削ることはできなかったのであろう。
　次も内容に関するもので，日本についての部分である。ロビンソンが航海中日本人の商人と会って，彼の誘いにのって日本に寄るかどうか迷う場面だが，この場面の最後の部分を比べてみることにする。

Well, still I was for taking him at that proposal, and going myself; but my partner, wiser than myself, persuaded me from it, representing the dangers, as well of the seas as of the Japanese, who are a false, cruel, and treacherous people; likewise those of the Spaniards at the Philippines, more false, cruel, and treacherous than they.
（私としては，やはりなんとしても，彼の申し出を受け入れて，他人まかせでなく自分でいきたくてならなかった。が，私よりも賢明な共同経営者は，日本人も危険だが，同じくその海賊も危険だと強調して，私の日本行きを思いとどまらせようと私を説得した。日本人は嘘つきで残酷で陰険な国民だ，ということであった。さらに，フィリピン群島にいるスペイン人にいたっては，日本人よりももっと嘘つきで残酷で陰険だとのことであった。）[42]

此の人物と交際せしに厚情にして友誼深く日本に行んことを勧めしかど

行ずして共に商法を營なむ某しハ日本へ同航し其近傍の島を廻り歸國せんと克爾騷に別れを告船の代料を拂ゐしに克爾騷ハ己れに隨從する者のみを止める時蘭船來りて克爾騷等を捕へ海賊船なるや否やと糺せしに一同ハ包む事なく上申せしに追捕の官吏ハ船内を改め上申通りに違はぬものから難なく歸り去しにぞ一同喜こび南京に向つて發し日本へ同航せんと思ひ立し某しは日本人と共々に纜なを解日本よりヒリツピン島邊を巡遊し傍ら商法せんものと別れて出帆なしたりしに…（J9 pp. 173～174）

然れ共余の徒は余に告て曰く，日本人はヒリツピン群島に在る西班牙人と同じく不實，猛惡，且奸猾なる人民にして危險甚た少からずと…（J11 (30回) p. 101）

丁度その時，一人の大工があつて，一隻の船を建造したが，船下しを爲次第，日本の方へ航海するといつて居た。私も此の話を聽くとやや，好奇心が起らぬでもなかつたけれど，種々調べて見ると，私を欺いて居る事の多いのを知つて急に厭になり，それに應ずることを中止して別れて了つた。（J21 pp. 70～71）

　原作は迷っているロビンソンに對し，同僚が日本人は嘘つきで，殘酷，陰險な者だから危險だと言ったので自分は日本に行くことをやめて，他の人を行かせたら日本人の協力で大儲けをしたといった内容になっている。まずロビンソンが會った人だが，牛山訳と高橋訳では原作どおり日本人に會っている。しかし，百島訳では日本人ではなく一人の大工に會っているのである。また日本に行かなくなる理由だが，原作のまま訳したのは高橋訳のみで，牛山訳も百島訳もこの部分をそれぞれ書き直している。ところが，崔南善訳は以下のようである。

　마참 이때에 木手 한사람이 배 한隻을 營造하난데 落成되난대로 日本을

向하야 간다함으로 내가 이말을 듯고 한번 遊覽할 생각이 업지아니하나 가만히 調査하야본즉 나를 속이난일이 만흠으로 今時에 실흔 생각이 나서 그만두고 헤여젓소이다. (K3 (6回) p. 39)
(丁度その時，一人の大工が一隻の船を建造していて，完成し次第，日本へ行くと言うので私がその話を聞いて一回遊覧する気がないことはないが，よく調べたら私を欺いたことが多いのですぐ厭になってやめて別れました。)

崔南善訳は百島訳と完全に一致する内容である。以上で崔南善が (J21) 百島訳を底本にしていたことを確定してもよいと思われる。

(2.4) 百島操訳との距離

百島訳が崔南善訳の底本であることを確認してきたが，崔南善訳には百島訳と違う点がいくつかあり，しかも偶然ではないように見えるところがある。崔南善訳のタイトルから見てみよう。『로빈손無人絶島漂流記』（ロビンソン無人絶島漂流記）は，百島訳の『ロビンソン漂流記』に「無人絶島」を差し込んだ形である。ちなみに，1910年までの日本の翻訳の中でタイトルに「無人」が付いているものは1899年の (J15)『無人島大王』と (J20)『無人島日記』のみで，「無人絶島」が入っているタイトルはこの時期までの日本の訳にも中国の訳にも存在しないものである。翻訳でありながらタイトルをつけるのに他のものとは違うものにしようとする，『少年』で見られたようなこだわりが感じられるところである。

他にも崔南善訳には，百島訳には出てこないが他の訳に出てくる単語を使っている部分やどの訳にも使われていない単語を使っている部分がある。例えば，崔南善訳は，百島訳には出ていないが高橋訳に出ている単語である「階級」を使っている。因みに，林紓はこの部分を約2頁にわたって訳しており，「上流社会」は使っているが，「中等社会」や「階級」といった単語は使わず「中人」を使っている。崔南善の単語選びについて気になるところはこれだけではない。例えば，崔南善訳の冒頭は「西暦一千六百三十二年에

뿌리튼國 요옥府」になっている。この部分が百島訳では「紀元一千六百三十二年に英國はヨーク市」になっている。つまり,崔南善は「紀元」ではなく「西暦」(西暦)を使い,「英國」ではなく「뿌리튼國」という「Britain」の音読みを使っている。音読みの単語使用は崔南善訳のみである。また「요옥府」,つまり「市」でもなく「町」でもない「府」を使った訳も(J7)井上訳ぐらいしかない。因みに(C5)林紓・曾宗鞏同訳は「約克城」といい「城」を使っている。

また,以下の部分を見てみよう。

> one-third to the king, and two-thirds to the monastery of St. Augustine, to be expended for the benefit of the poor, and for the conversion of the Indians to the Catholic faith:
> (その三分の一は国王に納め,三分の二は聖アグスティン会修道院に,貧民救済とインディアンのカトリック教への改宗のために用いるものとして交付した。)[43]

> 其の一を王に獻じ其の二ハ之を貧民救助,教務入費の一部として寺院に獻納爲したりしが…(J9 p. 131)

> 先づセント,オーガスチンの寺僧に丁重なる謝狀を述べ,且今猶其手に保管して處分し了らざる八百七十二モイドルを贈呈する趣,寺堂へ五百モイドル,貧民へ三百七十二モイドルを寄附する趣を陳し,さては余が爲めに祈禱を念ぜられんことなどを申し請へぬ。(J11 (22回) p. 153)

> 三分之一歸皇帝,餘其二歸寺觀中之道流,用以賙賑貧乏,其餘則招徠印度人入天主教 (C5 (巻下) p. 107)

> 三分の一は政府へ納め後の三分の二は貧民救濟費と印度人と親交のために使用ふ條件で,セント,オーガスチンの僧院へ送られて居た。(J21

p. 46)

　　三分之一은 政府에 바치고 三分之二는 貧民救濟와 土人親睦에 쓰기로 어늬 僧院에 보내두엇다 하더이다．(K3（5回）p. 41)
　　(三分の一は政府に納め，三分の二は貧民救濟と土人親交のために使うことにし，或る僧院に送っておいたそうです｡)

　この部分でも崔南善訳が百島訳にもっとも近いことは一目瞭然だが，百島訳が原作のまま「セント，オーガスチンの僧院」と「印度人」に訳したのに対して，崔南善はそれを「或る僧院」と「土人」に変えている。前者の場合，崔南善自身がカトリック信者ではあったものの当時の朝鮮ではカトリックがあまり盛んでなかったのでその固有名を省いたと理解できるが，林紓も「印度人」を使っているので「印度人」という単語が慣れないものではなかっただろうにわざわざ「土人」にしたのである。おそらくこれには他の意味があったようである。以下の例を見てみよう。

　　十二月…（中略）…九人の土人が火を圍むで居る。この熱いのに身體を溫める理はないから，多分持つて來た人の肉でも炙つて食べて居るのであらう。(J21 p. 32)

　　十二月 어늬날 偶然히 海岸에 갓더니 저편에서 화투ㅅ불을 질너서 연긔가 보이난지라 이는 必然 野蠻들이 온것임으로… (中略) …望遠鏡을 들어 연긔 올나오난 곳을 바라본즉 野蠻 아홉놈이 불을 에우고 잇스니 이 더운때에 몸을 녹이느라고 그리할 理는 업고 必然 가지고온 사람의 고기를 구어 먹난것이라 (K3（5回）p. 33)
　　(十二月の或る日，偶然海岸に行ったら向こうで焚火の煙が見えたのである。これはきっと野蛮たちが来たことで…(中略)…望遠鏡で煙がたっているところを見たら，九人の野蛮が火を囲んでいるが，こんな暑い時体を温めるはずがなく，きっと持ってきた人の肉を炙って食べているの

第 3 章　近代初期 *Robinson Crusoe* の翻訳について　　105

であろう。)

　この部分で百島は「土人」を使っているが，崔南善は「野蛮たち（野蠻）」にしている。因みに牛山訳では同じ場面で「野蠻の土民」(6 回 69 頁) になっていて，高橋訳では「蠻人」(16 回 47 頁) となっている。

　　二十日間も旅行して歩行いたが，或村へ這入ると奇妙なものを見た。それは木で作つた木像で羊の皮を澤山衣類のやうに着せてあつた。私は傍へ近寄つてよく見ると，その木像の周圍には十五六人の土人が居て，地面に垂伏して居る。(J21 p. 74)

　　二十日이나 行過하야 또 어늬곳에는 드러간즉 나무로 人形을 만들고 거긔다 羊皮로 만든 옷을 입히고 또 얼골에는 異常스러운 칠을 하얏난데 갓갑게 가서 본즉 土人十五六名이 땅에가 업드럿난故로… (K3 (6 回) p. 40)
　　（二十日も進んで行ってまた或るところに入ると，木で人形を作り，そこに羊皮で作った服を着させ，また顔を奇妙に塗ってあった。近づいて見ると土人十五六名が地面にうつ伏せていたので…）

　牛山訳にはこの場面が見当たらないが，全篇を通して「野蠻の土民」または「蠻民」を混ぜて使っている。高橋訳では「人民」を使っている。ここでは崔南善も百島訳と同様「土人」を使っているが，これは偶然ではないようだ。他の例を見ると崔南善が「野蛮たち」を使っているところは食人種の意味のようで，食人種ではない未開人に対しては「土人」という単語を使っているのである。
　百島訳とのずれは以上のような単語選択だけではない。次は締めくくりの場面である。

　　私はまた四箇月の後ハンブルグに着き終に一千七百五年正月の十日に倫

敦へ帰つて來た。丁度私が再度目に此處を出てから十年目になるのだ。(J21 p. 79)

나혼자 넉달뒤에 <u>함쁘르흐</u>（떠이취國有名한都會）로 가서 一千七百五年正月十日에 런돈으로 도라오니 두번째 런돈을 떠난지 꼭 十年九個月만이외다. (K3 (6回) p. 43)
（私一人で四カ月の後ハンブルクに行って一千七百五年正月の十日にロンドンへ帰ってきたら再度ロンドンを離れてから丁度十年九個月目になるのだ。）

百島訳の「十年目」が崔南善訳では「十年九個月目」になっている。実は高橋訳も牛山訳も林紓も「十年九個月」である。これは崔南善が他の訳も参照したことを意味するのではなかろうか。その他にも大事なことがある。崔南善訳には註がついている。このことについて韓国の先行研究では珍しい試みとして評価している[44]が, 漢文の伝統から考えたらそれほど珍しいことではないと思う。しかし, *Robinson Crusoe* に関して言うと註がついている訳は確かに珍しい。崔南善訳の中で初めて註がついているところは, 最初の航海に出て間もないところである。

> The sixth day of our being at sea we came into Yarmouth Roads; the wind having been contrary and the weather calm, we had made but little way since the storm. Here we were obliged to come to an anchor, and here we lay, the wind continuing contrary—viz. at south-west—for seven or eight days, during which time a great many ships from Newcastle came into the same Roads, as the common harbour where the ships might wait for a wind for the river.
> （海に出て六日目, ヤーマスの泊地に着いた。逆風で天気もおだやかであり, 嵐のとき以来あまり進めなかったのである。ここで投錨せねばなら

なった。風は依然として逆風すなわち南西から吹き, 七, 八日停泊したが, ニューカースルからたくさんの船が同じ錨地にはいってきた。) [45]

六日でヤーマウス, ロードに到着いたが, 此處に來た時からまた風が吹きだしたので数日滞在することにした。その間船長は頻りと船を警戒して, 甲板を彼方此方と歩行きながら, 『神よ我儕を恵み給へ』と… (J21 p. 3)

엿세만헤 겨오 야아마우쓰 繫留處 (逆風이 불든지 風浪이 이러나면 一時碇泊하야 和日順風을 기다리난곳) 에 다다라 順風을 기다리더니 공교로히 뜻대로 되지안코 여드레되던 날에 가서는 前次보담 더한 强風暴浪이 이러나서 배가 몹시 까불니더니 여간하야서는 왼눈도 꼼짝 아니하던 船長도 이번에는 매우 念慮를 하야 배에 구멍이나 나지 아니하얏나 하야 두루두루 삷히면서 틈틈이 『하나님 살녀줍시사』하난지라… (K3 (1回) p. 26)
(六日でやっとヤーマウス繋留処 (逆風が吹いたり風浪が起きたりすると一時碇泊して和日順風を待つ所) に着き, 順風を待ったが, あいにく望みどおりにならなくて, 八日目になる日には前よりすごい強風暴浪が起きた。船が酷く揺れたら, よほどのことにはびくともしない船長も今回はとても心配して船に穴でもあいていないか彼方此方調べながら, その合間に『神よ助けてください』と言った…)

原作にはない引用符号の中に入っている船長の祈りが一致していることから相変わらず (J21) 百島訳がもとになっていることは分かるが, 新たに「繋留處」という単語を使っている点, 註をつけている点, 「八日目」という数字を入れている点が気になる。まず, 百島訳に出ていない「八日目」はどこから来たものであろうか。この場面で数字が出る訳は以下のようである。

抜錨ノ後六日ニシテヤーマウスロード近傍ニ來リシキ逆風浪ヲ揚ゲテ船

進マズ前日ノ暴風以來進行ノ里程ハ甚夕僅々ナレハ未夕止マルベキニアラ子ドモ詮方ナケレハ茲ニ投錨シタルニ東北位ノ逆風猶強ク第七日第八日ハ… (J7 p. 12)

海上に在ること六日にして，漸くヤルマウス碇泊所に着せり。是れかの大荒の後は，風逆に吹き，且つ日和も静なりければ，緩々と進行したるが故のみ。此後七八日間は依然西南の逆風にして，船を出すに便りなければ，余等は少時茲に碇泊しけるに，… (J11（1回）p. 9)

六日目に船はヤルマウス碇泊地に來りたり（註，ヤルマウスは，ヤル河口にある殷賑の市街にて，ロンドン市及ハル町などと交通頻繁なり）。暴風息みて後は，天氣穏なりけれど，風向順ならざりしかば，船の速力遅くして，行程短かりけれども，詮術なくて，茲に錨を投ぜしに，南西の逆風尚ほ吹續きければ，七八日間此所にぞ滞留しける，… (J24 p. 17)

つまり，原作の「seven or eight days」に準じて「七八日」にした訳はあるが「八日目」はないのである。また，註のことだが，崔南善訳についている「ヤーマウス」に関する註は (J24) 松島剛監修・学窓餘談社訳の註とほぼ一致する。この訳には文中の註だけではなく頁の最後に以下のような詳細な脚註までもついている。

　　（註）此ヤルマウス碇泊地といふは，ヤル河に溯らんとする船舶の皆順風を待合さん爲め，繋留する共同碇泊なり。泊碇地［sic］とは，港の如く廣がらぬ狭き所を言ふなり，第一號地圖参照。

崔南善が使った「繋留」という単語も出ているのでこれを参照したと言うことができれば都合がいい。しかし，この訳の出版時期が問題である。この訳は，フライデイに会う前，無人島で苦労する場面までの一巻が『ろびんそんくるそう 冒險奇談 奮闘の生涯』というタイトルで1909年4月に，これ

第 3 章　近代初期 Robinson Crusoe の翻訳について　109

に第二部の内容まで訳した合巻が1911年1月に『奮闘美談ろびんそんくるそう』というタイトルで出版された。崔南善の最初の註が第1回目，つまり1909年2月1日発行の分に載っているのだから1909年4月発行のものを参照したとは言いにくい。もしかして何らかの形で(J24)が本になる前に発表された可能性もあるだろうから，両方の註を比べてみることにしよう。以下は崔南善訳についているすべての註である。

陸路로 스페인國으로부터 프랑쓰國을 지나 칼나이쓰港 (프랑쓰國要港)으로 가기로 하얏소이다 [註] 리쓰뽄은 포르토갈國 京城이니 陸路로 뿌리탠國을 가려하면 스·프両國을 지나 칼나이쓰港 갓흔데서 暫時 배를 타고 개천 갓흔 바다 한아만 지나면 그만이니라. (K3 (5回) p. 41)
(陸路でスペインからフランスを過ぎてカールナイス港（フランスの要港）に行くことにしました［註］リスボンはポルトカルの首都だから陸路でイギリスに行こうとするとスペイン・フランス両国を通ってカールナイス港のようなところから暫く船に乗って川のような海を一つだけ渡ったらよいのです。)

랑게떡·까쓰코안等國이 보여 마음이 매우 조왓소이다.[註] 랑게떡·까쓰코안은 다 只今 프랑쓰國 南方의 一道라. (K3 (5回) p. 44)
(ランゲトク・カスコアン等の国が見え，とても嬉しかったです。［註］ランゲトク・カスコアンはすべて只今のフランスの南方の一道である。)

툴누쑤 (프랑쓰國 南方에 잇난 重要한 都會) 를 지나 파리 (프랑쓰國京城) (K3 (5回) p. 47)
(ツルヌス（フランスの南方にある重要な都会）を過ぎてパリ（フランスの首都）)

우리들은 뿌럿실에서 直路로 喜望峰 (아프리카大陸南端) 을 향向하야 太西大洋을 橫斷하야 거긔서 물건을 실코 마다까쓰카 (아프리카東海上

에 잇난 大島) 로 갓소이다. (K3 (6回) p. 35)
(我々はブラジルから直路で喜望峰（アフリカ大陸南端）を目指して太西大洋を横断してそこで品物を積んでマダガスカル（アフリカの東海上にある大島）へ行きました。)

엘베 (떠이취國을 貫流하난 江) 로 가서 (K3 (6回) p. 43)
(エルベ（ドイツを貫流する江）へ行って)

넉달뒤에 함뿌르흐 (떠이취國 有名한 都會) (K3 (6回) p. 43)
(四か月の後，ハンブルク（ドイツの有名な都会）)

すべてが後半のもので，地理的な説明であることが特徴である。確認したところ，(J24) 松島剛監修・学窓餘談社訳に以上のような註は見当たらない。果たして崔南善訳の註はどこから来たものであろうか。1910年までの訳の中で註がついているものというと，(J24) の他に1857年の (J2) 横山訳と中国の (C5) 林紓・曾宗鞏同訳がある[46]。横山訳には以下のような註がついている。

魯敏遜屈律西八育（英吉利国の地名）の貴族… (J2 p. 1)
魯敏遜扶児（英吉利国の地名）といふ… (J2 p. 2)

横山訳は総30頁に無人島から英国に帰る部分までの内容を要約したもので「ヤーマウス」に関する註を含め，崔南善訳の註と一致するものがない。林紓・曾宗鞏同訳には崔南善訳より多い註がついている。ただ，崔南善訳の註が地理的な説明のみであるに対して，林紓・曾宗鞏同訳の註は地理的な説明だけではなく内容についての補足や林紓の意見など，様々である。地理的な事実についての註だけ抜き出すと以下のようである。

其來必自伯諾亞勒（南美安基的共和國小部）或自巴拉打（在南亞美利加

南向)（C5（巻下）p. 34）

其必取道向漢窪邦（在墨西哥海灣）（C5（巻下）p. 34）

余始至一巨島。曰馬達加斯（在印度洋内爲天下第三巨島）（C6（巻下）p. 11）

余舟當至蘇亞京（地居紅海中）（C6（巻下）p. 29）

乃號令船主。急趣干巴底亞（在安南境内卽瀾滄江）（C6（巻下）p. 33）

こちらも崔南善訳の註と一致するものがないのである。崔南善は横山訳や林紓・曾宗鞏同訳から註の形式だけを習ったのかもしれない。

以下を見てみよう。

나는 原來 배혼 職業이 업고 平生에 생각하기를 널분 하날 큰 바다 사이에 적은 배를 띄워 이리로 가서 고태 [sic] 의 등을 어루만지고 저리로 저어 鰐魚의 꼬리를 당겨보아 눈기동 갓흔 물ㅅ결노 더부러 서로 마주치고 다닥다리난 것처럼 상쾌한 일이 업다하야 제발 德分에 船人이 되여지라고 至死爲限하고 父母끠 請願하얏소이다. (K3 (1回) p. 21)
（私は原來習った職業がなく，いつも考えていることは，広い空大きい海に小さい船を浮かせて<u>こちらに行ってクジラの背中を撫で，あちらに漕いで行って鰐魚の尻尾を引っ張り，雪の柱のような波とぶつけあって遊ぶような爽快なことはない</u>と思い，是非ともおかげで船人になるよう至死爲限し，父母に請願しました。）

波線の部分は，原作には勿論どの翻訳にもない記述である。しかも「クジラと鰐魚」の登場は唐突に感じられる。ところが，崔南善が翻訳したもう一つの作品である『ガリバー旅行記』の冒頭にも以下のような記述がある。

멧百年前아니되야 英國에 껄느버란 航海 됴와하난사람이 잇섯소. 航海
란 것은 익기前에는 苦生이라면 苦生이로되 익어만디면 아모럿티도 안
을뿐더러 더욱 여긔뎌긔로 往來하면서 經難도 만히하고 求景도 만히하
며 <u>넓으나 넓은 바다에 노난 고래와 담긴 鰐魚로 벗을 삼아 男兒의 壯한
氣運을 펴난것이</u> 또한 非常한 滋味가 잇난일이오.[47]

　波線部だけ訳すると「広い海で遊ぶクジラと沈んでいる鰐魚を友達にして男の大きい気運を広めることもとても面白いことです」になっていてこれも原作にはない記述で，ここにも「クジラと鰐魚」が登場している。つまり，原作にもなく，底本にしている翻訳にもない追加であろう。このような追加はあちこちで行われている。その範囲は，粗筋，状況描写，説明，擬声語，擬態語などに及び，量的にも少なくないのである。このようなことまで含め，崔南善訳は（J21）百島訳をもとにしていながらも様々なこだわりを見せ，単純な重訳ではないことが分かる。

5. おわりに

　本稿は日本・中国・韓国における *Robinson Crusoe* の翻訳状況を比べることにより，その中からそれぞれの翻訳の位置づけおよびその意味づけができると思ったところから出発した。しかし，中国の資料の入手が困難な上，力不足もあって韓国においての訳の一つにすぎない崔南善の訳が日本の百島操訳を底本にしていたことを明らかにすることで留まってしまった。そこから導かれた結論は崔南善が百島訳を底本にしながらも様々なところでそれとの異質化を図ったことが跡づけられるということであった。崔南善の小説の翻訳はこれ以外にも何本かあるが，このような訳の仕方が彼の一般的な傾向であるとは言いにくい。例えば，ユーゴーの『レミゼラブル』の一部を「ABC契」というタイトルで訳して同じく『少年』に載せているが，それは日本の抱一庵主人訳述の『ABC組合』（内外出版協会，1902.2）を底本にした訳で，

その場合は日本語の訳とずれるところが少なく記号使いまで忠実に重訳している。すると崔南善はなぜ Robinson Crusoe の翻訳でこのような手法を使ったのであろうか。答えにはならないだろうが，参考としてロビンソンの一人称の語りのまま述べている最後の部分を引用しておくことにする。

> 新大韓少年 여러분은 여러분의 나라 형편이 三面으로 滋味의 주머니오 보배의 庫ㅅ집인 바다에 둘닌것을 尋常한 일노 알지 말어 恒常 그를 벗하고 그를 스승하고 또 거긔를 노리터로 알고 거긔를 일터로 알어 그를 부리고 그의 脾胃를 마초기에 마음 두시기를 바라옵나니 엇접지 아니한 말삼이나 깁히 드러주시오 그런데 한마듸 부쳐 말할것은 우리 모양으로 私利와 작난으로 바다를 쓰실 생각 말고 좀 크게 놉게 人文을 爲하야 國益을 爲하야 眞實한 마음과 精誠스러운 뜻으로 學理硏究・富源開發等 조흔 消遣을 잡으시기를 바람이외다. (K3（6回）pp. 43〜44)
> (新大韓少年諸君は，諸君の国の有様が三面に海の幸を生み出す打ち出の小槌と宝の倉なる海に囲まれたるを尋常なる事とみなさず，常に其れを友とし其れを師としまた其処を遊び場や仕事の場とみなし其れを駆使し其の意にかなうことに心がけるよう願う次第でありますが，気障りな言葉であるとはいえ慎重に聴き入れられんことを。ところで一言付け足し申しあげるのは，我々のように私利と戯れに海を使う思いを捨て，いささか大きく高く人文のため国益のため真実な心と誠実な志をもって学理研究・富源開発等，善き気慰みとされんことを願う次第であります。)

個人的なことではあるが，今回の成果としては，一つの翻訳について「縮訳」「抄訳」「削除」「追加」といった言葉で片付けられてきたものが実はその中身においてかなり幅が広いということが分かったことである。翻訳について重要な点は，どこを縮め，どこを抜いたか，どのような内容を追加したかで，そこから訳者の意図が見えるのではないかということである。今後の課題として，中国のものについてのさらなる調査も必要であろうが，このような観点で今まであまり議論の対象になっていない翻訳書を読み直すことに

よってこうした訳者の意図が新たに明らかになり，翻訳をめぐって新たな側面が浮かび上がってくる可能性が考えられるのではないかと思われるのである。

【注】
1) 梁啓超『飲冰室合集』第1冊（影印本）中華書局，1989, p. 66。
2) 孟昭毅・李載道主編『中国翻譯文学史』北京大学出版社，2005, p. 25。
3) 『皇城新聞』1902年4月30日。
4) この訳は単行本ではなく新聞に一回載ったもので，無人島でクルーソーがフライデイに会う場面だけなので最初の翻訳としては認めにくいところがある。次の訳は1908年，金欖の『絶世奇談 羅賓孫漂流記』で，こちらを最初の訳と見なす場合が多い。
5) 私市保彦「近代日本におけるロビンソン・クルーソーの運命―明治期冒険小説の比較文学的素描」『思想の科学』第6次，1974。
　橋口稔「日本における『ロビンソン・クルーソウ』」『東京大学教養学部外国語科研究紀要』31, 1983。
　猪狩友一「『ロビンソン・クルーソー』の世界とその明治初期翻訳について―"Robinson"と「魯敏孫」の間」『国語と国文学』66, 1989。
　宇佐美毅「"Robinson Crusoe"の明治期翻訳をめぐって―表現構造が作り出す世界」『国語と国文学』66, 1989。
6) 「明治翻訳文学年表」川戸道昭・榊原貴教編『十八世紀イギリス文学集』（明治翻訳文学全集）大空社，2000.4。
　川戸道昭・榊原貴教編『児童文学翻訳作品総覧第1巻イギリス編1』大空社，2005.6。
7) 以下，年代はすべて西暦に直してある。なお，タイトルを含め訳者の名前などの書誌事項の優先順位は「版権紙」「中表紙」「表紙」の順にした。
8) 川戸道昭・榊原貴教編，前掲書の目録には載っていないが，「一名小魯敏孫傳」というサブタイトルがついている田中鶴吉傳の例言に，ロビンソンの話が田中鶴吉傳の参考になるので附記するとして載っている。1頁から32頁までが「ロビンソン，クルーソー略傳」で，「ロビンソン，クルーソーノ本名ハ…」といった三人称の語り手を使い，無人島から出て帰国した後再び航海に出てフライデイと共に例の無人島に寄るところまでの話が綴られている。上段には内容についての感想を述べた漢文註がついている。
9) 本文のタイトルは『ロビンソンクルーソー傳直譯註釈』になっている。以下，日本の翻訳書の中で井上勤訳と巖谷秀雄編以外の引用は国立国会図書館デジタル化資料を利用した。

10) 表紙のタイトルは『ろびんそんくるーそー奮闘の生涯』，中表紙には『ろびんそんくるそう冒険奇談 奮闘の生涯』，目次には『魯敏遜苦留叟 冒険奇談 奮闘の生涯』となっている。
11) 1910年までの翻訳ではないが，(J24) に第二部の訳を加えた合巻であり，本稿でその内容を扱う必要があるので目録に入れておく。
12) 宇佐美毅，前掲論文，p. 50。
以下，翻訳書を引用する際は，訳書の表記をなるべく生かすが，ルビは省略する。引用箇所に関しては引用の最後に「黒田訳」「横山訳」のように表記し，引用頁を付記する。
13) 橋口稔，前掲論文，p. 3。
14) 齋藤訳は黒田訳をほぼそのまま写したもののようである。
15) 黒田行大道訳『漂荒紀事』京都大学電子図書館版。
16) 樽本照雄『新編増補清末民初小説目録』齊魯書社出版，2002。
17) 崔文東「晚清 Robinson Crusoe 中譯本考略」『清末小説から（通訊）』no. 98, 2010. 7. 1, p. 20 で 1902 年 12 月〜1903 年 3 月，1903 年 6 月〜10 月に修正している。詳しいことは後述する。
18) 『説部叢書』に入っている。1913, 1914, 1917, 1933, 1945, 1968 年に再版。
19) 『説部叢書』として出版，1914 年再版。
20) 崔文東，前掲論文，p. 19。
21) 上掲論文，p. 20。
22) 『大陸報』第 1 号，光緒 28 年 11 月（1902 年 12 月）。
23) Daniel Defoe; *The Life and Most Surprising Adventures of Robinson Crusoe, of York, Mariner*, 1801, Gutenberg eBook, p. 233.
24) 河島敬蔵註釋『漂流者と野蠻人』と松島剛監修・学窓餘談社譯『ろびんそんくるそう 冒險奇談 奮闘の生涯』の序文にはアレキサンダー，セルカークになっている。
25) 崔文東，前掲論文，p. 21。
26) 上掲論文，p. 23。
27) 上掲論文，p. 23。
28) 小波節・紅紱重譯「無人島大王」『民呼日報図画』1909（『清代報刊図画集成』六，全国図書館文献縮微複製中心，2001）。
29) 上掲書，p. 231「至翌日倫敦喧傳克禄蘇事。親友來賀鄉人來謁。報館訪事來晤談採其事。編為游記逐日登載。克復以親慼之跡。自著一書上之文部。文部取其事。足為國民囑 精神振志気。廼特廣為傳播於全國。而各國聞之競相。逐譯閱數百年。卽東亞大陸亦莫不稱頌克禄蘇之為大航海家云。」（句読点は筆者）。
30) 崔文東，前掲論文，p. 23。
31) 以下の韓国資料の表記と分かち書きは最大限原文のままにするが，読みにくい分かち書きや現在使われない表記に関しては現代表記に準じて変えてある。

32) 金秉喆『韓国近代翻訳文学史研究』ソウル：乙酉文化社，1975, pp. 267〜269。
33) 増田義郎訳『完訳ロビンソン・クルーソー』中央公論新社，2007, p. 9。
34) 上掲書, p. 303。
35) 金秉喆，前掲書, p. 283。
36) この2次留学時期については異見があり，趙容萬「六堂崔南善年譜」『六堂崔南善』（三中堂，1964）には，1906年3月から1906年9月までとなっているが，LeeJinHo「崔南善の2次留学期に関する再考察」『Sae 国語教育』（42, 韓国国語教育学会，1986）で修正され期間である。
37) 崔南善「書齋閑談」『새벽』1954.12（『全集』5, p. 440）。
38) 柳時賢『崔南善研究－帝国の「近代」と植民地の「文化」』ソウル：歴史批評社，2009, p. 49。
39) 宇佐美毅，前掲論文, p. 50。
40) 崔南善訳の引用頁は雑誌の頁で，1回21頁は翻訳としては1頁目である。
41) 増田義郎訳，前掲書, p. 275。
42) 平井正穂訳『ロビンソン・クルーソー』（下）（岩波文庫），岩波書店，1971. p. 311。
43) 上掲書, p. 277。
44) 金旭東『近代の三人の翻訳家－徐載弼・崔南善・金億』ソウル：Somyeong 出版，2010, p. 116。
45) 増田義郎訳，前掲書, p. 15。
46) 対訳本にも註がついているが，後半の内容を扱っているものがなく，地理的な説明に註を使っているものもないので論外である。
47) 崔南善訳「걸리버유람긔」（ガリバー遊覧記）『少年』第一年第一巻，1908.11.1。

【参考文献】
〈基本資料〉（中国・日本・韓国における翻訳書の目録は本文にあるため省略）
Defoe, Daniel;*The life and strange surprizing adventures of Robinson Crusoe* (1719; reprint, London: Pickering & Chatto, 2008)
―――― ;*The farther adventures of Robinson Crusoe* (1719; reprint, London: Pickering & Chatto, 2008)
―――― ;*Serious reflections during the life and surprising adventures of Robinson Crusoe* (1720; reprint, London: Pickering & Chatto, 2008)
―――― ;*The Life and Most Surprising Adventures of Robinson Crusoe, of York, Mariner* (1801) Gutenberg eBook
―――― ;*The life and adventures of Robinson Crusoe* (London: Paternoster Row, 1840)

──────;*The life and strange surprizing ADVENTURES of ROBIN CRUSOE of YORK, MARINER* (Oxford: Basil Blackwell, 1927)
──────;*The farther adventures of ROBIN CRUSOE* (Oxford: Basil Blackwell, 1927)
『少年世界』博文館（復刻版）名著普及会，1990。
川戸道昭・榊原貴教編『十八世紀イギリス文学集』（復刻版）大空社，2000。
『説部叢書』第三十三編『魯濱孫飄流記』上海：商務印書館，1914。
『説部叢書』第三十四編『魯濱孫飄流記続記』上海：商務印書館，1914。
梁啓超『飲冰室合集』（影印本）中華書局，1989。
『清代報刊図画集成』六（影印本）全国図書館文献縮微複製中心，2001。
韓国学文献研究所編『韓国開化期文学叢書』（影印本）ソウル：亜細亜文化社，1979。
『少年』新文館（影印本）ソウル：現代社，1980。
朴珍英編『신문관 번역 소설 전집』（新文館翻訳小説全集）ソウル：Somyeong 出版，2010。
崔南善『六堂崔南善全集』（影印本）ソウル：Yeokrak，2013。

〈その他〉（日本語の読み方のアルファベット）
文聖煥『최남선의 에크리튀르와 근대・언어・민족』（崔南善のエクリチュールと近代・言語・民族）ソウル：韓国学術情報，2009。
趙容萬『六堂崔南善』ソウル：三中堂，1964。
藤原浩一「中国における *Robinson Crusoe* について」『近畿大学教養部紀要』17, 1985。
──────「ロビンソン・クルソーと中国について」『近畿大学教養部紀要』30, 1998。
橋口稔「日本における『ロビンソン・クルーソウ』」『東京大学教養学部外国語科研究紀要』31, 1983。
平井正穂訳『ロビンソン・クルーソー』（上・下）（岩波文庫）岩波書店，1971。
猪狩友一「『ロビンソン・クルーソー』の世界とその明治初期翻訳について─"Robinson"と「魯敏孫」の間」『国語と国文学』66, 1989。
ImSangSeok『20세기 국한문체의 형성과정』（20世紀国漢文体の形成過程）ソウル：知識産業社，2008。
KangHyeonCho「한국 근대초기 번역・번안소설의 중국・일본문학 수용 양상 연구─1908년 및 1912〜1913년의 단행본 출판 작품을 중심으로-」『현대문학의 연구』（「韓国近代初期翻訳・翻案小説の中国・日本文学受容様相研究─1908年及び1912〜1913年の単行本出版作品を中心に」『現代文学の研究』）46, 韓国文学研究学会，2012。
川戸道昭・榊原貴教編集『児童文学翻訳作品総覧第1巻イギリス編1』大空社，2005。
KimNamYee・HaSangBok「최남선의 신대한（新大韓）기획과 '로빈손 크루소'」（崔南善の新大韓企画と「ロビンソンクルーソー」）『東亜研究』57, 西江大学校東亜研究所，2009。

KimYeoungMin 他2人編『근대계몽기 단형 서사문학 자료전집』上・下（近代啓蒙期短形叙事文学資料全集）ソウル：Somyeong 出版，2003。
金旭東『번역과 한국의 근대』（翻訳と韓国の近代）ソウル：Somyeong 出版，2010。
─────『근대의 세 번역가─서재필・최남선・김억』（近代の三人の翻訳家─徐載弼・崔南善・金億）ソウル：Somyeong 出版，2010。
金秉喆『韓国近代翻訳文学史研究』ソウル：乙酉文化社，1975。
─────『韓國近代西洋文学移入史研究』（上・下）ソウル：乙酉文化社，1980。
金秉喆編著『世界文学翻訳書誌目録総覧（増補改訂版）』ソウル：国学資料院，2002。
国立国会図書館編『明治・大正・昭和翻訳文学目録』風間書房，1959。
私市保彦「近代日本におけるロビンソン・クルーソーの運命─明治期冒険小説の比較文学的素描」『思想の科学』第6次，1974。
─────『ネモ船長と青ひげ』株式会社晶文社，1978。
─────「日本の＜ロビンソナード＞─思軒訳「十五少年」の周辺」亀井俊介編『近代日本の翻訳文化』中央公論社，1994。
LeeJinHo「최남선의 2차 유학기에 관한 재고찰─연보 재정립을 위한 제언」『새국어교육』（「崔南善の2次留学期に関する再考察─年報再定立の為の提言」『新国語教育』）42，韓国国語教育学会，1986。
孟昭毅・李載道主編『中国翻訳文学史』北京大学出版社，2005。
増田義郎訳『完訳ロビンソン・クルーソー』中央公論新社，2007。
ナダ出版センター『図説翻訳文学総合事典』第3巻 大空社，2009。
長澤修「巌谷小波の翻案世界─明治20年代をめぐって」『梅花女子大学文学部紀要』35，2001。
六堂研究学会『최남선 다시 읽기』（崔南善読み直し）ソウル：現実文化，2009。
柳時賢『최남선 연구─제국의 근대와 신민지의 문화』（崔南善研究─帝国の近代と植民地の文化）ソウル：歴史批評社，2009。
三枝壽勝「이중표기와 근대적 문체 형성─이인직 신문 연재「혈의 누」의 경우」『현대문학의 연구』（「二重表記と近代的文体形成─李人稙の新聞連載「血の涙」の場合」『現代文学の研究』）15，韓国文学研究学会，2000。
─────「쥘 베른（Jules Verne）의『십오소호걸（十五小豪傑）』의 번역 계보─문화의 수용과 변용」（Jules Verne の『十五小豪傑』の翻訳系譜─文化の受容と変容）『사이間 SAI』4，国際韓国文学文化学会，2008。
崔文東「晩清 Robinson Crusoe 中譯本考略」『清末小説から（通訊）』no. 98，2010。
齊藤美野『近代日本の翻訳文化と日本語─翻訳王・森田思軒の功績』ミネルヴァ書房，2012。
樽本照雄『清末小説論集』法律文化社，1992。
─────『新編増補清末民初小説目録』齊魯書社出版，2002。

宇佐美毅「"Robinson Crusoe"の明治期翻訳をめぐって―表現構造が作り出す世界」『国語と国文学』66, 1989。
渡辺仁「『ロビンソン・クルーソー』について（その1）」『近畿大学教養部紀要』20, 1974。
―――「『ロビンソン・クルーソー』について（その2）」『西南女学院短期大学研究紀要』25, 1978。
―――「『ロビンソン・クルーソー』について（その3）」『西南女学院短期大学研究紀要』26, 1979. 12。
吉武好孝『翻訳文学発達史』三省堂, 1943。
全成坤『근대'조선'의 아이덴티티와 최남선』(近代「朝鮮」のアイデンティティーと崔南善) ソウル：J & C, 2008。

第4章
『十五少年』は東アジアでどのように翻訳されたのか
Jules Verne; *Deux Ans de Vacances* から
『冒険小説　十五小豪傑』に至るまで

三枝　壽勝

1. はじめに

　Jules Verne; *Deux Ans de Vacances*（二年間の休暇）は日本及びその周辺では『十五少年』『十五少年漂流記』『十五小豪傑』などの題名でよく知られています。しかし，本国フランスや西欧ではヴェルヌの小説の中で特によく読まれているというわけでもないようです。日本，そして中国及び朝鮮でなぜこれほど人気があるのか，そこにはそれなりの理由があると思われますし，そのこと自体の考察にも意味はあるとは思われますが，本稿ではそのことには直接触れません。ここで扱うのは，この小説がこの三つの地域で最初に紹介されたときの翻訳を対象にして，それらの翻訳の間の関係，翻訳の系譜関係を形式的に簡単に考察することです。

　ここで扱う事柄は，おそらくはほとんどがすでに発表されてしまっている可能性が高く，初めて扱われるのは主として朝鮮語の翻訳に関する事柄程度かもしれません。しかし本稿の内容がすでに知られている事柄であったとしても，資料紹介と整理の意味を含めて一緒に扱うことにします。また，本稿では翻訳された文章の質について論じることはしませんが，それでも誤訳の問題がしばしば登場します。それは翻訳の質の問題ではなく，異なる翻訳の影響関係を確認するための材料としてであることをあらかじめお断りしておきます。

　また本稿の内容は，オリジナルなものではなく，すでに筆者が韓国語で発

表したものです。ただし，その内容にかなりの手を加え変更して再度発表するものであることをお断りしておきます[1) 2)]。

2. 文献，資料

まず本稿で扱う資料について紹介しておきます。本文ではできるだけ，初出や初版を使い例文を提示することにしましたが，それができない場合や，便宜上他の版を使うこともあり，またそれらに言及することもあるので，それらを補充資料として紹介しました[3)]。

(1) 初出・初版
(F) Jules Verne: *Deux Ans de Vacances,* Hetzel, N. D. [1888] (Collection Hetzel / Bibliothèque D'éducation et de Récréation) (30 Chapitres, 全469ページ。扉に口絵1枚, 本文中 口絵挿絵90葉)。

(ET1) *A Two Years' Vacation,* Seaside Library Pocket Edition, Munro (New York), N. D. [c1889] (30 chapters, 11–260ページ = 全250ページ。扉に口絵1枚，本文中 口絵挿絵9は全てFのもの)。

(ET2) *A Two Years' Vacation,* Seaside Library Pocket Edition, Munro (New York), N.D. (30 chapters. 本文はET1と同じだが本文前後にある広告が異なる)。

(EA1) *Adrift in the Pacific,* Sampson Low (London), N.D. [c1889] (7–176ページ = 全170ページ. 扉に口絵)。

(EA2) *Adrift in the Pacific,* Sampson Low (London), N.D. (7–176ページ = 全170ページ。扉に口絵，EA1の表紙にあるのと同じ絵，1924年以前発行)。

(J1) 森田思軒「冒險奇談 十五少年」『少年世界』1896.3–10 (15回, 全1415ページ)。

(J2) 森田思軒『十五少年』博文館, 1896 (15回, pp. 1–292)。

(J3) 森田思軒譯『十五少年』博文館, 1900 (6版) (15回, pp. 1–292.

扉に折込口絵，本文中に挿絵22葉，表紙以外は（J2）と同じ）。
(C1) 梁啓超・披髮生（羅普）「十五小豪傑」『新民叢報』1902.2.22–1903. 1.13 (pp. 772–838)。
(C2) 『十五小豪傑』新民社（横浜），1902（18回）未見。
(C3) 少年中國之少年重譯『十五小豪傑』新民社，1903。(再版？ 表紙，目次，冒頭及び末尾のみ，古書サイト孔夫子の2007年夏のオークション写真による)。
(C4) 飲冰子・披髮生『十五小豪傑』世界書局，1929 (4版)（前後の他の版と比べ異同が多い)。
(K) 『冒險小説 十五小豪傑』東洋書院（訳述発行者 関溥鎬），明治45年 (1912) 2月5日。

(2) 補充資料

(F2) Jules Verne: *Deux Ans de Vacances,* Le Livre de Poche, 2009.
(EA3) Adrift in the Pacific or the Strange Adventures of a Schoolboy Crew, *Boston Daily Globe.* 1890.2.22–3.14（17 chapters）．
(EA4) Jules Verne: *Adrift in the Pacific,* General Books Publication, 2009。[Original (EA1) を Optical Character Recognition software でスキャンしたものだと言う]。
(EA5) Jules Verne *Adrift in the Pacific: Two Years Holiday,* Fredonia Books (Amsterdam), 2003 (15+15 = 30 chapters, 151+全293ページ, Reprint, ただし原本の詳細を明らかにしていない]。
(J4) 森田思軒譯「十五少年」『明治大正文學全集』第8巻，春陽堂，1929. 3.15. pp. 621–750。
(J5) 森田思軒譯『十五少年』岩波文庫，1938。
(J6) 森田思軒譯「十五少年」『明治文學全集 95 明治少年文學集』筑摩書房，1970.2.20/ 1989.2.20. pp. 166–242。
(J7) 森田思軒譯「十五少年」『少年小説大系 第13巻』三一書房，1996. 2.29. pp. 171–275。

(J8) ジユール・ヴエルヌ作，葛山しげる編『十五少年絶島探検』博文館，1923（森田訳の改作）。

(J9) ヴエルヌ作，白石實三「十五少年」『世界大衆文学全集第四十巻』改造社，昭和5年8月28日. pp. 295–490（森田訳にもとづく簡略した改作）。

(J10) ヴェルヌ，波多野完治訳『十五少年漂流記』新潮文庫，1951.11.18（ET2を訳したものだと言う）。

(C5) 飲冰子・披髪生『十五小豪傑』世界書局，1930.7.（訂正5版）（C1に近い）。

(C6) 飲冰子・披髪生譯，章閣校註『十五小豪傑』上海文化出版社，1956.3.（121ページ）。

(C7) 梁啓超等譯『十五小豪傑』安徽少年兒童出版社，1992.4.（163ページ）。

(C8) 十五小豪傑『飲冰室合集』94，中華書局，1989/2003. pp. 1–46（1回〜8回）。

(C9) 十五小豪杰『梁启超全集』第10冊，北京出版社，1999. pp. 5664–5687（1回〜8回）。

　本稿では資料として例文を示すときには，できるだけ初版または初出を利用するようにしました。それは森田思軒の日本語訳をはじめ中国語訳，朝鮮語訳が先行する翻訳の初版に関係すると思われるからです。ただし初版でなくとも，扱う際に問題がない限り，扱いやすい版を使用した場合もありますが，そのときにはそのつどそのことを明らかにします。
　以上の資料について，書誌的なことについて簡単に触れておきます。
ヴェルヌの原典（F）と2種類の英語訳（ET1, ET2及びEA1）には出版年の記載がありません。英訳には訳者の名もありません。出版年は所蔵図書館の記録などによりますが，これらが必ずしも正しいとはいえないようです。
　ET1及びET2はSeaside Libraryという叢書の一冊です。この叢書には2種類あり，そのどちらにもJ. Verneの作品が入っていますが，ここに挙

第4章 『十五少年』は東アジアでどのように翻訳されたのか

げたものは Pocket Series という 10 cent から 20 cent の廉価版の叢書の方です。ET1 及び ET2 は本文はまったく同じですが，表紙や本の前後に印刷された広告が違うので出版年が異なっています。図書館の記載ではどちらも [c1889] とあり初版であることになっていますが，ET2 の議会図書館所蔵本に掲載された出版広告には，後に出版された J. Verne の翻訳本の名があるのでかなり後の出版であることがわかります。従ってこの本は同じものが何度も刷りなおされていることがわかります。ただしページ数を含め本文の内容には変わりないので以後言及するときには ET とのみ記述することにします。

なお議会図書館所蔵本に載っている広告のうち J. Verne の作品を下に再録すると次の通りです。括弧内の原作の題名はもとの資料の広告にはなかったものです。「*A Two Years' Vacation* (2年間の休暇)」は no. 1157 で ET1 の広告にはここまでしか載っていません[4]。今回は調べませんでしたが，このリストの最後の方の出版時期がわかれば ET が少なくともいつまで出版されてたかが判明するはずです。

0087 Dick Sand; or, A Captain at Fifteen. p. 323. (Un Capitaine de quinze ans.)
0100 20,000 Leagues Under the Seas. p. 293. (Vingt Mille Lieues sous les mers.)
0368 The Southern Star; or, the Diamond Land. (L'Étoile du sud.)
0395 The Archipelago on Fire. (L'Archipel en feu.)
0578 Mathias Sandorf. Illustrated. p. 427. (Mathias Sandorf.)
0659 The Waif of the "Cynthia." p. 227. (L'Épave du Cynthia)
0751 Great Voyages and Great Navigators (Celebrated Travels and Travellers). p. 538.
0833 Ticket No. "9672." p. 161. (Un billet de loterie)
0976 Robur the Conqueror; or, A Trip Round the World in a Flying Machine. p. 181. (Robur-le-Conquérant)

1011 Texar's Vengeance; or, North Versus South. p. 374. (Nord contre Sud.)

1020 Michael Strogoff; or, The Courier of the Czar. p. 267 (Michel Strogoff)

1050 The Tour of the World in 80 Days. p. 179. (Le Tour du monde en quatre-vingts jours)

1052 From the Earth to the Moon. Illustrated. p. 168.

1153 Round the Moon. Illustrated.

1157 A Two Years' Vacation. Illustrated. p. 260. (Deux Ans de vacances)

1168 The Flight to France; or, The Memoirs of a Dragoon (Le Chemin de France)

1238 The Mysterious Island. Illustrated. p. 174. (L'Île mystérieuse)

1263 A Family Without a Name. p. 304.

1422 Eight Hundred Leagues on the Amazon; or, The Cryptogram; or, The Jangada. p. 167. (La Jangada)

1422 The Jangada; or, Eight Hundred Leagues on the Amazon; or, The Cryptogram. p. 167.

1423 The Cryptogram; or, The Jangada; or, The Eight Hundred Leagues on the Amazon.

2078 The Special Correspondent. p. 235.

2145 The Abandoned. p. 173.

2146 The Secret of the Island. p. 168.

次に EA についてですが、この本については不明な点が多くあります。同じ出版社が同じ題名で内容の違ったさまざまな版の本を出しているらしいので大変紛らわしく、図書館やその他の記述によってもどれが初版であるのか、その初版がどのような内容であるのかはっきりしません。しかしおそらく EA1 が初版であり、これと EA2 と EA4 の三つは内容がまったく同じであ

ると言ってよいと思われます。まずEA2はEA1と形態がまったく違う本で見返しにある献呈のサインの書き込みから1924年以前の出版だとわかりますが、本文の方はページ数を含めて各ページの印刷がそっくりEA1と同じです。またEA4は初版をOCR（光学文字認識）ソフトによりスキャンした複写本であると説明された本です。しかしかなり文字の読み取りに失敗している場所が多くそのままでは大変読みにくい本です。しかしこの読み取りの失敗したところは原本の文字の癖やページの変わり目によるものであり規則的であることがわかりますので、この規則的な読み取りの誤りを正しくもとの文字を復元することができ、その結果としてページの変わり目も含めて完全にEA1を復元することができます。EA5は原本について説明のないオリジナルの復元本と言うことですが初版ではなく、おそらく同じ出版社の後の版の復元本です。由来のわからないのがEA3です。新聞に掲載されたものであり、内容はEA1とほとんど同じ部分が多いのですが、冒頭部分だけをEA1やEA2と比べても、船の名前がイタリックになっていないとか、数を表記する部分が数字になっていることなど以外にも、単語sternがsternboadになっていたり、パラグラフが欠如していたりして同じ内容とはいえません（図20を参照）。なぜ単行本で出版されたものが新聞に掲載されたのかその理由は不明です。

　以後この*Adrift in the Pacific*について言及するときは内容に変わりないのでEA1とEA2を含め単にEAとのみ記述することにします。

　日本語訳はよく知られているので詳しくは述べません。最初雑誌に連載されたものが後に単行本として出版されましたが、その初版と第6版のJ3は表紙が違いますが本文には手を加えておらずルビの誤植も含めて全く同じ内容のようです。これらの誤植は後に文学全集に収められたときに訂正されていますが、同じように見えるところでもルビの付け方など細かい点に違いがみえます。冒頭部分でその例を挙げると次の通りです（図21, 24, 25及び次項の冒頭部分の項を参照）。

J1	J2=J3	J4
低(ひき)く下(た)れて	低(ひき)く下(た)れて	低(ひき)く下(た)れて
遊(あそ)び船(ぶね)	ヨット	ヨット
兩檣(にほんばしら)的なり	兩檣(りょうしょうてき)的なり	兩檣(りやうしやうてき)的なり
剥落(はぎおと)し去りて	剥落(はくらく)し去りて	剥落(はくらく)し去りて
長(なが)からざれは	長(なが)からざれば	長(なが)からざれば
頃(ころ)ほひには	比(ころ)ほひには	比(ころ)ほひには
確然(くわくぜん)たる	研然(はうぜん)たる	研然(はうぜん)たる
四少年(しせうねん)を	四少年(しせうねん)を	四少年(せうねん)を
異状(ゐじゃう)なきや	異状(ゐじゃう)なきや	異状(いじゃう)なきや
唯(た)	唯だ	唯だ

　中国語訳は梁啓超がもう一人の訳者、羅普こと羅孝高との二人で共同で行なったもので、梁啓超がその前半1章から8章までを担当しているようです。そのことは彼の文集に収録されたC8やC9には前半しか収められていないことから推測されます。この翻訳は最初雑誌に連載した後に、単行本として出版されましたが、この単行本については不明なことがかなりあります。最初の単行本C2は見ることができませんでしたが、おそらく石版刷による線装本だと思われます。そのことはその後の1903年版C3が石版刷による線装本らしいのでそのように推測されます。ただしこのC3も実物は見ることができず、偶然中国の古書オークションのサイトで落札済みの写真を数葉見ることができただけですが、この不鮮明な写真からもさまざまなことが判明しました。また第4版といわれるC4はさまざまな点でその前後のものと違っています。まず雑誌連載時には第4回までの末尾にあった梁啓超の論評が削除され、その代わり目次のあとに別の文章が挿入されています。また本文の漢字の字体がその前後のものとかなり違っていますし、変更されたものもかなりあります。ところがそれ以後の版C5になるとまた雑誌連載の論評が復活し、漢字も雑誌連載のときのものに戻りますが、そうでないものや新たな誤植も生じています。それ以後は、使われる漢字は字体も含めてその後の

版にそのまま引き継がれあまり変更されなかったようです。そのことは中華人民共和国建国後に出版された少年向けの単行本 C6, C7 を見るとわかります。すなわち時代の変化にあわせ子供向けに表現を変えたところがあるにもかかわらず, 漢字の使用が雑誌連載のときのものを引き継いでいるからです。下に冒頭部分における C1, C4, C5 の違いのあるところを下線をつけて示しておきました。長いものがあり, 横に並べることができないので, 別々にまとめて示してあります (図29から図36, 及び次項 (3) の資料冒頭部分に掲載した C1, C4 の引用文を参照)。C4 で変えられた部分の多くが C5 でまたもとに戻ったことがわかりますが, C4 のままになったところや, 新たな誤植が生じているのがわかります。なお記号 φ はその部分に文字がないことを示しています。

C1
你道這首詞講的是甚麼典故呢。
咫尺不相見。
這船的影兒。
不滿百噸。
夜是狠短的。
一箇十五歲。
十三歲。
忽然砰訇一聲響起來。
回答道。不要緊哩
連繫又向那一箇説道。
杜番啊。我們不要灰心哇。我們須知到這身子以外。還有比身子更重大的哩。
不。主公武安。

C4
你道這首詞。講的是甚麼典故呢。
咫尺不φ見。

這船的影兒。

不滿百墩。

夜是很短的。

一個十五歲。（冒頭部分は全て「個」の字体）

十三歲。

忽轟然的一聲響起來。

回答道。不要緊的。

連忙又向那一個說道。

杜番φ。我們不要灰心φ。我們。須知φ這身子以外。還有比身子更重大的麼。

主公。我不悔也。

C5

你道這首於講的是甚麼典故呢。

咫尺不相見。

這船的形兒。

不滿百噸。

夜是很短的。

一個十五歲。（冒頭部分は全て「個」の字体）

十二歲。

忽然砰訇一聲響起來。

回答道。不要緊哩。

連忙又向那一個說道。

杜番啊。我們不要灰心哇。我們須知到這身子以外。還有比身子更重大的哩。

不。主公武安。

最後に朝鮮語の翻訳ですが、これはK一つしか存在しません。そして朝鮮ではこの翻訳が出た後、この本について何も記録が残っていないので果たしてこの本が読まれたのか、どのような影響があったのかが一切わかりません。こうしたことは朝鮮の出版物では普通のことで、朝鮮では出版さ

れたという事実以外何もわからぬことが大変多いようです。

(3) 資料冒頭部分

以下でしばしば利用するのでかなり長くなりますが主な資料の冒頭部分を
ここに示しておきます。Kについては分かち書きがなく，また現在使われ
ない文字や表記がありますが，適宜変更してあります。

(F)

Pendant la nuit du 9 mars 1860, les nuages, se confondant avec la mer, limitaient à quelques brasses la portée de la vue.

Sur cette mer démontée, dont les lames déferlaient en projetant des lueurs livides, un léger bâtiment fuyait presque à sec de toile.

C'était un yacht de cent tonneaux, – un schooner, – nom que portent les goélettes en Angleterre et en Amérique.

Ce schooner se nommait le *Sloughi,* et vainement eût-on cherché à lire ce nom sur son tableau d'arrière, qu'un accident – coup de mer ou collision, – avait en partie arraché au-dessous du couronnement.

Il était onze heures du soir. Sous cette latitude, au commencement du mois de mars, les nuits sont courtes encore. Les premières blancheurs du jour ne devaient apparaître que vers cinq heures du matin. Mais les dangers qui menaçaient le *Sloughi* seraient-ils moins grands lorsque le soleil éclairerait l'espace? Le frêle bâtiment ne resterait-il pas toujours à la merci des lames? Assurément, et l'apaisement de la houle, l'accalmie de la rafale, pouvaient seuls le sauver du plus affreux des naufrages, – celui qui se produit en plein Océan, loin de toute terre sur laquelle les survivants trouveraient le salut peut-être!

À l'arrière du *Sloughi,* trois jeunes garçons, âgés l'un de quatorze ans, les deux autres de treize, plus un mousse d'une douzaine d' années, de race nègre, étaient postés à la roue du gouvernail. Là, ils réunissaient leurs forces pour parer aux embardées qui risquaient de jeter le yacht en travers. Rude besogne, car la roue, tournant malgré eux, aurait pu les lancer par-dessus les bastingages. Et même, un peu avant minuit, un tel paquet de mer s'abattit sur le flanc du yacht que ce fut miracle s'il ne fut pas démonté de son gouvernail.

Les enfants, qui avaient été renversés du coup, purent se relever presque aussitôt.

«Gouverne-t-il, Briant? demanda l'un d'eux.

– Oui, Gordon, » répondit Briant, qui avait repris sa place et conservé tout son sang-froid.

Puis, s'adressant au troisième:

«Tiens-toi solidement, Doniphan, ajouta-t-il, et ne perdons pas courage!··· Il y en a d'autres que nous à sauver!»

Ces quelques phrases avaient été prononcées en anglais – bien que, chez Briant, l'accent dénotât une origine française.

Celui-ci, se tournant vers le mousse:

«Tu n'es pas blessé, Moko?

– Non, monsieur Briant, répondit le mousse. Surtout, tâchons de maintenir le yacht debout aux lames, ou nous risquerions de couler à pic!» (pp. 1–3)

(ET)

On the night of the 9th of March, 1860, the heavy, lowering clouds, which seemed almost a part of the sea, completely concealed from view even objects that were but a few yards off, as a small vessel with furled sails flew along over the fierce and angry waves, upon which occasional flashes of lightning cast a lurid glare.

It was a yacht of about a hundred tons' burden — one of the vessels known as a schooner in England and America.

She was called the "Sloughi," though one would have looked in vain for any name upon her stern—the plank upon which it had once been inscribed having been torn off, either by a collision or some accident.

It was eleven o'clock in the evening. Early in March the nights are short in the latitude of which we speak, and the grey light of dawn would appear about five o'clock, but would the dangers that threatened the "Sloughi" become less great when day broke? Would not the frail bark still remain at the mercy of the waves? Most assuredly; and a cessation of the storm could alone save it from that most frightful of fates—a shipwreck in mid-ocean far away from any land upon which the survivors might perhaps find safety.

Three youths, one fourteen years of age, the others thirteen, together with a negro lad a year younger, were at the wheel striving with all their combined strength to guide the vessel—no easy task, for the wheel, turning rapidly in spite of them, occasionally threatened to dash them violently against the gunwales. Indeed, just before midnight, such an immense wave burst over the yacht's stern that it was a wonder the whole steering apparatus was not carried away.

The lads, though they had been dashed from their post of duty, managed to struggle to their feet almost instantly.

"Is the vessel all right, Brian?" inquired one of them.

"Yes, Gordon," replied Brian, who had regained his hold on the wheel and lost none of his presence of mind.

Then, addressing the third boy:

"Hold fast, Donovan," he added, "and don't get discouraged. Remember there are others besides ourselves to think of."

The conversation was in English, though in Brian's case the accent denoted French origin.

"You are not hurt, Moko?" he continued, turning to the young negro.

"No, Master Brian; but we must keep the yacht well up into the wind or we shall have her capsized." (pp. 11–12)

(EA)

It was the 9th of March, 1860, and eleven o'clock at night. The sea and sky were as one, and the eye could pierce but a few fathoms into the gloom. Through the raging sea, over which the waves broke with a livid light, a little ship was driving under almost bare poles.

She was a schooner of a hundred tons. Her name was the *Sleuth,* but you would have sought it in vain on her stern for an accident of some sort had torn it away.

In this latitude, at the beginning of March, the nights are short. The day would dawn about five o'clock. But would the dangers that threatened the schooner grow less when the sun illumined the sky? Was not the frail vessel at the mercy of the waves? Undoubtedly; and only the calming of the billows and the lulling of the gale could save her from that most awful of shipwrecks—foundering in the open sea far from any coast on which the survivors might find safety.

In the stern of the schooner were three boys, one about fourteen, the two others about thirteen years of age; these with a young negro some twelve years old, were at the wheel, and with their united strength strove to check the lurches which threatened every instant to throw the vessel broadside on. It was a difficult task, for the wheel seemed as though it would turn in spite of all they could do, and hurl them against the bulwarks. Just before midnight such a wave came thundering against the stern that it was a wonder the rudder was not unshipped. The boys were thrown backwards by the shock, but they recovered themselves almost immediately.

"Does she still steer?" asked one of them.

"Yes, Gordon," answered Briant, who had coolly resumed his place. "Hold on tight, Donagan," he continued, "and don't be afraid. There are others besides ourselves to look after. You are not hurt Moko?"

"No, Massa Briant," answered the boy. "But we must keep the yacht before the wind, or we shall be pooped." (pp. 7–8)

(J1)
一千八百六十年三月九日の夜，彌天の黒雲は低く下れて海を壓し，闇々濛々咫尺の外を辨ずべからざる中にありて，斷帆怒濤を掠めつゝ東方に飛奔し去る一隻の小船あり。時々閃然として横過する電光のために其の形を照し出ださる。
船は容積百噸に滿たざる，遊び船の一種にして，英國及び米國にて，スクーナーと稱する兩檣的なり。
船は名をスロウ號と呼ぶも，曾て其の名を記したる船尾の横板は，物に觸れてか，浪に洗はれてか，とく剥落し去りて，復た其の名を尋ねむるに由無し。
夜は已に十一時を過ぎぬ，此の緯度にありて此ころは，夜甚だ長からざれは，五時に向ふ頃ほひには，早やうす白き曉の色を見るを得べし。然れども天明けなば，スロウ號は能く現時の危難を免かるべき歟，風濤は能く制止すべき歟。
船の上には三個の少年，一個は十五歳，他の二個は各十四歳なるが，十三歳なる黒人の子と共に，各必死の力を戮せて，舵輪に取りつきをり。
確然たるすさまじき響きとゝもに，一堆の狂濤，來りて船を撃つと見えしが，舵輪は四少年が，必死の力を戮せて取りつきたるにも拘はらず，忽焉逆轉して，四少年を數歩の外に擲ちたり。
一個「武安，船には異状なきや」。
武安は徐かに身を起して，再び舵輪に手をかけながら「然り，呉敦」と答へて，更らに第三個に向ひて「しかと手をかけよ，杜番，沮喪する勿れ，余等

は余等の一身の外に，更らに思はざるべからざる者あるを，忘るべからず」
又た黒人の子を顧みて「莫科，汝は怪我せざりしか」黒人の子「否な，主公武安」。
渠等の操る所は皆な英國語なりき，唯た武安と呼べる童子の言ふ所に，著るしく佛國人のなまり有るのみ。(『少年世界』第2巻 pp. 488–489)

(J2) = (J3)
一千八百六十年三月九日の夜，彌天の黒雲は低く下れて海を壓し，闇々濛々咫尺の外を辨ずべからざる中にありて，斷帆怒濤を掠めつゝ東方に飛奔し去る一隻の小船あり。時々閃然として横過する電光のために其の形を照し出ださる。
船は容積百噸に滿たざる，ヨットの一種にして，英國及び米國にて，スクーナーと稱する兩檣的なり。
船は名をスロウ號と呼ぶも，曾て其の名を記したる船尾の横板は，物に觸れてか，浪に洗はれてか，とく剥落し去りて，復た其の名を尋ねむに由無し。夜は已に十一時を過ぎぬ，此の緯度にありて此ころは，夜甚だ長からざれば，五時に向ふ比ほひには，早やうす白き曉の色を見るを得べし。然れども天明けなば，スロウ號は能く現時の危難を免かるべき歟，風濤は能く制止すべき歟。
船の上には三個の少年，一個は十五歳，他の二個は各十四歳なるが，十三歳なる黒人の子と共に，各必死の力を戮せて，舵輪に取りつきをり。
砰然たるすさまじき響きとゝもに，一堆の狂濤，來りて船を撃つと見えしが，舵輪は四少年が，必死の力を戮せて取りつきたるにも拘はらず，忽焉逆轉して，四少年を數歩の外に擲ちたり。
一個「武安，船には異状なきや」。
武安は徐かに身を起して，再び舵輪に手をかけながら「然り，呉敦」と答へて，更らに第三個に向ひて「しかと手をかけよ，杜番，沮喪する勿れ，余等は余等の一身の外に，更らに思はざるべからざる者あるを，忘るべからず」
又た黒人の子を顧みて「莫科，汝は怪我せざりしか」黒人の子「否な，主公

第 4 章 『十五少年』は東アジアでどのように翻訳されたのか　　137

武安」
渠等の操る所は皆な英國語なりき，唯だ武安と呼べる童子の言ふ所に，著るしく佛國人のなまり有るのみ。(pp. 1-2)

(C1)

第一回　茫茫大地上一葉孤舟
　　　　滾滾怒濤中幾箇童子

調寄摸魚兒

莽重洋驚濤横雨。一葉破帆飄渡。入死出生人十五。都是髫齡乳稚。逢生處。更墮向天涯絶島無歸路。停辛竚苦。但抖擻精神。斬除荊棘。容我兩年住。英雄業。豈有天公能妒。殖民儼闢新土。赫赫國旗輝南極。好箇共和制度。天不負。看馬角烏頭奏凱同歸去。我非妄語。勸年少同胞。聽雞起舞。休把此生誤。

看官你道這首詞講的是甚麼典故呢。話説距今四十二年前。正是西歷一千八百六十年三月初九日。那晚上滿天黑雲。低飛壓海。濛濛闇闇。咫尺不相見。忽然有一隻小船。好像飛一般。奔向東南去。僅在那電光一閃中。瞥見這船的影兒。這船容積不滿百噸。船名叫做胥羅。曾有一塊橫板在船尾寫著的。但現在已經剥落去。連名也尋不著了。那船所在的地方。夜是很短的。不到五點。天便亮了。但雖係天亮。又怎麼呢。風是越發緊的。浪是越發大的。那船面上就只有三箇小孩子。一箇十五歲。那兩個都是同庚的十四歲。還有一箇黑人小孩子。十三歲。這幾箇人。正在拚命似的把著那舵輪。忽然砰訇一聲響起來。只見一堆狂濤。好像座大山一般。打将過來。那舵輪把持不住。陡地扭轉。將四箇孩子都擲向數步以外了。内中一箇連忙開口問道。武安。這船身不要緊嗎。武安慢慢的翻起身回答道。不要緊哩。俄敦。連纔又向那一箇説道。杜番啊。我們不要灰心哇。我們須知到這身子以外。還有比身子更重大的哩。随又看那黑孩子一眼。問道。莫科呀。你不悔恨跟錯我們來嗎。黑孩子回答道。不。主公武安。(pp. 772-773)

(C4)

第一回

茫茫大地上一葉孤舟　滾滾怒濤中幾個童子
　　調寄摸魚兒
莽重洋驚濤橫雨。一葉破帆飄渡。入死出生人十五。都是髫齡乳稚。逢生處。更墮向天涯絶島無歸路。停辛竚苦。但抖擻精神。斬除荊棘。容我兩年住。英雄業。豈有天公能妒。殖民儼闢新土。赫赫國旗輝南極。好個共和制度。天不負。看馬角烏頭奏凱同歸去。我非妄語。勸年少同胞聽雞起舞。休把此生誤。

看官。你道這首詞。講的是甚麼典故呢。話説距今四十二年前。正是西歷一千八百六十年三月初九日。那晚上滿天黑雲。低飛壓海。濛濛闇闇。咫尺不ɸ見。忽然有一隻小船。好像飛一般。奔向東南去。僅在那電光一閃中。瞥見這船的影兒。這船容積不滿百墩。船名叫做胥羅。曾有一塊橫板在船尾寫著的。但現在已經剥落去。連名也尋不著了。那船所在的地方。夜是很短的。不到五點。天便亮了。但雖係天亮。又怎麼呢。風是越發緊的。浪是越發大的。那船面上就只有三個小孩子。一個十五歲。那兩個都是同庚的十四歲。還有一個黑人小孩子。十三歲。這幾個人。正在拚命似的把著那舵輪。忽轟然的一聲響起來。只見一堆狂濤。好像座大山一般。打將過來。那舵輪把持不住。陡地扭轉。將四個孩子都擲向數步以外了。內中一個連忙開口問道。武安。這船身不要緊嗎。武安慢慢的翻起身回答道。不要緊的。俄敦。連忙又向那一個説道。杜番ɸ。我們不要灰心ɸ。我們。須知ɸ這身子以外。還有比身子更重大的麼。隨又看那黑孩子一眼。問道。莫科呀。你不悔恨跟錯我們來嗎。黑孩子回答道。主公。我不悔也。(1a–1b)

(K)
느진 여름 밤 개인 하날에 밝은 별은 청릉화지에 금쪼각 뿌린 듯시 빤작빤작하난데 동쇼문 밧 셩북동 금잔듸 우에 셰모시 뉘여 이리더리 너러노은 것처럼 희고 엷은 구름이 군데군데 살르를 덥혀 잇고 셔풍이 슬쓸 불며 나무입히 흔들흔들한다 맑은 물가에서 고기 엿보노라고 정신 쓰던 백구난 긴목을 곱으려 슈국 [水國] 에 꿈을 꾸고 뜨거운 볏 아래셔 김매노라고 땀 흘니던 농부

난 두 활개를 버려 두봉 [豆棚] 에 잠드럿난데
그 죳흔 하날에 별안간 식검은 구름이 사면으로 뭉게뭉게 모야들며 맹렬한 바람은 천병만마가 들끌어오난 것 [sic. 것] 갓치 요란히 부더니 대밋쳐 턴동쇼리 극노박울 놋난 듯시 와르를와르를 나며 번개불이 대포알쳐럼 쭈윽쭈윽 갓다왓다하며 간혹 탐해등 갓치 태평양 한가온대를 내리대고 뻔ㅅ적뻔ㅅ적 빗친다
그리자 두대박이 배 한쳑이 성낸 물결과 것치 [sic. 갓치] 파도를 박차며 동북방을 바라고 살 닷듯시 가난 긔세난 옛날 영불해젼에 영국에 유명한 낼손 장군이 불국함대를 쳐부셔 물에 넛코 그 나머지 도망하난 불국 군함을 쫏차가난 구축함과 갓흔데
그 배 우에난 얼골이 희고 나히 모다 열너대ㅅ살 쯤 되난 학생 삼인이 살빗히 검ㅅ가 [sic. 거] 나히 열셔너살 쯤 되난 뽀이 [부리난 아해] 한 애와 갓치 애를 쓰며 죽를 [sic. 을] 힘을 다 드려 배의 치머리를 붓들고 잇다
별안간 꽝하난 쇼리가 나며 산덤이 갓흔 물결이 배 위를 벽락갓치 눌너치니 치머리가 붉끈 뒤집히며 네 아해가 한ㅅ변 [sic. 번] 에 두어간통 밧게나ㅅ아가 씨러지난데 그즁 한 아해가 급히 쇼리지른다
　　이애 무안아 배난 상하지 아니 하얏나냐
무안이 부시ㅅ 이러나며 닷시 치머리를 붓둘며
　　응 아돈아 아모일도 업스니 념려 마라
하며 그 압헤 잇난 아해를 것너다 보고 하난 말이
　　두번아 심회를 져상치말고 숀으로 치머리를 단ㅅ히 붓드러라 우리들은 우리 한몸보담 더 즁한 것을 생각지 안이하난냐
하며 또 그 뒤에 잇난 살빗히 검은 아해를 도라다 보며
　　막과야 너난 우리들과 한가지로 이 갓치 된 것을 뉘웃치지 안나냐
　　〔막〕 별말삼을 다 하시난구려…………
(晩い夏の夜，晴れた空に明るい星は，青菱花紙に金のかけらをまいた様にきらきらしていたが，東小門外，城北洞の美しい芝生の上に繊細な苧(からむし)を練りあちらこちらに広げたように，白くうっすらとした雲がところどころスーッと覆っていて，西風がそよそよ吹き，木の葉がゆらゆらしている。澄んだ水

辺で魚を狙って懸命だった白鷺は長い頸を折り曲げて水国に夢を見，暑い陽の下で草取りで汗を流していた農夫は大手を広げて豆棚に眠っているが，
その晴れた空に突然真っ黒な雲が四方にもくもくと集まってきて，猛烈な風は，千軍万馬が押し寄せて来るかのように，騒々しく吹いたが，続いて雷鳴が克虜伯（クルップ砲）を発射したようにガラガラッと響き，稲妻が大砲の弾のようにスーッスーッと行き来し，時おり探海燈のように太平洋の真ん中を打ち下ろし，ピカッピカッと光る
すると，かなり大きな船一隻が，怒り狂う波とともに，波濤を蹴って東北の方を目指して矢のように行くその勢いは昔英仏海戦で英国の有名なネルソン将軍が仏国艦隊を撃ち砕き水に沈め，さらに逃げる仏国軍艦を追いかける駆逐艦のようだが，
その船の上には，顔の白く年が全て十四五歳ほどになる学生三人が，皮膚の色が黒く年が十三四歳ほどになるボイ〔使用する子供〕一人と一緒に，苦労し死に物狂いになって船の舵輪を掴まえていた
突然，パンという音がして山のような波が舟の上を雷のように打ちつけると，舵輪がガツンと逆さに回り四人の子供が一勢に二三間むこうへとばされ，倒れたが，その中の一人の子供が急いで叫ぶ
　　おい，武安（ブリアン），船は傷まなかったか
武安がスウッと起きあがり再び舵輪を掴んで
　　ああ，俄敦（ゴルドン），なにもなかった心配するな
と言い，その前にいる子供を見やって言う言葉は
　　杜番（ドノバン），気持ちを落ち込ませず手で舵輪をしっかり掴まえろよ。おれたちはおれたちの身よりもっと大切なものを考えなきゃならないじゃないか
と言い，またその後ろにいる皮膚の黒い子供を振り返って
　　莫科（モコ），お前はおれたちと一緒にこんなになったのを後悔してないのか
〔モコ〕とんでもないことをおっしゃる…………） (K pp.1-3)

第4章 『十五少年』は東アジアでどのように翻訳されたのか

図1：(F) 表紙

図2：(F) 裏表紙

図3：(F) p. 1

図4：(F) p. 2

図5：(ET1) *A Two Years' Vacation* 初版表紙

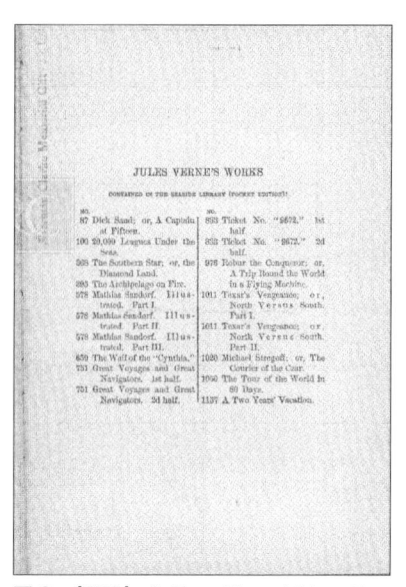

図6：(ET1) *A Two Years' Vacation* Verne の本の広告

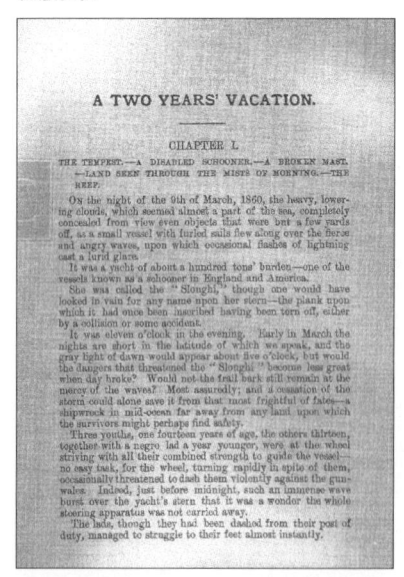

図7：(ET1) *A Two Years' Vacation* p. 11

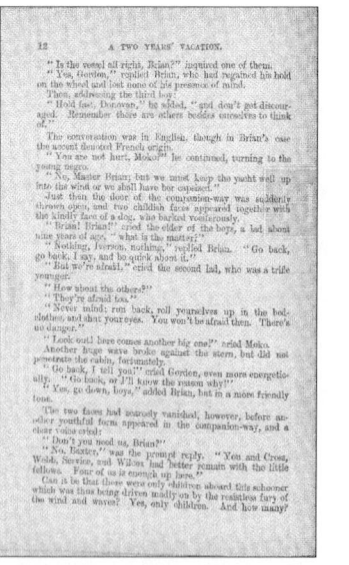

図8：(ET1) *A Two Years' Vacation* p. 12

第 4 章 『十五少年』は東アジアでどのように翻訳されたのか　　143

図 9：(ET2) *A Two Years' Vacation* 表紙

図 10：(ET2) *A Two Years' Vacation* Verne の本の広告

図 11：(ET2) *A Two Years' Vacation* p. 11

図 12：(ET2) *A Two Years' Vacation* p. 12

図13：(EA1) *Adrift in the Pacific* 初版表紙

図14：(EA1) *Adrift in the Pacific* p. 7

図15：(EA1) *Adrift in the Pacific* p. 8

図16：(EA1) *Adrift in the Pacific* Chapter 13 冒頭原作の要約部分

第4章 『十五少年』は東アジアでどのように翻訳されたのか　145

図17：(EA2) *Adrift in the Pacific* 表紙

図18：(EA2) *Adrift in the Pacific* p. 7

図19：(EA2) *Adrift in the Pacific* p. 8

図20：(EA3) *Adrift in the Pacific* 新聞掲載 1890

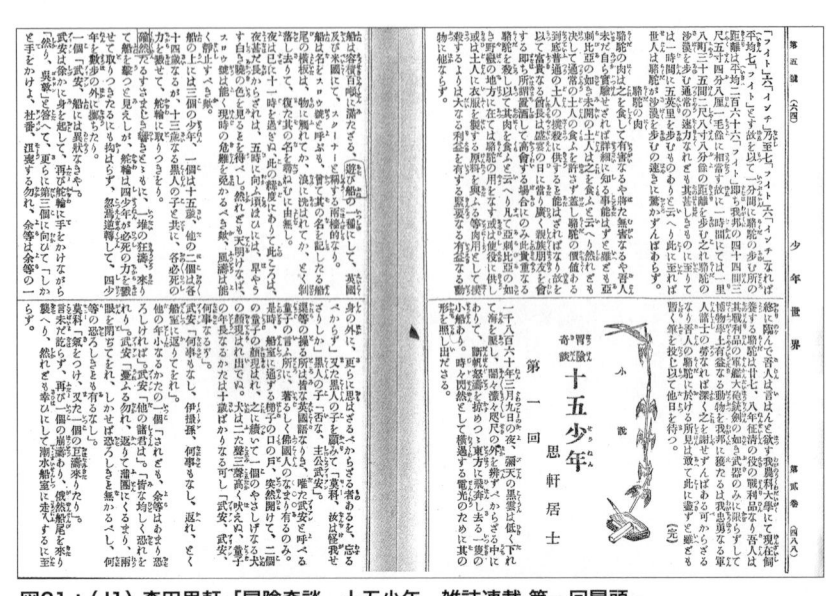

図21：(J1) 森田思軒「冒険奇談　十五少年」雑誌連載 第一回冒頭

図22：(J2) 森田思軒『十五少年』初版表紙

第4章 『十五少年』は東アジアでどのように翻訳されたのか　147

図23：(J2) 森田思軒『十五少年』(初版) p. 2

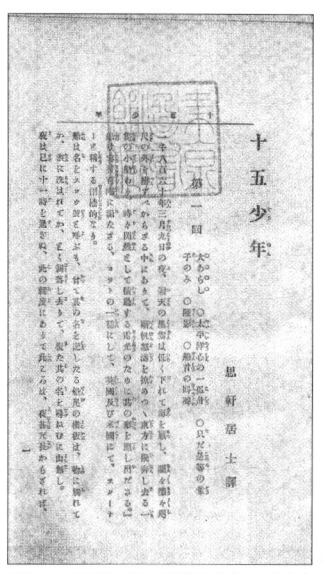

図24：(J2) 森田思軒『十五少年』(初版) p. 1

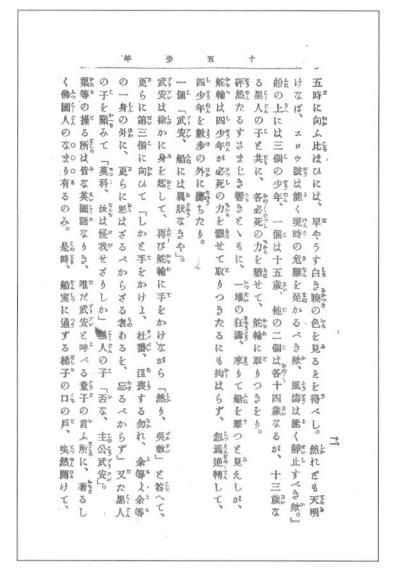

図25：(J3) 森田思軒譯『十五少年』(六版) p. 2

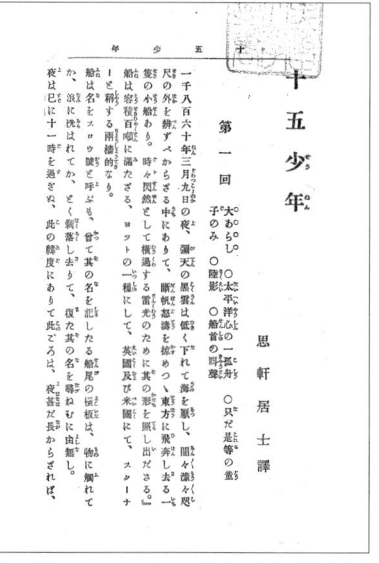

図26：(J3) 森田思軒譯『十五少年』(六版) p. 1

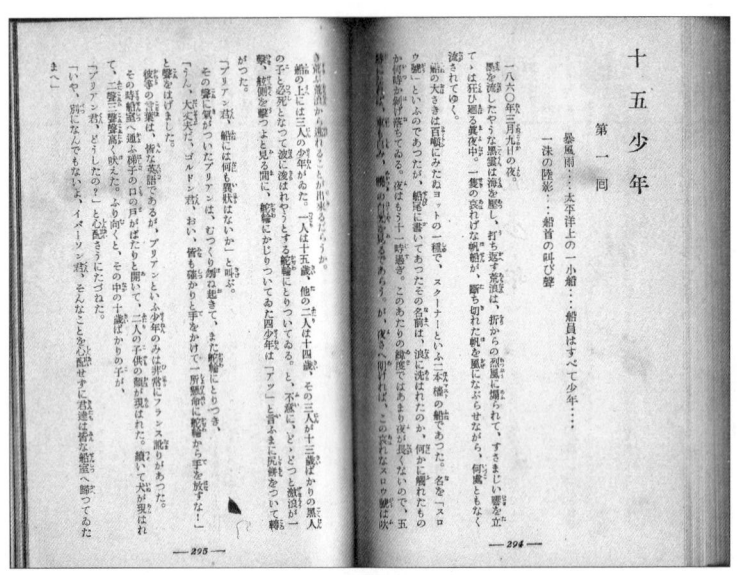

図27：(J8) 葛山しげる訳『十五少年絶島探検』冒頭部分

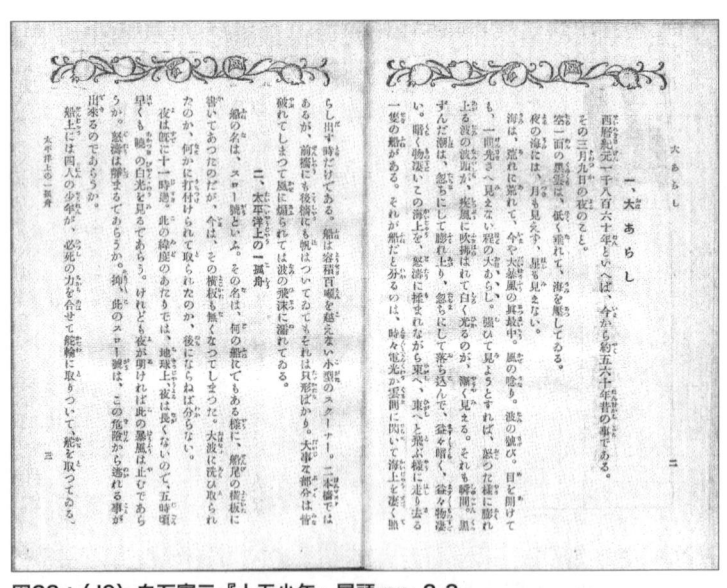

図28：(J9) 白石實三『十五少年』冒頭 pp. 2-3

第4章 『十五少年』は東アジアでどのように翻訳されたのか　149

図29：(C1)「十五小豪傑」第一回冒頭

図30：(C3)『十五小豪傑』表紙

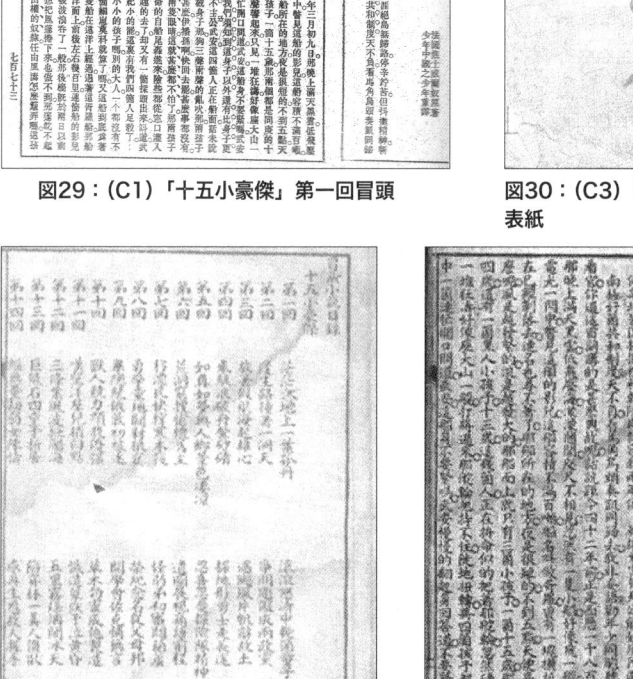

図31：(C3)『十五小豪傑』目次

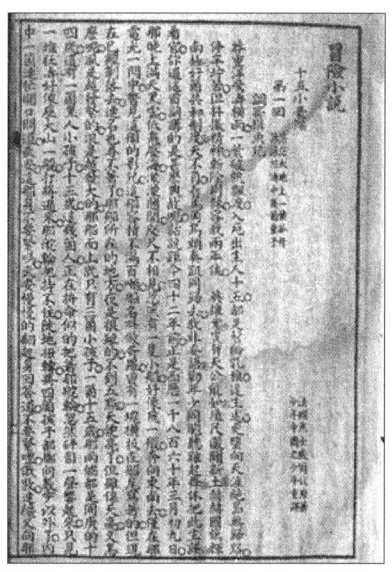

図32：(C3)『十五小豪傑』第一回冒頭

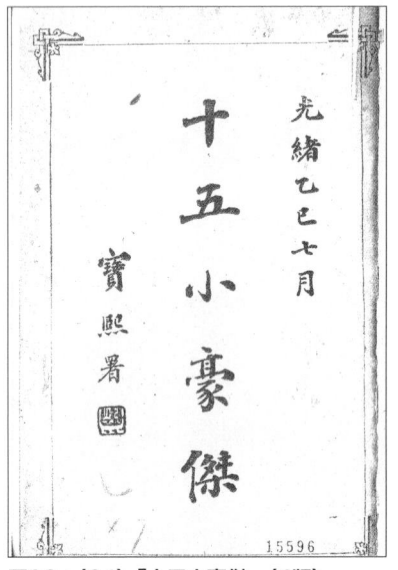

図33：(C4)『十五小豪傑』(4版) 扉

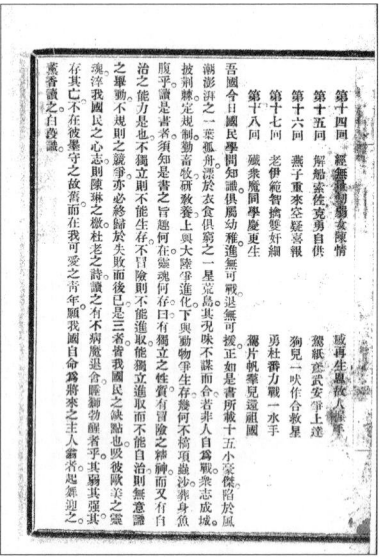

図34：(C4)『十五小豪傑』(4版) 目次及び序文

図35：(C4)『十五小豪傑』(4版) 第一回冒頭

図36：(C4)『十五小豪傑』(4版) p. 17b

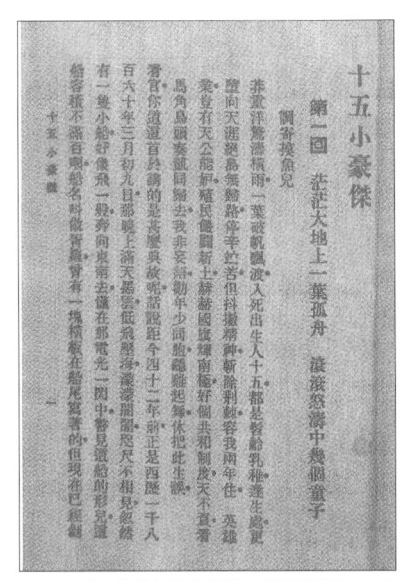

第4章 『十五少年』は東アジアでどのように翻訳されたのか　151

図37：(C5)『十五小豪傑』(訂正5版) p. 1

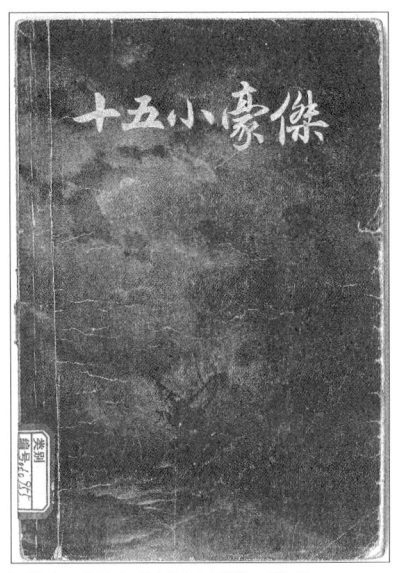

図38：(C6)『十五小豪傑』表紙

図39：(C6)『十五小豪傑』p. 1

図40：(C7)『十五小豪傑』p. 1

図41：(K)『冒險小說　十五小豪傑』表紙

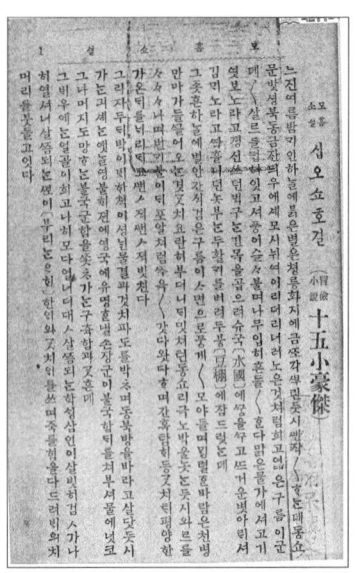

図42：(K)『冒險小說　十五小豪傑』p. 1

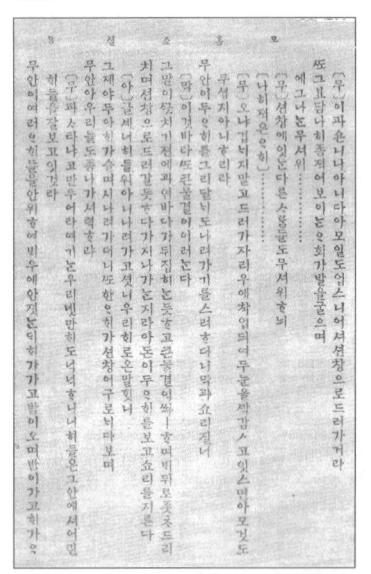

図43：(K)『冒險小說　十五小豪傑』p. 3

図44：(K)『冒險小說　十五小豪傑』p. 2

3. 予備的な考察

予備的な考察というのは，本論に入る前に，原文や翻訳の文章の内容についての検討をあまり行なわず，まず表面的な考察でわかる事柄を形式的に扱うということです。内容は二つあり，第一には各々の翻訳が，先行する翻訳のどれを使用したかという系譜を明らかにすることです。もちろん完全に究明することはできませんが，ある程度わかることをまず調べておこうというのが目的です。第二には各々の翻訳が質的にどの程度のものなのかを形式的に検討することです。翻訳の質というのは翻訳の正確さ，文章表現の的確さなどですが，そのうち形式的に扱うことができる事柄を扱います。ただしこの方法はまだ試みの段階で結論が果たして妥当であるかどうかその正当性については保留をします。

(1) 本の題名による翻訳の底本の考察

フランス語の原作（F）*Deux Ans de Vacances* が出版された後，各国語の翻訳が出た時間的順序は次の通りです。

⇒ (ET) *A Two Years' Vacation* ／ (EA) *Adrift in the Pacific*
⇒ (J1)「冒險奇談　十五少年」／ (J2)『十五少年』
⇒ (C1)「十五小豪傑」／ (C2)『十五小豪傑』
⇒ (K)『冒險小說　十五小豪傑』

英語の翻訳は，*A Two Years' Vacation*, *Adrift in the Pacific* そしてその後にも *A Long Vacation* といった具合ですから，「十五少年」とか「十五豪傑」といった15人の少年に関する語が標題に入っているものはありません。従って，中国語訳と朝鮮語訳の題名が日本語訳に由来することはほぼ確実です。

さらに中国語訳では，本文の中に挿入された梁啓超の１章末の評論の中

で日本語訳を使ったことを明記しています。従って中国語訳が日本語を使ったことは確実です。ただ梁啓超は英語訳の翻訳者の言葉についても言及していますが，しかし英訳には翻訳者の序文などはありません。従って彼が英訳を見たのかははっきりしません。

そして朝鮮語訳の題名が「十五少年」でなく「十五小豪傑」であることは，朝鮮語訳が中国語訳をもとにしてなされた可能性を示唆しています。しかし朝鮮語訳の題名の中にある「冒險小説」という語はどこから来たのでしょうか。日本語訳が最初なされた雑誌連載のときの題名が「冒險奇談 十五少年」であるので，この雑誌連載も見ていたといえるのでしょうか？ しかし，「冒險小説」は「冒險奇談」と同じだとはいえません。果たしてこの両者が関連していると言うことがいえるのでしょうか？

実は，この「冒險小説」という語が使われている中国語の翻訳があります。それは（C3）1903年版の少年中國之少年重譯『十五小豪傑』です。この本の目次と本文冒頭に「冒險小説」の語が使われています（図31, 32 参照）。従って，朝鮮語訳は中国語訳のうちでも，（C3）と同じ内容の本を見て訳している可能性が非常に高くなります[5]。

以上をまとめると次のようになります。

　　中国語訳は日本語訳を使っている。
　　朝鮮語訳は中国語訳を使っているが，とくに（C3）と同じ内容の単行本を見ている可能性がかなり高い。

しかし以上のことから，中国語訳が英語訳を見ずになされたとか，朝鮮語訳が日本語を見ずになされたという結論は出てきません。

(2) 固有名詞による翻訳の底本の考察

次は，各翻訳に登場する人物などの固有名詞の考察です。それぞれの翻訳が先行するどの翻訳書に基づいているかが，登場人物の名前の表記からほぼ推測できます（表1）。

表1　固有名詞対照表

F	ET	EA	J	C	K
Sloughi	Sloughi	Sleuth	スロウ号	胥羅	셔라션
Briant	Brian	Briant	武安［ブリアン］	武安	무안
Gordon	Gordon	Gordon	呉敦［ゴルドン］	俄敦	아돈
Doniphan	Donovan	Donagan	杜番［ドノバン］	杜番	두번
Moko	Moko	Moko	莫科［モコー］	莫科	막과
Iverson	Iverson	Iverson	伊播孫［イバーソン］	伊播孫	이파슌
Baxter	Baxter	Baxter	馬克太［バクスター］	巴士他	파사타
Jacques	Jack	Jack	弱克［ジャック］	佐克	좌극
Wilcox	Wilcox	Wilcox	韋格［ヰルコクス］	韋格	위격이
Cross	Cross	Cross	虞路［クロース］	格羅士	격라사
Webb	Webb	Webb	乙部［ウエツブ］	乙菩	을보
Garnett	Garnett	Garnett	雅涅［ガーネット］	雅涅	아날
Service	Service	Service	左毗［サービス］	沙毗	사비
Jenkins	Jenkins	Jenkins	善均［ゼンキンス］	善均	션균
Dole	Dole	Dole	土耳［ドール］	土耳	토이
Coster	Coster	Coster	胡太［コスター］	胡太	호태

　まず日本語訳ですが、先行の英訳のうち、固有名詞の表記が異なるのは、船の名前スロウ号、主人公の名前武安［ブリアン］、そして杜番［ドノバン］です。人物の名についてはETの方を採用しています。人物名についてはEAのBriantもブリアンと読むことができるので、確定的とはいえませんが、ドノバンの方はあきらかにETのものです。船の名についてはEAのものをスロウと読んだかもしれないという可能性は否定できませんが、このことについては再度、日本語の翻訳の章で取り上げることにします。従って、日本語訳にETを使用したことはほぼ確かであり、EAについては使った可能性があるということでしょう。

　中国語訳に日本語訳が使われたのは確かですが、英訳を使わなかったかどうかは確定的ではありません。

　朝鮮語訳のハングルの人物名はすべて漢字の音読みですから、日本語訳、中国語訳のどちらの漢字の音を表記しているかを調べれば直ちに決定されます。表1の固有名詞のうち日本語訳と中国語訳で異なっているものでは全て中国語訳の漢字の方を使っています。従って朝鮮語訳が中国語訳を使った

ことは確実だといえます。ただしこのことから日本語訳を見なかったという結論は出ません。

(3) 翻訳の質を数値的に表す指標

ある作品の翻訳の性格または質は，原文と翻訳の対応する部分を比較することによって，その正確さや表現のありさまを知ることができます。しかし，その作業に伴う努力は並みたいていのものではありませんし，翻訳を判断する客観的な尺度が存在しないとすると，異なる翻訳同士を簡単に比べることも容易ではありません。ましてや同じ原作を異なる言語で翻訳したものを比べることはほとんど不可能だといえます。

もしそれらを表現する数値的な指標があれば言語が違った場合も含めてさまざまな翻訳を比較することができるようになるでしょう。ここではまだ厳密さとか精密さには欠けていたとしても，おおよその様子を示すことができる数値的表現を2種類提案することにします。

さらに，これらの数値が実用的なものであるためには，その算定方法が簡単でないと意味がないと思われますので，厳密さを犠牲にしたとしても容易に扱えるものを考えることにします。もちろん，いっそう複雑なものを考え，算定方法を改良すれば厳密なものになる可能性はありますが，果たしてその労力にみあうだけの意味があるのかどうかまだ明確ではないので，今回は扱わないことにしました。

(3.1) 翻訳密度

いま，原文の文章を量的に同じ前後の二つに分けます。そのそれぞれに対する翻訳された文章が翻訳文全体に占める割合が6対4であったとします。すると量的に同じ原文に対して翻訳された文章の量の割合が前後で異なっているので，翻訳のされ方に違いがあると考えられます。つまり量的に多い部分は原文を丹念に翻訳していて緻密な翻訳であり，量的に少ない部分はおおざっぱで粗雑な翻訳となっていると考えられます。もとの原文を等分でなく異なった割合で分割した場合でも同じ考察を行なうことが可能です。例え

ば原文を量的に 3 対 7 に分け，それに対応する翻訳文が量的に 4 対 6 であったとすれば，それぞれの翻訳の密度は原文の同じ量に対する翻訳文の量で比較すればよいことになりますから，4/3 対 6/7 となり，この比は約 1.3 対 0.9 となります。すると後半の方が密度の低い粗い翻訳であると結論することができます。

この考えを一般化すれば，翻訳文の任意のある部分に対する翻訳密度を算定することができます。つまりある原文の全体の長さに対する割合が L% とし，それに対応する翻訳文が翻訳文全体に対する割合が ℓ% になったとすれば，その比を使って翻訳密度を計算できます。つまり，

$$\text{翻訳密度} \quad d = \ell / L$$

というわけです。

こうして翻訳文の任意の部分に対してそれぞれ翻訳密度を算定することができます。もしどの部分に対してもこの値が同じならば，それらの部分の翻訳密度が同じですから，翻訳の緻密さも同じということになります。例えば原文と翻訳文で対応する文章の長さの割合が全て同じなら，どの部分に対しても d の値は 1 となり，この翻訳は緻密さが一様であるということです。このことは翻訳された文章や翻訳の正確さとは直接関係するわけではなく，全体が一様に正確であることも，全体が一様に粗雑である可能性もあります。また翻訳が原文をはしょってなされているときには文章の長さ ℓ が原文の長さ L に比べ短いので d の値は 1 より小さくなり，反対に原文にない余計なものを付け加えた場合は d の値は 1 より大きくなります。

こうして算定された d の値は，ある一つの翻訳において各部分の稠密度を比べるものであって，異なる翻訳同士を直接比較することには使えません。しかし，各々の翻訳において全体として d の値がどのように変化するかを調べれば，その d の分布の様子を互いに比較することによって，異なった翻訳の性格の違いを比べることはできそうです。

具体的には次のようにします。

例えば，原文を最初から順に分けてゆき，その長さがそれぞれ L_1, L_2, L_3, L_4, L_5……となったとします。そうして，そのそれぞれの原文に対応する翻訳文の長さがそれぞれ ℓ_1, ℓ_2, ℓ_3, ℓ_4, ℓ_5……となったとします。すると $d = \ell/L$ の値はそれぞれの部分に対する翻訳の緻密さを表す指標と考えられるので

$$d_1, d_2, d_3, d_4, d_5\cdots\cdots$$

の値の分布はこの翻訳文において，丹念に翻訳されているところと，手抜きのある部分がどのように移り変わっているかを示すことになります。

以上に述べた翻訳密度 d の算定には暗黙の前提として，翻訳された文章が長ければその部分の翻訳は丁寧になされており，短ければ手抜きのある粗雑な翻訳であるということが含まれています。あきらかにこの前提は必ずしも正しくはありません。しかし，ある翻訳を一つ取り上げると，全体としてその翻訳のやり方の傾向に変わりがなければ，その翻訳の中では，翻訳された文章の長さが翻訳の丹念さ，粗雑さの目安になりうることはほぼ間違いがなさそうです。

以上の計算では，文章の長さを全体に対する百分率の割合（パーセント）で表すことにしました。この前提は必ずしも必要ではありませんが，比較を行ないやすくする利点があります。つまり各文章の長さを加えると 100 になります。

$$L_1 + L_2 + L_3 + L_4 + L_5\cdots\cdots = 100$$
$$\ell_1 + \ell_2 + \ell_3 + \ell_4 + \ell_5\cdots\cdots = 100$$

以上の方法で算定した d の値の平均値は定義から 1 となります。それは次のようにしてわかります。

それぞれの部分にに対応する d の値は，

$$d_1 = \ell_1/L_1,\ \ d_2 = \ell_2/L_2,\ \ d_3 = \ell_3/L_3,\ \ d_4 = \ell_4/L_4,\ \ d_5 = \ell_5/L_5\cdots\cdots$$

です。そして確率密度がそれぞれ d_1, d_2, d_3, d_4, d_5……の値をとる割合，つまり統計で扱う頻度は

$$L_1/100, \ L_2/100, \ L_3/100, \ L_4/100, \ L_5/100……$$

ですから，d の値の平均値は，定義から

$$\begin{aligned}
\langle d \rangle &= d_1 \cdot L_1/100 + d_2 \cdot L_2/100 + d_3 \cdot L_3/100 + d_4 \cdot L_4/100 + d_5 \cdot L_5/100 ……\\
&= (\ell_1/L_1) \cdot (L_1/100) + (\ell_2/L_2) \cdot (L_2/100) + (\ell_3/L_3) \cdot (L_3/100) \\
&\quad + (\ell_4/L_4) \cdot (L_4/100) + (\ell_5/L_5) \cdot (L_5/100) ……\\
&= (\ell_1 + \ell_2 + \ell_3 + \ell_4 + \ell_5 ……)/100 = 100/100 = 1
\end{aligned}$$

つまりこの $d = \ell/L$ の値は，ある翻訳において各部分の精度がどのように異なるかを比較するのに使えます。上にも述べたように，この値 $d = \ell/L$ の値がどこにおいても1ならば，この翻訳は全体に一様であり，その翻訳の仕方がどこにおいても同じであることを意味し，逆にある部分において1より大きければ翻訳が他の部分より丁寧になされ，1より小さければ粗雑になされた可能性を示唆しています。

ただしこの $d = \ell/L$ の値は，同じ翻訳の中の異なった部分における翻訳の精度の変化，その均一さからのずれを比較することはできますが，異なった翻訳文の間での翻訳の精度の比較には使えません。なぜなら，翻訳の入念さを表す d の数値が同じだとしても，異なった翻訳ではその内容，実質が同じだとはいえないからです。

ただし，上にも述べたように各部分の d の値の変化の仕方の様子を全体として比べることにより，異なった翻訳の，翻訳のあり様の比較をすることはできます。つまり d の値が全体に1からあまりズレのない翻訳と，1からのズレが大きくばらつきの大きな翻訳では，翻訳の質に違いがあると予想されます。

(3.2) 翻訳密度の算定

　それではここで今回扱っている各国語の翻訳に対して以上のことを具体的に適用してみましょう。それぞれの翻訳を原文の章単位で区切って計算することにします。まずその前にここで扱っている作品について，それぞれの翻訳の各章が原文に対してどのような関係にあるかを表にしてみたものが表2です[6]。

　これで見ると，原作の章に沿って翻訳しているのはETだけであり，EAの場合は翻訳されていない章もあることがわかります。また朝鮮語の翻訳は章分けが一切なく全体が一つにつながっていますので，対応する部分をそのページ数で示しました。1ページの途中で区切られている場合には行数をハイフンのあとに示しました。翻訳のある章が原文の複数の章にまたがっているのは，原作の異なった章が翻訳では同じ章で扱われていることを示します。また日本語訳や中国語訳では第2回で原文の2章と3章の順序が入れ替わっている所がありますが，これは原作の叙述の順序通りに翻訳せず前後を入れ替えた所です。中国訳にも似た部分があります。

　表2のように対応する各翻訳において，原文の各章ごとに対応する文章の長さを測り，翻訳密度を計算したのが表3です。原作Fに対して，各国語の翻訳において翻訳密度がどのように変化しているかが表を上から下に追ってゆくことでわかります。なお表の下に出てくるばらつき度や抄訳度については後に説明します[7]。

　この表を見ると，それぞれの翻訳において，原作の各章ごとに翻訳密度dがどのように変わるかを追うことができます。その数値の変化が翻訳の仕方がどのように変化したかの目安をあたえてくれます。

　例えば，ETでは翻訳密度dは1.21〜0.77の間で変化していて，その開きは平均の値1から40パーセントほどのズレがあります。ところがEAではdの値は2.06〜0であり，その開きが大きいこと，及び翻訳されていない部分もあることから，翻訳書としては問題にならぬほどムラのあるものだということが言えます。日本語訳Jではdの値は1.51〜0.57の間を動き，その平均値1からのズレの開きは100パーセントもあります。中国語や朝

鮮語の翻訳は日本語訳よりもズレがやや大きくなっていることがわかります。このdの値の変化の幅が大きいということは翻訳の仕方に粗密さの変化があり、その幅が大きいということを示します。

この粗密さのばらつきの程度、すなわち丁寧な翻訳から粗雑な翻訳の間の幅がどれほどあるかを表す指標は、統計学でいえばdの値の標準偏差で示されます。すなわち、dの値d_1, d_2, d_3……の頻度がそれぞれ$L_1/100$, $L_2/100$, $L_3/100$……ですから、標準偏差の定義に従ってただちに標本標準偏差、及び母標準偏差が計算できます。この両者はほとんど差がないので標本標準偏差の値を表3に示しておきました。それがDの値です。つまり

　　　ばらつき度$D = d$の標準偏差：翻訳密度のばらつき具合を表わす。

ばらつき度Dは、翻訳密度dと違って、異なる翻訳同士を比較するのに使えます。表3の結果を見ると、ETはばらつき度が小さいのに比べEAはかなり大きく、ETに比べ日本語訳Jはさらに大きくなっており、CとKがそれに続きます。この結果は、目で見たdの分布の有様を数字にしたものですが、実際に翻訳の文章を読んだときの印象からそれほど外れているようにも思えません。ただし、これまでの算定の仕方から推測されるように数字の細かいところまで精密に論じてもあまり意味はありません。また標本数が30しかなく、統計的に意味があるほど多くはないのですから、なおさら数値自体に過度に意味をもたせることは禁物です。さらにここでは原作Fを直接翻訳される原文として各翻訳はその原文を翻訳したとして計算しましたが、実はCやKはFから直接翻訳したのではなくそれぞれJやCをもとにしているので、いきなりFを原文として計算したことには妥当性が疑われるかもしれません。この点については後に（3.4）で再度検討することにします。

表2　各翻訳の章対応表

F	ET	EA	J	C	K
Chap01	Chap01	Chap1	第1回	第1回	1-10〜10-12
				第2回	
Chap02	Chap02	0			10-13〜11-12, 17-8〜24-1
			第2回（2）	第4回	
Chap03	Chap03	Chap2	第2回（1）	第3回	11-14〜17-7
Chap04	Chap04	Chap3	第3回	第4回	24-2〜27-14
Chap05	Chap05	Chap4		第5回	27-15〜31-5
Chap06	Chap06	Chap5			31-6〜33-6
Chap07	Chap07	Chap6（要約）	第4回		33-7〜37-6
Chap08	Chap08	Chap6（要約）		第6回	37-7〜42-4
Chap09	Chap09	Chap6（一部要約）			42-5〜46-2
Chap10	Chap10	Chap6	第5回	第7回	46-3〜48-7
Chap11	Chap11	0		第8回	48-8〜52-9
Chap12	Chap12	Chap7		第9回	52-10〜61-1
			第6回		
Chap13	Chap13	Chap8			61-1〜64-13
Chap14	Chap14	0	第7回		64-13〜68-6
Chap15	Chap15	Chap9		第10回	68-6〜73-3
Chap16	Chap16	0	第8回	第11回	73-4〜78-8
Chap17	Chap17	Chap10		第12回	78-9〜84-6
Chap18	Chap18	Chap11	第9回		84-6〜92-9
Chap19	Chap19	0	第10回	第13回	92-9〜99-16
Chap20	Chap20	Chap12			99-16〜103-15
Chap21	Chap21	Chap13（要約）	第11回		103-15〜107-3
Chap22	Chap22	Chap13（一部要約）		第14回	107-4〜117-3
Chap23	Chap23	Chap14	第12回	第15回	117-3〜121-4
Chap24	Chap24	0	第13回	第16回	121-5〜128-16
Chap25	Chap25	Chap15			128-17〜132-7
Chap26	Chap26	0	第14回	第17回	132-7〜137-8
Chap27	Chap27	Chap16			137-9〜140-17
Chap28	Chap28	Chap17	第15回	第18回	140-17〜147-15
Chap29	Chap29	Chap18			147-15〜151-14
Chap30	Chap30	Chap19			151-15〜154-4

第4章 『十五少年』は東アジアでどのように翻訳されたのか 163

表3 翻訳密度 d, ばらつき度 D, 抄訳度 A

	F		ET		EA		J		C		K	
総ページ	386		226		167		255		59.2		153	
	p	$L=p/386$	ℓ	d	ℓ	d	ℓ	d	ℓ	d	ℓ	d
第01章	12.38	3.20	3.46	1.08	5.83	1.82	4.73	1.48	5.44	1.70	5.92	1.85
第02章	13.70	3.55	3.85	1.08	0	0	3.71	1.05	4.12	1.16	5.00	1.41
第03章	12.49	3.24	3.69	1.14	5.79	1.79	3.69	1.14	4.43	1.37	3.73	1.15
第04章	12.41	3.22	3.23	1.00	5.17	1.61	2.10	0.65	1.82	0.57	2.46	0.76
第05章	14.62	3.79	4.14	1.09	5.88	1.55	2.20	0.58	0.69	0.18	2.27	0.60
第06章	12.43	3.22	3.39	1.05	5.88	1.83	1.82	0.57	0.93	0.29	1.35	0.42
第07章	11.89	3.08	3.10	1.01	0.56	0.07	2.39	0.78	2.16	0.70	2.65	0.86
第08章	9.35	2.42	2.38	0.98			2.73	1.13	3.21	1.33	3.19	1.32
第09章	10.81	2.80	2.82	1.01			2.73	0.98	2.55	0.91	2.46	0.88
第10章	15.00	3.89	3.13	0.80	7.05	1.81	2.51	0.65	3.28	0.84	1.58	0.41
第11章	12.78	3.31	3.15	0.95	0	0	1.98	0.60	2.25	0.68	2.69	0.81
第12章	15.14	3.92	3.63	0.93	6.97	1.78	3.46	0.88	3.89	0.99	5.55	1.42
第13章	16.86	4.37	4.20	0.96	7.41	1.70	2.92	0.67	3.46	0.79	2.43	0.56
第14章	13.14	3.40	3.52	1.04	0	0	3.29	0.97	3.16	0.93	2.35	0.69
第15章	12.73	3.30	3.70	1.12	5.82	1.76	3.00	0.91	2.94	0.89	3.17	0.96
第16章	17.00	4.40	4.03	0.92	0	0	4.16	0.95	4.70	1.07	3.46	0.79
第17章	16.16	4.19	4.86	1.16	7.52	1.79	4.02	0.96	4.04	0.96	3.84	0.92
第18章	13.78	3.57	3.67	1.03	5.31	1.49	4.45	1.25	3.50	0.98	5.33	1.49
第19章	15.05	3.90	3.38	0.87	0	0	3.59	0.92	3.60	0.92	4.82	1.24
第20章	10.76	2.79	2.29	0.82	4.60	1.65	2.63	0.94	1.69	0.61	2.60	0.93
第21章	10.84	2.81	2.85	1.01	0.04	0.01	2.94	1.05	2.23	0.79	2.16	0.77
第22章	16.65	4.31	4.57	1.06	2.91	0.68	6.08	1.41	5.54	1.29	6.52	1.51
第23章	12.00	3.11	2.79	0.90	3.89	1.25	3.41	1.10	3.07	0.99	2.66	0.86
第24章	13.86	3.59	3.69	1.03	0	0	4.29	1.19	4.85	1.35	5.04	1.40
第25章	11.38	2.95	2.77	0.94	4.63	1.57	3.84	1.30	2.64	0.89	2.67	0.91
第26章	13.95	3.61	3.76	1.04	0	0	5.31	1.47	5.78	1.60	3.33	0.92
第27章	13.08	3.39	3.42	1.01	2.86	0.84	4.37	1.29	4.41	1.30	2.29	0.68
第28章	11.05	2.86	3.19	1.12	5.88	2.06	3.94	1.38	4.58	1.60	4.44	1.55
第29章	11.43	2.96	2.27	0.77	4.37	1.48	2.37	0.80	3.41	1.15	2.60	0.88
第30章	3.51	0.91	1.10	1.21	1.60	1.75	1.37	1.51	1.72	1.89	1.58	1.74
平均⟨d⟩				1.00		1.00		1.00		1.00		1.00
D				0.11		0.80		0.28		0.39		0.38
抄訳度 A				0.14		0.29		0.75		0.89		1.41

(3.3) 翻訳の原文に対する忠実さを表す指標：抄訳度

以上の計算は文章の内容にまで検討が及んでいないのですから翻訳の内容，つまり原文をどれだけ忠実に訳しているか，省略があるのかないのか，文章表現がどの程度のものかということは，一切度外視されています。こうしたことに本格的に立ち入ることをしないで，翻訳の忠実さ，省略の程度がどの程度のものかを測ることはできないでしょうか。もちろん本来翻訳全体を検討しなければこの結論が出ないのは当然ですが，おおよその目安をつける簡単な方法を考えてみます。ただしあくまでおおざっぱな方法ですので結果にあまりにも大きな意味をもたせることは避けたいと思います。

まず原文の一部を取り上げ，その部分に対応する翻訳文を調べることにします。その分量が1ページほどならば，その部分の文章の検討にはそれほど大きな労力は要らないと思います。ただしそれでも，その翻訳が正しいのか，間違いなのか，あるいは妥当なのかということを判断するのはそれほど容易なことではありません。

例えばFの冒頭の "les nuages, se confondant avec la mer," を "the heavy, lowering clouds, which seemed almost a part of the sea," または "The sea and sky were as one," と訳すのは正しい訳と言えるのでしょうか，それとも誤訳とみなすべきなのでしょうか。または "un léger bâtiment fuyait presque à sec de toile" を "斷帆怒濤を掠めつゝ東方に飛奔し去る一隻の小船あり" と訳したのはどうでしょうか。

また抄訳の程度というのは，たとえ誤訳であってもその原文が翻訳に取り入れられていれば翻訳されたとすべきなのでしょうか。原文にない要素が加わっている場合はどうなるのでしょう。

こうしたことを考えると，単に正しい訳，誤訳ということだけでも，客観的基準を定めるのは簡単ではありません。またたとえ誤訳であっても，翻訳に取り入れられていれば省略されてはいないという基準も成立するか否か議論がありそうです。

ここではこうした微妙な問題には立ち入らず，おおざっぱに，原文の要素が誤訳であっても考慮されているものは略されていないとみなし，訳文に原

文に対応する要素がないときにのみ省略されていると考えることにします。原文にないものが付け加わっているものについては考慮の対象外とし無視します。

仮にこうした原則を立て，考察の対象としては，原作Fの冒頭から，ブリアンがモコに無事を尋ねモコが答えるところまでとします。つまり原文の以下の部分を対象とし，それに対応する各国語の翻訳が原文をどの程度省略しているかを調べます。省略の量的な測り方はいろいろありますが，ここではFの原文で翻訳されなかった単語の数を数えることで省略された割合を測ることにします。つまり2節（3）の冒頭部分の項目で提示した部分が対象となります。ここで再度現在問題になっている部分を確認しておきます。

F

Pendant la nuit du 9 mars 1860, les nuages, se confondant avec la mer, limitaient à quelques brasses la portée de la vue. (……)

– Non, monsieur Briant, répondit le mousse. Surtout, tâchons de maintenir le yacht debout aux lames, ou nous risquerions de couler à pic!»

ET

ON the night of the 9th of March, 1860, the heavy, lowering clouds, which seemed almost a part of the sea, completely concealed from view even objects that were but a few yards off, (……)

"No, Master Brian; but we must keep the yacht well up into the wind or we shall have her capsized."

EA

It was the 9th of March, 1860, and eleven o'clock at night. The sea and sky were as one, and the eye could pierce but a few fathoms into the gloom. (……) "No, Massa Briant," answered the boy. "But we must keep the yacht before the wind, or we shall be pooped."

J

一千八百六十年三月九日の夜, 彌天の黒雲は低く下れて海を壓し, 闇々濛々咫尺の外を辨ずべからざる中にありて, (……) 黒人の子「否な, 主公武安」。
C
正是西歴一千八百六十年三月初九日。那晩上満天黒雲。低飛壓海。濛濛闇闇。咫尺不相見。(……) 黒孩子回答道。不。主公武安。
K
그 죳흔 하날에 별안간 식검은 구름이 사면으로 뭉게뭉게 모야들며 맹렬한 바람은 천병만마가 들끌어오난 것[sic. 것]갓치 요란히 부더니 (……)〔막〕별말삼을 다 하시난구려…………

もとの原文の語数は 398 であり, そのうち翻訳に反映されなかった語数はそれぞれ,

　　　ET: 46, EA: 69, J: 178, C: 221, K: 299

となります。

従って, それぞれに対する省略度は 398 で割り比率を求めると

　　　ET: 0.12, EA: 0.17, J: 0.45, C: 0.56, K: 0.75

またこの冒頭のこの部分に対する翻訳密度 d はそれぞれ

　　　ET: 1.19, EA: 1.65, J: 1.68, C: 1.62, K: 1.88

となります。

　ここで翻訳の抄訳度 A を

　　抄訳度 A = 翻訳密度 $d = 1$ の部分に対する抄訳の割合

と定義します。翻訳密度 d の平均値は 1 ですから, $d = 1$ の場合の抄訳度と

いうのは，その翻訳全体の抄訳の平均の割合ということになります。また翻訳文全体に対する翻訳密度は定義から1ですから，Aの値は翻訳文全体に対する抄訳の割合とも言いかえることができます。また翻訳密度は翻訳のていねいさを表しますから抄訳の割合は翻訳密度に反比例することになります。以上の結果を使ってそれぞれの翻訳の抄訳度Aを求めると

　　　ET: 0.14, EA: 0.29, J: 0.75, C: 0.89, K: 1.41

　この抄訳度というのは，その数値が大きければ大きいほど抄訳の程度が高いということです。英訳に比べ日本語訳からあとの数値がかなり高いことがわかります。しかし朝鮮語の数値が1を越すというのは無意味です。また中国語の抄訳度がほとんど1に近いということは原文のほとんどが生かされていないということを意味します。

　以上で求めた抄訳度というのはたった1ページほどの文章を比較して導かれたものなのでその数値自体にあまり意味がないのかもしれません。すこし計算の仕方を変えると数値がかなり変化します。従ってこれはあくまで目安として利用することができるものです。しかし，この抄訳度は，異なる言語の翻訳同士を比較するのに使えますので，もう少し改良した方法を考案すれば有用であるかもしれません。

(3.4) 以上の指標についての補足

　以上の考察ではすべて原作のFを翻訳される原文とし，それをもとにしてそれから翻訳密度，抄訳度を考えましたが，日本語訳がETを使って行なわれたとすれば，原文をETとしてJの翻訳密度や抄訳度を求めるというのが正しいやり方のようにも思われます。また中国語訳Cも原文をJとし，朝鮮語訳Kは原文をCとすることが考えられます。計算の仕方は同じですから，結果のみを以下に示しておきます。

　結果はET→J，J→C，C→Kのそれぞれに対する抄訳度は0.50, 0.28, 0.54となりました。当然のことですが，原文をFをしたときに比べ値はど

れも減少しています。Jの抄訳度が50パーセントというのは直観的な印象とあまりはずれてはいないようです。

　以上の結果を使うとさらに，J，C，Kの翻訳がもともとの原文Fに比べどの程度の抄訳となっているかということも導かれます。それは次のようにして求められます。F→ET→J→C→Kと順に翻訳されたとすると，それぞれの段階での省略度は以上の結果からそれぞれ，0.14，0.50，0.28，0.54となりました。

　このことは，逆に考えると，翻訳したときに省略されずに翻訳に伝えられる割合がそれぞれ，0.86，0.50，0.72，0.46ということになります。この数値がもとの原文のうち失われずに伝えらる実質的な部分の割合ですから，各段階でどれだけ保存され伝えられるかはこの数値をかけ合わせると求められます。その結果を1から引けば省略率となります。すなわち次の通りです。

F→ET→J　　　　　：$0.86 \times 0.50 = 0.43$　　$D = 1 - 0.43 = 0.57$

F→ET→J→C　　　：$0.86 \times 0.50 \times 0.72 = 0.30$　　$D = 1 - 0.3 = 0.70$

F→ET→J→C→K：$0.86 \times 0.50 \times 0.72 \times 0.46 = 0.01$　　$D = 1 - 0.1 = 0.9$

　こうして，J，C，Kの原作に対する抄訳度はそれぞれ0.57，0.70，0.9となりこの結果も直観的な印象と大きくはずれることはないように思われます。

　このやり方を改良すれば，かなりの程度で信頼性のある結果を出すことができそうですが，この数値が正確かどうかということ以前に，異なる言語による翻訳の質を比べることができるということに意義があるのではないでしょうか（表4, 5, 6）。

表4 ET → J の ⟨d⟩, D, A

	ET		J	
総ページ	226		255	
	p	L	ℓ	d
第01章	7.82	3.46	4.73	1.37
第02章	8.71	3.85	3.71	0.96
第03章	8.33	3.69	3.69	1.00
第04章	7.29	3.23	2.10	0.65
第05章	9.36	4.14	2.20	0.53
第06章	7.67	3.39	1.82	0.53
第07章	7.00	3.10	2.39	0.77
第08章	5.38	2.38	2.73	1.15
第09章	6.38	2.82	2.73	0.97
第10章	7.07	3.13	2.51	0.80
第11章	7.13	3.15	1.98	0.63
第12章	8.20	3.63	3.46	0.95
第13章	9.49	4.20	2.92	0.70
第14章	7.96	3.52	3.29	0.93
第15章	8.27	3.70	3.00	0.81
第16章	9.11	4.03	4.16	1.03
第17章	10.98	4.86	4.02	0.83
第18章	8.29	3.67	4.45	1.21
第19章	7.64	3.38	3.59	1.06
第20章	5.18	2.29	2.63	1.15
第21章	6.44	2.85	2.94	1.03
第22章	10.33	4.57	6.08	1.33
第23章	6.31	2.79	3.41	1.22
第24章	8.33	3.69	4.29	1.16
第25章	6.27	2.77	3.84	1.39
第26章	8.49	3.76	5.31	1.41
第27章	7.73	3.42	4.37	1.28
第28章	7.20	3.19	3.94	1.24
第29章	5.13	2.27	2.37	1.04
第30章	2.49	1.10	1.37	1.25
平均値				1.00
D				0.26
A				0.50

表5 J→Cの ⟨d⟩, D, A

	J		C	
総ページ	255		59.2	
	p	L	ℓ	d
第01章	12.05	4.73	5.44	1.15
第02章	9.45	3.71	4.12	1.11
第03章	9.40	3.69	4.43	1.20
第04章	5.35	2.10	1.82	0.87
第05章	5.60	2.20	0.69	0.31
第06章	4.65	1.82	0.93	0.51
第07章	6.10	2.39	2.16	0.90
第08章	6.95	2.73	3.21	1.18
第09章	6.95	2.73	2.55	0.93
第10章	6.40	2.51	3.28	1.31
第11章	5.05	1.98	2.25	1.14
第12章	8.82	3.46	3.89	1.12
第13章	7.45	2.92	3.46	1.18
第14章	8.40	3.29	3.16	0.96
第15章	7.65	3.00	2.94	0.98
第16章	10.60	4.16	4.70	1.13
第17章	10.25	4.02	4.04	1.00
第18章	11.35	4.45	3.50	0.79
第19章	9.15	3.59	3.60	1.00
第20章	6.70	2.63	1.69	0.64
第21章	7.50	2.94	2.23	0.76
第22章	15.5	6.08	5.54	0.91
第23章	8.70	3.41	3.07	0.90
第24章	10.95	4.29	4.85	1.13
第25章	9.80	3.84	2.64	0.69
第26章	13.55	5.31	5.78	1.09
第27章	11.15	4.37	4.41	1.01
第28章	10.05	3.94	4.58	1.16
第29章	6.05	2.37	3.41	1.44
第30章	3.50	1.37	1.72	1.26
平均値				1.00
D				0.24
A				0.28

第4章 『十五少年』は東アジアでどのように翻訳されたのか　171

表6　C→Kの ⟨d⟩, D, A

	C		K	
総ページ	59.2		153	
	p	L	ℓ	d
第01章	3.22	5.44	5.92	1.09
第02章	2.44	4.12	5.00	1.21
第03章	2.62	4.43	3.73	0.84
第04章	1.08	1.82	2.46	1.35
第05章	0.41	0.69	2.27	3.29
第06章	0.55	0.93	1.35	1.45
第07章	1.28	2.16	2.65	1.23
第08章	1.90	3.21	3.19	0.99
第09章	1.51	2.55	2.46	0.96
第10章	1.94	3.28	1.58	0.48
第11章	1.33	2.25	2.69	1.20
第12章	2.30	3.89	5.55	1.43
第13章	2.05	3.46	2.43	0.70
第14章	1.87	3.16	2.35	0.74
第15章	1.74	2.94	3.17	1.08
第16章	2.78	4.70	3.46	0.74
第17章	2.39	4.04	3.84	0.95
第18章	2.07	3.50	5.33	1.52
第19章	2.13	3.60	4.82	1.34
第20章	1.00	1.69	2.60	1.54
第21章	1.32	2.23	2.16	0.97
第22章	3.28	5.54	6.52	1.18
第23章	1.82	3.07	2.66	0.87
第24章	2.87	4.85	5.04	1.04
第25章	1.56	2.64	2.67	1.01
第26章	3.42	5.78	3.33	0.58
第27章	2.61	4.41	2.29	0.52
第28章	2.71	4.58	4.44	0.97
第29章	2.02	3.41	2.60	0.76
第30章	1.02	1.72	1.58	0.92
平均値				102
D				0.56
A				0.54

4. 各言語翻訳の個別検討

(1) 英語訳

本稿は東アジアでの J. Verne の翻訳を扱っているので，英語の翻訳については簡単に述べるだけにします。英語圏における J. Verne の翻訳については多くの研究がなされていて，従来の翻訳についてはかなり厳しい評価がなされています。一例を以下に引用します。

> Scholars now unanimously agree that the early English translations of Verne's Voyages Extraordinaires were extremely shoddy and often bear little resemblance to their original French counterparts. In a rush to bring his most popular (and profitable) stories to market, British and American translators repeatedly watered them down and abridged them by chopping out most of the science and the longer descriptive passages (often from 20 to 40% of the original); they committed thousands of basic translating errors, mistakes that an average high-school student of French would have managed correctly; they censored Verne's texts by either removing or diluting references that might be construed as anti-British or anti-American; and, in several instances, they totally rewrote Verne's narratives to suit their own tastes (changing the names of the characters, adding new scenes, deleting others, relabeling the chapters, and so on).[8]

（ヴェルヌの驚くべき旅シリーズの初期の翻訳が極端に質が悪くしかもそのオリジナルのフランスの対応物とほとんど似ていないことがよくあるということで現在は研究者が一致して同意している。彼のもっともポピュラーな（そして儲かる）物語をマーケットにもたらすための急ぎ仕事で，イギリスとアメリカの翻訳者はくりかえし作品のほとんどの科学と長い説明的な件のほとんどを切り取り水で薄めて省略した（オリジナ

ルの20%から40%のことが多い）；彼らはフランスの普通の高校生なら正しく判断したことに何千という基本的な翻訳の間違いや失敗を犯した；彼らは反イギリスや反アメリカと解釈される言及を除去するか薄めることでヴェルヌの作品を検閲した；そして，いくつかの例では，彼らは自分たちの好みに合うように全体にわたってヴェルヌの物語を書き直した（登場人物の名前を変えたり，新たな場面を加えたり，他のところを削ったり，章を改めたりなどなど）。

この筆者によれば，こうした翻訳のせいでヴェルヌに対して英語圏の読者は大陸の読者とはまったく違った見方をすることになったといいます。ヴェルヌの作品は子供向きの幼稚なもので，記述はでたらめで正確でない，といわれてきたが，これらの評価は本来の評価とは相反するものだといっています。さらに，現在でも昔の翻訳が再版されたりディジタル化されたりして依然として大きな影響力をもっていると指摘しています。彼はcompleteness（完全さ），accuracy（正確さ），そしてstyle（スタイル）の3点に焦点を当ててかなり詳しく分析を行なっています。

まずcompleteness（完全さ）について言えば，まともに翻訳せず，章を完全に削除することもあるが，文章を要約して縮めることもかなり行なわれていて，科学的な知識を述べた件や指導的な人物とその弟子の長い対話を削ることが行なわれている。省略した結果，前後を適当につなぐことになる。そしてとんでもない修飾をして書き直す，と指摘しています。

また次にaccuracy（正確さ）の項目では，本の題名を変えたり，登場人物の名前を英語式に変更し，あきれるほどの語学的誤りのある翻訳が多いと述べ，さらに悪質だといわれている愛国的な検閲（ideological censorship, patriotic censorship）を取り上げます。英米の翻訳者はセポイの反乱（Sepoy revolt）やカナダや中米の併合，ハワイの植民地化の歴史など，英米に批判的な叙述を消し去るだけでなく，改作し内容を変えてしまうことさえあると指摘しています。例えば宗教の場合にカトリックに対する描写がその例であるが，逆に原作でユダヤ教に対する偏見が表現されているところは温存され

ていると指摘しています。

　最後に style（スタイル）の問題については，原作者は知的であり，ユーモアやウイットがあり，誇張を好み，社会的な関心を示していて，そこに驚くほどの自己省察が伴っているのに，翻訳に現れた原作者は粗雑で軽薄でありセンチメンタルで単純とされてしまう。翻訳者は詩的な叙述やユーモア，とくにアイロニカルな言葉あそびを生かすことができていないといいます。

　結局この批判をした筆者によれば英語圏ではヴェルヌのあるべき正しい受容がなされていないことになります。とはいえ，この望ましくない翻訳によってさえもヴェルヌの人気が衰えることはなかったが，正しい評価は結局下すことができずに終わったということになるようです。

　ヴェルヌの作品の英語圏における全般的な検討が研究者によって精力的になされているようですが，個別の作品について同様のことを過去に日本人で気がついた人がいました。初めてヴェルヌの作品『新説　八十日間世界一周』を訳した川島忠之助です[9]。

> 「この小説の原作は，洋行以前，当時パリ三井物産支店にいた従兄弟の中島氏から贈物にもらったもので，川島氏は，一読異常な感興を覚えた。ところで洋行の際に，アメリカの某駅で小憩したとき，売店の中をのぞくと，この小説の英訳があった。それを買って車中の徒然を慰めたが，この英訳にはアメリカの部に原作にない増補がしてある。川島氏はこの小説に一層の興味を感じた。それで社会啓蒙の一端とも思って，翻訳の筆を執ることになった[10]。

　ただし彼の場合，原作にない増補を見たという程度ですが，彼の『新説八十日間世界一周』にはこの英訳の部分を踏襲して訳したところがあると指摘されています[11]。川島氏が英訳を見て直ぐに増補があるのに気づいたのは，その英訳本では原作の31章の翻訳の終わりに近いところで，「突如として原作を離れて増補部分が展開するのである。110ページから113ページまでで，かなりの長さにわたっている」ということです[12]。

実は今回対象となっている資料にもそうした実例を見ることができます。すでに3節（3）の予備的考察の翻訳密度のところで指摘したようにEA（*Adrift in the Pacific*）は原作の2, 11, 14, 16, 19, 24, 26の7章が省略されていて，さらに7, 8, 9（一部），21, 22（一部）の章は要約ですませています。要約の部分は小さな字体を用いて章の冒頭にまとめてあります。例えばEAのChapter XIIIの冒頭にある原作第21章と22章の一部の要約は次の通りです[13]。

> The next day, on the beach, Donagan and his party found an upturned ship's boat, evidently newly-driven ashore, but could discover no trace of survivors. | Three days later, Briant, Gordon and Jack came across a woman half-dead from fatigue and hunger not very far from French Den. She was Kate Ready, servant to a family that had sailed from San Francisco on a merchant ship, the *Severn.* When she was able to speak she told them that nine days out of port the majority of the crew, headed by a scoundrel, Walston, had mutinied, seized the ship, killed the captain, the loyal sailors and the few passengers, sparing only Kate and Mr. Evans, the first-mate, whom they forced at the muzzle of a revolver to navigate the ship. Fire, however, broke out, the ship was abandoned, and finally the long boat was driven ashore on the island. Kate had escaped, leaving Mr. Evans still a prisoner. The mutineers were striving to repair the boat in order to get away. (EA p. 132)

縦線｜の前までが原作の第21章の要約であり，その後ろが第22章の前の方の要約で，その後に第22章の残りが本文として続きます。しかもこの第22章の要約にはなぜ反乱者の一行の乗ったボートが漂着することになったのかその経過が書かれておらず，単に少年たちが居る島に着いたというこ

とが述べられているだけです。従ってこの英訳 EA は満足な翻訳からはほど遠いものだといわざるをえません。

とはいえ、それでは ET が EA とは違って英訳に付き物の問題点を免れているのかといえば、そうではありません。そのことは次項の日本語訳のところで再度取り上げることになります。

(2) 日本語訳

日本語訳についての問題としては J の訳者が翻訳の冒頭に掲げた例言に沿って検討することにします。例言は次の通りです。

> 一是篇は佛國ジュウールスヴェルヌの著はす所『二個年間の學校休暇』を英譯に由りて、重譯したるなり。
> 一譯法は詞譯を捨てゝ、義譯を取れり、是れ特に達意を主として修辭を從としたるを以てなり。

まずこの前半についてですが、これはすでに一部扱った翻訳の底本のことになりますので、次にこのことを項を改めて検討します。

(2.1) 日本語訳の底本について

まず、日本語訳 J が翻訳に使った底本についてです。上に見たように、訳者が英訳に基づいて翻訳したことは明記していますから、あとはその本が具体的に何であるかを検討することです。すでに予備的考察で見たように、形式的な面だけの検討でも英訳の ET を使ったことはほぼ確かです。実は、このことについては、さらに当時の関係者の書いたものによる証言がいくつかあります。

> 「だが、日本に西洋大衆文学移入の決定的に重要な時期を劃したのは、何と言っても第 1 が、まだ現存していらるる川島忠之助先生により『八十日間世界一周』（ジュール・ヴェルヌ原著、明治 11 年刊）が翻訳せ

られた事で，第2が，明治16年板垣退助が渡欧して，ヴィクトル・ユーゴーに会見した事である。

　この間の事情を，もう少し詳しく述べてみよう。

　1875年（明治8年）フランスのリヨン市で万国大博覧会が開かれた。その時，丁度ジュール・ヴェルヌの『八十日間世界一周』があちらの読書界で大評判になっていたので，それが博覧会場の中で脚色上演せられて，これも亦人気を沸騰させていた。その時川島翁の従兄に当る人が洋行していて，この芝居を見て興を催し，遂にヴェルヌの原著の豪華版一巻を求めて，はるばる翁のもとに送って来たのである。川島翁は，それを何回となく繰返して耽読した。

　翌明治9年，翁は，政府の蚕卵紙売拡めのためイタリアに行くことになり，途中，サンフランシスコの駅で，つれづれの余り，件の書の英訳を購求した。そして読んでみると，それにはアメリカ旅行の部は原著に無いことまで書き加えてあるので，ますます興を催した。翁は翌年帰朝すると早々翻訳に着手し，翌々11年，出版の運びになったのである。

　その反響は甚大であった。（……）

　それから此の翻訳は，明治新聞界の一大先覚矢野龍渓の眼に触れた。龍渓はこの作者ジュール・ヴェルヌ―は，元よりその創始した科学小説は今後着目せねばならぬと思った。

　龍渓は此れを森田思軒に語った。思軒に『大東号航海記』『瞽使者』『十五少年』等ヴェルヌの作の翻訳が幾つかあるのは，人のよく知る通りである。

　<u>思軒が取寄せてよんだヴェルヌの英訳は，主としてシーサイド・ライブラリーや，ラヴェル・ライブラリーであったらしい。</u>その奥付裏には同叢書の全書目何十百巻が載っている。それに依って思軒はウィルキイ・コリンズ，フォルチュヌ・デュ・ボアゴベ，エミイル・ガボリオその他探偵小説家の作品を知った。

　此等の作は黒岩涙香も夙に読んでいたところであった。そして「万朝報」の創刊と共に思軒，涙香提携時代に入り，翻案大衆文学の全盛が招

来されるに到った。だから川島翁の『八十日間世界一周』の訳書は，明治の大衆文学史に無視できない重要なスタート線となるのである。」（木村毅『大衆文学十六講』pp. 46-48）（下線は引用者）。

「涙香先生は，翻訳の原本を知られることを嫌つて，人にきかれると，原作者の名をでたらめに答へられたこともあるやうだが，一番読まれたのは，例の Seaside Library 数千冊の中である。同型の叢書では，Parkside Library, Lovell's Library いろいろある。その中のボアゴベ，ガボリオのいはゆる Sensational Novel や，コンエイプ・ラットン，クレイあたりを翻案されたのである。これら通俗小説叢書も［白井が譲り受けた］思軒遺蔵の書として若干残存してゐる。」（白井實三「森田思軒のために辯ず」『春陽堂月報』第 22 號『明治・大正文学全集 8 森田思軒・黒岩涙香』春陽堂，昭和 4 年 3 月 7 日 pp. 2-3）（下線は引用者）。

このような証言から J の翻訳者が Seaside Library を手元に置いていたことは疑いないことであり，その中に『十五少年』の底本となった ET があったことは当然考えられることです。

これまでは形式的，間接的な事柄のみによって論じてきましたが，これらのことは具体的な翻訳の文章を見ることで裏づけられるはずです。ただし，全体を調べるのはかなりな労力を要するので，原文の第一章にあたる部分を調べ，ET と EA の両者の翻訳が大きく違っている部分で日本語訳がどちらを採用しているかを検討することにしました。その結果，ほとんどの部分で日本語訳が ET によって翻訳していることがわかります。例えば冒頭の部分で EA では原文では後で出てくる時間「11 時」を冒頭に出していますが，日本語訳はその部分を採用していませんので ET によっていることがわかります。その他いくつかの例を挙げます。いずれも ET の翻訳に問題がある件を取り上げます。すでに冒頭部分は前の項で紹介済みですので，問題になる当該の部分だけを再度提示します。

第4章 『十五少年』は東アジアでどのように翻訳されたのか

O<small>N</small> the night of the 9th of March, 1860, <u>the heavy, lowering clouds</u>, which seemed almost a part of the sea, completely concealed from view even objects that were but a few yards off, as a small vessel with furled sails flew along over the fierce and angry waves, upon which <u>occasional flashes of lightning cast a lurid glare</u>.

It was a yacht of about a hundred tons' burden — one of the vessels known as a schooner in England and America. (ET p. 11)

一千八百六十年三月九日の夜,<u>彌天の黒雲は低く下れて海を壓し</u>,闇々濛々咫尺の外を辨ずべからざる中にありて,斷帆怒濤を掠めつゝ東方に飛奔し去る一隻の小船あり。<u>時々閃然として横過する電光のために其の形を照し出ださる</u>。(J p.1)

下線を引いた2カ所がそれぞれ対応しているのは明らかです。ところで前者の原文は'les nuages, se confondant avec la mer,'(雲は海と［渾然と］一体となって）です。EやJの訳が場面描写としては同じものであることはわかりますが，原文の妥当な翻訳だと言えるのでしょうか。それは，翻訳というのは，その意味する内容を解説したり説明した文でも問題ないと言えるのか，さらにそれを強調してより印象的な表現でもかまわないのかという問題になります。また後者の原文は'les lames déferlaient en projetant des lueurs livides,'(波は鉛色のきらめきを放って荒れていた）ですが，EやJの訳では稲妻が光っているという表現になっています。どちらもJがEの翻訳を踏襲していることがわかります。

次は船室に水が入ったと言うのでブリアンが下りていって幼い少年たちをなだめる場面です。

"There is no danger," cried Brian, anxious above all to reassure them. "<u>We are nearing land now</u>. Don't be afraid!"

Examining the floor with a lighted candle he found that a small quantity of water was flowing from one side of the cabin to the other with each movement of the vessel. (ET p. 15)

"There is no danger," said Briant, wishing to give them confidence. "<u>We are all right</u>. Don't be afraid."
Then holding a lighted lantern to the floor, he saw that some water was washing from side do side. (EA p. 12)

武安は「<u>余等は既に陸に近づきつゝあり</u>,復た恐るべきなし,憂ふる勿れ」と一同に力をつけつゝ,蠟燭を點して,熟ら室内を驗するに,少許の海水ありて,船の搖動するにつれて,座上を一往一反するを見る,(J p. 7)

原文は'Nous sommes là!'(僕らがここにいるよ!)ですが,ETでは船が陸に近づきつつあると訳していて,Jもそれを受け入れています。これもJがETの誤訳を使った部分です。
　これらの例からわかることは,EAだけではなくETも英訳で問題とされる誤訳を免れているわけではなく,かなりその割合が多いのではないかということ,そしてその誤訳をJがそのまま受け入れているということです。その極端な例として,現在ではなぜそのような誤訳が可能だったのか不思議に思われるものもあります。例えば,次の例文はブリアンが島の様子を探索をするために出かけたとき海岸で見た光景です。

Ils se dandinaient par centaines, en agitant gauchement leurs ailerons, qui leur servent plutôt à nager qu'à voleter. (F p. 72)

……a large flock of those penguins which frequent the Antarctic regions. <u>They rose up into the air</u> by the hundred at his approach, awkwardly flapping their wings, which they use much oftener in swimming than in flying. (ET p. 54)

　をりしも颯然聲を成して頭上を過ぐるは，ペンギンと呼ばるゝ鳥の群にして，斯の鳥は南極地方に於て特にみらるゝ所のものなり。(J p. 45)

　ペンギンが空を飛ぶことはありえませんから，この文章は誤りです。しかし 'rose up into the air' が「空に上る」とも解釈できますから必ずしもJの訳者が英語を誤読したとはいえません。ETの文章をそのまま踏襲したことに問題がありました。EAではこの部分は 'They were strutting about in dozens, flapping their tiny wings, ……'（彼らは小さな翼をパタパタさせながら群れをなして気取って歩いていた）(EA p. 41) ですから原文に近いのですがJはこちらの方を見ていないらしく翻訳には反映されていません。
　それではJがEAを使っているところがあるのでしょうか。すでに形式的考察で見たように，船の名前スロウがEAのものを使っているようにも思われますが，その点も含めて検討してみることにします。船の名はそれぞれの英訳ではET: Sloughi, EA: Sleuth となっており，Jではそれを「スロウ号」としています。
　ところで Sloughi または Slughi というのは，Saluki の別綴りで，発音は Saluki と同じでありサルーキです。そしてこの Saluki というのは中近東・北アフリカ原産のグレーハウンド族の猟犬であり，すらりとした体形の犬です。この語は辞書によれば綴りがそのほかにもさまざまあり，selugi, sleughi, slogie, slokee, slougi, slughi などと綴られることがありますが，すべて同じ語で発音も同じです。
　一方 sleuth の方は発音はスルースで，意味は探索犬，特にブラッドハウンドということですから，意味は違いますが，どちらも犬であることには変わりありません。
　これからわかるように，どちらの場合も発音がスロウとなることはありません。従って日本語訳でスロウと表記したからといってEAの方を採用したとは結論できないことになります。あとはJの訳者が両者の綴りを自分なり

に発音したとき，どちらの方をスロウと発音したかの問題でこれは簡単に決められることではなさそうです。

　以下の例はすべて J が ET より EA に近いかもしれないと思われる部分ですが，すべて会話です。

> ET: "No," replied the cabin-boy, "it is only the sail." (p. 14)
> EA: "No," said Moko; "it is the foresail blown out of the bolt ropes!" (p. 10)
> J: 莫科「否な，只だ其の帆の吹き斷られしのみ」。(p. 5)

この例では「吹き斷られし」の部分は EA に近いようですが，そのあと「のみ」があるので果たして EA に依ったのか斷定ができません。

> ET:"We have no sail left now," cried Donovan. (p. 15)
> EA:"We have no sail left!" exclaimed Donagan; "and it is impossible for us to set another." (p. 12)
> J: 杜番「余輩は復た帆を挂くる能はず」(p. 8)

この例は EA に従って訳したと見ることができそうです。

> ET: The dog rushed boisterously out, followed by ten children, (……). (p. 18)
> EA: Immediately out jumped the dog, and then the eleven boys one after the other, (……) (p. 16)
> J: 最先に上り来りしは犬なり，之に續いて十一名の童子…… (p. 13)

これは確かに EA と同じですが，実はこの部分は明らかに ET の誤りであり，しかも EA を見なくとも正しく訂正できますから，ここは訳者が文脈を考え正しく直したと考えることもできます。

第 4 章 『十五少年』は東アジアでどのように翻訳されたのか

　以上の結果から判断すると，Jの訳者がEAを見たと積極的に判断されるのは僅かであり，その他の例についてはETだけを見て訳したJの訳者が文脈から適当に補足して付け加えたという可能性も考えられます。ですから，もしJの訳者がEAを見ていたのだとしても，それはETの補足程度に参考にしたということでしょう。従って，EAを利用したとは積極的に結論することができないように思われますし，もし利用したとしても大きな影響があったといえるほどではなかったということになります。

　ここで，さらに少し妙な箇所が一つありますので付け加えておきます。ただし妙だとはいっても，後の版に関するものです。すでに1節の書誌的な考察のところで触れましたが，後に出版された文学全集で，初版の誤りが訂正されたり，表記が改められたことに触れました。その際，ETが原作を変えて翻訳しているところをJでも踏襲しているのに，その部分を，後の全集では，以下の例にあるように，原作通りに改めている所があります[14]。

　　ET: It was now nearly two o'clock in the morning; (p. 15)
　　EA: It was then about one o'clock. (p. 12)
　　J: 夜は既に二時に垂んとせり，(p. 7)
　　J6: 夜は既に一時に垂んとせり，(p. 624)

　この部分は日本語訳JはETに従って訳しています。しかし，フランス語の原文では「一時」ですから，日本語訳は原文とは違う英訳の方を採用しています。このETの訳は誤訳というよりは，それより少し前にすでに時刻が一時の場面が出てきたので，同じ時刻が2度繰り返されるのが不自然と感じてETの訳者が原文通りにせず変えたと考えることもできます。

　ところでこの翻訳が後の版J6で「一時」となったのは，単なる誤植だったのか，それとも後の人が原文を知って訂正したのでしょうか。ただ，森田の訳をもとにして作られた『十五少年絶島探検』でも「夜は，もう二時に近い」となっていますから，森田の訳が後までそのまま踏襲されているのは確かなようです[15]。

以上の結果から言える事は，森田の日本語訳はETをもとにして翻訳されているということです。それ以上のこと，例えば，訳者がEAを見ていないとか，または見ていたとしても一切参照しなかったということを結論することはできません。ただ見ていたとしても，それはほんの一部に過ぎず，ETの本文に疑問があったときに参照する程度ではなかったかと推測されます。Jの翻訳に大きく影響するほどではなかったと考えてよいと思われます。

(2.2) 詞訳と義訳について

　次に，例言にある「譯法は詞譯を捨てゝ，義譯を取れり，是れ特に達意を主として修辭を從としたるを以てなり」という言葉は必ずしもその主張していることが明確であるとはいえません。詞訳と義訳というのはいわゆる直訳と意訳という対比とも異なります。また「達意を主として修辞を従と」するというのも明確ではありません。というのはJの翻訳はしばしば名訳であると言われますが，それは「修辞」のためではないかとも考えられるからです。ここではあまり言葉の詮索に立ち入ることはせず，この両者を合わせてJの訳者が，文章や言葉を飾り立てることよりも，意味内容がよく伝わることに重きを置いたという程度に解釈しておきます。

　あとは，このJの翻訳者の翻訳が実際にどのようなものであるか，実例に従って検討すればよいということになります。そうして，もし翻訳についての原則があるのならそれが一貫して貫かれているのかどうかを見ればよいということです。

　すでにJの翻訳について前項で述べたように，翻訳というのは原文の意味する内容を解説したり説明したりする文でもよいのか，もとの文の表現を使う必要はないのかという疑問も原則として問題になりえますが，慣用的表現のこともありますから，実際には程度問題ということもできます。しかし，翻訳をどうするかが問題になるとき，何か一つのやり方しか許されず，いくつかの方法のうちどちらか一方のみが望ましいという結論はありえないと思われます。同じ原作の翻訳の仕方には色々ありうると考えられます。それは読者がどのような水準の人間で，どのような目的で読むかによって違った翻

訳が複数あってもよいということです。

　例えば，当該外国語を知らぬ人のみを対象として正しい日本語で，さらにそれに加えて美しい日本語でなければならないという要求はどこまで妥当なのでしょうか。翻訳というのは原作を利用した創作なのでしょうか。読者が外国語に通じている程度に応じて，また読者の目的に応じて，さまざまな翻訳がありうるのではないでしょうか。例えば，原文の語法的な構造があらわになるような翻訳が許されてもよいようにも思われます。実際そのような翻訳もあり，大変有益であることは確かだと思われます[16]。しかし，現在は商業主義による版権の問題があって同時代の原作については翻訳が一つしか許されないのが通例となっています。この現状は好ましくないように思いますが，しかしこのことを論じるのがここでの目的ではありませんのでこれ以上述べることはしません。

　ここでは英訳でも指摘されていた翻訳上の問題点がJではどのようになっているかを見ればよいのだと思います。

①　原作の順序変更

　すでに3節の予備的な考察で扱った各翻訳の章対照表（表2）を見るとJの翻訳では第2回の冒頭は原作の第3章から始まっていて，もとの作品の順序を変えています。これは読者にとってのわかりやすさと，物語を中断することによる読者の好奇心を掻き立てる効果を与えるとはいえ，翻訳者が原作を改作したことには変わりありません。この点だけならば，EAに倣ったと考えられないこともありません。EAでは原作の第2章が完全に省略されていて，1章の次に2章として原作の3章の翻訳が続きます。果たしてJがEAに従ったのか，またはこのやり方にヒントを得たのかは，この場合でも積極的に断定する根拠がありません。

②　言葉の変更または挿入

　次に翻訳について問題になるのは，原文の説明になかった言葉の挿入または変更です。いま述べたJの第2回の初めには少年たちの出身地のニュー

ジーランドの位置を説明する文があり，それは次のようになっています。

「斯の群島は南緯三十四度より四十五度の間に横亘して，北半球に於ける佛國，合衆國，及び日本の本島等と正さに其の位置を同じくす，……」(J p. 19)

とありますが，もちろん原作には合衆国や日本は出てこず，「北半球の，フランスと北アフリカからなるヨーロッパの部分」となっています。これはJが原作を変えたことになります。

③ 直訳

　次は，挿入や省略の問題ではなく，原語を言葉通りにそのまま直訳するか，慣用的用法であることを考えて意味が通るように，対応する日本語にするかの問題です。Jの訳者が宣言した原則通りに翻訳したとするのなら当然後者の方針になるはずですが，直訳をしたとしてもそれなりの意味をもつならそれも排除はできません。ただしその場合には誤訳として判断される可能性が出てきます。次に示す例のうち最初の会話は，島のすぐ前のところに漂着したとき，ブリアンが仲間たちに団結の必要性を訴えると，それに対してドノバンが抗議する場面です。

　　Briant disait alors à Gordon et à quelques-uns de ceux qui l'entouraient:
　　«A aucun prix ne nous séparons pas!… Restons ensemble, ou nous sommes perdus!…
　　– Tu ne prétends pas nous faire la loi! s'écria Doniphan, qui venait de l'entendre.
　　– Je ne prétends rien, répondit Briant, si ce n'est qu'il faut agir de concert pour le salut de tous! (F p. 19)

Brian was even then remarking to Gordon and those around him:

"We must remain together at all hazards. If we separate we are lost!"

"Do you claim <u>the right to lay down the law</u> for us?" cried Donovan, overhearing the words.

"I claim no such right, " replied Brian. "But we must remain united for the sake of our common safety." (ET p. 20)

武安は呉敦及び諸童子に向ひて，今に及びても尚ほ，一同一處に在りて以て，緩急相救ふとの必要なるを，諄々として諭しをり，「若し互に相離れば，是れ即ち亡滅の道なり」といへり。
　方さにこゝに來りて，此の語を聞きし杜番は，叫びたり「君は敢て余等の上に，<u>法律を制定し，施行するの</u>權利あると謂ふか」。
　武安「何ぞ此の如き權利ありと謂はむ，唯だ共同の安全を保つがために，余輩は互に相離るべからずと謂へるのみ」。(J p. 16)

　日本語の下線部に対応するETの 'Do you claim the right to lay down the law for us?' は「君は僕たちに［偉そうに］命令しようとするのか?」であり，原作の 'Tu ne prétends pas nous faire la loi!' も似たような意味です。ところがJは文字通りに日本語に移していて，結果としてかなり厳めしい訳になっています。これは誤訳とみなされてもよいものです。ただしこの「權利」ということばは，現在ではかなり軽い意味になっているようですので，今ならそれほど堅苦しく考える必要はないのかもしれません。中国語でも現在では，権利と権力が四声まで含めて同じ発音であることもあり，この両者が同じ言葉として融合してしまい「権力」一語で両方の意味に使われているようです。すると権利という語が持っていた意義も薄れてしまったといえることになります。

　同じ「權利」という言葉がすぐ後にも出てきます。それは，船から失われていたと思った短艇［ヤウル］が発見され，それにまず乗って行こうとする

ドノバンと，それを阻止するブリアンとの争いが起こる場面のやり取りです。

"Que voulez-vous faire? "… demanda-t-il.
– Ce qui nous convient!… répondit Wilcox.
– Vous embarquer dans ce canot?…
– Oui, répliqua Doniphan, et ce ne sera pas toi qui nous en empêcheras!
– Ce sera moi, reprit Briant, moi et tous ceux que tu veux abandonner!…（F p. 23）

"What are you going to do ? "he asked.
"That is our affair, "replied Wilcox.
"Are you going to lower this boat? "
"Yes, "replied Donovan, "and you needn't think that you are going to hinder us."
"I certainly shall—I and the others you propose to abandon—prevent it."（ET p. 22）

「君等は何をか爲す」。韋格「そは余輩の自由なり」。「君等は斯のボートを下さむと欲するか」。杜番「然り，然れども君は之を止むる權利あらじ」。「有り，君等は他の諸君を棄てゝ以て」。（J p. 29）

こちらの方は原文に「権利」にあたる語がないにもかかわらずJの訳文にはこの語を使っています。これは原作の語を変更したことになります。ところでこの「権利」という言葉を使った直訳や原文の変更の結果，Jの文章が思想的な主張を表現したものであるかの印象を与える効果をもつことになったようです。このことが中国語訳に影響を与えることになりましたが，このことはのちに見ることにします。

(2.3) 名訳ということについて

　ところでJにこうした省略，変更，直訳，誤訳が存在するにもかかわらず，従来この点についてあまり論じられてこなかったように思われます。論じられなかったのみならず，森田思軒の日本語訳についてはたいていの場合名訳，名文のことばかりが話題になってきました。彼の翻訳が多くの愛読者を獲得したのは，それだけJの文章に読者をひきつける魅力があったと言えるでしょう。そのことを否定する必要はありません。しかし彼の翻訳にはすでに述べた問題点が存在したことも事実です。その事実にもかかわらず，多くの読者を魅了したのであれば，その要因がどこにあるかを客観的に探求することも無意味ではないはずです。単にJが素晴らしい名訳であると賞賛するだけならば，研究の世界にまで愛国主義や国粋思想を持ち込み，事実を冷静に見ることを不可能にしかねません。それでは，英訳の項で論じられたような問題点が日本にも存在するにもかかわらず，英語圏でなされているような反省，批判を封じ込めかねません。多くの人が賞賛する名訳とか名文というのはどういうものなのでしょうか。それは客観的な探求を拒否する性格のものなのでしょうか。

　これまで日本で名訳といわれてきたものでよく知られたものにはこの『十五少年』のほかに，森鷗外の『即興詩人』があり，詩ではカール・ブッセの「やまのあなた」，そして一部の人たちによって神格化されている金素雲による朝鮮詩の翻訳があります。これらを語るときによく，「原作よりすぐれた名作」とか「世界でも稀に見る名訳」などの評価が与えられてきました[17]。

　例えばJの翻訳『十五少年』については次のような評価があります。

　　思軒が英訳を底本につかったことは，ヴェルヌの翻訳の場合，マイナスよりもプラスに作用したのではないか，とおもわれます。と言うのは，ヴェルヌは前章でのべたようにかずかずの美点をもっていますが，唯一の欠点は「文体」である，といわれているからです。彼の文章は正確ではありますが，ダラダラしていて，くりかえしが多く，退屈をさそうものなのです。つまり，中味のよさでよませる文章でありました。思軒は

英訳からこれを日本語にうつしうえたためにかなり自由に文章をなおし，たるんだ文章に漢語的な緊張をあたえることができました[18]）。

『十五少年』について言われたことは，鷗外の『即興詩人』についても言われており，鷗外は原作を抄訳したドイツ語訳を使い，さらにそれを抄訳，追加をして翻訳しています。「やまのあなた」についても原作はドイツ語の詩としては凡作であるとされています。事実としては確かにそのようなことになっているのかも知れません。金素雲の朝鮮語の翻訳詩「野菊」は名訳とされ，本人もそれを自認していたようで，彼の訳本にはこの訳詩が特別扱いされ，彼の出す翻訳集では常に巻頭に掲載されてきました。しかしその翻訳のもとになった原詩「들국화」は，朝鮮語の詩として見るとなんのとりえもないどころか非常に平凡な駄作ともいえる作品です。こうした事実を踏まえると，たんにこれらの訳詩が名訳だと唱えることは穏やかでない結論に行き着く恐れがあります。つまり，原作がたいしたことのないものであれば，どんな翻訳をしてもその翻訳は原作以下になることはありえず，才能さえあれば原作を超える翻訳をなすことができる，というものです。この結論は決して穏当なものではありません。原作が優れたものであろうとなかろうと，そして翻訳に誤訳や省略，追加などの問題があったとしても，その翻訳が読者に感銘を与えることがありうるということが課題になっているのです。それどころか，原作がとんでもない作品であっても，そしてそれに対するとんでもない誤解があっても，その作品が名作として受け入れられることさえあります。その一例を挙げると「少年老い易く学なり難し」で有名な，いわゆる朱子の「偶成」です。ちょっと調べればわかるように，この詩は朱子の業績のどこを探しても見つかりません。中国人でこの詩を知っている人はいません。さらに朱子の思想からすればこの詩の内容が朱子の主張とは違っていることには容易く気づいたはずです。念のため，『漢語大詞典』とか『四庫全書』を使ってこの詩の出だしの句を探してみても，類似の表現さえも出てきません。このことから，この詩が中国人の伝統的な発想とは縁遠い性格のものだと予感されます。近年この詩の出典についてある程度調べられてきましたが，

見つかったのはいずれも中国のものではありません。最初に見つかったのは『群書類従』続編に収録された禅僧の「滑稽詩文」のもので，男色を扱ったものでした。もしこれが現在愛唱されている詩の原典だとしたらどういうことになるのでしょうか。そんな詩が明治以後に国定教科書にまで掲載され，今でも多くの日本人に親しまれている，というとんでもない，信じられないことが起こっていることになります[19]。

　名訳に対する誤解はさらに新たな結果を生みました。それは『十五少年』や『即興詩人』を現代語あるいは口語に直すということです。もとの翻訳は名訳だが文章が漢文調で難しいから若者や現代人にもわかるように書き直そうということです。このことも名訳に対する誤解のもたらしたものといえるのではないでしょうか[20]。

　『十五少年』は少年向けの冒険小説にするということでそれなりの効果はありそうですが，『即興詩人』を現代語に直すという発想がどこから起こったのかたいへん理解に苦しみます。それは，これらの翻訳作品が名訳といわれるその根拠がどこにあるかが明らかにされていないからです。本稿でそのことを完全に解明し明らかにできると主張するつもりはありませんが，すくなくともこれらの書き直しの結果がどうなったかを考えると，そのヒントが得られるのではないかと思います。おそらく，これらの書き直しの結果，もとの翻訳作品が持っていた独自の魅力がかなり失われてしまったのではないでしょうか。なぜでしょうか。おそらくそれは，翻訳の文体，とくにその文章にこめられているリズムが関係していると思います。『十五少年』や『即興詩人』の魅力は漢字を多く使った文章のリズムによる魅力が大きく作用していると思います。いいかえると，これらの文章は声に出して読むと非常に力強く，律動的な心地よさを感じさせるのです。それが内容とあいまってこれらの作品の魅力を作り出していたのではないでしょうか[21]。

　このことに関連して次のような指摘があります。

「多くの一般読者たちにとって文学とは，日常生活では用いない雅な言葉が自在に織り込まれた，絢爛流麗な文章のことであった。この違いは

また，音読の習慣とも深く結びついていた。漱石に限らず，樋口一葉や尾崎紅葉から泉鏡花に至るまで，名作とは音読し愛誦すべき文章のことだったのである。」[22]

　このことが極端に表れているのが金素雲による朝鮮語の詩の翻訳であるように思われます。彼の詩の翻訳は凡作である原詩をリズミカルな日本語の詩に変え感動的だといわれるものにしましたが，すぐれた原詩の場合であっても，彼はもとの詩の持っていた意味の伝達を無視し，意味不明の日本語の詩にしてしまうこともありました。それでも音読すればなんらかの心地よさを感じさせるということで彼の訳詩は読者を獲得し，逆に言えば原詩に対する誤解を生み出して来ましたが，さらに朝鮮の詩に対する誤解も生み出しています。
　こうしてみてくると，翻訳ということの意味が単に優れた名訳であるという個々の作品の問題ではなく，翻訳で異質な文化を受け入れること一般に対する大きな問題につながっていると思われます。翻訳が誤訳や改作を含んでいても，誤解によってなされても，翻訳という作業が受け入れる側の精神文化に大きな影響を与え意味を持つことはよく知られています。それ自体は否定されるべきこととは言えません。聖書や仏典の翻訳を抜きにして東西の文化の歴史は意味を持ちません。それらが誤訳とは無縁のものであったはずはありません。そして近代以後の日本においては，翻案を含めた翻訳の意義は非常に大きなものだと言うことができます。それがどれほど大きな意味を持ってきたかということについてはすでに多くの業績があり，またそのことに対する反省もすでになされているはずです。しかし，『十五少年』の翻訳の問題を考えるとその探究がまだ十分なされてはいないことを示唆しているように思われます。
　誤訳や改作があるにもかかわらず優れた名訳だということでは終わらせず，なぜ誤訳や改作があるにもかかわらず優れた名作だと主張されてきたかという，受け入れの態度の問題が残されています。どちらか一方のみの問題では成立しない評価の問題です。さらにまた朝鮮語の詩の例で述べたことに

関連して言えば、日本の近代詩は、リズムによる訴える力さえあれば、内容がなくても優れた詩と評価されうる程度の水準だったのか、という根本的問題に及ぶ可能性があります。ここでこれらのことを扱うことはしませんし、筆者の能力を超えますので単に問題提起に留めることにします。

(3) 中国語訳

中国語による最初の翻訳『十五小豪傑』は梁啓超が日本に亡命中に行なったものです。すでに予備的考察のところで述べたように、彼はこの翻訳を日本語訳を底本としていると明らかにしています。

中国ではこの翻訳の影響が大きく、この本は版を重ねました。それは梁啓超という名の知れた人物による翻訳であるということもあったでしょうが、それよりも訳者がこの翻訳を自分の思想を伝えるためという目的を持って訳しているため、単なる小説の翻訳という性格を超えて青年を励ます愛国啓蒙の書として受け入れられたからでもあったようです。大陸では建国以後も続けて出版がなされていて、必要な語句の変更を加えているとはいえ、梁啓超の名を冠した同じ本が1950年代、1990年代にも出版されていることがわかります[23]。

(3.1) 2種類の中国語訳本

このように梁啓超の『十五小豪傑』はその後も版を重ねていますが、そのたびごとに若干の語句の変更が加えられています。しかし、これが訳者によるものなのか、出版社側の行なったものなのかは不明です。と言うのは、この語句の変更が後の版でまた元に戻ることもあるので、単に活字を組むときの作業の過程で起こった可能性もあるからです。語句の変更の大部分は漢字の同義語の異体字による変更なので意味の変化はありません。それでも1950年代に出版された少年向けの本の場合でも、その活字は初出のときと同じものが基本となっていて、かなり特殊な字体がそのまま残っています。

ところでこうした字句の変更ではなく、本文の構成における差異から見たときには、大きく分けて2種類になるようです。その一つは初出の雑誌連載

のときの本文を踏襲したもので，連載時に翻訳した第1回から第4回までの本文の後につけられた評論が残されていますが，もう一つのものではそれらが削除されていて独立した単行本の体裁をとっているものです。この違いは，連載時に本文内に挿入された語句にも及んでいます。

　本稿では，本来なら初版または再版を見ることが必要なのですが，しかしほんの一部を除いてその実体がわからないので，止むを得ずそれに近いものとしては，雑誌連載の初出C1とそのあとで出た第4版C4を使うことになります。そのC4は後者の形態であり雑誌連載のときにあった評論などを一切省いています。それだけではなくこの後に出た版がまた漢字の字体も含めてC1の内容に戻っていることを考えるとC4は中国語訳『十五小豪傑』でも注目すべき存在であるように思えます。

　図版で見るようにC4は洋装本らしく思われますが，線装本の形態を残していて周囲に枠が印刷されています。これはその前の版のC3が線装本ですのでその名残を残した活字または石版印刷であったことからくるのだと思われます。そして，そのC3やC2が果たして初出にあった評論を残していたかどうかですが，資料を見ていないので不明です。

　ここでC2やC4が初出C1と異なっているところを整理しておきます。すでに資料紹介の項目でも扱っていますので，それ以外のものです。

　C2　　　装丁：線装本
　標題：(表紙) 十五小豪傑，(目次，本文冒頭) 冒險小説十五小豪傑
　字句の違い：擡⇒抬 (1章冒頭, 17章〜18章冒頭, 末尾を合わせた4ページのうちではこの一個のみがC1とは異なる)

　C4　　　装丁：洋装本
　標題：十五小豪傑
　字句の違い：多数，擡⇒抬もC2に同じ，C1の本文にあったローマ字がすべて削除されている

C2において初出の漢字を擡⇒抬のように変更したものはそれ以後の版でも，もとに戻ることはなかったようで，C6でも同じです。またC4でローマ字を削除したことが意図的なことだったのか，単に印刷上の技術的で形式的なことだったのか不明ですが，文脈に若干の飛躍を伴う可能性が生じています。C2においてこのローマ字が残されていたかどうかは不明ですが，おそらく削除されていた可能性があります。このことについては次の項の朝鮮語訳のところで再度扱うことにします。このローマ字はC5において再度復活します。

　本稿において本来見なければならなかった初版C2を見ることができなかったので，以後は初出C1を中国語訳のテキストとして使うことにします。

(3.2) 底本について

　中国語訳の第一回の末尾に訳者が加えた評論において，訳者は次のように底本について述べています。

> 此書爲法國人焦士威爾奴所著。原名「兩年間學校暑假」。英人某譯爲英文。日本大文家森田思軒。又由英文譯爲日本文。名曰「十五少年」。此編由日本文重譯者也。
> 英譯自序云。用英人體裁。譯意不譯詞。惟自信於原文無毫釐之誤。日本森田氏自序亦云。易以日本格調。然絲毫不失原意。今吾此譯。又純以中國説部體段代之。然自信不負森田。果爾。則此編雖令焦士威爾奴覆讀之。當不謂其唐突西子耶。(C1 p. 775)
> (この本はフランス人ジュール・ヴェルヌが著した原題名「二年間の学校の夏休み」である。英国人の某氏が英文にしたが，日本の大文章家森田思軒がさらに英文訳を日本語にした。名付けて「十五少年」である。この訳編は日本語からの重訳である。／英訳は自序で英国人の形式を用い意味で訳し字句では訳さなかった，ただ原文に少しの誤りもない自信があると言っている。日本の森田氏も自序でまた，日本の格調に変えていささかも原意を失っていないと言っている。今この私の訳もまた純粋

に中国の物語の形式に代えた，しかも森田に負けぬ自信がある。果たしてこの編がたとえジュール・ヴェルヌにまた読ませたとしてもきっと西欧人に失礼だとは言わないだろう。）

まず，訳者が日本語訳を使ったのは確かです。ただそこに付け加えた言葉には疑問が残ります。果たしてこの叙述の中にある英語訳というのを訳者は見たのだろうかということです。英訳のEAには序文はなく，ETにある序文というのは原作者の序文を英訳したものです。どこにも訳者の序文というものは存在しません。従って，この件は中国語の訳者の創作である可能性があります。もし意識して書いたとすれば一種のでっちあげによるはったりです。そこに訳者の自信たっぷりな姿を想像することができそうです。しかし序文のことが捏造だとしても英語訳の本文を見た可能性はどうでしょうか。このことを検討するため，ここで先に示した固有名詞の対応を調べたやり方を再度行ってみましょう。もし英訳を見ていれば登場人物の名前も英語で見ていますから，その名前がありふれたものであったならすでに中国で使われていた表記を使用することができたはずです。その場合その人物の漢字表記にどのような可能性があるかを見てみましょう[24]。

Gordon	哥爾同／戈登
Donovan	同尼方
Baxter	巴克斯忒
Jack	若克
Wilcox	威爾科克斯
Cross	克羅斯
Webb	韋布／衛布
Garnett	加內特
Jenkins	貞金斯
Dole	多爾
Coster	科斯忒

もし訳者が英訳を見ていたら，もとの綴りからすでに使われていた漢字表記を使ってもよさそうなものですが，中国語訳Ｃにはこれらは一切出てきません（表1参照）。このことから，おそらく訳者は英訳の存在は知っていたにせよそれを使っていないのはほぼ確かです。

(3.3) 中国語訳の形式的な特色

中国語訳は一見して直ぐ気づく特色をいくつか備えています。そのうち形式的なものをまず取り上げます。しかしこの形式的な要素が形式的な事柄にとどまらず訳者の思想的な面に関係していることがすぐにわかります。すでに上で引用した第1回の末尾にも「中国の物語の形式」で訳したとありましたが，第4回の末尾には次のように書いてあります。

> 本書原擬依水滸紅樓等書體裁。純用俗話。但翻譯之時。甚爲困難。參用文言。勞半功倍。計前數回文體。每點鐘僅能譯千字。此次譯二千五百字。譯者貪省時日。只得文俗並用。明知體例不符。俟全書殺青時。再改定耳。但因此亦可見語言文字分離。爲中國文學最不便之一端。而文界革命非易言也。（C1 p. 785)
> （本書はもともと『水滸伝』や『紅楼夢』の形式に似せ，もっぱら俗語を用いたが，しかし翻訳するときには大変困難だったので文語を参照して用いたところ労力は半分になり効率は倍になった。前回までの文章で計算すると一時間でようやく千字訳せるだけだったが，この度は二千五百字になった。訳者は［翻訳に要する］日時を節約することを目的にひたすら文語と俗語を合わせて用いたが明らかに文体がうまく合っていない。本全部を印刷する時を待って，再度改めるだけだ。ただしこのことから言葉と文字が分離していることが見えてくる。これは中国の文学のもっとも不便な一面で文学革命が容易くないということだ。）

この引用文の中で梁啓超ははじめは革新的だと思って俗文による翻訳を試

みたがそれが容易くないことを告白しています。後に本にするとき書き改めるという約束は結局最後まで果たされずに終わっています。

　この俗文を使った試みというのは第一回を見ると判然とします。まず，第1回冒頭には「調寄摸魚児」と題された「詞」の形式による詩が掲げられています。「調寄摸魚児」というのは詞の形式の一つの名前ですから内容と直接関係ありません。

　　　莽重洋驚濤横雨。一葉破帆飄渡。入死出生人十五。都是髫齢乳稚。逢生處。更堕向天涯絶島無歸路。停辛竚苦。但抖擻精神。斬除荊棘。容我兩年住。英雄業。豈有天公能妒。殖民儼闢新土。赫赫國旗輝南極。好箇共和制度。天不負。看馬角烏頭奏凱同歸去。我非妄語。勸年少同胞。聽雞起舞。休把此生誤。(C1 p. 772)
　　（広々とした大洋に波が逆巻き雨が吹き付ける。一艘の帆のやぶれた船が飛ぶように行く。生死をかけた者が十五名。皆幼い子供たち。生きるところに出会うとそれはまた天涯の孤島で帰る道はない。艱難辛苦に留まる。しかし精神を奮い起こし荊を切り除き，我々を二年住まわせる。英雄の業だ。どうして天が妬むことができよう。岩壁を切り開き新たな土地に殖民する。輝かしい国旗を南極に輝かす。なんと立派な共和制度だろう。天は背かない。馬に角が生え烏の頭が白くなる奇跡で凱旋し共に帰る。私は嘘をつかぬ。歳若い同胞に勧める。奮発し決してこの一生を誤るな。）

　形式は古いもので内容はこの物語全体の要約になっていますが，そこに新しい時代において青少年に対しての激励と啓蒙の姿勢が見えています。ここに訳者の翻訳の意図が表れていますが，中国の翻訳書は林紓のものもそうですが，たいていは訳者の序があり，その中に何故その本を訳したのかという翻訳の意図や意義が述べられています。この『十五小豪傑』もやはり同様の言明がなされているとみなされます。こうした訳者の意図は日本語訳Jやこれから述べる朝鮮語訳Kにはありません。

第4章 『十五少年』は東アジアでどのように翻訳されたのか　199

　そして『十五小豪傑』は「調寄摸魚兒」と題された「詞」の後，直ちに「看官（諸君，皆さん）」の言葉で物語が始まります。そして第1回の終わりは「且聽下回分解（まずは次回の説明をお聞きください）」，そして物語の中では「説是遲那是快」などの話本系統の常套句が使われています。第1回の例は次の通りです。まず物語は次のように始まります[25]。

　　看官你道這首詞講的是甚麼典故呢。話説距今四十二年前。……（皆さんあなたはこの詞にはどんないわくがあると思いますか。さて今を去ること四十二年前のこと……）
　　説是遲那是疾莫科話猶未了。只見一堆奔濤。……（C1 p. 775）
　　（その瞬間モコの話がまだ終わらぬのに，なんと見ると一塊の荒波が……）
　　究竟莫科所見到底是陸地不是。且聽下回分解。
　　（結局モコの見たのはいったい陸地なのかそうではないのか。まずは次回の説明をお聞きください）

といった具合で，訳者は『水滸伝』や『三国志演義』の体裁をとって文章を進めます。そして第4回までは各回の終わりにその回の場面のもつ意味について訳者の考えを述べています。さきにも見たようにその中で訳者の思想の表明がなされているというわけです。

(3.4) 思想の伝達手段としての翻訳

　訳者は物語の場面ごとにその意味付けを行い，より大きく抽象的な思想につなげてゆきます。
　第1回では，ブリアンが，「自分たちよりも船室にいる幼い仲間のことを考えなければならない」と発言したことをとらえて，より抽象的な内容にしてしまいます。つまり，自分たちには自分たちの一身のことよりも，考えるべきもっと大きなものがあるのだと言います。この結果，ブリアンの発言がある大きな使命感の表現とされることになります。そのために，訳者は日本

語訳の堅い訳を都合よく利用しています。

「余等は余等の一身の外に，更らに思はざるべからざる者あるを，忘るべからず」(J p. 2)

「我們須知到這身子以外。還有比身子更大的哩。」(C1 p. 773)
(我々は，この身体の外にさらに大きなことがあるのを知らなければならないよ。)

さきに日本語訳の誤訳のところで述べた「権利」の件も中国語訳では積極的な意義を帯びてきます。最初の引用は，ブリアンが安全のため皆に団結を訴える場面です。次の場面は，失ったと思われていたボートが船に残っているのが発見されたとき，ドノバンがそれに乗って先ず上陸しようとしたのをブリアンが阻止する場面です。訳者は，二つの場面をともに，自分のことではなく，皆全体のことを考えることの重要性を強調しているところに意義を認めているようです。引用文の下線部分は C1 では圏点で強調された部分，破線はドノバン側の発言につけられた傍点の部分です[26]。

武安向俄敦及衆孩子道。今日尚是我輩至危極險之時［＋候］。大家同在一處。緩急或可相救。若彼此分離。是滅亡之道也。杜番聽見這話。以爲武安有意譏誚他。便勃然道。武安。你有甚麼權利。敢制定法律令我們遵行嗎。武安道。豈敢豈敢。講甚麼權利不權利呢。但大家欲保安全。這却離開不得呵［的］。(C1 p. 777) (C4 p. 5a)
(ブリアンはゴルドンと子供たちに言った。今はまだ僕らは非常に危険な時にある。みんな一所にいれば緊急に際して互いに救われるかもしれない。もしお互いに分離していたらこれは滅亡の道だよ。ドノバンはこの話を聞いて，ブリアンが自分を謗っているのだと思った。そこでかっとなって言った。ブリアン。君は何の権利があってあえて法令を制定し，僕等に守らせるのだ。ブリアンは言った。とんでもないことだよ。権利

だとか権利でないとか言うなんて。ただみんな安全でいようとするなら，離れ離れになっていてはいけないってことだよ。）

韋格道。這是我們的自由。武安道。你們想落這舢板［杉板］嗎。杜番道。是。你有權利禁止我們嗎。武安道。有呀。因爲你們不顧大衆。杜番不等武安講完。便接口道。我們並非不顧大衆。我們上去以後。再用一个掉［＋了］舢板［杉板］回船載衆人［＋過去］。武安道。若回不來怎麼呢。碰石沈了。怎麼呢。(C1 p. 777) (C4 p. 5b)
(ウィルコックスが言った。これは僕らの自由だ。ブリアンが言った。君たちこのはしけ舟を下ろそうと思ってるのかい。ドノバンが言った。そうだよ。君は僕らに禁止する権利があるのかい。ブリアンが言った。あるさ。だって君たちはみんなのことを顧みないから。ドノバンはブリアンが話し終わるのを待たず，すぐ口を挟んで言った。僕たちは決してみんなのことを顧みないなんてことないよ。僕らは上陸してから，また一人がはしけ舟を漕いで船に戻り，みんなを乗せて行くんだ。ブリアンが言った。もし戻ってこれなかったら？　石にぶつかって沈んでしまったらどうする？）

この二つの引用は第2回のものですが，この回の末尾にある論評は次のようになっています。

此兩回專表武安。就中所言「今日尚是我輩至危極險之時。大家同在一處。緩急或可相救。若彼此分離。是滅亡之道也」。我同胞當毎日三復斯言。讀此回者無人不痛恨杜番。杜番亦只坐爭意見顧私利耳。恨杜番者宜自反。有競爭乃有進化。天下公例也。武杜兩黨抗立。借以爲各國政黨之影子。全書之生氣活潑。實在於是。
讀者勿徒痛恨杜番。且看其他日服從公議之處。便知文明國民尊重紀律之例。觀其後來進德勇猛之處。便知血性勇子克己自治之功。
好容易盼到靠岸。以爲苦盡甘來矣。不知此時之險阻艱難。更倍於從前。

行百里者半九十。任事者最宜知之。(C1 pp. 778-779)
(この二つの回は，専らブリアンのことを表す。とくにその言葉「今日，なお我々が危険極まりない時，皆が一緒になって，差し迫った事態には互いに救うべきで，もし互いが分離すれば，これは滅亡の道だ」。我同胞は毎日，三度この言葉を繰り返すべきだ。

この回を読んだ人は，ドノバンに憤らないものはない。ドノバンもまたただ座って意見を言い争い，自分の利益を考慮するだけだ。ドノバンを憎む者は，自分を振り返るべきだ。

競争があって進化がある。それは天下の規則だ。ブリアン，ドノバン両派の抗争は，それを借りて各国の政党を映し出していると思わせる。小説全体の生気活発なところはここにある。

読者はいたずらにドノバンを憎まず，しばらく他日皆の決めたとこに服従するところを見よ。そうすれば文明国民が規律を尊重する例を知るだろう。その後徳をもって勇猛に進むのを見るだろう。そうすれば血気盛んな男子の自分を克服し自ら治める功を知るだろう。

岸にたどりついて，苦しみが尽き楽しみが来るのを，容易く見ることになるだろう。この時の危険と困難がさらに以前にも増すのは，百里を行く者が九十里で半ばであることを，事を行なう者が最もよく知っている。)

ここでは，ブリアンとドノバンの争いを，競争は進化のための一般原理だと言い，それを各国の政党政治に結び付け，またドノバンが将来反省し皆のために尽くすことになるのを，文明国民が規律を尊重することに結び付けています。こうして作中の事柄が権利や自由そして同胞愛を唱えるための材料として使われるのを見ると，訳者がこの作品を文学としてではなく若者を鼓舞し啓蒙するものとみなしていることがわかります。

第4版C4ではこれらの論評が削除されていますので，目次のあとについている次の序文が代りに訳者の主張を述べる役割を担っています。(図34)

吾國今日國民學問知識。倶屬幼稚。進無可戰。退無可援。正如是書所載

十五小豪傑。陷於風潮澎湃之一葉孤舟。漂於衣食俱窮之一星荒島。其況味不謀而合。若非人自爲戰。衆志成城。披荊棘。定規制。勤畜牧。研教養。上與大陸爭進化。下與動物爭生存。幾何不槁項蟲沙。葬身魚腹乎。讀是書者。須知是書之旨趣何在。靈魂何存。曰。有獨立之性質。有冒險之精神。而又有自治之能力是也。不獨立則不能生存。不冒險則不能進取。能獨立進取而不能自治。則無意識之擧動。不規則之競爭。亦必終歸於失敗而後已。是三者。皆我國民之缺點也。吸彼歐美之靈魂。淬我國民之心志。則陳琳之檄。杜老之詩。讀之有不病魔退舍。睡獅勃醒者乎。其弱其強。其存其亡。不在彼墨守之故舊。而在我可愛之青年。願我國自命爲將來之主人翁者。起舞迎之。薰香讀之白葭識。(C4 p. 1b)
(わが国の今日の国民の学問も知識もともに幼稚であり、進んで戦うことも退いて援けることもできない。それはまさにこの本に載る十五人の小豪傑のように、逆巻く波風の中に陥った一つの舟が衣食ともに乏しい小さな無人島に漂着したようである。その境遇が図らずも合致している。もし人が自ら戦い、大勢の志を強固にし、荊を抜き、規則を定め、牧畜を勧め、教養を研くのでなければ、上は大陸において進化を争い、下は動物を相手に生存を争った時には、どれほどやせ衰えた戦死者が葬られて魚の腹をこやすことになってしまうだろうか。この本を読む者は、かならずこの本の趣旨がどこに在り、思想がどこにあるかを知らねばならぬ。すなわち、独立の性質があり、冒険の精神があってこそまた自治の能力があると言うことである。独立しなければすなわち生存できず、冒険しなければ進取できない。独立進取ができてしかも自治ができなければ、つまり意識的行動は無く、規則的な競争ができず、また必ず失敗に終わってしまう。この三つのことは、すべて我が国民の欠点である。欧米の思想を吸収し、我が国民の志を励ます。すなわち檄文や杜甫の詩は読んだとて、病魔が退却したり、眠った獅子が目覚めて起きたりはしないのだ。強いとか弱いとか、存亡はあの旧習を墨守するものにあるのではなく、我が愛すべき青年にあるのだ。願わくばわが国が自覚して将来の主人となり舞い踊りこれを迎え、これを香ばしく読まんことを。白葭

識す。)

　ただ，こうした訳者の態度からわかるのは，彼がその時々において利用できる事であれば，さまざまな事柄を自分の目的に合わせて利用するだけの才能がある人物であったということです。それは一種のご都合主義でもありますが，その代わり彼の主張は非常にわかりやすいという結果をもたらしているようです。おそらくそうした啓蒙の姿勢はそれほど深い思想から来ているものではなかったでしょうが，訳者が情況を判断する能力に優れていたことと，眼前にあるものを利用する才能の大きさが，当時の若者に熱狂的に受け入れられる結果をもたらしたのだと思われます。つまり時代の流行思想に対して敏感な感受性をもち，それを受け入れるだけの能力と才能があったのだと思われます。それは反面からいえば，かなり新しがりやの面をもっていたとみなされます。例えば，あまり必然性のない場面に英語を使った例です。ブリアンが波にさらわれて甲板から見えなくなったモコを探す場面はその表われだと言えそうです。

　　便高聲叫道。Boy。莫科莫科。My boy。（C1 p. 775)
　　（そして声を高めて叫んだ。Boy。モコ，モコ。My boy。）

　ここでは新しさとともに，いささかの軽々しさを感じることができないでしょうか。第4版C4では一切のローマ字は無くなっています。果たしてそれが訳者の考えからきたのか，単に印刷上の都合からだったのかはわかりません。
　それでは，訳者はどの程度の日本語の実力をもって翻訳を行ったのでしょうか。彼が日本語に習熟していたとは思えないにもかかわらず，漢字の多い日本語を読むだけではなく，翻訳まで行い，さらに日本語を読むための参考書まで書いたことは，彼の才能が並々ならぬことを示しているものでしょうが，だからといって彼が日本語の文章を正確に読むだけの力量があったとは思えません。幸い森田の『十五少年』が漢文調であり中国人にとって理解し

やすいことが翻訳を容易にしたのだと思われます。そうはいってもかなりの誤訳を免れることができませんでしたが，この点については，朝鮮語訳の項で一緒に扱うことにします。

　日本語訳のところでも触れましたが，梁啓超の翻訳の影響力を考えるときには，この誤訳や改作があることも考慮して評価をすべきでしょう。こうした誤訳や改作があるにもかかわらず広く受け入れられ影響を及ぼしたということが何を意味するかも考慮しなければならないと思います。

(4) 朝鮮語訳『冒険小説　十五小豪傑』

　すでに予備的考察で見たように朝鮮語訳Kが中国語訳を使っているのは確かです。しかも本の題名からC3との関係があることがわかりましたので，もし中国語訳を使ったとしても，それは線装本であった初版か再版であったと思われます。しかし一部を除いてそれらの版を見ることができませんので，時間的に近いC1をつかって比較することにします。さらにKが日本語訳を見ているのか否かについてはまだ決定されていません。この節ではこの点も検討することにします。

　まず，この朝鮮語訳が出た時期は，朝鮮が日本による植民地になった直後ですが，この頃は朝鮮では新しい時代に対応した小説や詩，またその他の著作も本格的なものはまだなく，すべて過渡期の形態にとどまっていました。この『十五少年』の朝鮮語訳もこの頃よく見られた，安っぽい色刷りの表紙の薄っぺらい「딱지본（タクチ本）」と呼ばれる形態の本です。この本の体裁は，表紙の体裁や大きさも含めて当時中国で出ていた通俗的な出版物と非常によく似ています。

　この本には著者の名も，作品について述べた訳者の序文もなく，また再版も出ておらず，ただこの本が単独で出版されたという事実だけが残っています。出版されたあと話題になった形跡もなく，どのような影響があったのかもわかりません。朝鮮ではヴェルヌのこの本は，かなり時間がたってからようやく読者を得たようですが，その頃にはこの本自体の存在はほとんど忘れられています。こうした例は珍しくなく，朝鮮では出版されたとか印刷され

たという事実のみで，読まれたかどうかわからないものがかなり存在しています。

　印刷の形態について言えば，過渡期の本の通例として，この本も本文は漢字を使わず，ハングルのみで書かれています。現在は南北ともに全ての印刷が漢字を一切使わない横書きのハングルだけになっていますが，1980年代の半ばまでは韓国では，一般の書籍はまだ縦書きで漢字まじりのものがありました。しかし，文学，それも小説に限っていえば，この時でもすでにハングルのみの印刷でした。この傾向は『冒險小説　十五小豪傑』が出た1910年代にすでに確立していて，その由来は，それ以前にあったいわゆる古小説と呼ばれる，朝鮮の物語本までさかのぼります。つまり朝鮮では，小説や物語の本は一貫して漢字を使わずハングルで表わす習慣が早くから定着していたわけです。その後1970年代までは，漢字まじりの試みもありましたが，すべて定着せず失敗しています。従って，漢字に発音を示すルビも存在しませんし，一般の文書でもルビの試みは定着しませんでした[27]。

　そのハングルで翻訳された『冒險小説　十五小豪傑』の文体もやはり古小説のやり方を踏襲していて，文体はそれら古小説で使われた古い語尾を使用しています。朝鮮では古くからある古小説以外に文学につながる伝統がなく，またこれらの作品が圧倒的影響を及ぼすほど普及していたわけではなかったために，近代になって新しい文体への改革運動もありえませんでした。朝鮮では文学のありかたも，文体も一切をあらたに作り出さなければならなかったというのが事実に近いと思います。この翻訳でも新たな時代に対応する文体を作り出すために努力したという痕跡は見当たりません。時代に対応しているとすれば，そこに登場する事柄や物品の名前といった単語の段階のようです。ただし，文体が確立していない状態でも現代と同じところがないわけではありません。それは会話です。会話は日常生活で実際に見聞きしたものを記述すれば，まさに口語ですから，口語体の文章ということになります。ただし，地文が旧態でそこに挿入された会話ですから，まだ文章体として洗練されてはおらず，会話も文章としては洗練されてはいないので非常に俗な口調だといえます。

こうした形態で記述された物語ですから，中国語の訳のように意気込みをもってなされたようには思われず，近代に対応した思想的な要素というのもなく，ただ道徳的あるいは教訓的な口調が感じられるように思われます。

以上がこの朝鮮語訳の枠にあたる部分です。以下，他の翻訳と同じように翻訳の底本や翻訳の質について見てゆくことにします。

(4.1) 前文の存在

すでに冒頭部分の紹介のところで示したように，この朝鮮語訳Kには物語の前に1ページほど序の役割をする情景描写の文章が置かれています。この形式は中国語訳Cが詞「調寄摸魚児」で始まることにならったのではないかと思われますが，内容は物語そのものとは関係がなく単に形式的に物語の出だしにつなげるだけの役割を果たしています。つまり，冒頭はソウルの郊外の農村の風景に始まり，突然空が黒雲に覆われると嵐になりますが，その嵐の中を行く一隻の船には少年たちが乗っていて……という具合に小説の最初の場面につながります。この序にあたる部分は中国語のように内容を要約したものでもなく，またこの物語の趣旨を提示したのでもなく，単に嵐の場面を引き出すためのものでしかありません。いささか不自然な構成です。しかも船が小さな帆船ではなくかなり大きな船となっています。そういえばこの本の表紙にある絵では帆船でなく汽船になっていて，ちぐはぐで一貫性に乏しいようです[28]。

なぜこういう出だしにこういう序が必要だったのか，はっきりしませんが，おそらく新しい時代に応じた小説形式の物語がどのように始まるか，まだ確立した形式がなかったことが関係していると思われます。古小説と呼ばれる古い形式の物語ではたいてい「○○大王が即位した頃○○において……」などと始まりますが，いきなり太平洋の真ん中での嵐の場面から始めることが難しかったのかもしれません。それは中国語の場合も「看官……」と旧話本の体裁をとっていることからも，いきなり嵐の場面から始めるのがそれほど簡単なことでなかったことが推測されます。

この序自体は内容に何か意味があるようなものではありませんが，そこで

使われている単語の中に当時の新しい事物が織り込まれていることがわかります。

　　극노박（克虜伯，クルップ砲，大砲）
　　탐해등（探海燈，サーチライト）
　　넬손장군이 불국함대를 쳐부셔（ネルソン将軍がフランス艦隊を撃ち砕き）
　　구축함（駆逐艦）

　つまり事柄の内容とは関係なく，使われている言葉は新しい時代の，ニュース性を帯びた単語を使って描写されているということです。そしてこれが物語の本文に入っても

　　뽀이［부리난 아해］（ボーイ［使用する子供］）

のように当時まだ日常語とはなっていなかった「ボーイ」という言葉まで使っています。日本語や中国語では「子」「小孩子」とある語です。この場合だけはKの訳者の方が言葉の上では新しい語を使っているのが窺えます。

(4.2) 朝鮮語訳の底本について
　それではこうした単語の使い方を検討することで，このKの翻訳の底本についてさらに調べてみることにします。
　まず中国語訳のどの版を使ったかの結論をつけておきます。それはローマ字表記の部分が残された版を使ったのか，そうでないかを調べるとほぼ決定できます。Cの第6回にもとの住人の住処を発見し，その洞窟の外で木に刻まれたイニシアルを，そして洞窟のなかで発見された時計の裏蓋にある製造者の名前が出てきます。その２カ所の部分を対照してみます。

　　C1: 刻。有／E.B. 1807／六個大字。(p. 789)

C4: 刻有／六個大字。(p. 16a)

C5: 刻有／ F. B. 1807 ／六個大字。(p. 45)［1936年に出た版でも同じ］

K: 그나무가지에 륙개대자를 삭엇더라（その木に6字大字が刻みありたり）(p. 39)

C1: 見着　Delpleuch. Saint Malo. 一行文字。(p. 790)

C4: 見有一行文字。(p. 17b)

C5: 見着。Delpleuch. Saint Malo. 一行文字。(p. 49)［1936年に出た版でも同じ］

K: □라 한쥴글자를 삭엇난지라（□と一行文字が刻んであるなり）(p. 43)

　Kにある□は，その部分に1字分の空白があるということです。つまりもとの原文に文字がなかったということです。Kと一致するのは明らかにC4です。このことからKの底本はC4と同じ内容であった可能性がかなり高くなります。しかしKの訳者は出版時期から考えるとC4を見てはいませんので，本当の底本C2またはC3にはローマ字が使われていなかった可能性が高いという結論を得ます（C4の図版の最後にある図36を参照）。

　次の問題は，中国語訳C以外に日本語訳Jを見ているか否かということです。

　すでに登場人物の名前については述べましたので，その他の地名や人物名についてさらに見ることにします。漢字語の単語だけでなくすこし長い表現も調べてみます。すべてJの第2回からのものです。

　まず最初はKがCに依存しているものを挙げます。J，Cを比べるとどちらを採用しているか一目瞭然です（表7）。

　同様にしてKがJに依存しているものを調べます（表8）。

表7　Cに依存しているKの訳語

K	J	C
환관자뎨（紈褲子弟）	貴族	紈袴子
일죵쇼년의긔상（一種少年の気性）[Kが誤訳をしている]	大人びて沈着老成する	少年老成樣子
영륜본국으로죳차 처음왓스나（英倫本国から初めて来たが）	移住者の子なり	從英倫本國初來的
간절쥬도하야（懇切周到で）	親切に	懇切周到
슬푸다 이는 하날이 십오쇼호걸을 단련코져 함인지（悲しい事だこれは天が十五少年を鍛錬しようとしたのか）	如何にして斯の事ありし歟	天公有意要把十五箇小豪傑磨練出來
간간히오정을지내니（看看と正午を過ごすと）	兎角するうち早や正午を過ぎぬ	看看過了正午（さっとお昼を過ごすと）

表8　Jに依存しているKの訳語

K	J	C
당탑한 풍도（鞺鞳たる風濤）	鞺鞳たる風濤	（該当部分無し）
부랑（浮囊）	浮囊 [うきぶくろ]	（該当部分無し）
해군사관（海軍士官）	退職海軍士官	海軍官員
아미리가쥬（アメリカ洲）	亞米利加	美洲
호쥬（豪州）	豪州	澳洲
부낭（浮囊）	浮囊 [うきぶくろ]	浮上泡

　表8の例はあきらかに日本語訳Jによっていることがわかります。浮囊は二回出てきますが、一方は中国語訳Cに該当部分がないもの、もう一つはJ、Cで漢字表記が違うものです。この場合はKの漢字は同じものなのですが、ハングル表記が違うので同じ漢字が異なる音で発音されています。こういう発音のゆれはかつては、また今でも日常語で出会うことがあります。
　以上の結果から、Kは翻訳の際にCのみならずJも使っていることがわかります。それではこの翻訳にCとJはどの程度の役割を果たしているのでしょうか。つまり、Cを主とし、Jを参考程度に見たのか、またはその逆

なのか，または両方を均等に見ながら異なっている場合にはその都度判断をしながら訳していったのか，ということです。そのことを調べるためにはさらに違った方面から見なければなりません。

(4.3) 中国語訳の誤訳や省略を踏襲したところ

ここで翻訳に際して誤訳が生じた例を見てゆきます。その際Ｃの誤訳も同時に検討することになります。

「莫科，汝は怪我せざりしか」（J2 p. 2）
莫科呀。你不悔恨跟錯我們來嗎？（C1 p. 773）
막과야 너난 우리들과 한가지로 이잣치 된 것을 뉘웃치지 안나냐。(K p. 2)
（莫科よお前は僕等と一緒にこんなになったことを悔やんではいないのか。）

これはＣの誤訳をＫが引き継いだものです。このＣの間違いは中国人が間違える日本語のうちでは笑い話になるほど有名なものです。かつて大陸から日本の工場にやってきた中国人が工場に貼ってある標語「油断一秒，怪我一生」と言うのを「油をさすのを一秒でも断つなら一生自分を責める」と解釈したというのでした。梁啓超も同じ誤解をはるか昔に行なっていたということです。この際，Ｋの訳者がＪを見なかったのでこのＣの誤りに気づかず訳してしまったのか，日本語の原文を正しく読む実力がなかったかの問題が残ります。

……夜は既に二時に垂んとせり，一天墨を瀉せる如く，風勢は依然として，猶ほ少しも衰へず，時に鞺鞳たる風濤の響きを破りて一聲頭上を叫過するは，是れ海燕乎。
然れども海燕を聞けるがために，陸に近しとは斷ずべからず，渠等は屢ば遠く洋心に翶翔するとあればなり，（J2 pp. 7-8）

> 已經是兩點鐘打過了。那天越發好像墨一般。風勢一點不減。但要不要聽見一聲兩聲從空中戞然過去。却是海燕的聲音。這海燕是從不飛到岸邊的。常年在大洋的中心翺翔漂蕩。(C1 p. 774)
> (この海燕はもともと岸辺にはやって来ないのだ。一年中大洋の真ん中を飛びまわり漂っているのだ。)

> 두시 다 되얏고 하날에난 먹물 끼언진 듯하며 풍세난 일덤도 감하지 안이하더니 이 때에 당탑한 풍도의 소리를 깨트리고 한 쇼리 두 쇼리가 공중으로 좃차 알연히 지나가난 것은 해연 (海燕) 의 성음 뿐이라 이 해연은 륙디에난 업고 항상 대양즁에서 고상 표탕하난 새라 일로써 볼 [sic. 볼] 진대 이배와 륙디에 상거가 먼것은 가히 짐작하겟난데 (K pp. 5-6)
> (陸地にはおらず，常に大洋の中を高く飛びさまよっている鳥なのを見ると，この船と陸地の距離が遠いことはよく推測することができるが)

これもCの誤訳をKが踏襲している場合です。おそらくCはJの二重否定をうまく読み取れなかったようです。Kについては最初の例と同様，Jを見たにもかかわらず読み取れなかったのかは判断できません。

次は誤訳ではなくCの省略を受け継いだ部分です。JがあるのでCの日本語の翻訳は略します。

> 吳敦は自ら一行に伴ひて，武安と杜番との間を調和したしと思ひたるも，然かしては，内に留まりて幼年者を看護すべき者無きにぞ，心ならずも其の念を斷ちたるが，渠は武安を人無き處に招きて，くれぐれも遠征中杜番との不和合を生ぜざるやう説き諭して，<u>武安が決してさる事あらざるやう自ら戒しむべしと誓ふに至りて，纔かに心を安ぜり</u>。
> (約7行略)
> 第四回
> 翌二日朝七時四名は，吳敦の勸めにより獵犬フハンを從がへて，スロウ

第 4 章 『十五少年』は東アジアでどのように翻訳されたのか　213

號を出でゝ，遠征の途に上りたり。（J2 pp. 50–52）

俄敦本欲與四人同行。　調和武安杜番兩者之間。　又惦記著這年幼的無人照料。　只得自己留守。　於是悄拉武安到僻處。　勸以遠征時候。　勿與杜番慪氣。<u>武安自誓以決無此事。</u>　<u>俄敦始安心</u>……明日朝七點鐘起程。　俄敦勸他帶著那獵犬名符亨的同往。　一齊進發。（C1 p. 786）

본래 아돈도 네 아해와 한가지로 가며 무안과 두번이 혹 다토드래도 거즁죠화 ［居中調和］ 코 하나 어린아해들을 돌보아줄 사람이 업슴으로 자긔난 가가지 ［sic. 가지］ 못할 사정이라 그 날 밤에 여러 아해들이 다 잠든 뒤에 무안의 엽고리를 꾹꾹 찔너 깨여 문밧그도 ［sic. 로］ 다리고 슬며시 나가 권고하난 말이
　［아］ 이애 무안아 참 너난 그럿치 안치만 그래 지금 우리가 여긔서
　<u>로 좀 틀닌 일이 잇드래도 싸흘 때야</u>
　이번에 나가서 아모쫏록 일이 업도록 듯케 눌너 지내라
　［무］ 아무렴 그 이를 말이냐 네가 그런 말을 아니하야도 아모 일업시
　지낼 텐데
　［아］ 글세말이야
<u>둘이 다시 드러와 자다가 날이 밝으매 산양개를 압셰우고 길을 떠나니</u>
（K pp. 32–33）
（おい，ブリアンやあ，君はそんなことしないと思うけど，今僕たちがここで互いに仲たがいすることがあっても喧嘩するなよ。／こんど出かけてもどうか事を起こさぬよう押さえてゆけよ／もちろん，言うまでもないよ，君がそんなこと言わなくても何事もなく過ごすから／それならいいよ／二人はまた入っていって眠ってから，夜が明けたので猟犬を先に立てて出発した。）

　ここではCが，Jの原文で第三回の終わりを9行にわたり削除しその部分を「……」で表して第四回の冒頭につなげています。それをKがそのまま

受け継いでいるだけでなく，J，Cでは短い説明文になっている部分を二人の会話に変えかなり長くしています。こうした改作ができるならば，もとのJの略された部分を翻訳することもできたはずですが，実際にはそちらの方は無視しています。おそらくJの方を見ていなかった可能性があります。なおこの会話はかなり俗な言葉遣いであり，文章の品位をさげる結果になっているように思われます。

(4.4) 日本語訳を採用したところ

次にはKがJの訳を使っている場合を検討します。

次の発言はすでに紹介済みの冒頭部分でブリアンがドノバンに呼びかけている場面です。下線部分はCに対応する部分がありませんからKがJを使ったことが明らかです。

  J：「しかと手(て)をかけよ，杜番(ドノバン)，沮喪(そさう)する勿(なか)れ，……（p. 2）
  C：杜番啊。我們不要灰心唯。……（p. 773）
  K：두번아 심회를 겨상치말고 숀으로 치머리를 단ᅩ히 붓드러라……
  （p. 2）
  （杜番，気持ちを落ち込ませず手で舵輪をしっかり掴まえろよ。……）

また次の件は船室に水が入ってきたと言うのでブリアンが下りていって調べる場面です。

  蠟燭を點して，熟(つらつ)ら室内を驗するに，少許の海水ありて，船の搖動するにつれて，座上を一往一反するを見る，然れども遍ねく室内を索むるに，海水の漏入すべき罅隙あるなし，更らに其の濕痕［sic. 痕］を追ひて，次の艙房に至るに，初めて其の由來を發見するを得たり，蓋し絶えず甲板を洗ふ所の海水の餘滴，甲板の艙口より艙房に流下して，此より船室に流入せしなり。（J2 p. 7）

一面點起洋蠟。周圍張看。艙内卻是有些海水。隨着船勢左右。盪來盪去。但偏找找不出那漏縫兒。這水究竟從那裡來呢。隨後看出。卻是因樓梯窗門關不緊。那船面的浪。從甲板上流進來的。(C1 p. 774)

일변 양초에 불을 다려들고 사면올[sic. 을] 둘너보니 배 바닥에 물 박아지나 잇셔 배가 움작거리난대로 츌넝々々하난자[sic. 자] 라 <u>지 [sic. 자] 리 위로 갓다왓다하며 살펴보아도 그 안에난 물이 드러올 만한 틈이 업거날 다시 물방울 자리를 좃차 창방으로 드러가 자세히 본즉 앗가 갑판위로 넘어가던 물결이 문틈으로 홀[sic. 흘]너 드러온 것이라</u> (K p. 5) (その場所の上を行ったり来たりしながら調べてみてもその中には水が入って来るだけの隙間が無いので再び水滴の後について艙房に入り仔細に見ると、さっき甲板の上にあふれた波が戸の隙間から流れて入ってきたのだ)

　下線部分はCでは訳されていないので訳文がありませんが、Kではそれに対応する句があります。中国語訳のみを見てこれだけの補充をすることは不可能ですから、日本語訳Jを見て訳したことになります。その他に中国語で省略された部分をJに従って補った個所としては、スロウ号の物品を陸に上げ、その品目を列挙している場面でも、いくつかの単語がCでは略されていますが、Kでは補われています。(J2 p. 7, C1 p. 774, K p. 5)
　こうして見ると、KはJもCも共に見ていることになりますが、文章全体としては中国語訳Cに従って訳していて、部分的なところでJを参照しているという傾向が見られます。おそらく全面的にJとCを対照しながら訳してゆき違っているところでは正しい方を採用する、といったやり方は行なっていないと思われます。

(4.5) 中国語の読み方の誤り
　次はKが中国語の文や漢字を読み間違えた例を挙げてみます。Kの訳者がどの程度中国語を読むことができたかを推測する手がかりになります。た

だし，漢字の読み間違いは，不注意で見誤った可能性もあります。

　最初はクリスマスのときの食事の品目をならべたものです。［　］の中はC5におけるもので誤植が訂正されています。

　　味つけのアグーチ（兎に似たる一種の四足獣）○鹽漬の鳥肉○兎の炙もの○七面鳥の全形のまゝ翼を張り首を仰ぎたる細工もの○罐詰の菜蔬三種（J2 p. 138）

　　炸「額支」形狀似兎的四足獸 薰小鳥 炙兔肉 七面鳥全隻 罐頭蔬 藥［罐頭 蔬菜］三種（C1 p. 806）

　　구은 각지［톡기와갓흔즘생］새 젼야 톡기 산적 칠면조 한머리, 관쓰메, 채쇼삼종（K p. 77）

　ここでKは「額」の朝鮮音を「客」と同じ音で読んでいます。日本語でもそうですが中国語や朝鮮語ではこの二つの漢字は発音が違います。

　次は，彼らが流れ着いた島にかつて漂着し暮らしていた人の遺物を調べていて彼の手帳のなかから，遭難船の名前を発見した件です。

　　武安は又た手帳の中に就て，『ヂユゲー，トロイン』の一語を讀みあきらめぬ，（J2 p. 70）

　　後來武安復就這日記讀出<u>周危特累煙</u>一語。（C1 p. 790）

　　무안이 다시 그 일긔책을 뒤져보다가 <u>쥬위지루연</u>이라 하난 글자 알아 내니（K p. 44）

　これは「特」を「持」と同じ音で読んだ誤りですが，字を見誤った可能性もあります。

第4章 『十五少年』は東アジアでどのように翻訳されたのか　217

次は漢字の音の間違いではなく、語法上の誤りといえるものです。

　呉敦「余思ふに之れヴィクンヤなるべし」。馬克太「ヴィクンヤには乳汁ありや」。「有り」。「好し、ヴィクンヤ萬歳」。(J2 p. 122)

　俄敦道。我意這獸。定是「威冠亞」。巴士他道。「威冠亞」莫是有乳汁的麼。俄敦應道。好不是。兩人贊了幾聲妙絶。(C1 p. 802)

　[아] 이것이 아마 위관인가 보다.
　[파] 그럼 젓이 잇난 것이지
　[아] 암 그러코 말고
　셔로 문답하며……(K pp. 70-71)
　(これはおそらくウィクァンであるみたいだ。……)

　動物の名前「威冠亞」の末尾の「亞」を文末の助詞「呀」「啊」と読み間違えたようです。もしかすると「亞」の朝鮮語による発音と同じ語尾があるので朝鮮語で解釈した可能性も考えられます。以上の3例から訳者が漢字の読み、または中国語の語法を断定するのは無理かもしれません。いずれの例も漢字で外国語を音訳したものですから、見慣れない字の組み合わせになっているので、気をつけて見ないと間違う可能性がありそうです。訳者の実力を知るには文章の読み方によることが望ましく思われます。

(4.6) 中国語の語法上の読み誤り

　以下の例は語法に関するもので、Kの訳者が中国語の解釈を誤ったものです。いずれも、該当部分ではJとCの意味は同じです。

　左毘「とく來りて、昨夜余輩の宿したる處の何處なりしやを見よ」。童子等の宿せしは、昨夜想像したる如き、茂樹の中にはあらずして、一個の小舎の中なりき、小舎は樹の枝を編みて屋蓋となし亦た壁となしたる

粗製のものにして, 黒人が稱してアジョウパ(インヂアン)となす所のものなり。創建以來, 已でに許多の星霜を經たりと見え, 屋蓋(やね)及び壁ともに, 僅かに其の形を存するばかり。杜番「さては, 此地は, 無人の郷(さと)に非ず」。武安「少くとも, 昔しは無人の郷(さと)には非ざりき」。韋格「此によりて昨日の徒矼(かちばし)の原因も亦た判然せり」。(J2 p. 56-57)

武安, 杜番, 韋格, 快來看呀。三人驚皇走出。沙毗道。你看我們昨晚到底睡在甚麼地方呀。大家仔細一瞧。那裡是奧茂樹。却是一間小屋。用樹枝編成。有屋盖。有屋壁。好像那黑人所居之屋。叫做阿治約巴的。大約係百數十年前之物。屋盖屋壁。僅存其形。杜番開口道。噯呀。此地非無人之郷哩。武安道。是以前諒非無人之郷。韋格道。這樣看來。連昨日那徒矼的來歷。都明白了。(C1 p. 787)

이애 무안아 이것이 무엇이냐
즁인이 깜작 놀나 다름박질 나가 보니 어제 밤에 무셩한 나무로 보던 것은 곳 개 쇼옥인대일 나무가지를 얼거 집웅과 벅 [sic. 벽] 을 이루엇스되 흑인 종의 거쥬하난 가옥과 갓흐니 이 집 일홈은 아치와파덕이니 대왁 백슈십 전 물건이라 집웅과 벽이 다 문어져서 형덕만 나마 잇난지라 두번이 눈을 똥고랏케 뜨고 입을 딱 버리며
　[두] 아— 여긔난 아조 사람이 업난대로군
　[무] 그래도 이젼에난 사람이 사던 댄걸
　[위] 그러면 어제 보던 징검다리도 여기셔 사던 사람이 노흔 것인 줄 알겟다 (K p. 36)
(おい, 武安, これなんだ？
衆人があっと驚き, 走ってゆくと昨晩, 生い茂った木だと思ったのは即ち一つの小屋で木の枝を編んで屋根と壁をなしていたが, 黒人種の住む家屋に似ていたが, この家の名はアチワクパジョクだが, おおよそ百数十前のものだ, 屋根と壁がすっかり崩れて形ばかり残っているのだ。杜番が目を丸く開けて口を開けて

〔杜〕あー，ここはまったく人がいないところだな。
〔武〕でも，以前には，人が住んでいたさ。
〔韋〕だったら，昨日見た飛び石もここに住んでいた人が置いたのだということだ。）

　ＪもＣも自分たちのいる島には全く人が居なかったわけではない，と言っています。つまり人が住んでいたことがある，という発言です。それをＫでは反対の意味にしています。二重否定を単純な否定文と勘違いした例です。さらにその上の黒人（インディアン）の住む家の名前のところで，ＫはＣの文の中国語の語末の助詞まで含めて名詞だとして訳してしまって「アチワクパジョグだが」としています。ここは「アチワクパだが」とすべきところです。
　次は中国語の語法上の読み誤りです。

　　三月の上旬には，渠等が假に南澤と名づけたりし，ニウジランド川の左岸なる，沼澤の一分を探征するの議あり，首唱者は杜番にして，沼澤の中に多く群集する羽族を獵して，冬ごもりの食料に備へむといふなり。(J2 p. 152)

　　至三月初間。杜番提議查勘紐西崙左岸南澤地方。又獵取無數飛禽。他們冬中食物。就準備夠了。(C1 p. 809)

　　그럭더럭 삼월 초생이 되얏난대 하로는 두번이 말하기를
　　우리가 이믜 뉵셔륜 좌편 남택 디방을 답사하고 또난 즘생을 무슈히 잡아 겨울 식물도 넉넉하다 하겟스나 (K:84-85)
　　(すでにニュージーランド川の左岸の南沢地方を踏査しまた動物を無数に捕まえ冬の食べ物もたっぷりだとはいえ)

　ＪでもＣでも，これからの冬の準備をするために狩猟をして鳥を蓄えれば

十分だろう，というこれからのことを語っています。ところがKでは「이미（すでに）」という語が入っていることからわかるように，もう完了した事柄を述べていることになっています。これは「就……了」とあるのをすでに過去に完了した事柄と解釈したものです。

次は，仲間たちから離れ4人だけで暮らそうとしたドノバンたちが，夜，海岸に漂着したボートを発見しますが，そのそばに人が倒れているのに気づきます。しかし，それが死んでいるのか生きているのか確かめる前に恐ろしくなって逃げ出す場面です。

　　　四名は人体に近づきて，既に相距ると七八間の處まで來りしをり，渠等は何故とも知らず，俄かに渾身打ちわなゝきて，恐ろしきと言ふばかりも無く，復た一歩を前むると能はざるやうなれるにぞ，其の果して事斷れたる屍体なるや，或は尚ほ一縷の氣息の其の口鼻の間に存するもの有るなきや，否やをさへも，問ふに遑あらず，<u>一同蹇然身を飜へして，茂林の中に遁げもどりぬ</u>。今や四面濛濛として全地夜色のために罩まれ，時々閃然やみを照射したりし電光さへ今は全く息みて，復た咫尺の間を辨ぜず，唯だ風號濤擊の聲の，獨り暗中に跳梁跋扈するのみ。(J2 p. 186)

　　　衆人凝眸一審。見相距十餘丈。有一舢板。被風打上。右舷膠着沙灘。欹立不動。離舢板約有一矢之遠。潮水已退。留下海藻一堆。分明有兩個人體。僵臥其側。不禁驚絶無言。如石像一般。股慄呆立。少選驚魂定了。始放膽進前。至相去還有四五丈遠。<u>衆童子忽然渾身打戰。恐怖萬分。不暇管那人體是個死骸。還是個生氣尚存的。蹇然飜身。遁入茂林中而去</u>。只見四面濛濛。不辨咫尺。並方纔閃的電光。都絶跡了。但聞風聲濤聲。吹折樹木聲。飛砂走石聲。遠近四方。互相呼應。可不害殺人也。(C1 p. 815)

　　　네 아해가 그것을 보고 머리 끗치 좁볏하고 가삼이 덜컥 나려안자서 엇

지할 줄을 모르고 우둑커니 셧다가 다시 정신을 가다듬어 두서너 간통을 나가더니 <u>그 누엇던 사람이 별안간 후닥딱 니러나서 슈림즁으로 다라나 거날</u> 네 아해가 엇더케 겁이나던지 일시에 펄석 쥬져안즈며
　에그머니
쇼리를 지르고 벌々 뜨난대 사면이 깜깜하야 서로 얼골이 보이지 안이하고 그다지 번젹거리던 번개불도 다 업서지고 다만 바람 쇼리와 파도 쇼리며 나무 부러지난 쇼리와 모래 날니난 쇼리가 서로 셕겨서 니러날 뿐이러라 (K p. 106)
(その横たわっていた人間が突然ガバッと起き上がり樹林の中に走りこんだが)

　Kの訳では，倒れている人間がいきなり起き上がって林の中に駆け込んだという，とんでもない場面に変わっていますが，これはもとの中国語の文章が長くて意味がとりにくいので誤ったものだと思われます。
　こうした誤訳の例を見ると朝鮮語の訳者が中国語を読む語学力にいささか問題があったようにも思われます。あるいはこの翻訳をするのにあまりにも急いで行ったための不注意だったのかもしれません。

(4.7) 作品の質にかかわる改作
　(4.3) の末尾において，説明文を会話文に変えた結果，文章の雰囲気が変わったと述べましたが，こうした作品の性格を変える改作がいくつか見つかります。J2のp.134にはブリアン等が島の探査の途中で河馬を見て，その名に似合わず豚に似ているから「寧ろ豚ポタマスと稱するの，其の形に副へるに如かず」と言って一同が思わず笑うところが出てきます。この部分はCやKでは「不如呼他爲豚。反算象形的（それ豚と言えばいいんだ，かえって形が似てると思うよ）」「그럼 도야지처럼 생겻스니 도야지라 햇스면 됴케늬（では，ブタみたいだからブタだといえばいいのか）」と笑う場面があります。原作からJまではFのhippopotameやEのhippopotamusが「川の馬」

(F: cheval de fleuve, E: river-horse) という意味だといったのに対して，それなら「川の豚」(F: cochonpotame, E: hogpotamus) と言ったらいいじゃないか，ということで大笑いになるのですが，CやKでは単に「豚」と言えばよいと言って笑います。原作にあった言葉遊びの要素が消えてしまって，単に形そのものがおかしいという笑いに変わっています。ユーモアの精神が消えてしまっています。梁啓超が啓蒙の思想家としてユーモアの余裕に欠けていたということはありうるのかもしれませんが，Kの場合は作品が平板なものになった印象を与えます。

次の例も笑いが関係する例です。少年たちは多くの動物を飼育してきましたが，島を離れることができることになり，彼らをみな柵の外に出して逃がしてやります。そのとき動物たちが後も見ずに走り去ったのを見ているところです。

> 解纜の前夕，呉敦は廏舎の戸を開きて，ラマ及びヴイクンアの諸獸，及び七面鳥其の他渠等が久しく丹誠こめて養ひおきし諸種の鳥を放ちたるに，渠等は戸を開かるゝや否や，其の脛の走り能ふ限り，其の翼の飛び能ふ限り，全速力を以て八方に走飛し去れり。雅涅「不記恩的の動物，余等が久しく心を留めて養ひやりし勞も思はで」。左毘<u>「世事皆な此の如し」。左毘の口氣のあまりに老人じみたるに，一同ドツと噴きいだせり。</u>(J2 p. 286)

> 初四晚。俄敦走到廏舎牧場。把那門檻開了。只見平時盡心豢養的種種禽獸。猛然跑出來。更不回頭一顧。竟各投向那邊去了。雅涅從旁看見感嘆道。好箇忘恩負義的畜生。沙毗道。你莫怪他罷。<u>如今世人受了人家的恩惠。不但不思量報答。還要反噬的。正多著哩。那麼人正是比那禽獸還比不上。這樣説來。你又怪那畜生幹什麼。各人見沙毗説出這麼樣老成的話。都不覺冷好笑起來。</u>(C1 p. 836)

> (この頃の世間の人は他人の恩を受けても報いることを考えないどころか讐で返す者が多いのさ。それじゃ人はまったくあの畜生にも及ばない。こうやって見ると，君がまたあの畜生を責めてどうするんだ。みなサー

ビスがこんな老成した話を持ち出したので思わず皆どっと笑い出した。)
목장과 양금장에 잇난 즘생을 다 내여노니 그 즘생들이 뒤도 도라보지 아니하고 뚜ㅣ난 놈은 뚜ㅣ고 나난 놈은 날너 다라나거날 아날이 그 경상을 한참 보다가 얼골에 슯흔 빗츨 띠고 한숨을 쉬며
　아모리 즘생들이기로 엿해까지 뎌의를 기른 공을 모로고 뎌러케 다라난단 말이냐
　에그 못된 즘생들이로군
하면셔 감탄함을 마지 아니하난대 사비가 아날을 건너다 보며
　<u>이애 그것들은 즘생이잇가 그러타만은 지금 셰상 사람들은 남의 은혜난 밧을대로 밧고 그 은혜를 갑흘 생각커양 도로혀 해를 뵈이난 일이 만커니와 이 즘생들은 그래도 뎌 기른 사람을 해하랴고 하지난 안는다</u>
하며 두 아해가 가장 유리한 말을 하니 중인이 그 말을 듯고 감탄함을 익이지 못하며 동중으로 드러 가다라 (K p. 150)
(今の世の中の人は、他人の恩恵を受けても、その恩恵を返すことを考えず、かえって害を与えることが多いが、この動物たちは、それでも自分たちを養ってくれた人間を害しようとはしない、と二人の子供が、とても理に適った話をするので、皆はその話を聞いて、感嘆に堪えず、洞窟に戻ったのである)

　この件は、Jでは皆がサービスの老人じみた口ぶりに噴き出すとなっていますが、Cから変化が起こります。Cではサービスが人の世の忘恩をもちだし動物たちの方がましだということで笑ったとなっています。Kでは同様の話に笑いが起こらず感嘆したと変わっています。同じ発言が笑いをさそうものから感嘆するものへと変化しています。原作のユーモアが消えてしまったばかりでなく、教訓的な訓話じみたものに変わってしまっているのです。これは上の例とともにCやKがユーモアから距離の遠い性格であることを示していると思います。この教訓じみた口調は、梁啓超もおなじですが、Kでは新しい時代の啓蒙思想とは距離のある旧式の道徳または日常の平凡な世間的な達観に落ち込んでしまっている感じがします。

その他Kには細かいところでさまざまな点で，もとの作品または少なくともJまでは保たれてきた内容が微妙に平板なものに変わり精彩を欠いたものになっていることが感じられます。これはKの翻訳の背後に一貫した目的や意図がないことと関連しているようです。Kの翻訳ではJにおける躍動的な文体への意欲とか，Cにおける同族に対する訴えかけに対応するものが感じられません。といって新しいものに対する好奇があるようにも感じられません。ただまったく何の意図もなく単に翻訳したというわけでもなく，少なくとも，単語の水準ではある程度訳者の意図的な言葉の選択が表れているとは言えそうです。

(4.8) 単語の選び方

　翻訳というのは，異質の世界の文化を背景にして異なる言語により書かれているものを，自分たちの言語に移すことですから，受け入れる側にもともと存在せず対応する言葉の無かった事物に新たに言葉を与えなければならなくなる事が生じるのは当然です。そのときどのような方法で言葉を選ぶか，または作り出すかが問題となります。Kの場合には，同じ東アジアの文化圏に属していて漢字を共有していますから，それを借用すれば比較的簡単に言葉を作り出すことができそうです。ところが実際には全てがそのように単純に処理されたわけではないようです。いくつかの例でKにおける言葉の使い方を検討することにします。中国語訳Cを使ったものは省きました。対応するJやCでの表記を示し，その後に朝鮮語の意味を解説しました（表9, 10）。

表9　従来の朝鮮語を転用した訳語

K	J	C	説明
치머리／치	舵輪	舵輪	치は従来の舟の舵
웃곰해（웃고패）	（上邊の）	（邊上的）	上の滑車
아래곰해	（下邊の）	（下邊）	下の滑車
우듬지	（なし）	（なし）	こずえ（マストの上部）

第4章 『十五少年』は東アジアでどのように翻訳されたのか

K	J	C	説明
두대박이 배 한 척	（なし）	（なし）	大きな船または大きなもの，その二倍
살빗히 검은 아해	黒人の子	黒人小孩子	皮膚の黒い子供
조리질을 할새	呑了されむとす	被浪呑了一般	米を研ぐときかき回すように
뒤ㅅ돗대	後檣	後檣	後ろのほばしら
압돗대	前檣	前檣	前のほばしら
돗	帆	風篷	ほ
웃-곱해-줄	上邊の索	上邊的索	上の滑車の綱
문설쥬	梯子の口	樓梯口	門や入り口の柱
목줄ㅅ듸	喉	喉頸	のどの筋
한스읍[음]	呼吸[いき]	呼吸	ためいき
언덕 가	岸邊・陸	岸邊・岸	土手のはし
언덕	岸上・陸	岸上・岸	土手
붉근 쇼사 이러나고	聳起し	聳起	ぐっと突き出て立ち
곰곰 생각하되	思ひたれば	仔細一想	よくよく考えて
가루가 될지라	粉砕	碎成粉屑	粉に成る
조금잇다가	俄かにして	不到一會	ちょっとしてから
돌뿌리에다	岩礁	石礁上	石の尖端に
깨지면	粉砕	粉砕	砕けると
한줄기물	一葦帶水	一葦帶水	一筋の水
가로뻐ㅅ침이	横亘して	横亘	横に伸びることが
북도 서남편 뿌리	北島の北西端は	北島西南端	北東西南がわの尖端
덜미	頸	頸	うなじ
다른나라	佛國等	別國	ほかの国
다른나라사람	他國人	（なし）	ほかの国の人
덤잔은 아해	長年者	長年生	若くない人（現代語とは意味が違う）
어린 아해	幼年者	幼年生	幼い子供
고집퉁이	執拗	執拗	いこじ，頑固
이위	此外	以上	この上
닷줄・닷줄	纜・索	纜	닷줄 碇の綱
뒤ㅅ콩무이	船尾	船尾	後ろの꽁무니末端

K	J	C	説明
시치고	掠めて	掠過	かすめて
사면을 바라본 즉	眼界中	四面張看	四面をながめると
이편은	此邊は	一邊	こちら側は
곗츨 채여	應呼せり	附和	곁脇を補う
바다가	濱邊	海邊	うみべ
배대일만한 구덩터리	彎港	彎港	船を着けられる窪み
고기잡난 배	漁舟	漁舟	魚をとる船
몹슬바람	あらし	風	ひどい風
문득	直ちに	便	ふと，ふいに
음웅서러운	靜思瀋慮	深沉有謀慮	의뭉스럽사は現在は悪い意味。ここでは肯定的な使い方，思慮深い。
가삼로리	胸の邊[ほとり]	胸前	가슴도리，가슴노리胸元
모단 일	一切	各	すべてのこと
돌뿌다곤이	凸凹[とつこつ]せる岩礁	石礁凸凹	石のごつごつしたもの
조리질을 하난지라	はげしく左右に動搖し	像米篩一般不停地左搖右動	米を研ぐときかき回すように
빽빽하게 드러션 나무	茂樹は	密樹	ぎっしりと立っている樹
빤빤하기가 대패질 하야 노은 듯	平面の如くして	如平面版	平らなのがカンナをかけたように
푸루스름한 빗츤	青綠の色	蒼綠之色	青みがかった色は
잠잣고	悄然として	悄然	だまって
낙대	釣絲	漁鉤	낚싯대 釣りのさお
날이 조곰 들거날	稍や霽[はれ]に向ひ	天氣稍霽	日がすこし晴れると
웃툴듯툴한 돌덤이	凹凸せる堆岩嵒[たいがん]	凸凹的堆石	凸凹した石の積み重ね
맛 니어잇고	打ち續き	相續	互いに続いていて
산뿌리	岬	岬	山の根
꿈틀거려	蜿蜒[えんえん]す	蜿蜒	くねくねうごめき
곗츨고	贊成し	贊成	곁脇から支える（？）
그렁뎌렁	間に	忽忽間	そうこうするうちに

第 4 章 『十五少年』は東アジアでどのように翻訳されたのか　227

表10 日本語・中国語の原文とは異なった別の漢字語を使ったもの

K	J	C	説明
시표 (時表)	懐中時計	時辰表	Jでも使う。(旧) 日時計
션창문 (船倉門)	船室に通じる梯子の口の戸	那船艙樓梯口的窗戸	Kで門は戸の意味
좀 나가 셔력하라	君等は余輩の力を須ひざるか	你們要我們來幫幫嗎	紓力 (?)
시종 좀 드르라	來り余を助け	來這裏幫我	시종〈수종 (随従)
배가 안돈하고	安全に、風を趁ひて進みゆくを得べし	安穩起來	안돈 (安頓)
양초에 불을 다려들고	臘燭	洋蠟	양초 (洋燭)
텬행으로	幸ひにして	好在	텬행 (天幸)
디형	光景	光景	디형 (地形)
션샹	甲板	船面	션샹 (船上)
샹의하자	計	商量	샹의 (相議・商議)
세계를주류하야	環航	環游	주류 (周流・周遊)
임의로	自由に	自由	임의 (任意)
언약하얏더니	定まりたればなり	約定	언약 (言約)
풍속	風	風氣	풍속 (風俗)
사상	心	心思	사상 (思想)
고역	(なし)	苦差	고역 (苦役)
봉사	奉	事	봉사 (奉事)
근간	奉上勤務の念に厚き特色	勤謹	근간 (勤懇) ?
설혹	縦ひ	就使有	설혹 (設或)
횡판	飾り板	寫著船名的一塊板兒	횡판 (横板)
이편은	此邊	一邊	이편 (便)
선척	船舶	船	선척 (船隻)
북편	北なるは	北方	北の편 (便)
죠소하되	嘲りて	嘲	죠소 (嘲笑)
면보	乾餅 [かたぱん]	餅乾	면보 (麵麭)
홀연	忽ち	忽	홀연 (忽然)
비밀히	密かに	悄悄地	비밀 (秘密)
시종	助けて	幫忙助	시종〈수종 (随従)

K	J	C	説明
화방슈	盤渦 [うず/ばんくわ]	盤渦	화방슈<渦盤水 (?)
회생하매	蘇息する	回過氣來	회생 (回生)
간간히	兎角するうち	看看 (過了)	간간 (間間)
설상가상으로	加るに不倖にも	況又火上加油	설상가상 (雪上加霜)
거접하기 / 거접하다	起居の所・栖居	暫時以蔽風雨・栖居	거접 (居接)
셕반	晩飯 [ばんはん]	晩飯	셕반 (夕飯)
침식	寢たる	就寢	침식 (寢食)
관망하며	見張りして	張羅	관망 (觀望)
종야토록	夜を徹せり	徹夜	종야 (終夜)
져린졔육	鹽漬の豚肉, 腸づめ	醃肉	졔육<져육 (猪肉)
훈우육자반	燻牛肉 [コルンドビーフ]	熏牛肉熏魚	훈우육자반 (燻牛肉佐飯)
인촌	マッチ	火柴	인촌 (燐寸)
녁일책・녁일	暦	黄歴	녁일책 (暦日冊)
쇼경사를 긔재하고	有りし所の事を記さむとす	做起日記來	쇼경사 (所経事)
상상봉	頂	絶頂	상산봉 (上山峰)
츅로 (舳艫)	舳頭 (みよし)	(なし)	
완악한거동외에	頑耍	頑皮	완악 (頑惡)
전후배포	一切の準備を了りて	布置已定	전후배포 (前後配布)

　以上の表に掲げたのはKの翻訳の初めの方からとったもので，全体のうちのほんの一部でしかありませんが，朝鮮語で漢字を使うときの傾向の一部を見ることができます。朝鮮は古くから中国との交流が盛んであり中国で使われる漢字語を外来語として受け入れることが簡単であったはずですが，漢字の用法を見ると，中国のものを使わずわざわざ別の漢字語を使うことがしばしばあったようです。もちろん中国語とは関係のない固有の朝鮮語により新しい言葉を作ればよいのですが，早くから固有朝鮮語の造語能力がなくなる傾向にあったので漢字を使用することが多かったようです。こうして朝鮮では同じ漢字語なのに，中国では使われていない言葉が生じています。しか

し，その造語法を見ると，中国で使われている単語の構造はそのまま受け入れ，表現される形を変えていることがあるのは注目されます。例えば，朝鮮では入り口は「문 (門)」ですが，これは漢字を使った言葉です。そして「窓」にあたる単語は「창문 (窓門)」となりますが，これは中国では使われない言葉のようです。ところがこの単語は中国語の「窓戸」と同じ構造をしています。つまり朝鮮では入り口，戸は門ですから，中国語の「窓戸」において戸を門に替えると「窓門」となるわけです。この造語法は漢字を使わない単語にも及んでいるようです。例えば中国語で「ネギ」は「葱」で，朝鮮語では純朝鮮語の「파」です。すると中国語で「大葱 (ふとねぎ)」，「洋葱 (たまねぎ)」はこの置き換えにより朝鮮語では「대파 (大きなネギ)」，「양파 (洋ネギ)」となるはずですが，実際にこれが日常で使われている言葉になっています。

　どうやら，同じ漢字語でも朝鮮では意識的に他の国と同じものを使わぬようにする傾向があるように思われます。上の例でもこうした傾向の一部を見ることができます。

　上の例で示した単語は現在使われているものもありますが，消えてしまったものも多く見られます。時計は現在は日本語の「時計」を朝鮮語で音読みしたものを使っていますが，上の表では「時表」を使っています。この言葉自体はJにも使われていますから朝鮮語独自のものではありませんが，朝鮮語としては日本語の借用をするよりも好ましかったかもしれません。また臨時に住処として暮らすことを古語を使って「居接」としていますが，これも他の言葉では表現できない内容を表す言葉で残されてもよかったのですが，現在はまったく消え去ってしまいました。

　一般に，こうして新しい言葉が盛んに作られるのは，外部との接触が盛んになり，新しい事物や概念を表す言葉が必要になったときです。朝鮮ではちょうど20世紀に入る前後の時期がそれにあたっていますから，この時期の文献を調べると，現在は消え去り忘れ去られてしまった，さまざまな試みが発見されるのではないかと推測されます。朝鮮語訳『冒険小説　十五小豪傑』は，翻訳としてはそれほど画期的な意義があるとは思われませんが，それで

も単語についていえば，これだけの試みが見られるのは，どんなに時代の変化に対する関心が希薄であったとしても，翻訳という作業は，翻訳者に最低でも新しい時代に対応する言葉を創出させるということがここからわかると思います。

5. おわりに

　本稿では東アジアで Jules Verne ; *Deux Ans de Vacances* が最初に翻訳紹介されたとき，どのようにそれらが互いに関連し合っているかを考察しました。翻訳の系譜については，日本語訳Jは英訳のうちのETを使い翻訳され，そのJを底本として中国語訳Cが翻訳されました。朝鮮語訳Kは主としてCに依りながらもJも使い翻訳されたことがわかりました。

　その過程で，いくつかの翻訳を比較するために役に立つかもしれない，数値的な指標を導入し，その結果を用い，各翻訳の質的な違いを検討しました。翻訳密度のばらつき具合を表す指標DはET, J, C, K, EAの順に増してゆき，翻訳での抄訳度Aは，ET, EA, J, C, Kの順に増してゆくという結果が出ました。まだこれらの指標はアイディアの段階で数値そのものにさほど信頼度があるとはいえませんが，それでもおおよその傾向は直観的な印象と大きく違っているわけではなさそうです。

　それぞれの言語による翻訳が読者に受け入れられた様子やその後の影響については，それぞれ違っていて差があるようです。日本語訳Jは名訳とされ長く読まれ続け愛読されてきましたが，それは内容ではなく言葉の音声的な側面が影響しているようです。一方，中国語訳Cは訳者の啓蒙的な態度が随所にこめられていることで読者を獲得し，その後も永く続けて読まれる要素となっているようです。それに対して朝鮮語訳Kはほとんど反響がなく一般にもほとんど読まれることなく終わったのではないかと推測されます。

　本稿本文では，そうした各国語の翻訳が，底本をどのように受け入れ，誤訳，改作などを経てでき上がっているかについて形式的な考察を行いました。資料の引用が多すぎる感じがありますが，比較のための資料紹介ということ

でご容赦くださればと思います。

　ただこの論文の筆者本人が自由に駆使することもできぬ諸言語を扱いながら誤訳云々などと書いてきたことに忸怩たる思いを拭いきれません。しかも自分でも多くの誤訳を免れていないはずであることを承知の上ですからなおさらです。この文章を読んで憤慨される方があり、より内容の充実した業績が現れこの論文が反駁され、私のやましさが解消される日がくることを願っています。

【注】
1) Jules Verne 의『十五小豪傑』의 번역의 계보 —문화의 수용과 변용—SAI 제4호 (2008.5) 국제한국문학문화학회 (INAKOS). (Jules Verne の『十五小豪傑』の翻訳の系譜　—文化の受容と変容—『SAI』4号（2008.5）国際文学文化学会)。
2) ほとんど資料調査を行っていない筆者がこの論文で扱う多くの資料を見ることができたのは以下のように多くの方がご協力してくださったおかげです。この場を借りてお礼を申し上げます。李京堉（延世大学），高雲起（漢陽大学），岸井紀子（延世大学），Lee Hongyoeng (California University)，厳基珠（専修大学），また資料入手に関しては厳基珠氏を通じて専修大学図書館のお世話になりました。
3) 主な資料の所蔵場所及び出典は次の通りです。
　　(F) Jules Verne; *Deux Ans de Vacances,*：中国国家図書館（北京図書館）。
　　(ET1) *A Two Years' Vacation,*：The University of Texas at Austin.
　　(ET2) *A Two Years' Vacation,*：アメリカ議会図書館（The Library of Congress）。
　　(EA1) *Adrift in the Pacific,*：ニューヨーク公共図書館（New York Public Library）。
　　(J2) 森田思軒『十五少年』博文館，1896：国会図書館，ディジタルライブラリー。
　　(J3) 森田思軒譯『十五少年』博文館，1900（6版）：東京都立図書館。
　　(K1)『冒險小說　十五小豪傑』：韓国中央図書館，ディジタルライブラリー。
　　(C3) 少年中國之少年重譯『十五小豪傑』：中国古書サイト「孔夫子」2007年夏のオークション写真による。
　　(C4) 飲冰子・披髪生『十五小豪傑』，1929（4版）：University of California Berkeley Library．
　　(C5) 飲冰子・披髪生『十五小豪傑』，1930.7（訂正5版）：中国国家図書館（北京図書館）。
4) 図6及び図10を参照。

5) 図31, 32を参照。
6) Jについては類似の表がすでに（私市(きさいち) 1994）p. 271 に掲載されています。
7) 各テキストの文章の長さの算定は字数，ページ数などが使えますが，ここでは，ページ数を使いました。ただし計算のしやすいようなテキストを便宜的に選び，本文に関係のない挿絵や章の題名，各章の概要を除外して実質的な本文の部分だけについて長さを計算しました。その際，ページ数が1ページに満たないときは行数により，一行の途中で章が変わるときは字数により，端数をページ数に換算しました。この計算に使ったのは F2, ET1, EA1, J6, C1, K です。J6 は二段組ですので 1/2 ページを単位として計算しました。
8) (Evans 2005) p. 80。
9) (中丸 2002)（富田 1984)（柳田 1935)（清水 2002）を参照。
10) (柳田 1935) pp. 395–396。
11) (岡 2002) 及び「新説八十日間世界一周」補注：英訳の問題 p. 476。
12) (富田 1984) p. 27。
13) 要約された様子は EA の図16を参照。
14) (J4) p. 624。
15) (J8) p. 13。
16) 例えば，松尾啓吉訳の M. ハイデッガー『存在と時間』勁草書房。
17) 例えば「上田敏は（中略）「山のあなた」について見ると（中略）原詩以上との誉れ高き名譯をなしてゐるのである」『海潮音・牧羊神』角川文庫，1952年，解説。また後者については記憶が定かでないが金素雲の訳詩についてある比較文学の研究者がこうした発言をしたと記憶しています。
18) (J10) 波多野完治『十五少年漂流記』解説 278–279。なおこの解説では原作者が太平洋をもっとあたたかい場所と考えていたので南へいっても寒くなるとは想像していなかった，とか，シーサイド・ライブラリーの *Two-Years Vacation* は英仏諸国ではあまり評判がよくなかったとみえ，その後再刊されていない，と書いていますが，妥当な記述とは思われません。
19) (柳瀬 1989a) が発表されたとき，「偶成」は禅僧により作られた滑稽詩であるということで学会に衝撃を与えましたが，その後それに刺激を受けてさらに出典の調査結果が発表されるようになり，現在も進行中です。(柳瀬 1997b)（柳瀬 1997c)（岩山 1997)（花城 1999)（朝倉 2005)（加藤 2008）を参照ください。
20) 例えば，安野光雅『口語訳 即興詩人』，及び (J8), (J9)。
21) (斉藤 2005) を参照。
22) (北川 2005)。
23) 図38〜40を参照。
24) 『標準漢譯 外国人人名地名表』商務印書館，中華民国13年8月初版，中華民国24

年5月国難後第2版.

25) なおこの「説是遅那是快」の日本語訳で「その時遅く，かのとき速く」という訳がみられますが，これが語学的な誤りであると高島俊男『水滸伝と日本人：江戸から昭和まで』の中でなされたことがありました．その例として吉川幸次郎の岩波文庫の『水滸伝』が槍玉に上がっています．もちろん語学的には正しくないでしょうが，江戸時代から使われていたこの言い回しは近代になって以後，日本で慣用的な語法となっていたと考えることができないでしょうか．その理由は，中国の古典以外の翻訳のなかで「その時遅く，かの時はやく」という言葉が使われている例があるからです．それは橘顕三（坪内雄蔵）『春風情話』1880（スコット『ラムマームーアの新婦』）の中で「彼時遅し，此時早し」が使われているからです（新熊清『翻訳文学のあゆみ』世界思想社，2008, pp. 84–85）．

 なお，高島俊男の指摘した，吉川幸次郎訳では「この時はやく，かの時おそく」「この時おそく，かの時はやく」の両方の形で使われていましたが，その後，訳者の没後に出された版ではこれらの訳が訂正されてなくなっています．しかし最近でた他の本の翻訳でもこの語は使われています．例えば金庸『射鵰英雄伝』金海南訳，岡崎由美監修，徳間書店，徳間文庫，の冒頭では「その時おそく，その時はやく」の訳が使われています．この本の訳者が中国語の語法を間違えるはずはありませんから，意識的に使用したと考えるべきではないでしょうか．

26) 二つ目の引用文中で［　］内は第四版C4で置き換わっている単語，［＋　］は付け加わった部分です．

27) （三枝 2000）参照．

28) 図41を参照．

【参考文献，資料】

(Evans 2005) Arthur B. Evans; Jules Verne's English Translations, SIENCE FICTION STUDIES, XXXII (No. 95) (March 2005) pp. 80–104: http// jv.gilead.org.il/evans/VerneTrans (article).html.

(朝倉 2005) 朝倉和「「少年老い易く学成り難し」詩の作者は観中中諦か」『国文学攷』広島大学国語国文学会, 185（2005.3），pp. 27-39.

(安野 2010) 安野光『口語訳　即興詩人』山川出版社, 2010.（岩山 1997）岩山泰三「「少年老い易く学成り難し…」とその作者について」『月刊しにか』大修館書店, 8 (5), 1997.5, pp. 94-99.

(岡 2002) 岡照雄「フォッグ一行のアメリカ大陸横断と英訳本」『新日本古典文学大系明治編15 翻訳小説二』岩波書店, 2002, pp. 517-522.

(加藤 2008) 加藤一寧「所謂「偶成」詩と『雛僧要訓』」『禅学研究』禅学研究會, (86)

(私市 1994) 私市保彦「日本の＜ロビンソナード＞―思軒訳「十五少年」の周辺」亀井俊介編『近代日本の翻訳文化』中央公論社, 1994. pp. 261–288.
(北川 2005) 北川扶生子「明治期修辞観と社会進化論」『比較文学』48 巻 (2005) p. 16.
(木村 1993) 木村毅『大衆文学十六講』中央公論社, 1993 (初版 橘書店, 1933), p. 47.
(斉藤 2005) 斉藤希史『漢文脈の近代 清末＝明治の文学圏』名古屋大学出版会, 2005.「第 9 章 越境する文体―森田思軒論―」pp. 203〜233.
(三枝 2000) 三枝壽勝「이중표기와 근대적 문체 형성므 이인직 신문연재「혈의누」의 경우―」『현대문학의 연구』현대문학연구학회,15 권 (2000) pp. 41-72 (「二重表記と近代的文体形成」『現代文学の研究』現代文学研究学会).
(三枝 2003) 사에구시 도시카쓰「김소운은 무엇을 했는가?―김소운 번역 시집 비망록―」,『한국 근대문학과 일본』소명출판사,2003. pp.288-357 (「金素雲は何をしたのか?」『韓国近代文学と日本』).
(清水 2002) 清水孝純「ジュール・ヴェルヌ『新説 八十日間世界一周』成立の背景」『新日本古典文学大系明治編 15 翻訳小説二』岩波書店, 2002. pp. 509–516.
(白井 1929) 白井實三「森田思軒のために辯ず」『春陽堂月報』第二十二號. pp. 2~4.『明治・大正文学全集 8 森田思軒・黒岩涙香』春陽堂, 1929.
(高島 1991) 高島俊男『水滸伝と日本人：江戸から昭和まで』大修館書店, 1991.
(富田 1984) 富田仁『ジュール・ヴェルヌと日本』花林書房. 1984.
(中丸 2002) 中丸宣明「『新説 八十日間世界一周』の位置」『新日本古典文学大系明治編 15 翻訳小説二』岩波書店, 2002. pp. 497–507.
(花城 1999) 花城可裕「朱熹の「偶成」詩と蔡温―「琉球詠詩」及び『伊呂波歌並詩文綴』所載の蔡温の漢詩について」『南東史学』大修館書店, 54 号, 1999.11, pp. 49-69.
(范 2000) 范苓「清末におけるジュール・ヴェルヌの受容：梁啓超訳『十五小豪傑』中心に」『大阪大学言語文化学』Vol. 9 (2000). pp. 49–62.
(范 2003) 范苓「梁啓超訳『十五小豪傑』に見られる森田思軒の影響と梁啓超の文体改革」『大阪大学言語文化学』Vol. 12 (2003) pp. 5-18.
(前田 1989) 前田愛「音読から黙読へ」『近代読者の成立』筑摩書房, 1989.
(柳田 1935) 柳田泉「川島忠之助傳」『明治初期翻訳文学の研究』松柏館書店, 1935. pp. 395–396.
(柳瀬 1989a) 柳瀬喜代志「いわゆる朱子の「少年老い易く学成り難し」(「偶成」詩) 考」『文学』岩波書店, Vol. 57.2 (1989.2) pp. 97–113.
(柳瀬 1997b) 柳瀬喜代志「教材・朱子の「少年老い易く学成り難し」詩の誕生」大平浩也編著『国語教育史に南東史学会学ぶ』学文社, 1997.5.
(柳瀬 1989c) 柳瀬喜代志「偽装された教材「偶成」詩の周辺」『月刊国語教育』東京法令出版, 1989 年 7 月号 (1989) pp. 124-131.

第5章
朝鮮文学とロシア語

三枝　壽勝

1. はじめに：朝鮮の地理的，政治的特殊性

　朝鮮文学とロシア語という曖昧な題名についてまず説明をしておきます。普通であれば朝鮮文学とロシア文学の関係について述べるのでしょうが，おそらく朝鮮文学においてロシア文学の影響とか両者の関係ということがはっきり現れることはなさそうです。朝鮮において外国の文学が直接原典から翻訳されることはほとんどなく，20世紀の半ばまでほとんど翻訳は英語からのものでした。それ以外は日本語からの重訳であり，植民地時支配から解放されたあとも知識人の多くは日本語の文献によって外国の文学を読んでいたのが実情のようです。そして朝鮮文学のみならず朝鮮において文化的な事柄においては，意外なほど外国の影響というのが希薄で不思議なほど外からの文化を取り入れることが少なかったようです。それは近代以前において中国の文化においても言えそうです。近代以前の朝鮮では意外なことに中国の文学がほとんど受け入れられておらず，唯一の例外が『三国志演義』『水滸伝』ですが，それも朝鮮式に変えられた『三国志』『水滸誌』として読まれているぐらいのものです。文学の周辺では，演劇や落語や漫才にあたる相声，そして笑話はほとんどその痕跡もみられないほど影響が見られません。かえってそれより遠い日本でこれら中国の文化が取り入れられています。
　日本の植民地となった近代以後においてもロシア文学は日本語を通して読まれており，洪命憙がトルストイよりドストエフスキーを好みほとんどの作

品を読んだとか，李泰俊がチェーホフを好んだと語ってはいますが，洪命熹がその影響をうけて作品を書いたこともなく，李泰俊の短編がチェーホフと比較できる要素を持っているようにも思われません。従って，本稿では，朝鮮文学をロシア文学との関係で扱うことはせず，朝鮮文学の周辺を含めてロシア語が係る話題をいくつか取り上げることにします。

しかし，本稿の題名が曖昧であることは確かだとしても，この主題が必ずしも無意味ではない根拠があることも確かです。

その一つは，朝鮮半島の地理的な特殊性です。朝鮮半島は土地が肥沃とはいえず，絶えず周辺の地域へ移住することを余儀なくされてきました。中国との国境である鴨緑江や豆満江を越えて満州の領域に入りそこに定着するまたは日帰りで農作業を行なってきており，しばしば清朝政府との外交問題を引き起こしています。またロシア領に関しては，沿岸州はやはり古くから朝鮮人の移住する地域となっており，農作業のために移住するだけでなく，政治的な迫害を逃れるための地域としての役割も果たしてきました。日本の植民地時代に入ってからはその傾向が加速され，移住する地域として日本も主要な役割をはたしますが，その傾向は近代以前からあったのであり，交通手段の発達によりその傾向が加速されたとはいえ，必ずしも日本による迫害で居住地を追われたということばかりではなさそうです。

こうした地理的な条件により，中国の国境を越えた地域は，鴨緑江の北側は西間島，豆満江の北側は北間島とよばれ，朝鮮人の移住者が多い地域となり国境に近い地域は主に咸鏡道や平安道出身者で占められ，後から移住して来た慶尚道や全羅道の人はそれよりも北の奥地に移住することになりました。また沿岸州においても，ウラジオストク（海参威）には朝鮮人が多数住んでいるばかりでなく，さらに民族意識も明確で，自衛組織もあったようです[1]。

また，朝鮮半島の特殊性の第二番目は，ロシアとの政治的関係です。すでに近代以前にもロシアの南下政策は朝鮮半島にも政治的影響力を及ぼし，日露戦争の遠因となっていますが，日本の植民地となった後には，革命を行なったロシアが，共産主義を禁止した日本にとって敵性国家となった反面，植民

地の人間にとっては，植民地からの解放を支援するロシアの共産主義は独立運動の思想的根拠ともなっていました。そして共産主義国家ソビエト連邦は独立運動家にとって憧れの国家としての夢想を生み出してゆきます。それは植民地から解放された1945年8月以後も複雑な影響を及ぼし続けます。

　1945年の解放直後から1948年にかけての短い期間は，朝鮮において唯一自由で活発な共産主義運動が行なわれた時期でした。植民地時代を通じて国外に亡命することなく朝鮮にとどまりつづけた共産党の大物朴憲永が姿を現わしソウルを中心に活躍し始め，多くの闘争と労働争議を引き起こします。が，やがて米軍を背景にした政権の弾圧によって北への亡命を余儀なくされます。この時期，知識人の60パーセントが北に逃れたとも言われています。しかし北ではソ連軍の後ろ盾で金日成が政権を握っていました。無名で実績のなかった金日成にとって南から来た大物の朴憲永は勿論のこと，彼と共に来た共産党員や知識人は，彼にとって頭のあがらぬ非常に邪魔な存在であったはずですが，解放戦争の口実のもと朝鮮戦争を引き起こした彼は，南の人民が北の軍隊に呼応して革命に応じなかった責任を，南出身の人物の工作の失敗として彼らを粛清することに成功し，やがて三代にわたる世襲国家の基礎を固めます。

　他方，南の韓国では朝鮮戦争のあと強力な反共国家として，共産主義者のみならずそれに同調するとみなされた人物を徹底して弾圧します。さらにロシアに関するものは共産主義とは関係の無い旧ロシアの文学までも出版されない状況を作りだしていました。極端な情報制限と弾圧はかえって反政府運動，民主主義運動を行なう側にとって共産主義への憧れと幻想を懐かせ続ける結果となったようです。例えば反政府的な運動とは関係のない人たちにとってさえ，北朝鮮の映画や芸術がおそらく韓国よりはるかに優れているのではないかといった憶測が1970年代の半ばまで存在していました。

　韓国においてはこの状況が皮肉な結果をもたらしました。長い軍事独裁政権に対する闘いは1980年代の末ようやく民主化の実現によって終わりをつげましたが，ほぼ同じ時期に東欧圏の共産主義国家が崩壊しました。民主化の実現によって韓国では植民地時代から一貫して続いていた共産主義思想に

対する禁止措置が解除されその方面の文献も自由に読めるようになり，ロシアにも自由に渡航できるようになりましたが，このときすでに共産主義思想はかつての権威も魅力も失っていました。韓国における思想の自由化が一部の思想家に深い虚脱状態を味あわせるということになってしまいました。

以上が本稿で扱う事柄の背景をなすことになります。

2. 朝鮮における外来語としてのロシア語

(1) 朝鮮方言の中のロシア語

上述したように，朝鮮の地理的条件から北の咸鏡道では日露戦争前までロシアの勢力が及んでいたため咸鏡道の方言にはロシア語起源の外来語がいくつかみられます。植民地時代に行なわれた調査の結果は小倉進平『朝鮮語方言の研究　上・下』に報告されています。ただしこの調査が報告されたころにはこれらの外来語はほとんど使われなくなっているだろうと記述されています[2]。

そこで報告されているロシア語起源の朝鮮語は次の通りです。上巻の資料篇または下巻の研究篇のどちらかにしか無いものもありますが，区別せずに列挙しました。各単語のあとにつけたページ数は上巻の資料編のものです。

以下には，まず朝鮮語の方言を挙げ，それに続く等号のあとに通常使われる同じ意味の朝鮮語を記しました。そしてそのあとに語源となったロシア語とその元の意味を記しました。この資料で朝鮮語の表記は発音記号で示されていますが全てハングル表記にしました。複数記載されているのは地方により発音が異なるからです。

가른다ー시, 가는다ー시 = 연필（鉛筆）< карандáш（鉛筆）(p. 232)

깔징깨 = 정거장（駅）< кáрточка（カード）(p. 122)

깔징깨 = 차표（乗車券）< кáрточка（カード）

걷돌 = 정거장（駅），一部では踏み切り，分岐点の意味 < контóра（事

務室）(p. 122)

거르만, 거르마니, 거리마니, 컬라니, 거르망, 거르망이 = 주머니（ポケット）, 一部では かばんの意味 < карма́нь（ポケット）(p. 140)

고로시, 골로ー시, 골로ー신 = 고무신（コムシン，ゴム製の浅い履物）< гало́ши, гало́шの複数形（オーバーシューズ）(p. 142)

메드래 = 바께쓰, 물통（バケツ，桶）< ведро́（バケツ，手桶）(p. 238)

마선 = 미싱（ミシン）< маши́на（機械，自動車）(p. 238)

무두ー개, 무둑개, 무득개 = 맥주병（ビール瓶）< буты́лка（瓶）(p. 240)

비지개, 비직개 = 성냥（マッチ）< спи́чка, pl. спи́чки（マッチ）(p. 249)

벌도 = 외투（外套）< пальто́（外套，オーバー）(p. 153)

사바귀, 사바고, 사바기 = 장화（長靴）< сапо́г, pl. сапоги́（長靴，ブーツ）(p. 154)

삽괘, 삳개, 삳괘 = 모자（帽子）< ша́пка（つばの無い帽子）(p. 153)

홀게바리 = 빵（パン）またはカステラ等 < хлеб（パン）

　上に挙げられているロシア語起源の外来語の中には人体の各部分の名称や従来から使われている物品の名は登場しません。全て近代になって新たに朝鮮に入ってきた物の名前に使われています。つまり従来の朝鮮にはなかったものであり、従ってそれに対応する言葉が以前にはなかった物です。しかもそれらの物は日常生活に関連するものばかりです。こうした新たに登場した物に対して名前を付ける一般的な方法としては、まず従来からあった物の名で似たようなものがあればその名を借用する方法、次にはその物に対応する外国語の名前を借用する場合、そしてさらに、どちらでもなくまったく新らしい言葉を作り出すことなどが考えられます。上の方言の例では全てが外国語としてのロシア語の借用の例となっています。そして一般的な外国語の借用の通例として、もとの外国語の単語の意味の一部を取り入れる場合、また

は意味を変えて使う場合がみられます。上の例のうちもとの意味からの変化が起っているのは次のものです。

깔징깨 = 정거장（駅）< ка́рточка（カード）
깔징개（乗車券）< ка́рточка（カード）
걷돌（駅）< контóра（事務室）
고로시, 골로ー시, 골로ー신（コムシン, ゴム製の浅い履物）< галóши, галóшаの複数形 （オーバーシューズ）
마션（ミシン）< маши́на（機械, 自動車）
무두개（ビール瓶）< буты́лка（びん）
삽괘, 삳깨, 삳괘（帽子）< ша́пка（つばの無い帽子）

この中には마션（ミシン）のようにロシア語でなく，英語起源の日本語の借用でも説明できるものがありますが，この語が朝鮮北部のみにあり，南部では使われていないことから，日本語からの借用ではないと調査した小倉進平は結論しています。

さらにまた，造語法の上で興味深いのはコムシンに対する골로ー신の場合で，語末が신という朝鮮語の履物という意味を表す形になっています。つまりこの形は「コロシのくつ」という意味の単語になっています。結果としては同様の意味をもつ語を重複して組み合わせ，ロシア語＋固有朝鮮語の形をしていますが，こうした外国語と固有語の合成語の例は他にも一部の朝鮮語の単語の作り方に見られます。

これらの合成語に見られる特色は，合成される元の単語がほぼ同じ意味の単語であることで，似たような意味の単語を重ねてならべ一つの合成語としての単語を作るという朝鮮語の合成語の特徴ともなっています。こうした合成語は固有語同士の間でも行なわれます。若干の例を挙げると次のようになりますが，どの場合でも合成される前後の言葉の同じ意味の部分が重なり繰返されていることです[3]。

漢字語＋固有語：

　초가（草家）＋ 집（家）= 초가집（藁葺家），생일（生日，誕生日）＋ 날（日）= 생일날（誕生日），공일（空日，休日）＋ 날（日）= 공일날（休日），국화（菊花）＋ 꽃（花）= 국화꽃（菊花），등（燈）＋ 불（火）= 등불（燈火），사월（四月）＋ 달（月）= 사월달（四月），철도（鉄道）＋ 길（道）= 철도길（鉄道），한옥（韓屋）＋ 집（家）= 한옥집（韓国式の家），해변（海辺）＋ 가（へり）= 해변가（海辺），고목（古木）＋ 나무（木）= 고목나무（古木）

固有語＋漢字語：

　모래（砂）＋ 사장（砂場）= 모래사장（砂浜），열（十）＋ 십자（十字）= 열십자（十字），새（新しい）＋ 신랑（新郎）= 새신랑（新郎），손（手）＋ 수건（手巾）= 손수건（ハンカチ）

固有語＋固有語：

　살아（生きて）＋ 생전（生前）= 살아생전（生前），
　고개（峠）＋ 말（頂）= 고개말（峠の頂），사내（男）＋ 놈（奴）= 사내놈（男）

西欧語＋漢字語：

　지이프（ジープ）＋ 차（車）= 지이프차（ジープ），커피（コーヒー）＋ 차（茶）= 커피차（コーヒー）

日本語＋固有語：

　모찌（餅）＋ 떡（餅）= 모찌떡（お餅）

　上に挙げた方言としての골로신は，골로ー시 ＋ 신 ＝ 골로ー시신という合成語において中間に現われるシという音の繰り返しを縮約した結果になっています。

　ロシア語起源の外来語が小説に現われることはめったにありませんが，上に挙げた同じ意味の単語を重ねて作った一般の朝鮮語の中での合成語は以前はよく使われていて，1920年代以後の小説にもかなりよく使われました。

(2) 一般の外来語としてのロシア語

今度は外来語としてのロシア語を当時の辞書から抜き出してみることにします[4]。まだ朝鮮語として定着していないものが大部分なのでハングルの綴りが一定していません。植民地時代の文章を見ると現在使われていない綴り字の試みがさまざま行なわれていたことがわかります。例えば日本語と同じ長音記号「ー」の使用,西欧語の「f」や「v」を表すための子音「ㅇ」と「ㅂ」を組み合わせた記号,「ㅇ」と「ㅍ」を組み合わせた記号の使用,さらに現在は同一の単語「같이（同じ,一緒に）」で表わされている単語を意味によって「같이（同じ）」と「가치（一緒に）」と書き分ける試みなどがありますが,植民地から解放されたあとの言語政策は復古主義の立場をとり,最初にハングルが成立したときなかったものは全て廃止してしまったので,これらの表記は全てなくなってしまいました。

ここでは長音記号や「f」や「v」を表す記号を再現しました。ただし現在は文字が無いので該当する音節に下線をつけて表しました。なお説明は原文にあったものをそのまま日本語にしたものですが,括弧内のロシア語や説明の一部などは原文にはなかったものです。なおカッコ内にハングルの読みをカタカナで表記しましたが,綴りが複数あるときはそのうちの一つだけにしました。また朝鮮語表記に長音記号が無い場合でも適当に長音記号を挿入しました。

(2.1) 政治・ソ連関係

께・뻬・오, 꼐・뻬・우, 케・베・우：(ゲ・ペ・ウ, ГПУ ＝ Государственное политическое управления) 国家政治保安部（ソビエト・ロシアの政治上の保安を担当する機関）, 秘密警察。

꼬스풀랜：(ゴスプレン, Госплан ＝ Государственной плановый комитет Совета Министов СССР)（露国の）国家経済計画委員会（国政の方針を決定する機関）。

골호즈, 콜호즈, 콜호즈：(コルホーズ, колхоз ＝ коллективное хояйство) 共同経営,（農場の）大衆経営,（露国の）共同経営農場。

第 5 章　朝鮮文学とロシア語　　　243

나로드니키：(ナロードニキ, народник)'民衆の中へ'をスローガンとする露国の革命的知識階級の運動。

나루콤, 날콤：(ナルコム, нарком = Народный комиссар) 露国の人民委員会。

다와르가, 타와르카：(タワールカ, товарка) 女同志, 姉妹, 女子友人。

다아릿슈, 다와리시치, 도바리씨, 도바리씨치：(タワーリシチ, товарищ) 友, 同士（同志）, 그대（君）, 벗（友）。

드보라뽀트［? 보드라뽀트］（ポドラボート）：労働余暇利用[5]。

멘세빌, 멘쉐빌, 멘쉐비크, 멘쉬빌：(メンシェヴィク меньшевик)（露西亜）穏和派社会主義者。

멘쉐비─키, 멘쉬비─키, 멘쉐비─키, 멘쉬비─키：(メンシェヴィーキ, меньшевики) 露国社会主義者中の穏和派（ボルシェヴィキに対する社会党の一派）, 漸進派。

뽈쉐비크, 뽈쉐븨크, 뽈쉐빌：(ボルシェヴィク большевик)（1）露国過激派の。（2）ボルシェヴィキ。

뽈쉐비키, 뽈쉐븨키：(ボルシェヴィキ, большевики)（1）露国過激派（1716 年に起こった社会党の一派）。（2）過激派の徒, ボルシェヴィスト。

보나로드, 브나로드, 브나：(ヴ・ナロード, в народ)"民衆の中へ！""民衆の方へ行け！"＞帰農運動, 大衆教化（文盲退治, 文字普及）運動。

싸, 싸비엘, 쏘비엘, 쏘비엘트, 쏘비에트, 쏘비여트：(ソビエト, совет) 労兵会, 労農会, 労農政府, 労農政治＞蘇聯邦, 露西亜。

쎄・쎄・쎄・르：(セ・セ・セ・ル, СССР = Союз Советских Социалистических Республик) ソビエト社会主義聯邦共和国。

쏘후호─즈, 싸후호─즈：(ソフホーズ, совхоз = советское хозяйство) 國（公）営の集団的農業農場。

아기트카：(アギートゥカ, агитка) 扇動劇。

아코：(アコ, 原語不明) 露西亜の国営農場。

알텔, 아─텔, 알테리：(アルテール, артель)（露西亜の）共働共利組合, 労働組合。

야체, 야체이카 : (ヤチェーイカ, ячейка) '細胞' (露国共産党組織体の最小単位).

에스・엘 : (エス・エル, с.р.= партия социалистов - революционер) 露国の社会革命党 (員).

에포, 에포오 : (エポ, 原語不明, Единое Потредительское Общество) 蘇聯邦の単一労農消費組合.

우다르닉, 우다르니키 : (ウダルニク, ударник 1917年2月革命時の) 突撃隊 (員).

이스크라 : (イスクラ, Искра 1901-1905) '火花' (露国におけるマルクス主義宣伝に重要な役割をした新聞紙名).

인텔리겐차, 인테리겐챠, 인텔리겐쳐, 인텔리겐챠, 인텔리겐춰, 인텔리겐치아, 인텔리겐치야 : (インテリゲンチャ, интеллигенция) 知識階級, 有識者階級, '知識群' > 高等教育を受けた人.

츠이크 : (チイク, ЦИК = Центральный Исполительный Комитет) 露国中央執行委員会 (の略称).

카뎉트 : (カデット, кадет) (1905年頃に立ち上がった) 露国憲政民主党員.

컴페니아, 캄파니아 : (カムパニア, кампания) (1) 組織的な 大衆闘争, 戦闘, 大衆動員. (2) 戦場.

콤소몰 : (コムソモル, комсомол, комсомолец) 露国共産青年団 (員), 共産青年同盟 (員).

킴 : (キム, Коммунистический Интернационал Молодёжи) 露國共産青年インタナショナル. 国際共産青年同盟.

키노 : (キノ, кино) キネマ, プロキノ.

파치레트카, 패치레트카, 피아치레트카, 피야티레트카 : (パチレトゥカ, пятилетка = пятилетний план) 五カ年計画 (露国の).

포푸토치키 : (ポプトチカ, попутчик) '同伴者', '同伴者作家' (プロレタリアートの社会運動には直接参加しないがその運動の正当性を是認して随行または賛同する者).

푸레넘, 푸레남：(プレナム, пленум) 共産党中央委員会の総会, 全体会議。

푸로핀턴, 푸로핀텔, 푸로핀테룬, 푸로핀테른：(プロフィンテルン, Профинтерн = Красный Интернационал профсоюзов 1921-37) 赤色労働組合インタナショナル国際赤色労働組合 (1921年7月 コミンテルン指導下に各国革命的労働者の手によって莫斯科に創立されたもの)。

(2.2) その他，ロシアの日常生活，風習，歴史的制度など

깔로쉬, 고로쉬：(カロシュ, галоши, галошаの複数形 < f.galoche) 오-버슈쯔 (オーバーシューズ)

데샤친, 데샤틴：(デシャチン, десятина) 露西亜の 土地面度尺目 (約2.7エイカー相当)。

러스키, 로스키, 루스끼：(ロスキ, русский) 俄羅斯 (露国) の人。露国人。

루바쉬카, 루바슈카, 루바시카, 루파시카, 루파슈카：(ルバシュカ, рубашка) 露国人用シャツ, 上着のボタンを「く」字形に付けて腰にバンドを着けた上衣。

루우블, 루—불：(ルーブル, рубль) 露国の銀貨 (約106銭相当)。

밀：(ミル, мир) 露国の村落共産体, 土地共有村落。

발라라이카：(バラライカ, балалайка) ギターのような形をした (露国の) 弦楽器 (二弦乃至三弦)。

베치카, 페치카, 패이치카, 패—치카：：(ペーチカ, печка) 暖炉, 筒暖炉。

보드카, 보트카, 워드까, 워듸카, 워디카, 워트카：(ヴォトゥカ, водка) 露西亜焼酎 (ライ麦を材料として作った露西亜火酒, 現今はしばしば馬鈴薯・大麦で醸造する)。

사모발：(サモヴァール, самовар) (露西亜の) 銅壺, 神仙爐。

쓴드라, 툰드라：(ツンドゥラ, тундра) 凍土帯, 苔原 (西伯利亜等の)。

쯔아—, 츠아：(ツァーリ, 帝政ロシアの皇帝の称号, царь) ツァー

체트베르트：(チェトウベルトゥ，четверть）露国の穀量単位名目（221リットル余，約一石一斗）。

쿨라크，크라―크，쿨락：(クラーク，кулак）（露西亜の）豪農，富農。

토스카：(トスカ，тоска）苦悩，世界苦。

트로이카，트로이까：(トゥロイカ，тройка）三頭聯立式馬車。

하라쇼：(ハラショ，хорошо）素晴らしい，よいぞ！

　以上から，外来語としてのロシア語の大部分が当時の国際政治や思想運動を反映して，革命後のロシアの制度や政治に関するものであることがわかります。これは朝鮮だけでなく日本でも同様でした。それ以外のものが大変少ないことがわかりますが，この中で注目されるのが「토스카：(トスカ，тоска）苦悩，世界苦」という項目です。この項目には出典が無いので朝鮮でどのように使われたのかわかりませんが，この言葉は，ロシア人の精神を考える上で重要な概念をもつと言われます。果たして外来語としてどの程度普及していたのでしょうか。この単語については，次の，エセーニンの詩の翻訳のところで再度取り上げることにします。

3. ロシアの詩の翻訳集

　朝鮮では外国の小説の翻訳書というのはあまり見かけませんが，特にロシア文学の翻訳はめったに見かけません。近代初期のロシア文学の翻訳というのはたいてい日本語の翻訳からの重訳でしたし，単行本として独立したものはなかったようです。ところが，植民地支配の終わった解放直後にはロシアの詩人の『エセーニン詩集』が単行本として出版され，中国の近代文学では『魯迅短編集』が出版され，『資本論』も出版されています[6]。

　しかし，韓国では1948年の政府樹立以後は反共国家として共産主義権の文献と共産主義関係の文献が一般に禁止状態におかれたので，こうしたつかの間の自由な出版はすぐに終わりを告げ，1980年代の終わりになるまでこうした状態が続きます。この間，共産主義や社会主義関係の出版が禁止状態

におかれるだけではなく，こうした思想とは関係の無い中国やロシアの近代文学さえも出版されなくなってしまいます。

　このことを考えると，このつかの間の自由が許された時期に『エセーニン詩集』が刊行されたのは大変注目すべき事柄だと思われます。訳者は詩人の呉章煥です。しかし呉章煥がエセーニンの詩を好んでいてその詩を翻訳したということから，この両者の詩を論じ，そこから二人の詩人の詩の共通点や違いを論じることができるのは確かだとしても，そもそも呉章煥がエセーニンの詩をどのように受け入れ理解していたかということを無視して，単に両者の詩を論じてもあまり意味はなさそうです。彼がエセーニンの詩をどのように受け入れていたかを知るには，すくなくともまず彼のエセーニン翻訳を検討することが必要です。その作業もせずに二人の詩人を論じても結果はほとんど無効となりかねません。

　本稿では，呉章煥やエセーニンの詩について文学的なことは扱わず，さしあたり呉章煥の翻訳した『エセーニン詩集』が原詩をどのように翻訳しているか，形式的な点の一面のみを扱うことにします。呉章煥の訳した翻訳詩集とは次のものです。

　呉章煥訳『에세―닌 詩集』動向社（서울）1946.5.28

　この詩集に収録された詩は全部で14篇で，1915年から1925年までに作られた詩が収められています。彼がこの翻訳にさいして使った原本が何であったかについては，この訳詩集には言及がありません。果たして彼はロシア語の原詩を理解するだけの語学力があったのでしょうか。植民地時代の彼はモダニストの詩人としてかなり名が知られていましたが，彼がロシア語を学んだということは知られていません。のちに病気療養のためモスクワに1年ほどいたといわれていますが，それは彼が解放後に38度線を越えて北に行ったあとのことであり，すでにこの訳詩集が出たあとのことです。
　もし彼がロシア語以外の翻訳を使って訳したとすれば，一番可能性のあるのはそれまでに出た日本語の翻訳ということになります。そこで以下では，

彼の翻訳詩をロシア語の原詩および日本語の翻訳と比較することにし，その翻訳の内容がどのようなものであるかを調べることにします。

彼がこの翻訳詩集を出すまでに日本語で出ていたエセーニンの翻訳詩集は次の2種類です。単行本以外のものはここでは除外しました。最初のものはエセーニンの自殺から5年後に出ておりかなり早い時期の出版です。

（集）尾瀬敬止訳『エセーニン詩集―サヴェート詩人選集第二巻』素人社書屋 1930.
（抄）八田鐵郎訳『エセーニン詩抄』白馬社 1936.

前者には37篇，後者には42篇の詩が収録されています。そして呉章煥の訳した詩は全てこの2冊の訳詩集のどちらかに翻訳収録されています。表1は呉章煥の翻訳詩集に収められた詩を収録順に示し，そのロシア語原詩の題名と二つの日本語訳詩集の題名とを対照したものです。

ロシア語の原詩で題名のあるものはそれを大文字で示し，原詩に題名の無いものは詩の最初の1行目を示しました。また日本語の詩の題名にそえた（集）（抄）はそれぞれの訳詩集の略号です。

この対照表を見てわかることは，原詩に題名がついているものは，翻訳でもその題名を使うことができるはずですが，第10番目の詩では原詩の題名 СТАНСЫ（四行詩）を使わず，日本語の詩の題名の最初の部分を使っています。ただしこの場合は，原詩の題名が抽象的なので詩の最初の出だしを題名にしたものと考えれば必ずしも日本語の訳詩の題名を使ったと考えなくとも済みます。

原詩に題名の無いものについては，原詩の冒頭を題名として利用することもでき，そうでなければ翻訳するときに新たな題名をつけることもできます。原詩の冒頭を利用したものは，第1, 4, 11であり，新たに題名をつけたのは第2, 3, 7, 12です。このどちらの場合についても，呉章煥の朝鮮語訳の詩集では全て日本語の訳詩集に使われているものをそのまま使っています。ただし第12番目の詩は，他の外国語の訳でも「吹雪」という意味の題

表1　エセーニン詩集収録詩の題名

01	나는 農村最後의 詩人	Я последний поэт деревни,	私は農村の最後の詩人（集） 私は田園最後の詩人（抄）
02	平和와 은혜에 가득찬 이땅에	Мы теперь уходим понемногу	平和と恵みに充ちた此の土地へ（抄）
03	모밀꽃 피는 내 고향	Устал я жить в родном краю	私は故郷で（集） 蕎麦色の曠野のトスカの中で（抄）
04	적은 숲	Мелколесье. Степь и дали.	小いさな森（集） 小さな森（抄）
05	봄	ВЕСНЯ	春（抄）
06	어머니께 사뢰는 편지	ПИСЬМО К МАТЕРИ	母への手紙（抄）
07	어릴적 부터	Все живое особой метой	小さいときから（抄）
08	나의 길	МОЙ ПУТЬ	私の道（抄）
09	싸베―트・러시아	РУСЬ СОВЕТСКАЯ	サウエート・ロシア（集） ソヴェート・ロシア（抄）
10	나는 내 才能에	СТАНСЫ	私は自己の才能に対して深い信頼の念を抱いている（抄）
11	하늘빛 녀인의 자켙	Голубая кофта. Синие глаза.	空色の女ジャケツ（集）
12	눈보라	Снежная замять крутит бойко,	吹雪（集） 吹雪（抄）
13	망난이의 뉘우침	ИСПОВЕДЬ ХУЛИГАНА	無頼漢の懺悔（抄）
14	가버리는 러시아	РУСЬ УХОДЯЩАЯ	去りゆくロシア（集） 去りゆくロシア（抄）

名をつけた例があるので，日本語の題名を使ったと考えなくともよいのですが，それにしても題名に関するかぎり，あまりにも日本語の訳詩集との関係が密接だと思われます。

それでは訳された詩の内容を見るとどうでしょうか。まず第1番目の詩「나는 農村最後의 詩人」から見ることにします。最初は第1連です。

　　나는 농촌 최후의 시인
　　판때기로 건늬인 적은 다리는
　　조심성스러운 노래 가운데,
　　白樺잎새 피우는

작별의 미사속에 나는 서있다.

原詩は次の通りです。

Я последний поэт деревни,
Скромен в песнях дощатый мост.
За прощальной стою обедней
Кадящих листвой берёз.

原詩は4行で2行目に終止符がありますが、訳詩は5行で途中に終止がありません。このためリズムが変わっていて、原詩に比べ間延びのする感じです。その原因は訳詩の2,3行め판때기로 건늬인 적은 다리는／조심스러운 노래 가운대，(板で渡された小さな橋は／つつましい歌の中で，) となっていて、もとの原詩の2行目Скромен в песнях дощатый мост.(板橋は歌の中でつつましい。) と比べるともとの詩になかった言葉が加わっているためでもあります。この部分に対応する日本語の訳は次の通りです。

私は農村の最後の詩人，
板張り橋は歌の中では謙譲だ。
白樺の葉を燻らす
告別式を濟まして，私は佇んでゐる。(集)

私は田園最後の詩人。
板橋はつゝましく歌の中
白樺の葉燻ゆる
別れの彌撒に私は立つてゐる。(抄)

呉章煥の訳はこの二つの日本語訳の内では後者に近いといえます。次に第2連を見ることにします。ロシア語原詩と日本語訳も同時に掲げておきます。

황금빛 불꽃으로
밀초는 눈부시게 타오르고,
달빛에 어리는
나의 掛鍾은
나의 子正을 울릴것이다.

Догорит золотистым пламенем

Из телесного воска свеча,

И луны часы деревянные

Прохрипят мой двенадцатый час.

人間の蜜蠟で作つた蠟燭は
黃金色の焰を立てゝ燃え盡き
月影による樹時計は
私の十二時を鳴らし續けるだらう。(集)

金色の焰もたえだえに
蠟燭の火は消えかゝる。
間もなく月の樹時計が
私の十二時を打ち鳴らすだらう。(抄)

　まず第2連の前半です。朝鮮語訳は 황금빛 불꽃으로／밀초는 눈부시게 타오르고,(黃金色の火花で／蜜蠟はまばゆく燃えあがり）ですが,原詩は「肉体の蠟からなる蠟燭は黃金色の炎でもって燃え尽きる」という意味で日本語訳では前者が原詩に沿った訳になっています。しかし呉章煥の訳はかなり原詩とは違った内容になっていて,日本語訳では後者に近いとはいえますが,それでも蠟燭が燃え尽きるという内容が省かれてしまっています。第2連の後半は 달빛에 어리는／나의 掛鍾은／나의 子正을 울릴것이다（月光でにじむ／私の掛け時計は／私の午前零時を鳴らすだろう）です。ところが原詩

は「そして月の木製時計は私の十二時をしゃがれ声で告げるだろう」です。原詩のかなり特異な表現が朝鮮語訳ではまったく消えてしまっています。特に原詩の「луны часы деревянные（月の木製時計）」というのは奇妙な造語ですが，もしこれが（集）の訳にあるように樹木による月の影を日時計と同じように時計に見立てたことを表したのだとすれば日時計にならって，「月時計（лунные часы）」とでもすればよいように思われますが，エセーニンは「月の時計（луны часы）」としてさらに「木製の」という付加語をつけています。こうして作者がことさら普通でない表現をしたのであればそれは翻訳で無視してよいわけはありませんが，呉章煥の訳ではそれらがすっかり消えて平凡な内容になっています。もし彼がロシア語の原詩を見ていたらこうした翻訳はできなかったはずです。おそらく日本語訳の「樹時計」という表現の由来に思い至らず単なる掛時計にしてしまったのだと思われます。

　さらにこの詩を少しはしょりながら最後まで見ることにします。第3連です。

　　　새파라니 물든
　　들가운대 길에도,
　　미구에 무쇠의 손님은 나타나
　　그의 검은손은
　　하눌빛 맑게 비최이는
　　밀보리를 실어가리라.

На тропу голубого поля
Скоро выйдёт железный гость.
Злак овсяный, зарею пролитый,
Соберёт его чёрная горсть.

空色の原野の小道の上に
忽ち『鐵のお客』(「都会」を指す) が現はれよう。

かれの黒い手のくぼみは,
曙の力で流し出された燕麥を取り集めよう。(集)

空色の野邊の小道に
間もなく鐵の客人がやつてくる。
曙の色映へる燕麦は
黒い手に刈り取られてゆくだらう。(抄)

　朝鮮語訳の後半の３行はユ의 검은손은／하눌빛 맑게 비최이는／밀보리를 실어가리라（その黒い手は／空色に澄んで輝く／小麦を積んでゆくだろう）となっています。ところが原詩はここでもエセーニン独特の表現で「朝焼け（または夕焼け）により撒き散らされたライ麦を／彼の黒い掌は取り集めるだろう」となっています。日本語訳では前者が原詩の表現に近く，後者はかなり普通の平凡な表現に変えていますが，朝鮮語の訳は後者の表現をうけついでいるように思われます。次は第４連です。

　　아, 목숨을 갖지않은
낯서른 손길이어!
너는 내노래의 목을 졸를때
갓 패인 보리이삭의 망아지들은
전부터 낯익은 나를 위하야
코를 불리라.

Не живые, чужие ладони,
Этим песням при вас не жить!
Только будут колосья - кони
О хозяине старом тужить.

死んだやうな, 不思議な掌よ,

お前たちが現れた時には，その歌を滅せ！
たゞ穂──種馬(たねうま)だけは
年老いた主人を惜しむだらう。(集)

あゝ，生なき見知らぬ手よ，
お前は私の歌の生命を奪ひ去る。
昔なじみの私のために
麥穂の小馬が嘶くだけだらう。(抄)

最後の２行を見ます。전부터 낯익은 나를 위하야／코를 불리라．(以前から顔見知りの私のために／(鼻から息を出して)いななくだろう)となっています。原詩では「ただ，馬である(ライ麦の)穂が年老いた主人を懐かしむだろう」となっており，ライ麦の穂を馬になぞらえた表現が使われています。日本語訳では前者が原詩の表現に近く，後者はかなり変えられていますが，ここでも呉章煥の訳は後者を踏襲しているように思われます。最後の第５連です。

　　바람조차 슬픈 우름소리를
실어간 다음，
소조한 망아지들을 잠재울때면 …….
오라지않어 달빛에 어리는
나의 掛鍾은
나의 子正을 울릴것이다．

Будет ветер сосать их ржанье,
Панихидный справляя пляс.
Скоро, скоро часы деревянные
Прохрипят мой двенадцатый час!

供養の風はかれらの跳躍を警めて，
その嘶く聲を吸ひ込むであらう。
忽ち，忽ち樹時計は
私の十二時を鳴らし續けるであらう。（集）

風は嘶く声を運び去り
騒ぐ小馬をとりしづめ……
間もなく月の樹時計が
私の十二時を打ち鳴らすだらう。（抄）

　呉章煥の訳詩の最初の3行は바람조차 슬픈 우름소리를／실어간 다음，／소조한 망아지들을 잠재울때면 ....（風さえ悲しい泣き声を／積んで行ったあと／騒がしい子馬を静める時には……）ですが，これは原文の「風は，弔いの踊りを踊りながら，そのいななきを吸い込んでいくだろう」とはかなり違っています。日本語訳は二つとも原文と異なっていますが，なぜ「警めて」とか「とりしづめ」となるのかその理由がわかりませんが，すくなくとも朝鮮語訳については後者の日本語訳とかなり近いと思われます。
　以上の考察から感じられるのは，日本語訳のうち後者は，前者の日本語訳の結果を考慮し取り入れてなされていると思われること，および朝鮮語の訳は日本語訳のうち後者をかなり使ってなされているのではないかということです。以下，断片的に取り上げながらさらにこれらの推測の妥当性を確認することと，呉章煥がロシア語の原文を参考にしたかどうかについても考察をしてみます。
　朝鮮語訳エセーニン詩集の2番目の詩は「평화와 은혜에 가득찬 이땅에」です。この題名は先に挙げた題名一覧にある通り日本語の訳詩集の題名「平和と恵みに充ちた此の土地へ」（抄）をそのまま翻訳したものです。この詩集の第2連と第3連は次の通りです。

　　그리운 白樺숲이어！

사랑하는 이땅 넓은 들이어!
이처럼 넘처나는 모든것 앞에서
내마음은 시름에 막혀버린다.

　이 平和로운 세계에서
나의 번뇌는 깊이를 모른다
이때믄에만 불려진 노래도 헤일수없다
아 이 시름많은 땅우에 사는몸으로
숨쉬고 살수있는것만도 얼마나 복된 일이냐.

この部分に対応する日本語訳は次の通りです。

　懐しい白樺の林よ！
愛する土地よ！砂原よ！
この溢れ出る多數の前にあつて
私の心は憂愁に閉されてしまふ。
<u>ヤマナラシは枝を擴げて</u>
<u>薔薇色の水面をのぞいてゐる。</u>

　この平和な世界で私の悩みは深かつた。
自分のために綴つた私の歌は數知れぬ。
この陰鬱な地上に住む身には，
息をして生きてゐることだけでも幸福だ。

　この両者を比べてみると，日本語訳で下線をつけた第2連の最後の2行にあたる部分が，朝鮮語訳にはありません。朝鮮語訳ではこの部分が完全に省略されています。なぜでしょうか。実は日本語訳はロシア語の原詩にならって1連あたり4行ずつにして翻訳しています。外れているのは冒頭の第1連と第2連のこの部分です。第1連の方は訳文が長くなりすぎ2行になっ

第5章　朝鮮文学とロシア語　　257

たことで5行になっていますが，第2連のこの部分は違います。実は訳文のこの部分はロシア語原詩の第3連の後半です。つまり日本語訳の第2連というのはロシア語原詩の第2連と第3連の後半を合わせたものとなっていて，第3連の前半の2行が翻訳されておらず省略されてしまったものとなっているのです。なぜこのような奇妙なことになったのかはわかりませんが，この部分が2ページにわたっていることから見るとおそらく活字を組むときに誤って脱落したのではないでしょうか。

　いずれにしても，結果として朝鮮語訳では原詩の第3連が完全に省略されてしまっています。おそらく日本語訳のこの部分が前後と調和がとれず省いてしまったのだと思われます。もし訳者が原詩を見ていたのだとすればこうしたことは起こるはずがありません。第3連を全部訳していたはずです。このことからも呉章煥が原詩または日本語以外の翻訳を見ていなかったことがほぼ確められます。

　次は翻訳集の第3番目の詩です。朝鮮語訳の第1連です。

　　　모밀꽃피는 曠野의 토스카속에서
　　나는 고향사리에 넌더리를 내었다
　　그리하야
　　집없는 거지나, 밤도적같이
　　나는 기우러가는 내집을 버렸다.

　　Устал я жить в родном краю
　　В тоске по гречневым просторам.
　　Покину хижину мою,
　　Уйду бродягою и вором.

　　私は故郷で
　　蕎麥色した曠野のトスカの中で暮らすのに疲れた。
　　私の草舎を棄て,

宿無し者や泥棒になるつもりで家出をしよう。(集)

蕎麥色の曠野のトスカの中で
おれは故郷の生活に倦き果てた。
無宿者か泥棒のやうに
おれはわがあばら屋を後にする。(抄)

　問題となる点がいくつかありますが、まず後半を見ましょう。「그리하야／집없는 거지나, 밤도적같이／나는 기우러가는 내집을 버렸다．(そして／家の無い乞食か泥棒のように／私は倒れかけた家を捨てた。)」となっていますが、原文は「私の小屋を見捨てて／浮浪人か泥棒となってでかけよう」です。朝鮮語訳の過去形は原文と違っていますし、「家の無い乞食」というのも日本語訳の「宿無し者」「無宿者」を文字通り訳していますが、原文から離れる結果になっています。次は前半の「모밀꽃피는 曠野의 토스카속에서（そばの花咲く曠野のトスカの中で）」ですが、これは日本語訳の「蕎麦色した曠野のトスカの中で」「蕎麦色の曠野のトスカの中で」に由来していて、ロシア語原詩では「そばの広野でのトスカの中で」ですから原詩に近くなっているともいえます。ところでこの「トスカ（тоска）」は「憂鬱，憂愁，哀愁，退屈」などの意味ですから、そのように訳せばよさそうなのになぜ原語のままにしたのでしょうか。

　いま問題にしている朝鮮語の翻訳集に収められた14篇のエセーニンの詩のうち3篇の原詩にはこの「тоска」が使われていて、そのうちの一つは上述した第2番目の詩の引用にすでに現れています。すなわち第2連の最後の行「내마음은 시름에 막혀버린다．(私の心は憂いにふさがってしまう。)」の部分で日本語訳で「私の心は憂愁に閉ざされてしまふ。」という部分です。原詩では「Я не в силах скрыть моей тоски．(私は私のтоскаを包み隠すことができない。)」となっています。またこの訳詩集の第6番目の詩「ПИСЬМО К МАТЕРИ（母への手紙）」では

「Чтоб скорее от тоски мятежной／Воротиться в низенький наш дом．(はやいとこ落ち着かないтоскаからぺちゃんこのぼくらの家に戻るために)」という部分で朝鮮語および日本語の翻訳ではそれぞれ「미칠듯한 번뇌를／한시라도 밧비 뛰쳐／추녀얕은 나의집에 도라갈것뿐．(気も狂う煩悩を／一刻もはやく逃げだして／軒の低い私の家に帰ることだけだ。)」および「この気も狂ふばかりの悩みを逃れて，／一刻も早く，あなたの小さな家へ飛んで帰ることです。」となっています。

つまり他の詩では「憂い」「憂愁」「煩悩」「悩み」と訳されているのです。とすれば，この第3番目の詩でも，ことさら「トスカ」と思わせぶりに原語の形を残さなくても訳せたはずです。しかし最初の日本語訳で「トスカ」となっていたためにそれが踏襲され呉章煥の訳にまで引き継がれてしまいました。翻訳する際に原語を残した背景にはこの「тоска」という語がロシア人の気質を表すキーワードであって特別な意味合いが含まれていると言われていたことが影響しているのかもしれません。たしかに初期の詩から自殺を歌いついにそれを実行してしまったエセーニンの詩にはこの語がよく登場します。例えば「тоска весёлая (楽しげなтоска)」「тоскливые рыданья (気の滅入る号泣)」「тоской журавлиною (鶴のтоска)」「счарующей тоскою (魅惑的なтоскаと共に)」「была тоска (тоскаが有った)」「вместе с тоской (тоскаと一緒に)」「от тоски (тоскаから)」などなどです。もちろん，このことからこれらの詩に現われる「тоска」という語を全て一律に同じことばで翻訳するというのは理にかなったこととは言えませんし，ましてや外来語として定着もしていない原語を使う必要はなかったと思われます。しかしすでに外来語のところで紹介した『モダン朝鮮語外来語辞典』にはトスカの項目があったことから朝鮮でこの言葉が話題になったことがあったのかもしれません。この点については今これ以上のことはわかりません。

最後に，日本語訳を使わずに訳さなければならなかった部分について述べておきます。それは日本語訳で伏せ字となっていて空白になっている部分です。日本語訳に無いのですから，原文を見ない限り，自分でこの部分を補わ

なければなりません。伏せ字になったこれらの部分は，翻訳された当時の日本で禁止されていたか好ましくないとして印刷がされなかった言葉です。呉章煥の詩集に収められた14篇の詩のうち3篇に伏せ字が現われます。それらは以下の通りです。

　　　神や、、、、を罵倒してゐたことだけが（「私の道」（抄））
　　　、、を倒し／偉大な權力を握つて（「私の道」（抄））
　　　偉大な、、、共和國にあつて（「私は自己の才能に對して……」（抄））
　　　、、、、の名前が風の樣に／全國土を吹きまくつてゐる。（「私は自己の才能に對して……」（抄））
　　　レニン主義の勝利の養ッ子である，／われわれはまだ多くを認識しないで，（「去りゆくロシア」（集））
　　　勝利者…………の弟子たる吾々の／智慧の程度は多寡が知れてゐる。（「去りゆくロシア」（抄））

　最後の「去りゆくロシア」は一方の訳では伏字になっていないので容易く伏せ字を埋めることができます。それ以外は原文を見なければならないのですが，実は短い単語の場合の伏せ字ならその当時の状況を知っていると文脈から類推できることも多いので，必ずしも原文を見なくてもわかる場合があります。朝鮮語の訳詩では全てこの部分の伏せ字は復元されていて，それぞれ「쓰아―리를（ツァーリを）」「帝政을（帝政を）」「싸베―트共和国（サベート共和国）」「싸베―트라는 이름이（サベートという名前が）」「레닌주의의（レーニン主義の）」となっています。最後の例は伏せ字の無い方の日本語訳を使ったことがわかります。ところが，このうち「、、、、の名前が」は「レーニンの名前が」でなければならず，朝鮮語訳者が「싸베―트라는 이름이（サベートという名前が）」だと推測したことは誤りであったことがわかります。つまり翻訳者はロシア語の原詩を見なかったことがここでも明らかです。なお，これらの伏せ字の対象となったのが当時の日本にとっての敵性国家であったソ連に関係する言葉であることは理解できますが，すでに消滅してい

たロシアの帝政やツァーリが伏字になったのはなぜでしょうか。それは王制を打倒の対象とすることが日本の天皇制を否定することにつながるとみなされていたことだと考えられていたからです。

　以上のことから，朝鮮語訳のエセーニン詩集は，すでに存在していた２種類の日本語訳を利用したことが明らかであるばかりでなく，この２種類の日本語訳の範囲から出ていないことがはっきりします。つまり，もし日本語の訳に妥当でない部分があったとしても，それをそのまま受け入れているということであり，さらに，エセーニンの多くの詩のうちこの詩集に収められていない詩はおそらく考慮されていないということです。このことが呉章煥のエセーニン理解にどのような制約を与え影響したかについては本稿では考察しませんが，すくなくとも呉章煥がエセーニンの詩の全体を見ていたということはありそうもないのは確かです。

4. ロシア語の出てくる小説

　文学作品の中にロシア語が登場したからといってその作品を特別扱いする根拠にはなりません。ただすでに述べたように朝鮮が位置する地理的な条件とそれにともなう周辺との関係の一つとしてロシアとの関係が生じます。そのことから作品中にロシア語が登場する場合があります。そのロシア語は外来語としてのロシア語と外国語としてのロシア語です。前者の外来語としてのロシア語が登場する場面はあまりありません。いずれの場合にもそれ自体は特別な意味をもちませんが，その登場の仕方と使われ方から，朝鮮文学の性格の或る側面に光を当てる手がかりを与える可能性が出てきます。

(1) 李孝石の短編集『露領近海』

　李孝石の初期の短編集『露領近海』(1931)には彼が同伴作家とみなされていた頃の作品が収録されていて，社会の底辺の人々に焦点を当てた作品や国境近辺や国境を越えて革命後のロシアに亡命した人間の姿が描かれています。収録されている作品は次の８篇です。

「都市와幽霊」
「奇遇」
「行進曲」
「追憶」
「北國點景」
「露領近海」
「上陸」
「北國私信」

　「都市와幽霊」はソウルに夜出るという幽霊の正体が実は住むところの無い底辺の人々だったという話を述べたもの,「奇遇」は語り手の知る一女性が逢うたびに悲惨な状況に落込んでゆく様子を扱っていて社会の実状に対する批判的な主題でありながらこの作者独特の幻想的な叙述になっています。「行進曲」は趣が変わって秘密の任務を帯びて変装して奉天に向かう男が自分を尾行する密偵の追跡を逃れる活劇を描いていて一見李孝石らしくない印象を受けます。この冒険談はこの本が出る前年にでた林房雄『鉄窓の花』に収められた「檻の中の四人」を連想させます。主人公のそばに全く彼の活動とは無関係な人物を登場させる所も似ています。もちろん文才のある林房雄の作品の方は大衆文学としてはるかに面白く読者をひきつける力がありますが,後に転向し作品の傾向を変えた二人の作家が共通する傾向の作品を書いていることは興味深いことだともいえます[7]。
　さて『露領近海』に収められた次の作品「追憶」は,主義の実践のために必要となる資金を得るため自分の父の財産を奪うようにするという内容です。
　この作品集の後半に収められた4篇は朝鮮の国境およびロシア領を舞台とした作品で,作者の同伴作家としての代表作とみなされているものです。
　「北國點景」は「林檎」「마우자（マウジャ）」「C驛風景」「飛行機」「모던걸・메론（モダンガール・メロン）」の短い5篇に分かれています,北方の国境の町を舞台にして,そこの風景を美しく描写するという形式をとっていて,一見すると大変抒情的な作品のように感じられます。しかし,この大変

美しい風景描写の背後にある緊張した国境の町の警備の厳しさは，それをすり抜けて国外に出ようとする革命家や独立運動家の存在を示唆していてこの風景の美しさが見かけだけにすぎぬことを述べています。

　最初の「林檎」で，すでにそのことは暗示されています。りんごの実っていた畑の風景も今ではもう見られなくなった国境の村。おそらく朝鮮と中国との国境の会寧だと思われます。

　　　　산이움즉이고 언덕밋물줄기 도라버리니 목마른능금밧 점점말너갓다.
　　　　산모롱이에 남포소래어지럽드니 논깍거신작로뻐치고 밧파고 던보대섯다.
　　　　집신이 「고로시」(고무신) 로변하고 관솔불이 던긔불로변하고 풀무간이 철공장으로변하고 물레방아가 정미소로변하얏다. (李 1931 p. 121)

　　　　(山が動き土手の下の流れが向きを変えると渇いたりんご畑が次第に干からびていった。
　　　　山すそに発破の音が轟くと田が削られ道路が延び畑を堀り電信柱が立った。
　　　　わらじがコロシ（コムシン）に変わり，松明が電灯に変わり，鍛冶屋が鉄工場に変わり，水車小屋が精米所に変わった。)

　山奥の村。緑の山の上に立つ瀟洒な別荘。次の「마우자」では以下のように描写されます。

　　　　그것이 「마우자」(로서아인) 의 별장이다. 혁명이폭발되자 도읍을좃
　　　　겨나 멀니동으로다라온 백계로인 양코스키일족의 별장이다.
　　　　긔차가되고 세상이변하니 사포와 사벨만보아도 겁내든 이벽촌에 지금
　　　　에는 코놉고빗다른 「마우자」 까지 들어오게되엿다. 옛적에 女眞人의들
　　　　어왓든 옛성터 남은 이마을에 이제 빗다른 「마우자」 들어와 흰옷사이에
　　　　네활개를폇다. (李 1931 pp. 122-3)

（それはマウジャ（ロシア人）の別荘だ。革命が勃発すると都会を追われ遠く東に逃げて来た白系露人ヤンコスキー一族の別荘だ。

汽車が通り世の中が変わるとサポとサーベルを見ただけで恐れていたこの僻村に今は鼻高く色の違うマウジャまで入りこんでしまった。昔女真族が入って来た古城の址が残るこの村に今や色の違うマウジャたちが入り込み白衣の間で堂々と歩いている。）

以下は「C風景」から「モダンガール・メロン」の要約です。（以下，原文の引用にはページがつけてあります。ページのないものは要約か抜粋です。）

そして村の停車場，ここに毎日のように現れる女。彼女の息子はソウルで学ぶと家を出たまま便りが途絶えた。母親は息子が出世して故郷に戻るのを待ったが10年すぎても音沙汰がなく，村の前を鉄道が通るようになっても便りがなかったが，そのうち息子が主義者になり監獄に入ったとか，マウジャとともにロシアに行ったという噂が伝わってきた。そして家を出て13年目，母親のもとに息子の遺骨が届けられた，息子は客死したのだった。精神に異常をきたした母親はそれからは毎日停車場に現れ列車の窓を覗き込みながら息子を探してくれと叫ぶのだった。

この停車場に現れたモダンガールの美人。しかし手帳をもち乗客を取り調べる国境警備員は彼女を例外扱いはしなかった。持ち物を全て拡げ一つ一つ調べ始めた。荷物の中からマクワウリが現れた。しなびてはいるがここ会寧の名産物だ。ようやく取り調べが終わり去って行く彼女を警官たちは鋭い視線で追っていたが，再度彼女を呼び戻し，マクワウリを調べようとする。抵抗する彼女と取り合いをするうちにマクワウリが地面に落ちて割れ，中に隠されていた拳銃が現れた。

不穏な雰囲気のただよう国境の村の停車場を詩的な描写で描いていますが，描かれている対象と描写の美しさが奇妙なアンバランスを保っています。短いこの作品に使われたいくつかの外国語と外来語がこの作品に国境の村ら

しい雰囲気をかもし出しています。

　고로시（고무신）はすでに２章（１）の方言のところで述べたように，ロシア語起源の外来語でこの小説では括弧に入れて「コムシン」という注釈をつけています。

　마우자という言葉にも括弧をつけて（로서아인）すなわちロシア人という注がつけられています。これは中国語の「毛子 máozǐ」から来た外来語で，中国では清朝末ごろから西洋人を指す言葉として使われていて，日本語の毛唐に似た使い方です。朝鮮語ではロシア人を指す言葉として使われています。ただしその場合でも軽蔑して言うニュアンスがあるようです[8]。

　사포（サポ）は군모（軍帽）のことで軍人のかぶる帽子のことです。フランス語の chapeau から来たといわれています。

　사벨（サーベル）や모던걸（モダンガール）は日本語と同じ使い方であり，메론（メロン）はここではマクワウリの意味で使われています。

　この作品集の終わりに収録されている「露領近海」「上陸」「北國私信」の３篇は３部作をなすものです。最初の短編「露領近海」は革命運動家がロシアに向かう船の石炭の中に潜み密航を企てる話，そうして同志の助けによってロシアの港に上陸するのが「上陸」で述べられ，その後ロシアで暮らしだしたあとの一挿話が「北國私信」です。語り手が革命後のロシアに憧れ亡命するだけにこの３篇にはロシア語とロシアについての話がかなり登場します。そこで作品におけるそのロシア語の使われ方が問題となります。

　以下作品紹介をしながら，その中に登場するロシア語を取り上げますが，作品中ではキリル文字によるロシア語表記は一切使われず全てハングルで表わされており，しかも意味の説明はありません。従って普通の読者にはその意味は不明のままであったと思われます。作者李孝石が一般の読者が読むことを想定していなかったのか，ロシア語のわかる一部のものしか読者として想定していなかったのかはわかりません。従って以下の引用に現れるロシア語表記は全て論文筆者が挿入したものです。またハングル表記には現在使われていないものもあり，現在の活字で表わせないものがありますが，それらは適宜現代語の表記に変えてあります。また文中＊印をつけた語は，ロシア

語としては成立しない語や言い回しです。まず「露領近海」です。

　朝鮮の港を出て北へ向かう客船。大部分が商人たちの高級船客。甲板には任務を帯びて人を追う鼈甲ぶちの密偵とひそひそ話をするマウジャ。火夫が石炭をくべている機関室の隣の真っ暗な石炭庫の石炭の中にひそむ青年がいた。彼は事情を知ったボーイが人目を忍んで運んでくる僅かの水と食べ物でこの極熱の暑さに耐えていた。
「そこに行けば自分もこの着物を脱ぎ捨て，これまでの生活を捨て去るのだ」
「ああ！　そこに行けば同志がいる。マウジャと共に働く同志がいる！」
　この船の三等船室には金もうけの幻想を懐いて移住してゆく者たちが乗っていた。
「金持ちもおらず，貧乏人もおらず，みな同じに住みよい国」を漠然と訪ねてゆく者も多かった。
　ソウルに勉強しに行くと家を出て13年目にロシアに行き客死した息子の骨を拾いにゆく可哀相な母親もいた。そのさまざまな人たちに混じって世界地図とロシア語会話の本を抱えてロシア語の単語を一つ一つ暗記しようと読んでいる青年もいた。

「가난한로동자」—「베드느이 라보―취이」
「력사」—「이스토―리야」
「전쟁」—「보이나」

책을덥고 눈을감고 다시 한마듸한마듸 속으로외여간다．

「긔ㅅ발」—「즈나―먀」
「아름다운래일」—「크라시브이 자브트라」
（「貧しい労働者」「бедный рабочий」／「歴史」「история」／「戦争」「война」／本を閉じ目を閉じて再び心の中で暗記してゆく。／「旗」

「знамя」／「美しい明日」「красивое завтра」）（李 1931 p. 154）

　鼈甲ぶちの男とマウジャが何か熱心に話しながら三等船室に入り自分の席の方に行く。ロシア語に夢中になっている青年はマウジャを見ると話しかけたくなる衝動を抑え切れなかった。

　루스키 하라쇼！（русский хорошо！ロシア人は素晴らしい）
　루스키 하라쇼！（русский хорошо！ロシア人は素晴らしい）
　流暢とはいえぬ言葉で彼はこのように好意を表わした。
　マウジャもまたうれしそうに笑みを浮かべ青年に手を差し伸べた。（李 1931 pp. 155-6）

　夜が更けあと一日でロシア領の港に着く。

　以上がこの短編の内容ですが，石炭庫に隠れていた青年がロシアの港に上陸する場面は次の短編で扱われます。この短編に登場した「国境を越えてロシアで客死した息子とその母」というモチーフはすでに「北國點景」でも使われていましたが，朝鮮の小説ではよく使われるモチーフらしく，以下で扱う他の作家の作品にも出てきます。
　さて三部作の二番目は「上陸」です。

　石炭庫に潜んでから3日の航海の後，ついに船はソビエト連邦の一端に着いた。彼は早く上陸したかった。

「青い空。青い港。数知れぬ汽船。貨物船。ジャンク。無数のはためく赤旗。石を積んだ角ばった埠頭。クーリー。労働者。マウジャ。起重機。倉庫。工場。白い煙突。沈着な色彩の市街。石造りの家。会館。通りごとに訓練で練り歩く 피오닐（пионер ピオネール，共産主義少年団）。콤사몰카（комсомолка コムサモールカ，コムソモールのメンバー，（複

数の）共産主義青年同盟員）たちの闊歩。弾力のある新興階級の気性」。(李 1931 p. 160)

　彼は一刻もはやく彼らの中に入り込みたかった。夜になると彼の世話をしてくれたボーイがやって来て黒い루파쉬카 (рубашка ルバーシュカ, 上着) に着替えさせた。彼は船を下りるとき，それまで着ていた着物を何の未練もなく海の中に放り込んだ。それは故郷の貧しい母親が薄暗い灯の下でかすむ眼をこすりながら丹精をこめて縫ってくれたものだったが，彼は何の未練も残さずさっぱりと棄ててしまった。同時にこれまでの過去の全ても古着のごとく棄ててしまったのである。

　「고국의어머니여 다시뵈올그때까지 부대부대 건재하야주시오！(故国のお母さん，またお会いするまでどうかお達者でいてください！)」
　船から降り固い地面を踏むと憧れていた大陸！　感慨と安堵を一度に感じた。迎えに来ていた同志が挨拶する。
　「각 파쥐바—예테？(Как поживаете？いかがお暮らしですか？)」
　力強い握手を交わすと深い同志愛が伝わってきた。こうして彼は新たな生活の第一段階を踏み出したのだった。

　おそらく到着したのはウラジオストクと思われます。憧れの地に渡る青年を描いたにしてはかなり描写は抽象的です。ロシアの風景も想像されたものとしてしか登場していません。作品が観念的であることを示しているといえましょう。それでは最後の「北國私信」はどうでしょうか。これはこの青年がロシアで活動を始めたあとのある一つの出来事を友人に伝える手紙形式で述べたものです。

　到着してから２週間，その間訪ねるべき人を訪ね，見るべきものも見た。全てが想像していた通りで，皆が偉大な建設事業に力を尽くし，着実に仕事を進めている第三インタナショナルの非凡な活動に感動する

のだった。街の建物は帝政時代の物がそのまま残り，山の中腹には白衣民族の通りがあるが清潔ではなく古びた通りだ。国営販売所にはいつも人の列ができていて人々は必要な物を買っている。

흐레브（빵　パン хлеб）
먀쏘（고기　肉 мясо）
아보스취（야채　野菜 овощи）
싸ー하르（사탕　砂糖 сахар）
윗카（ウォッカ водка）
などだ。

　上陸してから彼はそこのカフェ・ウスリーによく出入りするようになった。そのカフェの主人の美しい娘のサーシャの魅力に惹かれてのことだった。彼女はカフェでは老父の奏でるアコーディオンに合わせてギターを演奏し歌い，また客の接待をした。可憐な笑みを浮かべよく響く声で

야류부류ー 바ー스（私はあなたを愛する Я люблю вас．）

と，その胸に抱かれたならその瞬間に死んでもこの世に生まれた甲斐があるのだと，普段の私にも似合わぬこんなとんでもない考えでセンチメンタルにさえなるのだった。
　広いカフェの中は人でぎっしりとなり安物の마홀카（マホールカ，安物の刻みタバコ махорка）の煙でいっぱいになった。しかしこのサーシャは，昼間は港に船が着くたび船に上がり船客たち一人一人の取り調べを行なう海上国家保安部の女性書記であり，数年前までモスクワに居るときは콤사몰카（комсомолка コムソモールのメンバー，共産主義青年同盟員）の一員として会館で仕事をし，夜は同志たちと革命史講義を聞くために通った女性だったのである。

カフェではサーシャが歌を終えると割れるような拍手の音が響いた。と，一人の船員らしい男が彼女の前に歩みより大きな声でどなった。

「크라씨―바야 때―보슈카！(美しい娘さん！ Красивая девочка！)」

　彼は彼女を抱き上げるとテーブルの上にのせた。人々がけげんそうにしていると彼はテーブルの上に立ち上がり大声で叫んだ。

「아욱쏜늬 톨기 (オークション，競売／オークションの競売 аукционы торги／аукционные торги)」
「！」
「？」
「아나 파쩨루―이 (彼女のキス／彼女がキスをする ＊она поцелуй ⇒ её поцелуй／она поцелует)」
　大胆なその男の振る舞いにいぶかしげだった人々は彼の叫んだ一言に喜びの声を上げ拍手し賛意を表した。
「하라쇼！ (いいぞ！ Хорошо！)」
「푸라보！ (ブラボー Браво！)」(李1931 p. 176)

　こうして彼女のキスをめぐる競りが始まった。1ルーブルから始まった競りは次第に値が上がってゆく。

「취토 스토―야트？ (いくらだ？ ＊Что стоят？ ⇒ Что стоит？)」
「아딘 루―브랴 (1ルーブル ＊один рубля ⇒ один рубль)」
「오―첸 됴쉐보！ (とても安いな！ очень дёшево！)」
「취토 스토―야트！ (いくらだ？ ＊Что стоят？ ⇒ Что стоит？)」
「드바 루―브랴 (2ルーブル два рубля)」
「트리 루―브랴 (3ルーブル три рубля)」
「퍄티 루―브랴 (5ルーブル ＊пять рубля ⇒ пять рубей)」

第 5 章　朝鮮文学とロシア語　271

「파티 파티 (5, 5 пять пять)」
「데—파샤티 [sic. 데샤티] (10 десять)」
「드바따티！(20 двадцать)」
「트리따티 (30 тридцать)」
「소—로크 (40 сорок)」
「파티데샤티 (50 * пятьдесять ⇒ пятьдесят)」
「쉐스틔데샤티 (60 * шестьдесять ⇒ шестьдесят)」
「쏌데샤티 (70 * семьдесять ⇒ семьдесят)」
「부쏌데샤티 (80 * восемьдесять ⇒ восемьдесят)」
「데뱌노—스토 (90 девяносто)」
「스토！(100！сто！)」
「데—샤티！(10 десять)」
「스토！스토！(100！100！сто！сто！)」
「야 류부류— 바—스 (私は君を愛する Я люблю вас.)」
「드베스티！(200 двести)」
「트리스타！(300 триста)」
「체트레스티 [sic. 타]！(400 четыреста)」
「파티소—틱！(500 * пятьсоты ⇒ пятьсот)」
「쉐스틕소—틕！(600 * шестьсоты ⇒ шестьсот)」
「틕샤차!!(1000 тысяча)」
「늬에트！늬에트！(いや！いや！Нет！нет！)」
「야 류부류— 카레이스쿠！(私は朝鮮人が好き！* Я люблю корейску ⇒ корейский, корейца)」(李 1931 pp. 177-184 から抜粋)

　このように競りがどんどん進行して行くのを価格の羅列で描写しています。100 ルーブルのあと 10 ルーブルが出てきたのはオークション開始の時の回想です。語り手は金の持ち合わせが無いのにこの中に飛び込み価格を競り上げ，ついにはサーシャの愛を仕留め，彼女と同棲するに至るというのが結末なのですが，革命運動家または独立運動家の語る物語としてはかなり不

似合いな内容です。これまで見てきた「露領付近」「上陸」「北國私信」の3部作を通してみても，主人公が革命運動にたずさわる人物だと設定されてはいても，それに対応する行動や思想が表現されているわけではありません。革命後のロシアの描写も通り一遍で観念的な描写に終わっています。この3部作で感じられるのはまだ見ぬ事柄に対する漠然とした憧れであり，サーシャという女性に対する語り手の愛着なのではないでしょうか。李孝石が同伴作家とみなされていた頃に書かれたこれらの作品においても彼は決してそれにふさわしい内容の作品を書いているようにも思われません。彼の特色はかえって「北國點景」や「北國私信」に登場する女性の描写においてよく発揮されているようにも思われます。特に彼が転向後に書いた小説を考えると「메밀꽃필무렵（蕎麦の花咲くころ）」では性の話題がまだ一種の神秘的な雰囲気をまとっていますが，さらに後期の長編『花粉』に至ると奔放な男女の性があからさまに扱われ，おそらく当時の日本では当然発行禁止となったと思われますが，植民地では日本と違ってこうした作品の場合は独立運動と無関係なためかえって問題とされなかったのか発禁にもならず，無事出版されています。こうした男女の問題がこの作家の本領であったのかもしれません。

　もしかするとこの作品集に登場するロシア語は，作品の中で遠い異質なものに対する憧れを表現するための道具立てであったのではないでしょうか。そして彼が同伴作家とみなされていた時期に彼が持っていたロシア革命後のロシアに対する憧れは，やがて彼の文学の本領ともいえる本能としての生の表れ，特に性に関する領域に移ってゆきますが，その一端が「北國私信」にも姿を見せているといえそうです。

　上に見てきたように使われたロシア語は決して，現実に使われた生きたロシア語を表記したものではありません。せいぜい教科書から書き抜いたものをならべた程度のものでしかないようです。それにしても，かなり誤りが目立つようです。これらの誤りは誤植だとも考えられますが，ハングルによる表記がこれほど誤植になることも考えにくいので，やはりこれは作者李孝石が不正確に表記した見るのが妥当であると思われます。果たして李孝石はどの程度ロシア語を習得していたのでしょうか。この作品集が彼の京城帝大卒

業直後に出版されていることを考えると彼がロシア語を学んだのは大学に在学中であることになります。このことを考えると彼の無二の親友でこの頃同じように同伴作家とみなされていた兪鎮午もロシア語を知っていたことが思い出されます。兪鎮午は大学卒業後も学究生活を行なうかたわら小説を書いていましたが，解放後には韓国の憲法の草案を書いたことで知られた人物です。

兪鎮午は回想記の中で彼がロシア人と会話をしたことを語っていますが，それは解放直後のことでした。38度線ができ南北が分断されて間もない1945年の9月のことです。(『養虎記』「복새통의 奇譚」pp. 151-154)

彼は次のようにその時のことを書いています。次に紹介するのはその要約です。

　9月12日といえば米軍が入城して3日目だ。軍政とはいえ言葉だけで，兪鎮午が住んでいた清涼里では駅の前に数人の米軍人がいるだけだった。
　その日の午後になって突然ソ連軍将校が現れたが話がさっぱり通じないので出てきてほしいと連絡があった。半信半疑で出てみるとソ連軍将校が村人にかこまれて道端の靴屋で靴底を直していた。
　英語が話せるかと聞くと「ニェト (No)」だった。ではドイツ語はと聞くと「ダー (Yes)」と答えたのでドイツ語で会話を始めたが，彼のドイツ語というのがいくつかの軍隊用語だけで，結局身振り手振りで応対するしかなかった。しかし彼がなぜソウルに現れたのかは一向にわからなかった。東大門の方を指して一緒に行こうと言う。ついていくと，清涼里駅のまえにトラックが止まっていた。こんどはこれに一緒に乗ろうと言う。どうやら一緒に来た車が市内のどこかに止まっているらしいが，それがどこかわからない。
　運転台に坐ると，トラックは一直線に走り出し，東大門を過ぎ，鍾路を過ぎ，西大門も通り過ぎ，阿峴洞も過ぎ，孔徳洞の線路のところまで来ると今度は方向を変え，もと来た道を逆方向に走りだした。今度もまた一直線だ。これだけの距離を走っても米軍は検問しようとはしなかっ

た。結局もとの鍾路に入り鍾路四街の朝興銀行の前まで来ると，ここにソ連軍の車が停まっていて兵卒十数人と通訳一人が乗っていた。その通訳のロシア語というのが兪鎮午ほどの実力もなく，なぜ彼らがソウルに来たのかも知らなかった。38度線で米軍が検問をしなかったのかを聞いてもそんなことはなかったと言う。わけがわからなかった。

　ソ連軍が北朝鮮で暴行を働くという噂を聞いていたので，とにかく彼らを清涼里まで連れて来て，兵士は兪鎮午の家の近くの病院の広い部屋に泊めることにし，将校だけを自分の家に連れて来た。兪鎮午の家を見るや彼は「Europäische[s] Haus!（西洋式の家だ！）」と感嘆し靴を脱いで入って来た。将校のあとからついて来た兵卒が将校の持ち物であるアコーディオン，毛布，黒いフレープ（хлеб パン）そしてマッコルリ（濁酒）のビンを直に土間に置いて去った。

　彼は中尉で歳は33だった。職業はオーケストラの指揮者だといったが，夕食後彼が奏でるアコーディオンの曲は全てジャズだった。

　依然として訳のわからぬまま朝を迎えたが，そのときになって彼は車のベンジン（бензин ガソリン）が切れたが「ここのソ連軍司令部がどこにあるか」と聞く。そんなもの無いと言うと今度は「英国軍司令部はどこにあるのか」と聞いてきた。それも無い。ここには米軍司令部しか無いと言うと，彼の顔色が変わった。

　「ここはケイジョオではないのか？」と言った。日露戦争のあとロシアでは朝鮮の地名を日本式に呼んでいることを知っていたので，彼がソウルを京城と言ったとしても驚かなかった。

　「そうだ，Keijo だ。」
　「ちがう，Xeijo じゃないのか？」
　ようやくわけがわかってきた。彼は平壌に行くつもりだったのに間違えてソウルに来たのだった。ロシア語ではH音がなく，それを表すためにドイツ語のCHのように発音するXの文字を使うために，ロシア人が平壌（ヘイジョオ）を発音すると聞く人には「ケイジョオ」と聞こえてしまったのだった。それで通訳は兵士たちをソウルまで案内して来

たというわけだった。
　この日の朝9時ごろになって家の前にジープがとまって何人かの米軍憲兵が玄関に乱暴に踏み込んできてソ連軍将校を連行して行った。

　こうしてこの珍しい事件は一見落着したのでした。
　彼がロシア将校と交わした会話はおそらくドイツ語で，それもあまりよく通じなかったと思われます。もしかするとそこにロシア語の単語が混じっていたかもしれません。と言うのは兪鎮午のこの回想記に彼がロシア語を知っていたことが述べられているからです。しかし同時にそれが流暢な会話ができるほどのものでなかったことも確かです。もし兪鎮午と李孝石が京城帝大在学中に一緒にロシア語を学んだのであればおそらく二人のロシア語の能力は似たようなものであったのではないかとも考えられます。つまりロシア語の文字が読める程度の文法の初歩とある程度の単語の知識ではなかったかということです。であれば，上で扱った李孝石の小説に現れたロシア語についても李孝石のその程度の知識を動員したものであり，ロシア文学やロシアの文化についてロシア語による習得が背景になっているわけではないだろうということが想像されます。やはり彼の作品において登場するロシア語は彼の小説の雰囲気作りの材料として使われているという要素が強いのではないでしょうか。

(2) 白信愛『コレイ』

　引っ張られて行きました。
　スニ（順伊）たちは引っ張られて行きました。
　あたかも病んだ乞食の群れのように……
　大きな拳ほどの石ころをぎっしりはめ込んだでこぼこで硬い砂利道の上を……（白 1999 p. 440）

この小説は，このような感傷的な詩の一節のような出だしで始まります。

場所はロシア，彼らは永い監禁のあと11月末になってさらに連行されて行きます。連行されて行く一行はスニ（順伊）とその祖父，母親の三人の家族，そして2人のコミュニストの青年，最後に中国人のクーリー（苦力）の合計6人です。そして彼らの行動の仕方が対比的に描かれています。

　スニの父親は3年前に革命後のロシアが金の無い人々に土地を分け与えてくれるということを聞いて，一人国境を越えてやって来て農業に従事していました。ところがこの春になってその父親が病死したと聞き，スニたちはその遺骨を求めてロシア領に入ったところを警備兵に捕まり監禁されたのでした。

　スニの家族のように，国境を越えてロシア領に入り客死した肉親の遺骸を求める人たちの話はすでに李孝石の作品にも出てきました。当時の朝鮮文学の定番の主題です。

　故国を出るときは単衣だったのに，今は凍てつくような寒さです。彼らを護衛してゆく2人の軍人は뾰족삿게（ピョジュクサッケ）を被り，長いマントを着，着剣した銃をもって前後から追い立てます。

　「뾰족삿게」というのは次のように説明されます。

　　뾰족삿게 < 뾰족（尖った）+ 삿게
　　삿게 = 사께（防寒帽）< шáпка（つばの無い防寒用帽子）

ということで，尖った形の防寒帽ということになります。

　彼らが追い立てられる様子が次のように描写されます。

　　"슈다！（シュダー，сюдá，こちらへ）"
　　といえば，こちら側の道へ，
　　"뚜다！（トゥダー，тудá，あちらへ）"
　　といえば，あちら側の道へ，軍人の銃の先に従って微かな生命を抱えてどんどん歩きました。（白 1996 p. 441）

道行く人が歩みを止めて哀れむような目つきで眺めます。スニは「私も故国にいたころ巡査が縛ってゆく罪人を眺めて恐ろしく哀れであのように立っていたけど……」(白 1996 p. 441) と過去の自分のことを思い出します。

彼らは海岸まで来て汽船に乗りどこかへ連れてゆかれることになります。祖父は「死んだ息子の骨を求めて来たのが何の罪になるのだ」と嘆きます。酷寒の中で彼らを甲板に置き去りにし護送兵は船室に入り込んでしまいました。中国人のクーリーが荷物の中から布団を取り出し被ろうとすると，それを青年が奪い取りスニの祖父に与えます。クーリーは顔をゆがめ声をあげて泣き始めます。スニは哀れになり布団のすそを引っ張りクーリーにかけてやろうとします。しかし甲板では凍えてしまってとても耐えられないのでスニは自分たちも船室に入ろうと提案します。すると青年がそんなことをしたらだめだ，入れとも言われないのに入っていったらとんでもないことになると阻止します。スニは青年に抗議します。「クーリーから布団を奪うときは平気で，船室に入るのは恥ずかしいと言うの？　私は死ぬのを待ってこのままでいるのはいや。とんでもないことになっても力の限り争ってみるわ」。(白 1996 p. 443)

彼女はこの青年たちが憎く腹がたち，また自分たちの無力なことを嘆いて坐り込んでばかりいる仲間をじれったく思います。

結局，スニが軍人に抗議し船室に入ることができましたが，そこでは他の先客が見て皆ニタニタ笑っています。

> スニは彼らがつぶやく言葉に
> 「꺼래이, 꺼래이（コレーイ，コレーイ）……」
> というのを聞きます。
> 「コレーイ」というのは高麗という言葉だから朝鮮人を指すのでした。
> 「コレイ」というその耳慣れ懐かしいはずの言葉がその時のスニたちには限りない憤怒をかもし出す言葉に感じられるのでした。
> 「私たちは今笑いものになってるんだわ。寒さに耐えられず，また何の罪もなく死ぬためか生きるためかもわからず何のためなのかとぼとぼ

と彼らの命令のままに従ってゆくのか」

　とスニは叫びました。しかし人々と軍人たちはスニを無知蒙昧で野蛮な，そうして無力で哀れな人間の標本と見るだけなのか笑ってざわめき「コレイ……」だけを連発するのでした。それまで笑って何かつぶやいてばかりいた軍人のうちの一人が突然真面目な顔をして台尻でスニのわき腹をぐっと突くと片手で，長く編んで垂らしたお下げを掴むと

　「쓰까래（スカレー，скорее，早くしろ）」

と叫びました。（白 1996 p. 445）

　ここで「コレーイ」というのはロシア語ではкорейский（コレーイスキイ）で，文中にあるように「高麗」という語に由来しますが，中国語で「高麗（gāolí）」というと今では朝鮮人を蔑んでいう言葉になってしまっています。

　彼らの一行はある港で下ろされそこからまた歩かされたあと，軍服を着た一人の中国人らしい人物に引き渡され，あるレンガ造りの，どうみても馬小屋らしい建物にやってきます。この軍人は中国人ではなく朝鮮人だということがすぐにわかります。連行されて来た彼らは，かなりなまりがあり通じにくいとはいえ始めて意思疎通ができる人間に出会うことになったのでした。スニたちはここに連行されたいきさつを訴え，他方2人の青年たちは自分たち2人はコミュニストであるから捕まる理由などないことを訴えますが，一切無視され，建物の中に押し込められてしまいます。

　中は7〜8坪ほどでしたが，驚いたのは，その中にはすでに多くの朝鮮人でいっぱいだったことでした。幅の狭い板を渡して寝台がわりにしていてその上にぎっしりと白衣の同胞たちが坐っていたのでした。もう空いているところが無いのにそれでもどうにかこうにかやりくりしてスニたちは坐ることができましたが，中国人のクーリーは最後まで席をとることができませんでした。というより，席が空いたときでも彼は後ろの青年たちに席を譲り最後までぼんやりと立ったままでいるのでした。スニは船の甲板の上でのことを思い出し彼のことを不憫に思います。スニは下に下りて戸を叩き続けます。やっと開けてくれた朝鮮人の軍人にここはあまりにも狭いと訴えますが，部

屋はここしか無いし，上からの命令だから仕方が無いと取りあってくれません。その時，コミュニストの青年が自分たちはここにいる理由が無いのだから本部に電報を打ってくれと要求します。軍人はこの二人の青年を連れて戻って行きます。

スニは扉のところにあった板を一枚もって来てそれを使って坐る場所を作り，自分が居たところをクーリーに坐らせようとしますが，同胞たちがクーリーを新しい板の上に坐らせスニを自分たちのところに来させます。クーリーもその様子を見てとり，スニを立たせ自分がそこに上がって坐ります。

　　クーリーの目には涙が浮かび
　「스빠시이보 제브쉬까 （スパシイバ　ジェーブシュカ, спасибо девушка, ありがとうお嬢さん）」
といいました。「娘さんありがとう」という意味らしいと思ってスニは寝台の上に上がって坐りました。クーリーは荷物の中からいつの間に隠していたのか真っ黒になったパンのかたまりを取り出し，端っこをちぎってスニの前にすっと差し出しました。クーリーの顔は涙と垢にまみれ，手には真っ黒に垢がたまっていて長い爪には埃がいっぱいに詰まっていました。
　「꾸―쉬, 꾸―쉬（クーシュ，クーシュ，кушу, кушу，食べる，食べる）」
　片手に持ったパン切れをむしゃむしゃちぎって食べながら，しきりにスニに食べろと言いました。スニは目に涙がたまり，そしてパン切れを受け取りました。（白 1996 p. 452）

彼の好意で得たパン切れを割って先ず祖父に与え，残りを母とスニが分けることになりますが，それを見たクーリーはさらに残ったパンの半分をスニに差し出します。

スニの手が思わず出かかりましたが，ふと思いました。自分たちは彼が中国人だといって席さえも与えなかったことを……

しかしすでに飢えているスニはいつの間にか二度目のパン切れを受け取ってしまっていました。

この作品では中国人のクーリーが中国語ではなくロシア語をしゃべっています。スニにパン切れを食べろと勧めるところで出てきたのは，食べろという命令または勧誘の形ではなく「私は召し上がります」という一人称の形です。幼児語または敬語として使う言葉で，俗語以外では自分の動作には使わない言い方です。

この部屋にいたのは3家族，合計19人でしたが，彼らはここに来れば只で土地を貰えると聞いてやって来たのに捕まってしまったのでした。何度も裁判を受けながらこうして監禁されているのだといいます。おそらく日本のスパイとみなされたのではないかということでした。そして彼らはここにいる「얼마우자（オルマウジャ）」の悪口を言い，彼らが憎くてたまらないと言うのでした。この「얼마우자（オルマウジャ）」の説明が小説では次のように述べられています。

얼마우자（オルマウジャ）。これは朝鮮を離れてから何代にもなる，この国に帰化した人たちを指す言葉で，彼らは朝鮮人なのに朝鮮語はろくに話すことができないのでした。明らかに「마우재（露人を指す言葉）」にもなれない「얼な마우재」だという意味でした。

> 「出来損ないの」人を「얼간（オルガニ，まぬけ，出来損ない）」と言うのと同じだね。」
> とスニの母が久しぶりに笑いました。
> 「さっきのあの軍人もやっぱり「얼마우자（オルマウジャ）」なんだわ。」
> (白 1996 p. 454)

ここに出てきた言葉はロシア語ではありませんが，一般には使われないものです。

얼마우자 ＝ 얼 ＋ 마우자と二つに分けられますが，後者の마우자はすでに李孝石の作品のところで出てきました。この作品では마우재の形でも登場し

ます。すなわち

　　얼마우자または얼마우재 = 얼 + 마우자（마우재）
　　얼 = 얼빠진（間抜けな，出来損ないのなどの意味の接頭語）
　　마우자 < 毛子［máozi］= ロシア人

　あわせると「出来損ないのロシア人」ということで，朝鮮出身でありながら朝鮮語もあまり通じない朝鮮族のロシア人を指しています。形は朝鮮の固有語と中国語の合成語となっています。
　こうして監禁されている間に他の家族たちは先に引き出されてどこかに行き，スニの家族だけが残されてしまいました。やがて彼らも引き出されどこかに行くことになります。しかしその途中で祖父が倒れて死んでしまいます。
　こうしてこの小説は終わります。一見すると，この小説は植民地時代に書かれた他の多くの作品と同様に当時の朝鮮人の悲惨な状況を描いたものと思われますが，いくつかの点で異色なところがあります。まず舞台がロシア領であること，次に中国人がそこに加わっていること，そしてさらにコミュニストだという青年が登場することです。しかも中国人とコミュニストの青年，この両者ともに他の小説には見られない独特な描き方がなされているのではないかと思われます。
　まず，舞台がロシアであることですが，過去の朝鮮の文学でロシアが舞台になった作品はあまり無いようです。有名なものでは李光洙の『幼き友へ（若者の夢）』『有情』，『彼の自叙伝』などが思い浮かびます。彼の小説におけるロシアはシベリアですが，作者が実際に体験し，見た雪に覆われた冬のシベリアの印象的な美しさがこれらの作品に再現されています。『彼の自叙伝』ではさらに欧州大戦により若者が徴兵されてゆく悲劇がそこに加わっています。しかし李光洙の小説ではロシアは主人公が活動するための舞台としての意味が主であるのに対して，この白信愛の小説では，このロシアが彼ら登場人物たちの悲惨な状況を表現する役割を果たしています。そもそも朝鮮人がこの地に来なければならなかったことが彼らの窮乏からくることが主張され

ています。従来から朝鮮人がロシア領に入って生活することは続いていたと思われますが，植民地時代にはさらに彼らの生活の逼迫した境遇がそれを促しています。そして革命を経たロシアは抑圧される者の味方として，貧しい者を救うものとして植民地の人々に希望を与える存在であったはずですが，この小説にあるように，決してロシアは彼らが掲げる理想郷ではないことが描かれています。よく知られているように，ロシアに憧れて祖国を逃亡した者が越境するや捕らえられ処刑されたことも珍しくなく，朝鮮との国境付近に移住して住んでいた朝鮮出身者が集団として強制移住させられたこともよく知られています。当時のロシアは理想とはほど遠い猜疑心の旺盛な体質を持っていたのですが，この小説でもその一端が窺えます。スニ一家と共に連行されてゆく2人の青年は，おそらく独立運動または解放運動にたずさわる人物でロシアに工作のためまたは亡命したのかもしれませんが，彼らが国境を越えたところで捕らえられたのも同じ背景からでしょう。

　ところでこの2人の青年は，捕らえられたあと自分たちがコミュニストであり，釈放されねばならないことを訴え続けています。ところが彼らが連行される間に行なったことはどういうものであったのでしょうか。まず船の甲板の上で，自分たち朝鮮人のために，中国人クーリーの持っていた布団を奪ってしまいます。ここではクーリーが自分たちと同様に虐げられた人間であるという思いが見られません。そして，スニが甲板にいては凍え死ぬから船室に入ることを訴えようと言ったときには，そんなことをするととんでもないことになるからと行動しようとはしません。ここでは青年たちが権威に従順で，自ら進んで苦しんでいる人間のために行動するよりも自分の保身の方を重んじる性格であることが現れています。彼らが解放運動にたずさわる人物であったとすれば，これらの行動は彼らの主張とは矛盾するものです。当時の小説に思想運動や解放運動，または独立運動にたずさわる人物が登場することは珍しくありませんが，彼らのこうした矛盾した性格を表立って扱ったものは無いようです。せいぜい性格の弱さまたは未熟さにより成長してゆかねばならぬといった描写でしょう。この小説に登場するコミュニストの青年のうさんくささ，欺瞞性は，おそらく一般に社会運動にたずさわる人間によ

くみられるものだと思われます。彼らが掲げる社会正義の大義名分は他人の反駁を許さず人々を威嚇するに足る堂々としたものだと言えるでしょうが，それを主張する人間がじつは単なる自分中心であり利己主義者でしかないということはよくあることのように思われます。この小説ではさりげない形でそのことに触れられていますが，もしこれをさらにはっきり描写したら，おそらくこの作家は朝鮮では社会的に抹殺されていたことでしょう。

　最後になりますが，この青年がクーリーに対してとった態度は，彼らだけではなく，この小説に現れる朝鮮人にも共通するように思われます。じつは朝鮮が植民地だった時代には，多くの朝鮮人が抑圧される人間として苦しんでいたのは確かでしょうが，中国人も同様に，いやもっと苦しんでいたのです。しかし朝鮮の文学ではこのことが扱われたことは皆無といってよいと思われます。朝鮮の小説に登場する中国人というのは決まって彼ら貧しい底辺の朝鮮人を搾取する地主だとか，医者だとかであり，決して朝鮮人と同じように苦しんでいる人物として登場することがありません。朝鮮の小説を読む限り当時抑圧され苦しんでいたのは朝鮮人だけであるかの感を抱かされることがあります。ところが，小説『コレイ』に登場するスニは，一緒に連行されてゆくクーリーに思いをかけ彼のために心づかいをしています。スニが朝鮮の小説に登場する人物のうちでも珍しい性格であるのは，さらに，自分たちが引き立てられてゆくときに，道行く人がもの珍しげにながめたり，船の船客が彼らをみて笑ったりするのをみて，自分の身を振り返って過去を思いだしている点にもみられます。自分たちが現在おかれている惨めな情況から，過去に自分がそうした人たちを同じように見ていたことを思い出しています。彼女がこうして絶えず自己反省を行なう場面が小説に登場しますが，この自己反省という点も朝鮮の小説にはほとんど見られない事柄に属します。朝鮮で主張されるのはきまって常に自分たちだけが被害者であり，苦しんできた者なのであって，自分たちが他人を蔑んだり苦しめたことは一切ないことになっています。

　実は当時の朝鮮で働いていた下層の労働者には中国人も大勢いて，朝鮮人とは比べ物にならないほどの悲惨な情況だったことはほとんど知られていな

いように思われます。ここでそうした事実を証言する発言を一つ紹介することにします[9]。

　私が一番びっくりしたのは，支那人クーリーの扱いです。工事ができる期間だけの完全な季節人夫でしょう。五月ぎりぎりに連れて来たら間に合わないから，三月から四月にかけて，いっぺんに五〇〇人，一〇〇〇人連れて来て，ここに居れ，て火の気も小屋もない野っ原に放っぽらかすんです。支那人の飯場なんて絶対あるもんですか。朝鮮人の人夫は，俄作りの掘立小屋の飯場があちこちにあったし，火田民の民家にも泊まってた。まだ零下二〇度，二五度の気温で，寒波がパッと来りゃ零下三〇度を越す。自分たちの合宿から工事場の事務所に行くのに，厚い着物着て目だけ出る防寒帽かぶって行くけど，隙間から入って来る風がもう痛いんだから。日本人の合宿はペーチカが真ん中に坐っていました。野っ原の支那人は，抱き合うて坐って，少しでも人間の輪の中に入ろうとするけど，外側になった者は凍死していく。朝になると木頭（ぼくとう）が来て，ずっと見て回ってこれもだめじゃ，これもだめじゃ，て死体を一キロか二キロメートル川下に運ばせて，どんどん捨ててしまう。そして生きている者だけ働かせる。人間を扱うんじゃなくて豚かなんか扱うようにですね。木頭というのは，支那人の人夫頭です。寒波が来る度に，そうして死んだのが，ひとかたまり一〇〇人ぐらい居たでしょうね。私はこの目で見たんですから。いまでも行けば，曝首がゴロゴロしとるだろうと思うですよ。（……）

　そうして，連れて来たが最後朝から晩まで叩きまくって使って，賃金は全然やらないんです。食い物といったら，一食に小さな饅頭（マントー）が二つに油のギラギラしたスープが茶碗に一杯です。塩と油のスープですよ。食べるだけだから，いつかは賃金くれるだろうと思って待っている。ところが九月の末頃，もう工事ができなくなって帰すときは，一週間分なら一週間分の饅頭を一食に二つ宛て紐に通して背負わせて貨車に乗せて，ハイさよならです。生き延びただけが幸せですよ。（以下略）（岡

本 1990 pp. 53-54)

　これは朝鮮の赴戦高原における発電所工事の様子を語った証言の一部です。赴戦江の巨大な発電所は水俣水銀中毒で有名な日本窒素が開発したもので，その膨大な電力を使って大規模な化学工場を建設していきました。これらの証言の中には，朝鮮人など比べ物にならぬほどの悲惨な条件で働かされ犠牲になっていった中国人のことがかなり多く登場します。ところが朝鮮で書かれたものでこうした中国人のことについて触れられたものに接することはありません。そして，たとえ朝鮮ではなくとも，この小説にあるような下層の中国人が登場することもなく，彼らに対する思いが語られることもないようです。その点ではこの小説は朝鮮では大変珍しい作品だと言うことができます。

(3) 咸大勳『青春譜』

　『青春譜』は作者咸大勳自身の自伝的要素を含む長編小説です。朝鮮が植民地から解放された直後南北が分断された時期の情況を扱っています。小説は冒頭，二人の子供たちの会話から始まります。

　　(榮蘭)「ドーブロエ　ウートロ」
　　(玉珠)「あら，何がドーブロエよ，グッモーニングじゃないの」
　　と玉珠は反駁した。
　　「グッモーニング何さ，ドーブロエ　ウートロよ」
　　「じゃあ，この髪の毛は何よ？」
　　「バロースイ」
　　「バロースイ？　ヘアよヘア」
　　「あら，ヘアってまた何よ，可笑しくってたまんない」
　　「じゃ，花は何よ？」
　　「花はチュベートゥよ」
　　「え？　フラワーなのに」

玉珠と榮蘭が互いに争って自分が言ってるのが正しいというふうに互いに自信ありげに自分の主張をしている。(咸 1947 p. 6)

これは南北に別れていた従兄同士がソウルで会って話している場面です。北からやって来た榮蘭はロシア語で，南の玉珠は英語でやりとりをしています。出てきたロシア語は

Доброе утро（おはよう），волосы（pl. 髪の毛），цветы（pl. 花）

です。ただし小説中のハングル表記によるロシア語表記はもとのロシア語とはアクセントが違っています。

彼女等の会話はさらに続きます。

「カレイスキーウォ！」
榮蘭が右手の親指を立ててまたロシア語を話す。
「カレイスキーウォって何よ？」
「それって朝鮮人が一番ってことよ」
「うん，それもロシア語なの？」
「もちろん，わたしまだ知ってるわ。シガレトゥ　ダバイ」
「それ，またどういうこと？」
「タバコくれってことよ。ロシアの兵隊たちったら手を出して言うの」(咸 1947 p. 8)

上の会話は榮蘭が北で見聞きしたロシア人の話です。ここのロシア語「カレイスキーウォ！」と「シガレトゥ　ダバイ」はおそらく
корейский ура！（朝鮮人万歳！）сигареты давай（巻きタバコ (pl.) くれ）
です。

榮蘭は３年前，北朝鮮にある父の故郷に疎開をしていましたが，朝鮮が

植民地から解放されて，新しい時代になったのでまたソウルに戻って来たのでした。

　この小説は，この榮蘭の父郭ソンシクを中心人物として当時の政治情勢の一面を描いていますが，とくに38度線以北の情勢とその中で郭ソンシクが被った苦痛な体験が物語の中心になっています。彼は解放後ソウルに戻ったのに再び北に上っていったのでした。それには彼のこれまでの経歴が関係しています。

　この郭ソンシクという人物は，20年前，ロシア文学に魅了されロシア語を学び，それが次第にソビエトの社会と文化の研究に進み，そのうちに共産主義思想に共鳴し，マルクス，エンゲルス，レーニン，スターリンの研究に進み，さらにそれが共産党の理論体系にまで及んでいました。また彼はジャーナリストとして多くの人々とつながりがあり，日本の無条件降伏の前にそのことをあらかじめ知ることもできました。いま北朝鮮に赤軍がやって来ると聞くと胸がときめいたのでした。本や文章でしか知らない彼らを直接見，握手し，話を交わしながら歩き，食事をし情勢を語るなどと考えると眠れなくなるのでした。

　ところが，実際の北朝鮮ではどうだったのでしょうか。8月の末になっていよいよ平壌にロシア軍がやって来ることになります。列車は2時間遅れ，歓迎に集まった平壌府民は待ちくたびれていましたが，それでも解放の恩人赤軍の姿を見ようと奮起し万歳をさけび握手を交わしたのでした。しかし何かが妙でした。彼らは無表情で，疑い深そうな目で眺めるだけで，歓迎も案内も受けようとしません。ただ共産党が持って来た赤旗のところに集まり南山のふもとの東屋に行ってしまいました。全部で5，6人でした。永い戦闘で軍服は汚れ，顔は真っ黒に日焼けし，靴はぼろぼろでした。

「パイジョーム スナーミ（Пойдём с нами 私たちと行こう）」

　一緒に行こうというつもりでこんなロシア語を話しても，彼らは返事もせず手を振って南山のふもとの東屋に行ってしまい何も言いませんでした。蚊

帳とか敷物とかぜいたく品を持っていっても、彼らには無用でした。地べたに直に坐りそのまま寝転んでしまいます。食べ物を持っていっても、こちらで先に食べないと手を付けません。歓迎のため行った若い女性たちは、訳がわからずにいぶかるばかりでした。

そして９月になってからソンシクは平壌に向かいます。汽車はすでに通じなくなっていて、トラックを使います。そしてそこでソ連軍の司令部の招待を受け司令官と面会します。平民的で素朴な様子に感激し、心から尊敬の念を懐くのでした。司令官は彼に一緒に仕事をしようじゃないかと持ちかけます。自分たちは朝鮮を解放しにやって来たのだし、あなたのようにソビエトを理解する人が我々を棄てて行くはずはない、と言うのでした。ソンシクにとってそれは永い間夢見てきた念願でもあったのでした。そして彼は司令部で通訳をしながら助言もしソ連軍の司令部で働くことになります。

ソンシクは彼らの思想には共感しながらも民族の独立のため共産党一辺倒の支配には同意できませんでした。解放と同時に民族の独立を目指さねばならぬと考えていて、そのために彼らの政策に助言を与えるのでした。共産党の指導する行政機関においても、朝鮮の現実を反映して構成員は共産党よりも民族主義者の方が多く選ばれねばならないと主張しました。共産党が支持する朝鮮の信託統治、ソ連の側ではアペイカ（опека 保護、後見）という方針にも同意できませんでした。またソ連では土地は国有であり農民はコルホーズやソフホーズで働いているのに、朝鮮ではいきなり農民に土地を分配するという方針も理解できませんでした。

そうして彼が司令部に協力して働いていたある日、突然彼は共産党によって捕えられます。共産党を顛覆する目的で民主党を設立し、ロシア語ができることを利用して司令部に出入りし、司令部からえた情報を使い虚偽の内容を民間に広め、共産党に不利を図ったと言うのが嫌疑でした。彼のほかに捕らえられた人間がいて、彼らはロシア軍に引き渡されましたが、ロシアの軍人は「ヤポンスキー スパイ（日本人のスパイ）」という一言で、彼らに銃の台尻で手当たり次第に殴りかかり、彼らは皆血まみれになり、階段から落ち気を失ってしまいました。

さらに，彼らが逮捕されたと聞いた民族主義者の側が武器を持って襲撃してきたことから，激しい銃撃戦が起こります。結局，襲撃は悲惨な犠牲者を出し阻止されてしまいました。「日本人のスパイ」は赤軍と共産党員によって監視されたままです。「ダーイチェ ムニェ スタカン ヴァドゥィ（Дайте мне стакан воды 水を一杯くれ）」といっても取り合ってくれません。

彼は回想します。自分は共産党員にはならなかったが，20年以上ソビエトの文学と文化を紹介することに半生を捧げてきた。このためしばしば迫害を受けてきた。新聞記者生活のおかげで知り合いが多く，そのため監獄行きは免れたとはいえ，常に戦々恐々と過ごしてきた。ところが今，彼は自分が憧れ，研究し，紹介し，賞賛してきたソビエトの戦勝軍兵士たちの銃剣によって殴られ突かれ，敗残兵のように捕らえられ転がされている。それを考えると人生が虚しく無常だと感じざるを得ないのでした。いま彼の前を，かつて彼が理論を教えた者たちが共産党員として行き来しているのに，彼の方を見ようとするそぶりさえもしないのでした。

36年間の辛く暗い生活からの解放を迎えるや，こうした目にあわねばならないというのが理解できないのでした。監禁1カ月で11月革命の記念日がやってきました。彼は昔，ソビエトの領事たちと，そして友人たちとその日を祝ったことを思い出し，物悲しさを感じます。

結局64日間の監禁生活のあと，彼は共産党幹部と保安部長の呼び出しを受け釈放されることになります。その共産党幹部は昔彼を先生と呼び学び，また秘密会合にも共に出席したことのある人物でした。彼は誤解によりこうしたことが起こったとわびるのでした。

こうして釈放された彼は外に出て毎日通りを歩きロシア軍の兵士に出会いますが，かつて心から崇拝し慕っていたロシア人とロシアの文字が，なぜか理由のわからぬ謎のように奇妙な感じを与えるようになっています。

彼はブロークの詩『十二人（sic. 十二）』の一節を思い出します。

  캄캄한밤 真っ暗な夜
  하이얀 눈 真っ白い雪

바람! 바람이다.　　風！風だ。
누구나 서고 있을순 없다.　　誰も立っていることはできない。
바람 바람　　風　風
모-든 神의 世界에　全ての神の世界に
바람이 회오리친다. 風が荒れ狂う。
눈 가루눈이.　　　粉雪が。
가루눈 아랜 얼음　粉雪の下に氷
…………　　　…………
　…………　　　…………
이집에서 저집으로　こちらの家からあちらの家へ
굵은줄이 늘어닷다. 太い綱が張り渡されている。
줄우엔 한장의 프라캇트　綱の上には一枚のプラカート
全政權은 憲法議會로!　全政権は憲法会議へ！

(中略)　　(中略)

무서운 바람　恐ろしい風
추위도 가지않는다. 寒さも去らない。
부르쥬아는 十字路에서　　ブルジョアは十字路で
코를 칼러속에 박고 있다. 鼻をカラーの中に突っ込んでいる。
저건 누구냐? 머리털긴사내　あれは誰だ？髪の長い男
그러나 적은소리로 속삭인다. しかし小さな声でささやく。
賣國奴!　　売国奴！
로시아를 멸망시킨　ロシアを滅亡させた
…………　　…………
　…………　　…………　(咸 1947 pp. 145-6)

　これは原詩の最初の1章の最初の方の一部です。小説で略された部分も含めて示しておきます。訳は引用者によるものです。

Чёрный вечер.	黒い夜。
Белый снег.	白い雪。
Ветер, ветер!	風，風！
На ногах не стоит человек.	脚の上に人は立っていられぬ。
Ветер, ветер —	風，風 —
На всем Божьем свете!	全ての神の世界に！
Завивает ветер	風は巻き上げる
Белый снежок.	白い雪のつぶてを。
Под снежком — ледок.	雪のつぶての下に―氷。
Скользко, тяжко,	つるつる，過酷だ
Всякий ходок	全ての歩行者が
Скользит — ах, бедняжка!	滑る―ああ，可哀想な人。
От здания к зданию	建物から建物へ
Протянут канат.	綱が張られている。
На канате — плакат:	綱には―横断幕(プラカート)
"Вся власть Учредительному Собранию!"	
	「全ての権力は憲法制定会議へ！」
Старушка убивается — плачет,	老婆は辛い―泣く，
Никак не поймёт, что значит,	どうしても分からない，何のことやら，
На что такой плакат,	あんな横断幕(プラカート)になんで，
Такой огромный лоскут?	あんなでっかい切れっぱしを？
Сколько бы вышло портянок для ребят,	
	どれだけ取れるんだ子供等の靴下代わりの足布が？
А всякий — раздет, разут...	そしてみんなが―裸だ，はだしだ

………	
Старушка, как курица,	老婆は、雌鶏のように
Кой-как перемотнулась через сугроб.	
	やっとこさ雪溜まりを越えていった。
— Ох, Матушка-Заступница!	—ああ、聖母（はばうえ）—お守りくださる方！
— Ох, большевики загонят в гроб!	
	—ああ、ボリシェビキどもが墓に追い込む！
Ветёр хлёсткий!	身を切る風！
Не отстает и мороз!	厳寒も遅れを取らぬ！
И буржуй на перекрёстке	ブルジョアめが四辻で
В воротник упрятал нос.	襟に鼻を隠す。
А это кто?— Длинные волосы	であれは誰！—長い髪の
И говорит вполголоса:	そして小声でささやいている：
— Предатели!	—裏切り者！
— Погибла Россия!—	—ロシアは滅びた！
Должно быть, писатель—	おそらくは文筆家だ
Витня…	雄弁家だ

　彼がブロークの詩を思い浮かべたということは意味深長だと思われます。ブロークは革命前には象徴派の詩人として名高い詩人でした。この『十二』はロシア革命を扱った詩として1918年に発表されたものです。しかし詩の内容はたんにロシア革命を賞賛した詩ではなく、彼の詩のスタイルを守った書き方で革命を描いています。上の引用の部分だけでも感じられるように、革命をどのように見ているのかはっきりしません。詩には革命軍の兵士が12人登場し、進みながら一人の娼婦を撃ち殺し、さらに髪の長い男を追跡して行きます。詩の最後にその男がイエス・キリストであることが明らかに

なりますが，するとこの12人の兵士はイエスの弟子ということになります。この詩から作者がロシア革命にどのような態度を取っていたかを明確に読み取ることはできません。解釈の余地がさまざまあり，そうしてどの解釈も決定的にそれを断定するだけの確実性をもつわけではありません。この詩はあくまで象徴派の作品であり一意的な解釈を許すものではないのです。

　この小説はこの先も続きソンシクがソウルに戻ったあと，民族主義の青年たちの懇願により再び北に渡り活動することを決心するところで終わっています。またソンシクの愛情問題も複線として語られていますが，ここで扱うことには係りませんので省略しました。

　咸大勲の『青春譜』は上に述べたブロークの詩により，朝鮮だけでなく日本も含めて大変珍しい存在に思われます。青春を思想問題に注ぎ込み，社会正義のために精力的に活動してきた者にとって，自分の生命をかけて情熱を注いできた対象から裏切られたときの衝撃は耐え難いものでありえます。こうした場合にその対象を一挙に否定するのが一般的な態度に思われますし，一定の条件のもとで妥協することで自分の過去と現在を合理化するのではないでしょうか。しかし，この小説の主人公ソンシクはそのどちらでもないようです。それはまだ自分の心の整理がつかぬ段階を表しているのかもしれませんが，それでも，自分の過去を全面否定もせず，また対象を全面肯定できぬにもかかわらず否定もせず，そのどちらにもつかぬ状態に留まるのは容易なことではありません。その容易なことではない態度を作者はブロークの『十二』で表現しているわけですが，表現者としてこうした結末のつけ方というのは大変珍しくこれまで見られなかったように思われます。その点でこの小説は大変貴重な存在であるといえそうです。

(4) 尹厚明『狐狩り』

　この小説はおそらく作者のロシア旅行が背景になっていると思われます。彼のロシアを舞台にした小説としては同じころに書かれた『白い船』があり，ソ連時代に強制移住させられた朝鮮人の住んでいる地方を訪ねるという内容ですが，この作品については今回は扱いません。

『狐狩り』は語り手がロシアにいる友人を訪ね2カ月ほど滞在したあいだの出来事を扱っています。この友人と語り手は高校時代からの友人で，高校卒業後も専攻が違ってはいても同じ大学に通い，思想も違っていながらその後も長い間友人として過ごしてきた間柄です。

この友人というのは活動家ではあったのですが政治運動に積極的に関ったわけではなく，そうはいってもロシア革命については執着を持ち続けていた人物として設定されています。長い間，韓国では禁断の国であったロシアとの国交が始めて成立するや，すぐに語学研修の名目でロシアに渡りそのまま2年間にもわたって長期滞在をしています。

その彼を訪ねた語り手はモスクワ，ペテルブルクを訪問し，彼と北方のかなたにある湖畔に赴き狐狩りをするというのがこの作品のおおまかな筋になっています。

しかしこの小説はこのあらすじをめぐってさまざまな事柄が登場しロシア語にまつわる言葉や文化，さらには韓国の情況について作者独特の言い回しで論じられてゆきます。この小説がロシアにおける滞在記であるだけに現地の地名が多く登場しますが，その他のロシア語の単語もかなり登場します。

例えば，語り手は高校時代に園芸部に属していたということで，いくつかのロシアの植物についても言及され，ロシアの樹木のかもしだす風景について述べられています。登場する植物の名は次のようになります[10]。

  갈리나（カリーナ，калина）
  욜카（ヨールカ，樅，ёлка）
  사스나（サスナー，松，сосна）
  베묘자（ベリョーザ，白樺，берёза）
  베묘시카（ベリョースカ，小さい白樺，берёзка）

そして，語り手はこれらの木に対して自分の主張をもっています。例えば，ヨールカ，サスナー，ベリョーザなどは韓国の樅，松，白樺と似ているのでそれらの木を同じ物だといってもよいが，しかし赤い実をつけたカリーナに

ついてはそうではないと言うのです。この木の朝鮮語名が「까마귀밥나무（カラスの餌の木）」というのを取り上げ，もし韓国にこの木が存在してこういう名前で呼ばれていたとしても，ロシアで見たカラスは韓国のものより遥かに大きく一癖ありそうな姿なので，ロシアにあるカリーナが決して韓国のカラスにふさわしい「カラスの餌の木」などにはなりえず，カリーナは「カラスの餌の木」とは別物でしかないと論じます。

こうした論じ方はこの作者独特のもので彼の小説の文章を特徴づけるものとなっています。

ロシア語のパンにあたる語は，すでに方言のところでも触れたように外来語として朝鮮語の方言にも取り入れられていますが，韓国では比較的よく知られたロシア語らしく，すでに見たようにいくつかの小説でも登場しました。この言葉についてこの作品の語り手は次のように論じています。

　我々にとってロシアが如何なる国だと言うのか。今もって我々は南北に国が分かれ鋭く対置しており，かつて北側の後見人の役割をしたあの赤いソ連のために叫んだ万歳の意味のロシアの言葉「ウラー」が年配の人々の耳には今もって耳に残っているではないか。
　「ウラー，レーニン！，ウラー，スターリン！」
わずか4〜5歳で6・25（朝鮮戦争）を経験しなければならなかった私にも赤い軍隊の蛮行は聞き慣れていたのだった。彼らはどこの家にでも入り込んで来ては飯を小便つぼに盛り付けて食べるかと思えば，物品を奪い，女性たちを強姦したのだった。あいつ等はパンを，あろうことかフルレバリと言うんだとさ。母は何度もそう言った。それは動物たちの交尾を指す単語，흘레（フルレ，さかり）に関連させた言葉だった。食べるパンをフルレバリなどと言うんだから，あいつ等は흘레붙기（フルレプッキ，さかること）にどれだけ通じていることかという暗示がその言い方にこめられていた。ロシアに行って商店で列に並んで立ってパンを買おうとする時，むかし母から聞いたフルレバリという言葉がたえず口から出かかるのを私は苦労して堪えなければならなかった。しかし，

正式の発音でパンを흘레브（хлеб フレープ）と言ってみると，フルレバリと言ったってまったくかけ離れた発音でもなかった。その上，自分たちだって頭が痛いと首を振る。例のこの上なく難しい文法の格変化を念頭に置けば，フレープであれフルレバリであれかえって問題になどならなかった。要するに，問題はパンをどう言うかではなく，共産主義というイデオロギーが何だったのかにあるので，まさにその点にロシアが我々に何だったかという問いのみが残されているのだ。（尹1997 p. 238）

結論そのものにはさほど意味はなさそうですが，一つの言葉からとてつもない発想を拡げてゆくところに彼の文章の特色があるとでも言えましょうか。それはかならずしも冗談めかしたものとは言えませんが，といって正面切ったまじめな論調とはいえないところにこの作家の文体の特徴があるようです。彼の小説はこうした言葉にこだわりながら，いわば途中停車で寄り道を繰り返しながら物語が進行してゆきます。

語り手の回想は反共一点張りだった過去の韓国のある風景にも言及されます（尹1997 p. 232）。それは，年配の韓国人なら誰も知らない人のいない有名な詩のことです。かつてソウル市内でほとんど唯一の交通手段であり常に満員で車掌が乗客を中へ押し込めるため絶えず怒鳴り続けていたバスでの光景です。当時のバスの中で見る当時の人なら誰でも知っている見慣れた光景は，運転台の前にあった少女が跪いて祈っている絵のある「今日も無事で」の標語のある短冊，そして出入り口付近には，スパイ申告の電話番号，学生活動家の指名手配写真と一緒に次の詩が貼り付けてありました。

삶이 그대를 속일지라도	生きることが汝を欺くとも
노여워하거나 슬퍼하지 말라.	怒ったり悲しむなかれ
슬픔의 날을 참고 견디면	悲しみの日を堪え耐えぬけば
기쁨의 날은 오리니	喜びの日が来るのだ
마음은 미래에 사는 것	心は未来に生きるもの

오늘은 언제나 슬픈 것—	今日はいつでも悲しいもの……
모든 것은 한 순간에 지나가는 것,	凡てのものは一瞬に過ぎ去るもの
지나간 것은 또다시 그리워지느니.	過ぎ去ったものはまた再び懐かしくなるのだ

これはプーシュキンの有名な詩です。原詩は次のようですが，細かいところは別として，朝鮮語はほぼ原文どおりといってよいでしょう。

Если жизнь тебя обманет,
Не печалься, не сердись!
В день уныния смирись:
День веселья, верь, настанет.

Сердце в будущем живёт;
Настоящее уныло:
Всё мгновенно, всё пройдёт;
Что пройдёт, то будет мило.

　南北分断後，韓国では共産主義は徹底的に禁止され，それに関する本を読むことも研究することも禁じられていました。もちろん共産国との交流もなくそれらの国の文化情報も報道されませんでした。それどころか，中国やソ連の文学は共産主義に関係ないものまで過度に敬遠され翻訳や紹介も見られない状態が続いていました。例えば魯迅の作品集は解放直後に一度出ていますが，朝鮮戦争以後には出版されていませんでした[11]。
　そうした雰囲気の中でなぜ大勢の人の目に触れるところに，しかもプーシュキンの詩にはふさわしくない満員のバスの中に彼の詩が貼り付けられていたのか，その経緯は今では明らかでありません。ただ当時の人は困難な時

期を耐え抜くための激励の意味をこの詩から感じ取ったことでしょうが，ほとんどの人は作者がプーシュキンとは知らなかったはずです。そしてなぜ，この小説の作者が，この詩をプーシュキンのものとして作品中に引用したのかその経緯も明確ではありませんが，この小説と同じ時期に発表された他の作家の小説中にもこの詩が引用されたことがありますので，もしかすると，この頃，この詩が話題になっていたのかも知れません。

　この『狐狩り』という小説はこのプーシュキンのことから始まります。

　それはソウルの街角でみたロシア語の混じったポスターで，それはモスクワのプーシュキン記念美術館で展覧会を開催するある画家のものでした。それを見たことから語り手は，そのプーシュキン記念美術館にも訪れた彼のロシア旅行のことを思い出します。以後プーシュキンに関する話題が通奏低音のように途切れることなく言及されながら物語が進行します。

　語り手が団体旅行に加わりロシア旅行をしたのは，韓国での永い軍事独裁が終わり大統領選挙が間もなく行なわれる1987年12月のことでした。ロシアに行き，友人と過ごすため団体旅行から抜けた彼が，友人に会った翌日，友人は狩りに行くことをもちかけます。語り手はそれを幸いなことだと感じたのでした。そうでもしなければ，あらためて互いに話す適当な話題も無いのに時間をどう過ごしてよいかわからなかったことだろうと思ったからです。

　彼の話によると駐車場の警備員ヴォロージャとその友人ユーリとともに北方にある北方近郊の湖畔に狐狩りに出かけるのだといいます。その二人はともに退役将校だという話でした。当日，友人の運転する車にその二人と語り手が乗り込み四人で出発します。案内は警備員が行ないます。しかし近郊だというのにガソリンを余分に買い積み込むのを見て，やや心配になります。ここでロシアの格言が登場します。

　　「ロシアではアルコール40度の酒は酒ではなく，400キロの距離は距離ではない。」(尹 1997 p. 247)

　とはいえ，雪道を車で長距離走るということより，その二人が何をたくら

んでいるのかわからないことがより不安でした。共産主義国家が崩壊した直後のロシアはかなり不穏な雰囲気でした。しかも二人とも猟銃を持って来ているのですから。

案の定,車はいくら走っても近郊にある目的地に到達しません。車はスターリングラートの戦場跡を通り[12],ラドガ湖水を通りすぎ,ヴォールホフ川のところで右折,そしてチーフヴィンを過ぎたのがすでに午後3時です。さらに走ったところで休憩し黒パンを1切れ食べたのですが,すでに出発して200キロを超していました。ピカリョーヴォを過ぎてから語り手と友人の焦りは,いったい彼ら二人の目的は何なのかという疑念に変わってきました。

> その途中で彼はもうあえてあとどれだけ残っているのかという言葉を発しもしなかった。私がロシア語で「前に」という意味になる言葉「プリャーマ（прямо 真直ぐに）」というのを知ったのはその凸凹した道を行く間だった。それはヴォロージャにすっかり口癖になっている言葉だった。横道に入り込んだのだから直ぐにどこか村が現れなければならないのに一向にそんな様子さえも見えぬのだった。じれったく苛々とした。（尹 1997 p. 254）

雪におおわれ凍った舗装道路からはずれてさらに走り続けた末,ようやく暗闇の中に立つ一軒の大きな丸太小屋に到着します。家からは二人の男が出てきました。一人は顔一面の髯面でした。この小屋は百年前に農奴が住んでいたものだといいます。一行はこの丸太小屋に入りペチカの前で食事の支度を始めます。ジャガイモと缶詰の肉と香のする草を茹でたものに,キュウリ,キノコ,トマトなどを材料にしたビン詰めです。それは意外にすばらしい食事でしたが,話し手の疑心は依然として晴れることはありません。彼らに完全な信頼を置くことができなかったのです。

「もしかすると彼らは……」という気持ちはどうかすると人類共通に

異民族に対して持っている異質感に発したものかも知れない。しかし私は友人と共にいるのであり，また初めに運命だという言葉を使ったではないか。それにも拘わらず私はあまりにも遠くに来てしまったという恐れが容易くは静まらないのだった。

「ジャガイモ料理に入れた草はクロプチェカって言うんだって。お前がさっき興味を示してるみたいだから聞いてみたんだ。味が独特だよね」

「クロプチェカ，クロプチェカ」

私はおうむ返えしに口まねした。（尹1997 p. 256）

友人が植物に関心のある友達の心を和らげるための心遣いを示しています。ここで出てきたクロプチェカという言葉ですが，この植物はおそらく香の強い植物であるウイキョウ（茴香）を指しています。

ウオッカを飲みながらの食事が終わったロシア人たちの会話は活気を帯びて声が高くなってゆきます。いつの間にか彼らは短刀を一振りずつ取り出して互いに自慢しあっています。語り手は漠然とした疑懼心と警戒心を懐き用心を怠りません。ふとカチャッという金属音に驚き見るとヴォロージャが猟銃をいじっています。それを見た瞬間，そのカチャッという音に合わせて胸がドッキンとします。彼はそうした気持ちをさとられまいと，立ち上がり彼らから遠ざかり，壁の方に向かうとそこの棚に数冊の本があるのが見えます。こんな辺鄙なところにぽつんと一軒ある丸太小屋なんかに本があるのかと思ってその標題の文字をたどたどしく追ってゆきます。

私は一字一字ぽつりぽつりとたどりながら読んだ。トウ（T）……ラク（PAK）……ト（TO）……ル（P）……トラクトル。トラクトルが英語でトラクターであるのはわが国の新聞の北朝鮮の消息を見て知っていたのだ。本を発見したのでこんなに一生懸命に眺めたのは何かに対する希望のためだったはずだ。しかし少なくともその時，トラクトルは私の希望ではなかった。私は拍子抜けした。そんな本があるのを見ればあの髯面の男はトラクトルを運転して農作業を行なったか，そうした計画

でいたという事実を知ることができただけだ。
　私は力なくその下の本に目を移していった。
　プ（ПУ）……シュ（Ш）……キン（КИН）……
　プシュキンと……，これはなんだろうか……と思った瞬間，頭の中を閃光のようにかすめたものがあった。プーシュキン。それはあの詩人の名前だったのだ。
　プー，シュ，キン，プー，シュ，キン，プー，シュ，キン，……
　私は何度もその文字を読んでから本を取り出し手に取った。表紙を眺めるとやはりプーシュキンという名前以外に，他のことは意味を読み取れるはずがなかった。ロシア語のЖ，П，Ф，Ц，Ш，Щ，Э，Ю，Яのような文字は我々が学んだ世界の文字には無いものだった。その上我々が学んだ外国の文字と形が同じだとしても発音が違うものもいくつかあるのだ。とにかくそれはあのプーシュキンの詩集だった。荒れた森で捕えてきた動物の角でナイフをこしらえ，ジャガイモの農作業をしながら暮らすあの髯面，今になって明かすがその時猟銃をひねくり回しているヴォロージャよりもっと怪しげに思われたあの髯面が白樺を焚きつけたペチカの横でかすかな灯を友として眺めていたのはプーシュキンの詩集だったのだ！
　アレクサンドゥルАЛЕКСАНДРセルゲエヴィッチСЕРГЕЕВИЦИプーシュキン。
　（尹 1997 pp. 264-265）

　それを見たとたん事態が急転回します。不安はあたかも雪が融けるように消えてしまいます。あの髯面が凶悪な強盗などになるはずはないのだと。
　そうしてその夜を無事に過ごし，翌朝は一面雪で覆われ凍った湖水の上を渡り対岸の森に狩にでかけます。途中ヴォロージャが足跡を指して「ザヤチュ」，そして何か言っています。友人が通訳します。「ザヤチュ，キツネだって。あれ，キツネの足跡らしいよ」。
　こうして対岸の森に入って行進しているとき，突然「ザヤチュ」と誰かが

叫び,ロシア人が一気に駆け出します。友人もそして語り手もその後をついて駆け出します。こうして物語はようやく終わりになります。

　　おまえ,ヨルカよ,サスナよ,ベリョーザよ,ロシアの森よ,クロプチェカの香気よ,カリーナの実よ,絵の中に閉じ込められている昔の風物たちよ,人々よ,猶予された時間の中に閉じ込められた全てのいきさつたちよ。おまえロシアのザヤチュよ,韓国のキツネよ。(尹 1997 p. 288)

　いくつかの伏線をもち,さまざまな場面で寄り道をしながら,さまざまな話題を提供してきたこの小説の主題はほんとうは語り手と友人のあいだの一種の葛藤であったのかもしれません。そしてプーシュキンに対する思いとロシアの冬の風景の魅力はその主題を提示するまでの道具立てに過ぎないのかもしれません。

　しかし,ここではそのことよりもこの小説には独特の意味が別にもあることを指摘したいと思います。それはこの作品の舞台となっているソ連崩壊後のロシアの混乱期の様子を,語り手の不安がよく表現しているように思われるということです。おそらく将来は忘れ去られわからなくなってしまうであろう,このときのロシアの雰囲気がこの小説ではかなり迫力をもって描かれていると思います。たとえそれが作者の意図するものではなかったとしても。

　この小説にはほかにもかなり多くのロシア語が登場し,その全てを紹介することができませんでしたが,これまで出てきたいくつかの言葉について気になる部分がありますので最後にそれについて述べておきます。

　まず車に乗ってペテルブルクを出発した後,第二次世界大戦のスターリングラートの攻防戦の跡を通りすぎる記述がありますが,スターリングラードは現在はヴォルゴグラートと呼ばれロシアの南西部にありますから,まったく方角が違います。これはもちろんサンクトペテルブルクすなわち第二次世界大戦時のレニングラートでのドイツ軍包囲による防衛戦の戦跡のことでなければなりませんが,ソ連の二人の指導者の名前を取り違えた勘違いによる

間違いということになります。

　丸太小屋の中で語り手が発見したプーシキンの詩集の題名の文字を拾い読みするくだりでプーシキンの父称СЕРГЕЕВИЧまたはСЕРГЕЕВИЧЪをСЕРГЕЕВИЦИと書いてある間違いは誤植とも思われますが，それにしても腑に落ちないところがあります。ЧがЦИと誤植になるとすれば1文字が間違えて2文字に誤植されたことになりますが，これはありそうにもなく思われます。もしЧの発音をЦИと取り違えたということであればありそうなことですが，それは語り手がプーシキンの名前を字を見て写し取るのではなく，ある程度ロシア語を習得していて曖昧な発音で暗記していたものをロシア語で書いた場合には可能なことに思われます。しかしこの小説の作者にとっても，作中の語り手にとってもこのことはありそうもありません。疑問の残るところです。

　そして小説の最後にキツネを追って走る場面で「ザヤチュ（キツネ）」と叫ぶところがでてきます。原文のハングル「자야즈」に対応するロシア語は「заяц（ザーヤツ）」ですが，この単語は「ウサギ」でありキツネではありません。キツネなら「лиса（リサー）」ですから全く発音が違います。この小説の題名が「キツネ狩り」なのになぜウサギを追いかける場面になっているのでしょうか？　しかも小説ではなぜそれを「キツネ」だと言っているのでしょうか？　作品の場面でロシア人が追いかけているのはウサギですから，彼らが行なっているのは「ウサギ狩り」であり小説の題名もそうでなければならないはずです。この点は題名にも関わる疑問です。小説の内容からいえば友人がロシア語を間違って通訳して語り手に伝えたということになりますが，するとこの作品全体が最初からウサギ狩りの話だったのに語り手は，小説の途中でキツネについて延々と語っているのですが，これはいったいどういうことなのでしょうか。

　最後に丸太小屋での食事に出てきたクロプチェカという香ばしい植物のことです。

　小説の原文では「크롭제카（クロプチェカ）」となっていますが，文脈からはウイキョウ（茴香）のことだと推測されます。ウイキョウに対応するロ

シア語は「укроп」ですから，このハングル表記に対応するロシア語があるとすれば，まず指小形のукропчикでしょうし，ハングル表記をそのままロシア語にするとすればкропчекаまたはкропчекоという形になりそうですが，このどちらも辞書にはでていませんし，ロシア語としてありえない形だといいます。つまりукропに対応する指小形も，異形の単語も存在しないといいます。しかしこの小説の作者が新しいロシア語を作り出すことができるとは思えませんので，これは小説の作者が現地で聞いた通りの発音を表記したものと思われます。実際，このハングル表記の発音クロプチェカという発音を聞いたあるロシア人は直ちにこの言葉がукропすなわちウイキョウのことだと断定しましたから，もしかするとロシア人にとってはそれほど異常な言葉ではないのかもしれません。この結果はさほど不思議なことではなさそうです。なぜならロシア語の文法というのは文語を整理したものですから，そこに日常使われる口語や方言で扱われないものがある可能性は十分にありうるからです。

　従って以上取り上げた問題点のうち，ウイキョウ（茴香）についてはそれほど問題になることではなさそうですが，それ以外については簡単に作者の思い違いまたは誤植としてよいのでしょうか。将来作者がこの点について訂正をした改訂版を出したとすればその点が確かになります。しかし，レニングラートとスターリングラートの混同，プーシュキンの父称の綴りの間違いはあまりにお粗末な気がします。そして最後にウサギとキツネの取り違えは，この作品の存在意義そのものに疑問を投げかける可能性があります。

　この作品がずさんなものだということを回避する可能性がどこかにあるでしょうか。従来までの作者の小説のすこし風変わりな作風を考えてこれらの間違いを作者の意図的なものだと考えることはできないでしょうか。ほとんど可能性が無いように見えますが，それでもこの作者が読者に対する挑戦としてこうした間違いを意図的に持ち込んだという見方は興味のあるものです。とくに作品が発表されてからこれまでこの点について指摘した論者がいなかったとすれば，この挑戦は功を奏したということになります。

　そのことはともかくとして，これらの間違いにもかかわらずこの作品は韓

国では珍しい作品だといえます。それに対応する読者の水準がその作品に追いついていなければこうした挑戦も意味がありませんが，これらの点については断定することができませんので保留せざるをえません。

5. おわりに

　朝鮮の地理的な位置関係から，ロシアは間島と呼ばれる中国東北部とともに昔から多くの朝鮮人が移住する地域でした。そして韓末と植民地からの解放の後，どちらも一時的でしたが，ロシアの勢力が朝鮮の北方に及んだことがあるので，その影響が文化的な面にまで及びました。その一例としてここでは方言などの外来語を取り上げました。ここで取り上げた言葉に対する影響は現在ではほとんど痕跡もなくなっていますが，かつては小説にその言葉が登場することがありました。それは本稿で紹介した小説にも現れた通りです。

　また文化的な面でロシアの文学作品を積極的に紹介することはほとんどありませんでしたが，数少ないその例の中からエセーニンの詩集を取り上げ，その詩がどのように翻訳されたかの一面を調べてみました。その結果，訳者がロシア語の原詩を見ていなかったことがほぼ確かになりました。訳者が底本にしたのは日本語の翻訳であったばかりでなく，おそらくそのエセーニン理解もその日本語の訳詩集の範囲をあまり出ていないのではないかという可能性も出てきました。こうした日本の統治による文化的影響は意外に根が深く，容易に克服しえないほどであることが想像されます。

　最後に朝鮮文学ではほとんど見かけない，ロシア語が出てくる小説を取り上げました。ロシア語が出てくるという事実だけでは単に形式的な意味しかありません。しかし，ほとんど顧みられぬロシア語に対する関心を示した作品を見ると，そこにはある共通点があるようにも感じられます。それは，一般の朝鮮の一般の小説には見られぬある側面を見せていることです。それは，朝鮮人が関心をもとうとしない事柄，考え方に視線が及んでいるということです。そういう点で，ここで紹介した小説は朝鮮では孤立した存在であるの

かもしれません。李孝石の革命思想と憧れの結びつきは男女関係のテーマへと発展し彼のその後の作品の萌芽を見せているようにも思われます。白信愛の小説は, 他の作家のみならずこの作家自身の他の作品にも見られない注目すべき視点を見せているように思われます。それは自分と同様に虐げられている者に対する心遣いであり, それに結びついた自己省察の態度です。これは朝鮮では非常に珍しいことのように思われます。また咸大勲のこの作品も彼自身の作品の中でも特異な存在であるように思われますが, 革命思想に対する長年の憧れが耐え難い苦痛をもたらしたことで陥る虚しさを象徴派の詩人ブロークの詩で表現したことはさらに一層珍しいものに思われます。最後に扱った尹厚明の小説はスタイルは彼らしいものですが, やや長くとりとめもない作品という印象を与える一方, 当時のロシアの実情を知るものにとっては非常にその雰囲気を正確に再現しているように感じます。

　これらの作品自体の共通性を見出す事はできないと思いますが, それでも, ロシア語という朝鮮の文学でほとんど関心をもたれていない事柄を取り上げたことが, 逆に朝鮮の文学および朝鮮人にとってはどこに何が欠如しているかに焦点を当てることになっているように思われます。

　最後にロシア語にもロシア文学にもほとんど縁の遠い者がこうした文章を書くことが無謀であることは本人自身がもっとも承知していますが, このことが刺激となりより本格的で着実な仕事がなされこの論文が無用になる日が一日も早いことを願っております。

【注】
1) 玄圭煥 1967『韓国流移民史』ではロシア地方への朝鮮人の移民の歴史を多くの資料を使いながらかなり詳しく扱っています。「第二編　蘇連篇（極東地方）」pp. 741-976. 李光洙は若いときシベリア地方に短期間滞在したことがあるが, そのときのことをいくつかの文章で回想しています。例えば 1913 に上海から海参崴へ知人をたずねて朝鮮人の住む新韓村へやって来たとき, 日本人の手先と疑われあやうく殺されかかったと書いています。「露領情景」(李 1966b) pp. 263–265.

　また 1914 年大陸をへてヨーロッパに行きさらにアメリカに渡る予定で, ロシアのチ

タまで来てそこに居たとき8月欧州大戦が始まったので帰国することになりますが，そのときのロシア人の様子を「多雑な半生の途上」で次のように書いています。
「すると8月に欧州大戦が勃発しチタでは大動員令が発せられ村の家ではあるいは夫を失い，あるいは息子を戦線に送り泣き叫ぶ声が夜を通して聞こえた。なじみの店に行くと老人が出て来て息子が戦争に行き自分は年を取っていてわからないから好きなように品物についている定価どおりに出してくれといった。私は杜甫の詩を思い出し戦争の悲惨さを実感した。私はヨーロッパ行きを断念し再び東京に行き学業を続ける決心をし1914年の6月[sic. 8月]にチタを離れ五山に戻って来た。」(李 1966a) p. 397.

2) 小倉進平 1944『朝鮮語方言の研究　上・下』岩波書店．上：資料篇の全頁および，下：研究篇の pp. 582-584.
3) (三枝 1990) p. 182.
4)『モダン朝鮮語辞典』，この辞書は朝鮮の出版物としては珍しく大部分の単語に新聞や雑誌の号数と文章または小説などの作者，題名など出典が明記してあります。
5) この単語にはロシア語という表記がなく，また単語の形が奇妙なので誤植と考えられます。おそらく次の単語から作られたものではないかと思われます。подработать：副業，内職で稼ぐ。アルバイトで稼ぐ。 подработка (pl) подр-аботки：副業で稼ぐこと。アルバイトで稼ぐこと。内職で稼ぐ金。
6) 金光洲・李容珪共訳『魯迅短編小説集 I, II』서울출판사，1946.8.20〜1946.11.15，この作品集には「故郷」，「孔乙己」「狂人日記」「阿Q正伝」など全部で10篇の作品が収録されています。また1924年発行の『泰西名作短編集』に収められているロシア文学は次の通りですが，全て当時日本に留学していた中学生たちが日本語から翻訳しているので水準を問題にするほどの内容ではありません。,「散策の時」チェーホフ (洪命憙)，「写真帖」チェーホフ (秦学文),「内助者」チェーホフ (卞栄魯),「四日間」ガルシン (廉尚燮)，「狼」ザイツェフ (秦学文)，「奇火」コロレンコ (秦学文)，「密会」ツルゲーネフ (廉尚燮)，「外国人」アンドレーエフ (秦学文)，「意中之人」ゴーリキー (卞栄魯)。
7)『鉄窓の花』に収められた「痴情」は故郷を追われ日本に流れて来た植民地朝鮮の夫婦の悲惨な姿を描いたもので，作品としては当時のプロレタリア文学と比べ劣るとは思えません。作者が後に転向したからといってこの作品の意義が無効になるとは思えません。また作品の出来は成功しているわけではありませんが「踊り」もやはり朝鮮から連れてこられた女性たちの悲惨な姿を描いたものです。この作品集に収められた作品は次の通りです。「緑の党員章」「檻の中の四人」「鎖」「痴情」「ロビンフッド事件」「大助の結婚」「断髪の社会学」「結婚の幸福」「妻の罰金」「或る明るい物語」「踊り」「四つの夢」「偉大なる創造主」「鐵窓の花」。
8) (小倉 1944) 上：p. 80.
9) (岡本・松崎 1990) pp. 53-56. 平上嘉市，内平上フミからの聞き書きの項。
10) 以下括弧内のロシア語表記は原文には無いものです。

11）注6を参照。
12）地名についての思い違いについては以下の説明を参照。

【参考文献】
［作品］
(内村 1968) 内村剛介訳『エセーニン詩集　世界の詩 53』弥生書房，昭和 43（1968）初版，昭和 49（1974）4 版．
(呉 1946) 呉章煥訳『에세-닌 詩集』動向社（서울）1946.
(尾瀬 1930) 尾瀬敬止訳『エセーニン詩集―サヴェート詩人選集第二巻』素人社書屋，昭和 5（1030）．
(八田 1936) 八田鐵郎訳『エセーニン詩抄』白馬社，昭和 11（1936）．
(ブローク 1946) ブローク・中山省三郎訳『詩・十二』柏書房，昭和 21（1946）．
(ブローク 1981) ブローク・川崎彰彦訳『詩集　十二』編集工房ノア，1981.
(Есенин 2011) Есенин, Сергей Александрович; *Полное собрание лирики в одном томе*, Эксмо, 2011.
(Есенин 2012) Есенин, Сергей Александрович; Собрание соченений в одной книге, Издательство Клуб Семйног досуга, 2012.
(Есенин 2013a) Lib.Ru/Классика: Есенин Сергей Александрович: Собрание сочинений; http://az.lib.ru/e/esenin_s_a/,2013.
(Есенин 2013b) Есенин, Сергей Александрович; Сайт, посвящённый С. А. Есенину: Творчество: Стихотворения: http://esenin.ru/stichotvoreniya.html,2013.
(Блок 2009) Александр Блок; Стихотворения и поэмы, Русская Классика, Эксмо, 2009.
(Блок 2009) Александр Блок; Полное собрание сочинений в одном томе, Альфа - Книга, 2013.
(白 1974)『現代韓国短編文学全集 A-11 白信愛・姜敬愛・金末峰・盧天命』文元閣，1974.（収録作品「福先伊」「赤貧」「彩色橋」「顎富者」「鄭賢洙」「食困」「어느田園의風景」「꺼래이」「一女人」「混冥에서」）．
(白 1996) 白信愛「꺼래이」『한국현대대표소설선 4』창작과비평사 ,1996. pp. 440–458.
(尹 1997) 윤후명『여우사냥』문학과지성사，1997.
(李 1931) 李孝石『露領近海』同志社，昭和 6（1931）．
(林 1930) 林房雄『鐵窓の花』先進社，昭和 5（1930）．
(咸 1847) 咸大勳『青春譜』京郷出版社 , 1947.
(洪 1924)『泰西名作短編集』朝鮮図書株式会社，大正 13（1924）．

［その他］

(Carlson) Maria Carlson; Aleksandr Blok's Twelve, http://russiasgreatwar.org/media/culture/twelve.shtml.

(岡本 1990) 岡本達明・松崎次夫編集『聞書　水俣民衆史⑤植民地は天国だった』草風館, 1990.

(小倉 1944) 小倉進平『朝鮮語方言の研究　上・下』岩波書店, 1944.

(カザケーヴィチ 2004) ウェチェスラフ・カザケーヴィチ／太田正一訳『落日礼賛　ロシアの言葉をめぐる十章』群像社, 2004.

(小中 1978) 小中武「『十二』への視角―その両義性をめぐって―」『ロシア語・ロシア文学研究』日本ロシア文学会, No. 10 (1978.10) pp. 66–76.

(三枝 1990) 三枝壽勝『スタンダードハングル講座⑤ハングル読本』大修館書店, 1990.

(兪 1977) 兪鎮午「북새통의 奇談」『養虎記；普專・高大三十年回顧』高麗大学校出版部, 1977. pp. 149–157.

(李 1966a) 李光洙『李光洙全集』第 14 巻, 1966 重版.

(李 1966b) 李光洙『李光洙全集』第 18 巻, 1963 初版, 1966 重版.

(李 1937) 李鍾極『鮮和両引모던朝鮮外来語辞典』京城　漢城図書株式会社, 昭和 12 (1937).

(玄 1967) 玄圭煥『韓国流移民史』語文閣, 1967.「第二編　蘇連篇（極東地方）」pp. 741–976.

第 6 章
無味の帝国の夷狄たち
―― ロラン・バルトとミケランジェロ・アントニオーニ

下澤　和義

1.「文学」と「映画」の出会い

　ロラン・バルトとミケランジェロ・アントニオーニ――この顔合わせは，すくなからず意外な印象を，双方の読者および観客に与えるのではなかろうか。たとえば，1980 年にボローニャで表彰される映画監督のために，批評家が書いた「親愛なるアントニオーニ」[1]というテクストがある。その内容は，監督のフィルモグラフィを包括的に論じるだけでなく，同時代の芸術家としてのアントニオーニに深い共鳴を寄せたモノグラフィとでも言うべきものになっている。にもかかわらず，バルト研究者がこれまで両者の関係について注目したことはなく，バルトがアントニオーニを考察の対象として正面から取り上げたのは，この最晩年の文章が最初で最後であったせいか，むしろ軽視されたり無視されたりしてきた，と言うべきだろう。たとえば，5 巻本のバルト全集にエリック・マルティが付けた総合索引の「映画」における「アントニオーニ」(V, 1078) の項目には，この 80 年のアントニオーニ論しか挙げられていないし，最新のマリー・ジルによる仕事もふくめて，伝記研究者たちも両者の親交については一顧だにしていないといった状況である[2]。
　だが，アントニオーニは，1983 年に発表した短編集『愛のめぐりあい』のなかで，バルトとパリで会話をしたというエピソードを紹介している。また，79 年および 85 年にアンドレ・タッソーネと行った対談のなかでも，このシネアストは批評家との共同企画に関する興味深い発言をたびたび残し

ている。このように両者間に交流があったという事実だけでも，いわゆる貴重な「伝記素」biographème として取り上げられるべきだろう。だが，バルトの仕事全体という視点から見て，さらに重要だと思われるのは，『彼自身によるロラン・バルト』の断章や，「言語のざわめき」というエッセイ，さらには訪中期間に書いていた手記のなかで，バルトがアントニオーニの『中国』（*Chung Kuo, La Chine,* 1974）という記録映画について語っていたことである。

それらのテクストで起きているのはいずれも，まさに「触れる」としか言いようのない，局所的で断片的な接触である。しかしながら，『中国』に触発された視聴覚経験は，バルトのうちでは「意味の震え」という重要な主題と確実に交差しあっている。そのうえ，「親愛なるアントニオーニ」のなかで，バルトが「私が中国に行きたくなったのは，中国についてのあなたの映画のためです」（V, 903）と語っていたことから考えると，これらの接点がクローズアップされる意義は小さからぬものがあるだろう。帰国後に書かれた中国論「それで，中国は？」や，2009 年に公表された『中国旅行ノート』を正確に理解するためにも，アントニオーニのフィルムとの接点は，バルトにとっての中国像を立体的に把握するのに欠かせない立脚点となるのである。

バルトが「親愛なるアントニオーニ」を書いたのは，写真の本質を探究した『明るい部屋』の執筆から約半年後のことである。このアントニオーニ論は，同監督がボローニャ市から「黄金のアルキジンナージオ」賞を授与される式典のいわば祝辞として書かれたものであるが，そもそも「映画に反して」（V, 791，強調は原文），写真の存在論を企てた批評家が，そのすぐ後にこのような映画論を書いたということじたい，いくぶん唐突なふるまいに見えるし，タイトルからもわかるように，その本文はバルトにはめずらしい書簡体による，「あなた」vous という二人称を使った（バンヴェニストがいう意味での）「ディスクール」となっている。しかもそこでは，1940 年代の短編ドキュメンタリーから，当時の最新作だった『さすらいの二人』（1975 年）まで，この監督のキャリア全体が総括されているという意味で，バルトによる映画批評としては異彩をはなつ内容になっているのである。

不運なことにその約2カ月後，バルトは交通事故に遭い他界してしまうのだが，追悼の意からそのアントニオーニ論を掲載した『カイエ・デュ・シネマ』誌上には，アントニオーニ自身からも批評家の死を痛切に悼む言葉が届けられた。監督はその直前に「親愛なる友」と書き始めていたバルト宛ての私信を公開しているので，バルトが『明るい部屋』を監督に贈呈していたこともわかる[3]。いったいこのような「親愛なるアントニオーニ」と「親愛なる友」のあいだには，いつごろから友情が結ばれていたのだろうか。

　もっとも，本稿でのわれわれの主旨は，彼らの交流の全貌を伝記的に詳述することにはない。しかし，そのいくつかの手がかりを，しばし文学界からはなれて，映画界で行われた対談や文章で語られた内容のなかに見いだすことは容易である。たとえば，アントニオーニは研究者のアンドレ・タッソーネと1979年および1985年に対談しているが，まず79年の段階で現在進行中の企画，『感情の色彩 Il colore dei sentimenti』について質問されたとき，監督はつぎのように答えている。

　「その映画は，強迫観念として始まった嫉妬に関する小論のようなものになるはずでした。言い換えればそれは，嫉妬にとりつかれたある男の物語だったのです。物語は3つのレベルで繰り広げられます。現実のレベル，記憶のレベル，そして最後に想像力のレベルです。そうした構造にもとづいて，私は出来事が属するレベルに応じ，言うなれば3つの違ったやりかたで，出来事に彩色することができると思いました」[4]。しかし，さらに注目すべきは，この発言の続きで監督が，『感情の色彩』にバルトの著作を部分的に組み入れたと述べている部分である。

　　私はバルトの許可を得て，彼の本の『恋愛のディスクール・断章』からいくつかの箇所を使いました。彼にシナリオを送ったところ，彼は的確でかつ私を喜ばせるような所見をふくむ，とても美しい手紙を書いてくれました。この種の実験で誰かに先を越されることがなければ，いつかこの企画を実現できる日がくるのを望んでいます[5]。

ここでアントニオーニがシナリオの一部に使ったというバルトの著作,『恋愛のディスクール・断章』は,1977年に刊行されて一般の読者にも好評を博し,翌年ピエール・レナールによってマリー＝スチュアート劇場で戯曲化されたこともあるため,映画化の企画が持ち上がったとしても,さして不自然なことではないだろう。また,アントニオーニとバルトとの親密な交流は,映画監督の1983年の短編集『愛のめぐりあい』（原題は『あのテヴェレ川のボーリング場 Ce bowling sur le Tibre』）にも,その痕跡が認められるように思われる。そこにはバルトへの言及をふくむ短編が2つ存在しているからである。

　その第1のテクストは,幼年期の自伝的な映画を撮りたいという欲望を語った「レポート・アバウト・マイセルフ Report about myself」と題された文章であり,その後半に語り手がバルトとパリで会ったときの会話が再現されている。よく知られているように,バルトは1977年1月にコレージュ・ド・フランスで開講講義を行ったが,その事務局から教授全員の名簿がバルトのもとにも送られてきたというのである。「そのうちの一人は,ひどく若くて,退官年度は2006年となっていた。『2000年が私の人生にかかわってくるのは,これが初めてだよ』が,バルトのコメントだった。その声にはおなじみのアイロニーがすっかり入っていたが,いくぶんかメランコリーもあって,それを彼はほとんど場違いの感情であるかのように隠そうと努めていた」[6]。

　第2のテクストは,「もろもろの出来事のディゾルブ」という題名の日記形式のテクストである。ここでも,やはりアントニオーニとおぼしき「私」が,1977年5月から10月にかけて,世界の各都市（伊,仏のほかにウズベキスタン,タジキスタン,オーストラリアなど）をまわりながら映画の着想を書きためていくさまが語られている。そのなかに「パリ,10月18日の朝9時」と記された断章があり,映画の着想にまとまった構造を与えようとしている語り手が,つぎのように批評家の言葉を思い出す一節がある。

　　ロラン・バルトは,作品の意味はひとりでにできるものではない,作者

は意味の推測しかつくりだせないのであって，それは形式といってもいいのだが，それを満たすのは世界なのだ，と言っている。それにしてもバルトは，どうして世界などという，こんなにあやふやな実体をあてにできたりするのだろうか[7]。

「世界」というのは，ここでは一般公衆でもあり，さらに言えば，作品の作り手にとっての受け手のことでもある。作品の意味が形成されていくには，小説にとっての読者や，映画監督にとっての観客の能動的な参加が欠かせないという立場は，バルトが「作者の死」（1968年）や「作品からテクストへ」（1971年）で提示した言語論的転回とでも言いうるものであった。

いっぽう，監督がバルトに問いを投げかけているのは，いままさに脚本を書きつつある作り手という実践的な立場からでもある。それゆえ，この問いかけには，相互理解の不可能な「他者」としての受け手の存在をめぐる経験の共有も重ね合わせられているように思われる。というのも，アントニオーニとバルトは，1970年代中葉に中国をめぐって発表したお互いの記録映画とエッセイが——これはあらためて後述する——それぞれ親中国派からの拒絶や無理解に衝突したからである。

いずれにせよ，このような『愛のめぐりあい』におけるバルトの重要度に関しては，1985年に対談相手から，「あなたの著作の中で，ただ一人，言及されているフランスの作家はロラン・バルトですね」と言われ，アントニオーニはこう答えている。「私たちはとてもよい友達でした。彼は『親愛なるアントニオーニ』という短文を書いてくれましたが，もしかするとこれは私について書かれた一番美しいものかもしれません。彼はとても優しく，繊細な人物でした。バルトは文化人であるだけでなく，真の芸術家だったのです。彼のエッセイは詩的な直観にあふれています。そして，そこに彼の問題があった。彼がエッセイストだけではいられなかった，という点にです」[8]。

映画監督のこの解釈は，「書くこと」を仕事として選んだバルトの核心に迫るものであり，かつ，芸術家どうしの友愛を感じさせる発言となっている。対談ではこの直後に，ふたりの共作の企画が諸般の事情から未完成に終わっ

てしまったことも打ち明けられている。「ある時期私は，イタロ・カルヴィーニの物語から思い付いた嫉妬に関する映画のなかで，彼の『恋愛のディスクール・断章』という本からいくつかのパッセージを使おうと思っていました。それは普通のような粗筋のある映画ではなくて，文学に結びついたものでした。登場人物たちは，愛について言われることと，経験することを意識していて，そのふたつの領域の比較のようなものがあったのです……私はこの企画をあまり推進しませんでした。それはいくらか私が悪かったのです。私にはロラン・バルトの助けが必要だったのかもしれませんが，彼はすこし前に亡くなってしまいました」[9]。

この「嫉妬に関する映画」というのは，1979 年の対談でも言及されていた『感情の色彩』のことだが，シナリオの原型はおそらく 1971 年の『嫉妬の色彩 Il colore della gelosia』[10]にまでさかのぼると思われる。バルトの『恋愛のディスクール・断章』には「嫉妬」と題された断章もふくまれており，彼らふたりの共同作業が実現していれば，あるいは，アントニオーニが重病から復帰した後に（とはいえ話すことも筆談すらも不可能なままだったが），大病を患ったあとアントニオーニがヴィム・ヴェンダースと共作したフィルムをさきどりするような作品になっていたかもしれない。事実，その 95 年の『愛のめぐりあい』（原題は「雲の彼方に」 Al di là delle nuvole）をなしている 4 つのエピソードは，さきほどの短編集におさめられた，ありえない恋愛を主題とする 4 つのテクスト（ヴェンダースはそれを「ハイク」とも呼んだ）から組み立てられた映画だからである。

このような 70 年代後半におけるバルトとアントニオーニによる未完の共作までふくめて，「文学」と「映画」の相互触発を引き起こしたきっかけについて考えるためには，いまからわれわれは，先に指摘しておいた両者の中国理解にフォーカスをあわせてみなければならない。すなわち，74 年の訪中前にバルトが視聴していたアントニオーニの記録映画のことである。

アントニオーニの中国ロケは，「ニクソン・ショック」と呼ばれる米大統領の訪中宣言が実現してから 3 カ月後に行われている。撮影された 3 万メートルのフィルムは，最終的に約 3 時間半の 3 部作として編集される。その

第 1 部は主として北京や万里の長城，第 2 部は林県，蘇州，南京，そして第 3 部は上海にそれぞれ取材している。

　数か所のカットを命じ付けた中国当局の承認の後，この長編ドキュメンタリーは，まずアメリカで 1972 年 12 月 26 日に封切られ，ついでフランスでは 73 年 9 月 13 日，スウェーデンでは翌 74 年 3 月 13 日に公開されている。イタリアでは 1973 年 1 月に国営テレビで 3 回に分けて放送され，さらに翌夏はヴェネチア・ビエンナーレの映画祭でも上映される予定であった。ところが，74 年 1 月 30 日付で『人民日報』紙上に，この映画は中国人民と革命を誹謗中傷するものだというアントニオーニ批判の記事「邪悪な意図と卑劣なやり口」(「悪毒的用心，卑劣的手法」) が発表される[11]。当初は上映会場はフェニーチェ劇場だったが，混乱を避けて市内のサンマルコ広場近くにあるオリンピア映画館に移された。警官たちの取り巻く物々しい雰囲気の映画館には，作家のウンベルト・エーコも観客としてまじっており，「アントニオーニは，神経質になり，困惑し，彼自身のきわめて個人的で逆説的なドラマ，すなわち，反ファシズムの芸術家が愛情と尊敬の念から中国に行ったものの，彼自身がファシストとして非難され，ソ連修正主義とアメリカ帝国主義に雇われた反動主義者として 8 億人から憎まれる，というドラマにふたたび耐えていた」[12] と当時の監督の状況を語っている。

　女優出身の江青女史は映画にも関心が強かったというが，映画に対するこのような「権力の反射反応」(V, 903) は『中国』の例ばかりではない。バルトの訪中手記によると，当時はフランスからの入国ビザ申請が 400 人分拒否されたばかりだったので，バルトたちの旅行許可が下りたことに客室乗務員が驚いていたという[13]。この申請拒否の措置は，1974 年 2 月 28 日からパリで封切られた『パリの中国人』(ジャン・ヤンヌ監督・主演) のせいである。当局の逆鱗に触れたその通俗的な軽喜劇の内容は，中国の軍隊 (指揮官に扮しているのは，当時ソルボンヌ留学中だった長塚京三である！) が一夜のうちに大挙してパリを占拠したものの，西洋的な女性の魅力に初めて接した兵士らは，つぎつぎとパリジェンヌと恋に落ち，やがては平和裡に紛争は解決するというものであった。映画は興行的には失敗作となったが，フ

ランス国内の親中国派にも，たとえばかつてはアラン・バディウも所属していた UCF-ML（マルクス・レーニン主義フランス共産主義者連盟）が『パリの中国人』のボイコット運動を繰り広げるなど，中共寄りの拒否反応があったことを，クリストフ・ブルセイエの研究書『マオイストたち――フランスの紅衛兵たちの熱狂の歴史』が記している[14]。

　そのような状況下でいつごろバルトが『中国』を見たかを示す正確な記録はないが，封切りが1973年9月であれば，おそらくはそれから1カ月間くらいの期間のうちではあるまいか。たとえば，翌年の2月7日になると，高等学術研究院で行われたセミナーの原稿には，「アントニオーニの映画」[15]という記載があり，そこに付けられた注釈には，1975年に出版されるエッセイ「言語のざわめき」[16]の第4段落の原型とも言えるものが見いだされる。このセミナーとエッセイはいずれも，フィルムのなかで地方の村の小学生たちが朗読をしているシーンのことに触れている。エッセイのほうは，美学者のミケル・デュフレンヌを囲んで文学者たちが寄稿した論文集『軛なき美学へ向けて』に収録された文章（印刷の日付は1975年3月6日）で，執筆陣のなかにはバルトのほかに，ジャン＝フランソワ・リオタール，クリスチャン・メッツ，ツヴェタン・トドロフ，ユベール・ダミッシュらの名も見える。総勢37名もの執筆陣となると，出版社からの原稿依頼は少なくとも1年以上前だったと推量されるが，その時期は『中国』の別のシーンへの言及を含む『彼自身によるロラン・バルト』の執筆期間――巻末に1973年8月6日から1974年9月3日と記されている――とも多かれ少なかれ重なっている。

　このドキュメンタリー・フィルムのことは，バルトが中国訪問のおりに付けていた手記にも反映されており，特に最終日の1974年5月2日の記録は，旅程全体を総括しながらそれを映画作品としての『中国』と関連させている点で注目に値する。いっぽう，帰国後まもなくして5月24日付の『ル・モンド』紙に掲載されたエッセイ「それで，中国は？」には，直接にアントニオーニを想起させる言及は見られない。冒頭で述べておいた「親愛なるアントニオーニ」での言及にも，ドキュメンタリーの具体的なシーンに関する分析は見られず，むしろ監督のスタイル全般に関する見解であった。

以上のような複数の接点のなかで，われわれが特にクローズアップしてみたいのは，まず北京の博物館を撮影したシークエンスに出てきたジオラマ模型の展示のことを取り上げている，『彼自身によるロラン・バルト』の断章「性欲の幸福な最後？」，ついで，「林県」（今日の林州市）における小学生たちの朗読シーンについて語っている，「言語のざわめき」というエッセイである。これらのシーンは，いずれも時間にして約1分間程度の短いものであるが，全体で200分以上に及ぶこのドキュメンタリー大作のなかから，バルトのテクストに具体的な痕跡を残しているのは，実際このふたつだけなのである。では，これらの映像の何が，批評家のエクリチュールを駆動させたのだろうか。一見したところ，場所も内容も無関係なこれらのシーンのあいだには，はたして何らかの共通性があるのだろうか。

2．映画『中国』における「言語のざわめき」

　それでは，博物館の展示を紹介するシーンから，アントニオーニのフィルムを検証していくことにしよう。
　『中国』第1部の冒頭から開始約40分後，万里の長城に続いて，広大な陵墓を紹介するシークエンスが繰り広げられる[17]。監督本人によるナレーションのなかで，「明代の16人の皇帝のうちの13人が，この霊廟の下に横たわっている」と説明されている陵墓は，今日でも観光名所として知られている「明十三陵」のことである。
　明十三陵の定陵へ入場する重門をパンしながら，ナレーションが「中国の大衆は，『帝国』という語の意味を知らずに，見学にやって来る。陵墓への観光はお祭り気分である。恭しい気持ちや厳粛なところは全然ない」と語っているように，このシークエンスは観光に訪れる中国の若者たちの現代気質を示そうとするものである。たとえば，庭園でトランプに興じている中国人観光客の屈託のない様子を撮りながら，アントニオーニは「霊廟の見学にはほんのわずかしか興味がない」が，「すぐそばの，宝物品で一杯の博物館は見学したほうがよい。特に一種の政治的な模型 crèche は」と助言するが，

この博物館は約1年後にバルトたちも見学しているように，おそらく文革期には外国からの視察のために公式のコースとして指定されていた可能性がある。

これに続く問題のシーンにおいては，まず数メートルの横長のジオラマの全景が正面から捉えられる。このとき展示場の上部の壁に読まれる文字は，「朱翊鈞統治時期労動人民的苦難生活」，すなわち，朱翊鈞こと万暦帝の統治時代における民衆の過酷な生活，という意味の表示である。万暦帝（1563～1620）は政治には無関心で蓄財と奢侈にふけり，戦費をまかなうため遼餉と称する租税の増徴も行ったので，負担の増大した農民層の窮乏が顕著となり，民変と呼ばれる都市の民衆の大規模な抵抗運動が各地であいついで起こるようになった。そのような歴史的評価が文革期には紅衛兵の怒りを呼び，帝の墳墓が暴かれ，后妃の亡骸とともに焼却されている。

したがって，明十三陵におけるこのジオラマ模型の存在理由は，文革期の教化政策の一環として郷紳ら支配層の搾取が横行していた旧社会を批判することにあったわけだが，バルトによる「性欲の幸福な最後？」という断章では，その映像が中国におけるセクシュアリティのありかたという別の角度から眺められているのだ。ここでわれわれは，博物館の展示内容をフィルムに沿って具体的に確認しておきたい。

ジオラマの全景を正面から捉えたフィックス・ショットでは，画面の左手から順に，明朝の社会を再現した5つの場面（税の取り立て，行き倒れの祖母・母・子，子供と人買い，路頭に迷う老夫婦，蜂起する人民）が並んでいる。高さは40～50センチぐらいの，彩色された乾漆像らしい人形たちが，切り立った岩山を舞台にして，各場面を演じており，ジオラマ全体には真上から蛍光灯のような光がしらじらとあたっている。

続いて示されるのは，乾漆像の展示だけを映した17個のショットであり，生きている人間はいっさい登場しない。これといった音楽もなく，監督によるナレーションがオフボイスで語られるのみである。「これは労働者たちの悲劇的な歴史を表現したものである」という導入の言葉に始まって，地主が農民から小作料を取り立てる場面が紹介される。両者の対立の構図が描かれ

たあと,「支払いのできない家族は村から追い出される」という解説が入る。幼子を抱いて木にもたれている母と,それを介抱する老婆といった光景が示される。

追い出された農民たちは,放浪者や,物乞いとなり,「彼らは飢えのため,道端で死ぬ」。泣き叫ぶ幼児の人形の顔がアップにされる。「あるいは,子供を売りとばさねばならない」例として,家族から引き離され,手を伸ばして泣き叫ぶ少女像が見せられる。「これが皇帝のもとでの生活だった……」。カメラは路頭に迷う家族たちを映す。

「その結果,大量の労働者たちによる反乱を招いた」。刀を持った男が,もうひとりの男に切りかかる場面が映される。「1582年をつうじて闘いはいたるところで起こった」。屈強な若者が両手で岩を持ち上げて,敵に投げつけようとしている。農民たちの蜂起の場面である。反乱軍の指導者が高々と手を掲げている。「これが,毛主席がわれわれに教えてくれたことである」。中央で手を挙げた若者の上半身の単景が,勝ち誇る人民の象徴のように示される。

では,この一連のショットを,バルトはどのように受けとめているだろうか。『彼自身によるロラン・バルト』の「性欲の幸福な最後?」という断章から,関連する部分をつぎに引いてみよう。

> アントニオーニの映画のなかで,或る博物館を訪れた民衆たちが,昔の中国の野蛮な場面を再現している模型に見入るシーンがある。兵隊の一団が,貧しい農民の一家から税を取り立てている最中だ。その表現は乱暴というか痛ましいものである。模型は大きくて,はっきりと照らし出されており,その身体は(蠟人形館の輝きのなかで)凍りつくとともに引きつっており,肉体的であると同時に意味論的であるような一種の発作状態に至らしめられている。ルナンをあれほど憤慨させた露骨さをもつ(実際,彼はその責めをイエズス会派に負わせたのだった),あのスペインのキリスト像の真実主義派の彫刻を思い出させる。ところで,この場面が,不意に私には,きわめて正確にこう見える,すなわち,サド

のタブローのように，過度に性化されている，と（IV, 737-738）。

バルトはなぜ不意に，このジオラマ模型の人形から，「過度に性化されている」sur-sexualisée という印象を受けたのだろうか。その直前においてバルトが連想していたのは，ルナンの宗教美術論である。『中国』のフランス語字幕では，この「模型」maquette に対して，キリスト教的背景をもった « crèche » という訳語があてられていたためかもしれない。いまの引用箇所では，「ルナンをあれほど憤慨させた露骨さ la crudité révoltait tant Renan」（IV, 737-738）と言われているが，たとえば，『サド・フーリエ・ロヨラ』のイグナティウス・デ・ロヨラ論の第9章「ファンタスム」にも，宗教美術におけるリアリズムをめぐって，ルナンが嘆いたという「見るに耐えない露骨さ la révoltante crudité」（III, 755）という句が引用されており，これらの出典は同一であると思われる。

バルトはどちらの場合でも出典を記していないが，ルナンの著書のなかでこの句が見つかるのは，『続・宗教史研究』（1884年）である。同書によれば，素朴な原始キリスト教的な様相を残していたイタリア美術は，トレント公会議のあとの16世紀末以降，性格が一変する。バルトがイエズス会の影響に言及しているのは，同書で「イタリア美術はカトリック的に，より正確に言うと，イエズス会的になっている」[18] とルナンが書いているからだろう。この変化は，一言でいうと，宗教的な精神性が，写実主義の物質性に取って代わられた，ということである。ルナンによれば，近代イタリア美術においては，「いかなる高尚な観念も消え失せる。スペインふうの物質主義が，その見るに耐えない露骨さ la révoltante crudité において，いたるところで優位を占めている」[19]。

その例として挙げられているのは，イタリアの画家グエルチーノこと，ジョヴァンニ・フランチェスコ・バルビエーリ（Giovanni Francesco Barbieri, 1591-1666年）である。復活したイエスの脇腹に開いたままの傷口に手を触れずにはいられない弟子を描いた『聖トマの疑い』（1621年。ロンドン・ナショナル・ギャラリー所蔵）に見いだされるリアリズムについて，ルナンが語っているつぎのような一節，「それは，信仰の対象にするだけで満足し

ておかねばならないものに触わりたがる，信心に凝り固まった写実主義だ。ちょうど聖トマが，ぶしつけにもイエスの傷に指をあてたように」は，即物的な写実主義を宗教画に持ち込むことに対するルナンからの批判を如実に物語っている。

ただし，ルナンが非難している「スペインふうの物質主義 matérialisme espagnol」とは，たんなる絵画の様式のことではなく，ここでは「聖人たちや〈神〉自身が，彼らのために払われる金銭的犠牲によって満足させられるという，まったくもってスペイン的な考えかた」[20] のことを指している。「銀製の像は，めっきではなく無垢であれば，いっそう賞賛に値するのである。傑作とみなされる立像は，その重量で評価されるのだ」[21]。したがって，バルトによる「スペインのキリスト像の真実主義派の彫刻」の想起は，必ずしも原著の文脈と全面的に整合しているわけではない。おそらくは記憶に頼った曖昧な引用であるがゆえにショットとの結合力も弱く，すぐつぎの印象，「サドのタブロー」と交代したのではないかと考えられる。

では，『中国』のスクリーンのなかで，ルナン的なリアリズム批判から，サドの小説世界へと印象が切り替わるきっかけとなっているのは，いったい何であろうか。道徳化された博物館の模型展示の内容には，『美徳の不幸』や『悪徳の栄え』といった小説に見られる性交や殺人などの描写が見られるわけではない。たとえば，ナレーションが「子供を売りとばさねばならない」と語っているように，家族のいる左斜め上方を見つめ，泣き叫ぶ少女のショットなども，あくまで万暦帝の統治下の被害者をあらわす表象として紹介されている。

中国の社会主義演劇のコードから見れば，過分に様式化されたものとして受けとめられうるその姿勢や表情を捉える際，バルトの眼差しを誘導し，社会主義リアリズムのジオラマ模型と「サドのタブロー」との接点を構成しているものは，ここでは何よりも人形たちの身体の不動性と，その展示を照らし出す強度の光ではないだろうか。この中国的身体のイマージュに関連して，バルトはその特徴をフランス語圏の読者に説明するのに，「蠟人形」——パリで最も有名なグレヴァン蠟人形館は，ガブリエル・トマによって 1882 年

にパリのパサージュ・ジョフロワで開業されて以来，今日でもなお古き良き「テーマパーク」の趣きで観光客を集め続けている——という例を挙げているが，1971年のバルトの著書，『サド・フーリエ・ロヨラ』の「サドⅡ」は，こうしたイマージュに関する理解にさらに厚みを持たせてくれるだろう。というのも，そのサド論では，硬直して光を浴びた「身体」が注視されているからである。

　バルトによれば，サドが美の化身として描いている身体は，しばしば非視覚的な描写，抽象的で退屈な美の類型しか登場してこないため，一見すると「無味」fade——仏語圏ではこの形容詞はしばしば，味わいや風味がない料理，鮮やかさのないくすんだ色，むっとする嫌な匂いなどに関して使われるとともに，本や話などの内容が生彩を欠いていて退屈なときにも使われる——であるとされる。だが，そうしたステレオタイプな全身像も，照明という手段によって，別の様相を帯びうる可能性があるとバルトは言っている（傍点による強調箇所は原文の斜字体の部分）。

　　しかしながら，この無味 fade だが完璧な肉体に，テクスト的な実在性を与える手段が一つある。その手段とは演劇である（そのことを，この文章の作者はパリのキャバレーで上演された仮装の出し物を見物して理解したのだった）。その無味乾燥 fadeur，その抽象において捉えられたサド的身体は（「最高に卓越した胸，形姿のじつにうるわしい細部，全身にわたる屈託のなさ，四肢のつけねの優美さ，柔軟さ」），じつは舞台に満ちた光のなかで，遠くから眺められた身体なのだ。それは，ただ単にじつによく照らし出された身体 un corps *très bien éclairé* というだけのことであり，むらのない遠くからの照明じたいは，その身体の個性（肌の欠陥や顔色の悪さ）を消しているが，純粋な美女らしさだけはそのまま見せているのだ。たっぷりと欲望をそそりながらも，絶対に近づくことはできない，照らし出された身体は，小劇場，つまりキャバレーの，ファンタスムの，サド的展示の小劇場を，本来の空間としている（Ⅲ, 813）。

「無味」fade な身体像，つまり類型的な全身像の描写が，細部描写の場合とおなじく欲望の対象となりうるには，それが煌々と輝く照明で照らし出され，細部の個性を失いながらも，美の本質の明快な記号となって，枠に入れられ，距離をとって展示されなければならない。要するに，強度の備給を受け，ヒステリー化されねばならないのである。

まさにそのような「パリのキャバレーで上演された仮装の出し物」を，実際に体験した批評家が，そのステージ上で「照らし出された身体」に関する大衆消費文化の神話学を語っているのが，1953年2月に『エスプリ』誌に掲載された長編エッセイ，「フォリー＝ベルジェール」である。「＜陳列＞の光のなかでつねに正面から私に提供される，踊り子 girl たちの顔によってもまた，私は多くの幸福を賢くも買うことができるようになるだろう」(I, 238)。彼女たちの身体は，「総じて，私は古典から派生した秩序を前にしており，そこでは肉体は本質を具現化することしかしない」(I, 238) とあるように，肉体の個別性を欠いた記号と化している。彼女たちのファッションもすべては観客の欲望向けにコード化されており，「したがって，わたしは趣味のかなた，純粋に記号論的な世界にいるのだ」(I, 238)。

中国の文革期の身体表象は，このようにバルトのなかで，19世紀末以降のフランス社会における大衆的な視覚文化，すなわち蠟人形館やキャバレーの興行の身体表象を経由して，「サド的なタブロー」un tableau sadien における「照らし出された身体」へと参照づけられているのであるが，サド的身体と博物館の人形模型をつなぐものとして，この身体像の核心をなす重要なジャンルが存在している。それが「活人画」tableau vivant である。バルトはサド論のなかで，「サド的なグループは，頻繁にあらわれるが，絵画的または彫刻的なオブジェである。その言説が捉えている放蕩の人物像は，たんに整列され構築されているだけでなく，とりわけ固定され，枠に入れられ，照明されているのだ。それは登場人物たちを活人画 *tableaux vivants* として扱っているのである」(III, 835。強調は原文) と書いている。

「活人画」は，フォリー＝ベルジェールのステージに関する記述のなかで

も引き合いに出されていた。「それゆえ悲劇は，舞台装置と同列に追いやられる。〈歴史〉は活人画である。〈女〉は人形である。〈肉〉は蠟であり，色彩は名称であり，神秘は機械である」(I, 235-236, 傍点による強調は引用者)。16世紀のスコットランド女王の数奇な人生であろうが，フランス大革命の英雄とその妻の出会いの挿話であろうが，キャバレーの舞台では，歴史上の名場面も，純粋に視覚的なスペクタクルとして，眼差しとその欲望の対象という関係に還元される。この一節には，「人形」，「蠟」といった語彙が示しているように，グレヴァン蠟人形館のイマージュも招集されており，『中国』における展示模型の「ファンタスム」を説明するための主要なスペクタクル文化の諸モデルがすべてそろっていると言えよう。

「活人画」とは，実際に活きた人間を配して，絵のような場面を描き出すようなスペクタクルのことであり，フォリー＝ベルジェールでも主要な演目の一つをなしている。役者たちに画中の人物のような扮装と配置をさせ，舞台装置や小道具を整えて，歴史や文学の一場面や名画などを模擬的に上演する，この古き良き見世物について，バルトは61歳のとき，「さて，図像にまつわる私のフェティシズムの条件といえば，輪郭の明確なものと照明されたものなのです。輪郭が明確にされ，明るくされ，フェティッシュ化されたイメージの理想的な化身，それは活人画でしょう。これはもう存在しておらず，いくつかの思い出を通して私の幼年期を特徴づけているものです」[22]と個人的な愛着を表明している。

事実，1970年に執筆されたシャルル・フーリエ論でも，批評的対象の説明モデルとして，この「フェティッシュ化されたイメージの理想的な化身」である「活人画」は手放されていない。ファランステールの集団生活をめぐる考察において，「恋愛の実践は，『シーン』，『シナリオ』，『活人画』(まさしくファンタスムに関連した装置)の形でしか言い表すことができない。これはサド的な『集会』であって，そこにはしばしば舞台装置すら欠けてはいないのである」(III, 801)と言われているように，『愛の新世界』の官能的な情景描写は，このキャバレー文化の身体像を媒介にして，サド的な身体描写と結びつけられており，そこで重要な役割を担っているのが，「ファンタ

スム」である。「実際のところ,エロティックなシーンを,このうえなく『無味な fade』色彩のもとに,プチブル芸術の『ご立派な』調子で,『表象＝上演する』ことは,ファンタスムの力そのものの役目,つまり,ファンタスムが文化的な諸モデルをぶしつけに使用することによって,それら諸モデルに及ぼす破壊力の役目なのである。サドの最も強烈なシーン,フーリエのサッフォー趣味を好む錯乱は,フォリー＝ベルジェールの舞台装置を枠組みとして持っているのだ」(III, 801)。

「ファンタスム」については,すでにわれわれがルナンへの参照との関連で取り上げたロヨラ論が,『心霊修行』の提示する「活人画」(III, 754) 的なイマージュの考察をもとに,その指向対象の物質性への方向付けのことを語りつつ,「ファンタスム」の定義として,つぎのような主体の現前が決定的であることを強調している。すなわち,「ファンタスム」においては,「主体が現前していなければならない。現働的な誰か(イグナティウス,修行者,読者のいずれでもかまわない)が,その舞台 scène で自分の位置と役割を占める。私が現れるのである」(III, 755, 強調は原文)。バルトはこの箇所に付けた注釈で,ラプランシュとポンタリスによる『精神分析辞典』を引き,「ファンタスムとは,『主体がそこに現前しているような,そして欲望の成就を……示しているような,想像的シナリオ』である」(III, 755) と述べている。

同辞典の「幻想」[23)] の項によれば,フロイトとブロイアーは,『ヒステリー研究』(1895 年) のなかで,ヒステリー患者においては,白昼夢,光景,挿話,物語,虚構といったたぐいの幻想活動が頻繁に起こることと,その重要性を指摘している。言うまでもなく,そうした心的状態はしばしば「無意識的」,すなわち,放心状態や,類催眠状態のあいだに生起するのであり,フロイトは『夢判断』(1900 年) の第 7 章では,幻想を無意識的欲望と結びつけることによって,夢形成のメタ心理学的過程の出発点においている。幻想は質的には前意識系に,事実上は無意識系に属しており,抑圧や抑圧されたものの回帰を,ありのままに把握できる絶好の場なのだ。

このような主体の「ファンタスム」における位置どりをめぐっては,「サ

ド II」のなかの「シーン, 機械, エクリチュール」と題された別の断章がすこぶる示唆に富んでいる。そこでのバルトの考察によれば, サドの作品のなかには, 残虐行為のパートナーにとっても読者にとっても「活人画」であるようなジャンルと,「読者にとっては活人画であり, パートナーたちにとってはシーンであるような混交的ジャンル」(III, 836), そして最後に誰にとっても「動いているシーン」であるようなジャンルという, 3つの段階が区別されるからである。

バルトが第1段階の例として挙げているのは, ロシア人の巨人ミンスキーが鉤に吊るされた犠牲者の尻に噛みつくのを合図として, 6人の女たちが自発的に整列する場面であり, これは『悪徳の栄え』第4部の冒頭に見られる[24]。また, 中間的, としての第2段階の場面は, 同書第6部でノワルスイユがフォンタンジュの結婚式を執り行ったあと, 館の前の噴水で繰り広げられる。極寒の時期にフォンタンジュは裸にされ, 凍った噴水のまわりを6度, 回るように命じられるが, 水盤の縁に近づきすぎると鞭で打たれ, 反対に離れすぎると頭に花火を投げつけられる。すなわち, 第1段階では, 語り手のジュリエットは, 傍観者の立場から残酷な「活人画」の光景を描写しているだけであるが, 第2段階では,「このかわいそうな生き物が飛び跳ねるのを見ることほど, 世の中に愉快なことはありません」[25]と語っているように, 自らも加虐趣味を満たしながらノワルスイユを手淫するのである。

だが, 第3段階になると,「活人画」への参加はさらに活発化する。「『なんてすてきなグループかしら！』とラ・デュランは言い, こうして活人画 le tableau vivant（そのタイトルは「ジュリエットと荷担ぎ人足たち」) を据えつけながら, だが忘れずにこう言い添えることによって, そのタブローを生産 production に変えているのである,『さあ, あなた……このタブローに加わりましょう, そのエピソードの一つをつくりましょう』」(III, 837)。これも,『悪徳の栄え』第6部に見られる場面の一つである。ジュリエットは悪の遍歴を重ねるべく, 女友達のクレアウィルとローマから景勝地アンコーナにおもむくが, その港町で再会した毒薬使いの占い師ラ・デュランと共謀して, クレアウィルを毒殺する。ふたりが商売女のいでたちで連れだっ

て港湾に行くと，人足や水夫たちが集まって来たので，デュランはジュリエットが昨日この商売に入ったばかりのフランス娘だといって，女衒よろしく 15 人の男たちを順番に並ばせる。

 1 人目の男がジュリエットの乳房に精液をかけ，2 人目，3 人目はそれぞれ前後からジュリエットを犯そうとする。デュランは 4 人目の男の一物をジュリエットにあてがったところで，「なんてすてきなグループかしら」といい，さらに 5 人目に一緒にこの「タブロー」の「エピソード」になるよう誘惑の声をかける[26]。この参加可能性において，身体たちは連鎖的に機械化していくのだが，それは同時に，そのことを語る言語活動も「ざわめき」を伝導することになる。バルトによれば，サドの小説の読者もまた，作品の意味を生成産出する過程に与るよう，誘惑される権利を持っているのだ。

 「活人画の前には――そして活人画とは，まさに私がその前に位置しているものなのだが――，その定義からして，またそのジャンルの目的自体からして，ひとりの観客，フェティシスト，倒錯者がいるものだ（サド，語り手，登場人物，読者のいずれでもかまわない）。そのかわり，動いているシーン la scène marchante においては，この主体は，自らの長椅子，桟敷，平土間を離れ，フットライトを乗り越えて，スクリーンのなかに入り込み，猥褻な行為の時間・ヴァリエーション・断絶と，ひとことで言えば，その戯れ jeu と一体化するのである」(III, 836)。

 このような主体の参入を可能にするのは，もはや蠟人形館やキャバレーの表象空間でなく，「動いているシーン la scène marchante」とバルトが名付けている新たなカテゴリーの経験の空間でなければならない。われわれはこのようなバルト独特の「活人画」論に媒介されて，アントニオーニのフィルムにおける，もう一つの重要なシーンへと考察をつなげることができるように思われる。それはバルトの 1975 年のエッセイ，「言語のざわめき」で語られている，小学生たちによる朗読のシーンである。博物館のシーンが「無味」な身体を「過剰に性化」したような「活人画」であるとすれば，この朗読のシーンにおいては，「ファンタスム」の「破壊的な力」によって，「活人画」は「エロティックなもの」を漂わせつつ「動いているシーン」へとヴァー

ジョンアップされているのではなかろうか。
　このシーンは、『中国』第2部で撮影された河南省のシークエンスに含まれているものである。映画でまず紹介されるのは、当地の最大の名所である「紅旗渠」という運河である。アントニオーニはさらに近隣の村を見学したいと依頼し、「塔在端」という村にカメラを持ち込む。その日は集会日で、仕事を終えた9人の委員が、お茶を囲んで集まり、村の仕事について話し合いをする。委員長は「馬永奇」という34歳の男性である。
　「集会が終わると、委員長は、前委員長と、村の或る家族のもとを訪れる」というナレーションとともに、カメラは村内を移動する。訪問先に向かうあいだ、現委員長と親子ほども年の差のある前委員長の老人は、村人たちと会うごとに挨拶をかわす。ふたりは塀に囲まれた道に入っていく。カメラもふたりの新旧委員長の背後について、画面中央の奥へと進んでいく。
　ショットが切り替わると、塀の一部が門のように開いている。カメラはその中に入ろうとして、右に曲がる。「ここは村の小学校である」というオフボイスによるナレーションが入る。塀のなかには、子供たちがいて、空き地と建物が見える。左の盛り土のかげに、青い服を着た少年たちがおり、手に持っている白いものは本らしい。右の壁には女子のグループがいる。彼女たちもやはり手に本を持っている。敷地の奥では、窓の下で男子3人が本を読んでいる。朗読の声がはっきり聴こえてくる。
　右手から桃色の服の女子がひとり入ってきて、一番奥の建物の脇に腰掛ける。建物の入口の前には数人の女子もいる。ふたたびカメラは、先ほどの少年たちのほうを向き、熱心に本を読んでいるふたりの男子をアップで捉える。熱心な大きな声が響いてくる。男子の横顔がアップにされる。桃色の服の女子が本を読み上げる様子もアップになるが、声は小さい。続けて3人の少年のアップ。カーキ色の服の少年の肩越しに、教科書の挿絵らしきものも見える。左の壁にいる一団は男子のグループである。右の壁際は女子の一団。子供らは一心不乱に読み続けている。それから画面が切り替わり、ふたたび委員長たちの後を撮影隊がついていくシーンに戻る。
　さきほどの博物館のシーンは、観光客の視点でもっぱらジオラマだけを撮

第 6 章　無味の帝国の夷狄たち　　331

影した映像から構成されていたが，このシーンはむしろ，音読の訓練という地方の教育事情に接触したカメラの躍動感のようなものさえ感じられる。それでは，バルトはこのシーンのなかで，どのようにして「言語のざわめき」を経験したのだろうか。エッセイのなかから関連する部分を読んでみよう。

> ［…］先日の晩，中国についてのアントニオーニの映画を見ていて，私は突然，あるシークエンスのおりに，言語のざわめきを経験した。ある村の通りで，子供たちが壁にもたれ，大声でめいめい自分のために，それぞれ異なる本を一斉に読んでいる。それは，順調に動いている機械のように，良い調子でざわめいていた。その意味は，私には，中国語の無知のせいと，同時に読まれる妨害のせいで，二重に理解不能であった。だが，私は，幻覚にとりつかれたような知覚によって聴いていたのであり，それほどまでにその知覚は，このシーンの微細さをまるごと強烈に受けとめていた。私が聴いていたのは音楽，息吹き，緊張，勤勉さ，要するに何か目標のようなものだった。何だって！　皆がいっせいに話しさえすれば，さっき言ったような，享楽のしるされた稀なしかたで，言語をざわめかせるのに十分だというのか？　もちろん，まったくそんなことはない。音のしているシーンには，エロティックなもの（この語の最も広い意味で），熱っぽさ，ないしは，発見が必要か，あるいは興奮が伴っていることだけが必要なのである。そうしたものを，まさしく中国の子供たちの顔はもたらしていたのだった（IV, 802-803）。

　まず指摘できるのは，こうした音響面へのこだわりが，一般的に視覚映像の優勢する映画というメディアに対して，きわめて独自な受容であるということだろう。たしかに，この『中国』のシーンにおいて聴こえてくる音声には，重要な特徴がある。すなわち，それが観客のバルトにとって理解可能な母語ではなく外国語，他者の言語であるということである。
　アントニオーニの『中国』では，紡績工場の従業員たちのインタビューなどには，ナレーションが翻訳を付けていることもあるが，このシーンでは，

小学生たちの朗読に対応した翻訳は何も付けられていない。また，十数名の子供らが同時に読んでいる教科書の，政治的教訓譚の聴き取りは，おそらく中国語を母語とする観客にとっても，「毛澤東的好孩子」など，比較的わかりやすい常套句をのぞけば，この混声化した状態ではかなり困難であろうと思われる[27]。バルトはこの，非母国語性と，複数の発話の渾然一体となった状況とを指して，「二重に理解不能」と述べているが，「意味の免除を聴かせるあの意味」(IV, 801) が生成するには，このように言語記号の「意味」が後退し，コミュニケーションからメッセージが希釈されることが必要となるのである。

このように，「ざわめき」bruissement が成立するには単数の拠点音だけではなく，複数の音源による「意味」の相殺が不可欠である。しかしながら，バルトは，「言語のざわめき」が成立するためには，音声の聴覚的条件だけではまだ不十分だと言っている。これが第2に指摘すべき点である。「皆がいっせいに話しさえすれば，さっき言ったような，享楽のしるされた稀なしかたで，言語をざわめかせるのに十分だというのか？ もちろん，まったくそんなことはない」と否定されているように，たんに複数の音声が混淆し，「意味」の理解が妨害されているだけでは，味気ない騒音 bruit になるばかりで，「ざわめき」には達しないのだ。1974年2月のセミナーでも，「これはオーラルな［口にかかわる］テーマではない。ざわめきは，本質的に機械 la machine に述語を付与するものなのだ」[28] と言われているが，これはどういうことなのだろうか。

もともとこのエッセイでは，言語活動の「ざわめき」は，調子のよくないエンジン音にたとえられていた。「ざわめきとは，うまく作動しているもの ce qui marche bien が発する雑音のことである」(IV, 800)。「機械」というものは，バルトによると，順調な作動状態という「多幸的なテーマ」(IV, 800) をふくむのであり，その順調な状態は「ざわめきという音楽的存在」(IV, 800) において明示される。このような意味での「ざわめき」を発しながら作動している「機械」の例として，バルトが挙げているのが，ほかでもないサドの小説における「機械」なのである。

ただし，それは複数の人間たちが機械仕掛けのように組み合わさった，「エロティックな機械」(IV, 801)としての乱交状態のことを指している。「この機械が参加者たちの痙攣する動きによって働きだすと，それはふるえ，かすかにざわめくのだ」(IV, 801)。「サド II」のなかのまさしく「機械」Les machines というタイトルが与えられている断章には，「サドの機械は自動仕掛け（この世紀の情熱の対象であった）にとどまるものではない。生きている人間のまるごとひとグループが，一個の機械として構想され，組み立てられているのである」(III, 833)と明白に言われている。

最初に見た陵墓の博物館のシーンに対しては，「蠟人形館」，「フォリー＝ベルジェール」，「活人画」といったフランス社会のスペクタクル文化の視覚的モデルを呼び出すことによって，バルトの眼差しは「サド的なタブロー」を浮かび上がらせていた。これに対して，「エロティックな機械」と関連づけられた朗読のシーンにおいては，快楽の生産が映画として「うまくいっている」様態，« ça marche » の視聴覚的な様態において初めて「ざわめき」が可能になっているように思われる。

たとえば，さきほどの「言語のざわめき」からの引用には，冒頭部に「私は突然，あるシークエンスのおりに，言語のざわめきを経験した éprouvé」とあるように，「ざわめき」はたんに耳で聴く対象としてよりも，体感するもの，実感するものとして語られている。また，引用の後半部には，「音のしているシーンには，エロティックなもの（この語の最も広い意味で），熱っぽさ，ないしは発見が必要か，あるいは興奮が伴なっていることだけが必要なのである」と書かれている。複数の音声がただ同時に発声されるだけでは，「動いているシーン」に « ça marche » が欠けたまま，冷え冷えと乾いた雑音にとどまらざるをえないのであり，それが「ざわめき」になるには「エロティックなもの」が必要不可欠な条件として指定されている。そして，映画を見たバルトが「そうしたものを，まさしく中国の子供たちの顔はもたらしていたのだった」と書いているように，それは表情，顔の形態や運動など，映像の視覚的な面に属するものなのである。

ジオラマの「無味乾燥」fade な乾漆像が，照明を受けて「過度に性化さ

れている」というセクシュアリテとは異質な，こうしたスクリーンに見られる生の震え，興奮状態への注視は，さきほどの1974年２月のセミナーにおける，以下のような注記のなかにも見いだされる。「ざわめき。テクスト的なざわめきのアレゴリー。アントニオーニの中国。通りで一緒に大声で本を読む子供たち。注意。それはたんに同時性の（潤いのない séche）経験ではない。そこにはあれらの子供らの魅力を付加しなければならない。エロティックな換喩」[29]。

　よく知られているように，換喩とは部分によって全体を表す文彩だが，このときの部分と全体の関係は，隠喩におけるような共通の性質による類似関係ではなく，日常的な隣接関係にあるような場合である。したがって，ここでバルトが言うような「魅力」は，子供の集団という「エロティックな機械」全体における部分的要素，現実的な隣接関係にある要素である。だが，それは音声によらない「魅力」である以上，映像の視覚的な面によって示されるもの，すなわち，画面上の子供らの表情や身体に見られるものとしての「熱っぽさ」であり「興奮」であると思われる。

　一連のショットに認められるように，アントニオーニは子供たちの高揚感，「熱っぽさ」も可視的な映像として映し出している。この点をふまえつつ，「言語のざわめき」の引用箇所から，冒頭の「それは，順調に動いている機械のように，良い調子でざわめいていた」cela bruissait de la bonne façon, comme une machine qui marche bien という文を読み直してみよう。ここで「ざわめいていた」主語は，指示代名詞「それ」cela であるが，直前の「子どもたち」des enfants を指すのであれば, 通常の人称代名詞である「彼ら」ils が使われているはずである。なぜ，バルトは人称代名詞を避けて，非人称的な中性代名詞「それ」cela を選んだのだろうか。

　ここでいま一度，確認すべきは，「ざわめく」ことが，外国語の同時発話としての「意味の免除」と，それを伴奏する「興奮」によって初めて，「意味の音楽」に生成しうるということである。とすれば，「ざわめいていた」と見なしうる主語は，たんに複数の発声する主体たちの加算というにとどまらず，機械状に連節して興奮状態を呈しているもの，連動して快適に働いて

いるもの,「うまくいっている」もの,すなわち, « ça marche » の主語にあたるものである。しかし,その「それ」ça は,ショットごとの単数の身体ではありえず,かといって,たんなる総和としての複数の身体でもないのであってみれば,人称的に実体化できるものではなく,「彼ら」ils といった代名詞では指示しがたいもの,古典的な意味での主体とは見なしにくいもの,「動いているシーン」そのものであると言うべきだろう。

　代名詞としての cela と ça をくらべると,前者はいくぶん改まった語であるが,もし日常の話し言葉であれば,この文の主語にも ça が使われていたかもしれない。そう考えれば,引用箇所の「順調に動いている機械のように,良い調子でざわめいていた」主語は,聴覚＝視覚的なものとして現れた無意識的な欲動そのもの,「映画」の音声と映像の組み合わせとして運動している「エス」ça と取ることもできるのではないか。ただし,この「熱っぽさ」,この「興奮」が宿題としての朗読作業への集中,すなわち,近代化に向かう若い世代の勉学への邁進にのみ由来すると考えるのは,「ドキュメンタリー」というジャンルをめぐる或る種の素朴な信頼に依存してしまうことに注意を払っておこう。

　チャットマンとダンカンによる研究書に掲載された,桃色の服の少女を撮影している現場の記録写真を見れば,このショットを撮る際の空間構造が理解できるだろう[30]。そこに浮き上がっているのは,〈大人〉と〈子供〉,〈フランス人〉と〈中国人〉,〈映画を撮る者〉と〈撮られる者〉という,いわば三重の構図の政治力学である。その抑圧的な構図のなかに置かれた後者の「興奮」には,おそらく生まれて初めて映画のカメラというものに出会い,撮影状況も十分理解できぬまま,異国の監督の指示どおりに演技することへの緊張・不安・困惑という成分もふくまれていると推測できる。

　『中国』のロケ撮影が,純粋に偶発的な個々の光景と出会った瞬間に,そのつど無計画にカメラにおさめているわけではないことは,同じ河南省のシークエンスを見ただけでもよくわかる。たとえば,第2部開始から約16分後の委員長たちが街路を行くシーンでは,カメラがまえもって彼らの進行方向の先に位置し,ふたりが来るのをロングで待ち受けている。さらに開始

から約17分後には，カメラは水汲みの男を捉えながら，そのまま画面右にティルトして，ちょうど入れ替わるように，門に入る委員長たちを画面におさめるという，繊細なタイミングの調整がなされているし，その門のなかの家に彼らが入ってくるショットでも，カメラマンは一足先に室内にいて，訪問客たちを外からの逆光で撮ることにより，映像を起伏に富んだものにしているのである。

　こうしたロケにおける撮影の倫理に関しては，ほかでもない監督自身が自らの手法に関する反省を告白している。蘇州で中国人の結婚式の風景を撮影したかった監督は，新婚役を演じるエキストラを探そうとしたが，中国人の通訳者から，蘇州ではここ数日のうちに結婚する者は存在しない以上，結婚するふりをすることは不正だと言われたことを回想しているのである[31]。ドキュメンタリーというジャンルを受容するときに無条件に受け入れがちな前提——すなわち，画面の光景をカメラが撮影しているのは，まさにその場で初めて「発見」した瞬間であるとか，現場には何ら変更をくわえずに撮影しているはずだといった，「起源」としてのいわば処女的光景への信仰とでもいうべきもの——を，ここでいったん宙吊りにしておく必要があるのはそのためである。ドキュメンタリー作家として出発したこの監督にとって，この中国ロケは，見る者と見られる者との視線の逆転可能性を発見させた経験でもあり，その問題意識は『さすらいの二人』におけるレポーターからのカメラの簒奪へとひきつがれているのである[32]。

　だが，ここでは，ポスト植民地主義的な角度から，この場面の「サディズム」的な抑圧を強調したいわけではない。とりわけバルト本人が，1971年のサド論で，「サディズムとは，サドのテキストの粗野な（通俗的な）内容にすぎないのではなかろうか？」（III, 849）と強調している以上，ここでオリエンタリズム批判を持ち出すことはいささか短絡的だろう。このサド論を収録した単行本の裏表紙には，バルトの頭文字による署名付きの解説文が掲載されているが，彼はこの稀代の作家をロヨラやフーリエたちとともに論じるにあたって，「悪の哲学」という内容的命題に立ち返るのではなく，あくまでも「表現定式の作成者 formulateur，エクリチュールの発明者，テクス

トのオペレーター」と見なすことが同書の目的であるということも銘記していた。

　サドの小説に描写されている「粗野な（通俗的な）内容」、それは照明を浴びせられた「活人画」の身体、つまり、「蠟人形館」の硬直した人体像であり、「フォリー＝ベルジェール」のスペクタクル化した身体である。それらの表象もまた、『悪徳の栄え』のようにグループをなし、身体の集合体として一つの情景をかたちづくっていたのだが、その「過度に性化された」身体たちは、けっして「ざわめき」を発することはない。だが、アンコーナの波止場での場面には、「表象から働き travail への移行がある」(III, 836) と言われているとおり、作動している「機械」のことを表象する言語活動の過程が、« ça marche » の運行へ転位していることが必要なのである。

　かくして、われわれの考察の次元も、作品の内容からその形式へと切り替わらねばならない。ちょうどアクションペインティングの画面が——この断章の末尾でバルトが「具象的ではない絵画」(III, 837) に言及していることを想起しよう——、なんらかの具象的な視覚内容の表象化ではないように。

　ここでもまた « ça marche » ということは、もはや語り手の視点から身体の外観をミメーシス的に描写した内容に関することではなく、bruire する動きそのものが書き手のエクリチュールに実装されることを意味している。そのような具象的表象を越えた言語空間として、バルトはおそらくは『芝居鉛筆書き』[33]のマラルメの構想を参照しつつ、サドのエクリチュールが「『現代的』になるためには、描写とはまったく異なる言語活動を発明しなければならないだろう。マラルメが望んでいたように、絵画から『シーン』(場景描写 scénographie) へと移行しなければならないだろう」(III, 836) と述べている。

　この文学言語に関するマラルメ的なモデルというのは、批評家のなかでは1960年代末に繰り返し取り上げられた着想でもある。『S/Z』の第XXIII節「絵画のモデル」における考察がそれである。バルトは、「表象のコードは、今日では、多様な空間のためになるように爆発しているが、その空間のモデルはもはや絵画ではありえず、すでにマラルメが予告していたか、少なくとも

そう欲していたように，むしろ劇場（シーン）であるように思われる」(III, 164) というように，表象の開放可能性を演劇空間をモデルにして再考するべきだと示唆している。

周知のように，19世紀末のマラルメにとっての「劇場」という文学的理念は，同時代のワーグナー的な「楽劇」をモデルとしていた。いっぽう，古典的描写から演劇空間への動態化に関して，バルトが想起しているモデルは，機械仕掛けのオルゴールである。「かつては──スイスの特産であった一種のオルゴール──『機械仕掛けの絵』tableaux mécaniques というものが存在していた。まったく古典主義的なその絵のなかでは，しかしながら，なんらかの要素が機械仕掛けで動くことができたものである。それは，村の鐘楼の時計の針が動いたり，脚を動かす農婦だったり，草を食べようと頭を振る牝牛だったりした。このいくぶん古風な状態はサド的なシーンのそれである。それは，そのなかで何かが始動するような活人画なのだ」(III, 837)。

だが，固定されていた身体がたんに物理的に可動となればよいわけではない。バルトによるこのような「活人画」のヴァージョンアップは，たとえば現代演劇において，舞台と客席の固定的な境界を突破する，2種類の方向性に関わるものなのである。バルトが提案する方法は，観客が舞台にあがることであり，舞台から役者が客席に降りていくことではない。「頭のなかで考えられ，組み立てられ，額縁に入れられ，照明を当てられた，何かの大きな情景 tableau があり，そこでは，このうえなく淫奔な形象が，身体の物質性自体をつうじて表象＝上演されるであろうが，俳優のうちひとりが観客を下品に挑発しようと客席に飛び降りるかわりに，舞台にあがってその姿態に加わるのは観客のほうとなる」(III, 837)。このように，バルト的な「劇場」は，主体がそのなかに現前する「ファンタスム」的な空間でなければならない。

たとえば，サド論では「言語活動の空間」という断章でも，『ソドム120日』のなかで放蕩の行われる城館が，「ミメーシスの空間」であると同時に「プラクシスの空間」でもあるとされているが (III, 830)，その模倣と実践との一体化は，多数の前衛演劇が探求しながらも，一般的に成功していない結合

第 6 章　無味の帝国の夷狄たち　　339

だと言われている。なぜなら，この「サド的な劇場」は，「(実地への適用という経験主義の原理にもとづいて)，よくあるように言葉を行動に移すといった，日常的な場所ではない」(III, 830) からである。むしろそこでは，物語の語り手の女性が語る最初のテクストのシーンが，変形の空間を横断し，第2のテクストを産み出すことによって，第1のテクストの聴き手が，代わってそのテクストの2番目の語り手となるのである。

　そして，このような言表と言表行為の連鎖的な巻き込みの運動，「とどまることを知らない運動 (私たちも，また私たちなりに，これらふたつのテクストの読み手となるのではないか)」(III, 830) こそ，バルトによれば，エクリチュールに固有の特質だとされている。この無限の連鎖反応が « ça marche » の状態になるとき，「主体がそこに現前しているような，そして欲望の成就を……示しているような，想像的シナリオ」としての「ファンタスム」が開かれ，「サド的なタブロー」は流動化する。「そこには運動が散発的に付け加わる。そこには観客が，投影 projection によってではく，割り込み intrusion によって，付け足される。そして形象と作業のこの混合は，それゆえきわめて現代的なものとなるのである」(III, 837)。主体が自らの欲望をステージに投射したり，俳優に同化したりするのではなく，「ざわめき」のなかに主体自身が包まれること，自らもまた「ざわめき」の一部となることが肝要なのではないか。

　冒頭でも述べたように，「親愛なるアントニオーニ」でバルトは，「私が中国に行きたくなったのは，中国についてのあなたの映画のためです」(V, 903) と言明している。批評家にこのような『中国』＝中国へ入り込むという「ファンタスム」を喚起したのは，われわれが分析したような「動いているシーン」だと言うべきだろう。パリの映画館で観客としてこのサド‐アントニオーニ的な「意味の音楽」と視聴覚的に触れあったバルトは，数カ月後に自ら北京へおもむくことによって，自ら観客席を越え，« ça marche » のシーンに加わり，その「エピソードの一つをつくる」ことをひそかに夢想していたのではなかっただろうか。そしてそれは，思いがけない出来事 aventures としての冒険を求めてやまない批評家にとって，エクリチュールの冒

険とも言うべき「エピソード」になるはずだったのではないか。バルトは，アントニオーニのフィルムによって「ざわめき」に接した晩のことを，つぎのように書いていた。

> そればかりか，ざわめきをめぐるこの探究を，私たちは自分で，しかも人生において，人生の思いがけない出来事において，行うことができる。人生が私たちに即興的なしかたでもたらすものにおいて，である（IV, 802）。

3.「無味」の帝国への旅

バルトが中国に降り立ったのは，アントニオーニのロケからおよそ2年後の1974年4月12日のことである。旅行者はそれから帰国までのあいだに，ほぼ1週間に1冊の割合で合計3冊の手記を付けている。それらの手記のなかで，具体的に『中国』との関連があると思われる記述は，たとえば映画の2部における「蘇州はヴェネチアを思い出させた」（アントニオーニ）というナレーションが，4月19日の手記の「蘇州，中国のヴェネチア」と重なるといった程度である。

総じて，『中国』の記憶と現地の中国を具体的に比較するような視点は，この手記には希薄である。たとえば4月15日の上海で記述されている「古いあばら屋」[34] は，『中国』第3部でも紹介されていた保存地区のことだが，日本軍による攻撃に関しての言及はあっても，とりたててフィルム自体が想起されているわけではない。戦前に共産党の第1回会議が開かれた「望志路通り108号にあるこの小さなレンガづくりの建物」（アントニオーニ）や，南京なら南京大橋，北京なら天安門広場，紫禁城，万里の長城など，著名な観光地をめぐる記述においても同じ傾向が認められる。

また，バルトが映画で見たと語っていた数少ない場面の一つである定陵のジオラマの乾漆像も，手記では4月29日に見学した印象が簡潔に書き付けられているだけである。

大きくて，ぞっとする，リアリスト的な模型 maquette：抑圧，農民の反乱，小作料の取り立て，子供の売買[35]。

原文の « maquette » は，フランスでは日常的に土産物屋や文具店などで見かける，紙製の立体ミニチュア模型を指す。都市や観光記念物を模した小物は，組み立てるとしばしば掌に乗るサイズの，カラフルで，キッチュな，旅の思い出の品である。旅行中のバルトが実物を見て，「大きい」grande と形容していることは，おそらく，このスケール感を基準としており，「性欲の幸福な最後？」でも「模型は大きい」la maquette est grande と記していた印象と首尾一貫している。

この一節を見るかぎり，旅行者のうちには映画の印象を想起した痕跡もなければ，「性欲の幸福な最後？」で語られていたような過剰な「性化」の効果も起きてはおらず，むしろ社会主義リアリズムに対する批判だけが「ぞっとする」horrible という感情として残されている。これは言い換えれば，展示された人形たちは，アントニオーニのショットをとおすことによって初めて，そのような「性化」のポテンシャルを授かったということにならないだろうか。そこで働いているのは，世界を切りとって「タブロー」の「枠」にはめることにおいて「映画」というジャンルが発揮しうる力なのかもしれない。

では，中国の子供たちについては，実際の印象はどうだったであろうか。帰国後まもないバルトが，5月24日付で『ル・モンド』に発表した「それで，中国は？」には，現地で出会った数少ない3種類のシニフィアンとして，料理や書とともに挙げられているのが，子供の顔であるというのは興味深いことである。「つぎのシニフィアンは，中国では大量にあふれているという理由で取り上げるが，子供たちのことである。彼らをじっと見つめていても飽きるということはない。それほど彼らの表情 expressions（決して顔色 mines のことではない）は多種多様であり，きまって思いがけないものなのだ」(IV, 517-518)。ただし，旅行時の手記によれば，メーデーの見世物の

ステレオタイプな性格に食傷したバルトは、「最初は稀なシニフィアンとして分類されていた子供たちも、私にとってはまったくうるさい存在となった」[36]と記しており、必ずしも幸福なシニフィアンの経験が保たれていたわけではない点には留意しておかねばなるまい。

　全般的に手記からうかがえるのは、現地での行動範囲の不自由さである。外国人に対する移動の制限に関しては、われわれは今日では、1966年前後に北京のフランス大使館に勤務していた、ソランジュ・ブラン氏から貴重な証言も得ている[37]。バルトの訪中の時期は文革後期にあたるが、やはり「あらかじめ見ることのできるものとして与えられたものを見ること」[38]ばかりであったと手記には記されている。政治から性にいたるまで、あらゆる情報が統制されており、「誰ひとりとして、滞在期間や滞在状況にかかわらず、いかなる点でも、この施錠をこじあけることには成功しない」[39]。

　バルトから見た中国の大衆は、「平穏な」、くつろいだ状態であり、「ヒステリーは皆無だが、またエロティシズムもない、『喜び』もない。突飛なことは皆無、驚きも皆無、ロマネスクなものも皆無。書くことは困難だ。もっともいくつかの点に関しては、アイロニカルには書けるのだが」[40]。とすれば、「肉体的であると同時に意味論的であるような一種の発作状態」としてのヒステリー、すなわち「サド的なタブロー」にせよ、「エロティックな機械」としての「動いているシーン」にせよ、アントニオーニのフィルムによってバルトが経験していた「中国」とは出会えなかったということになるだろう。その意味で、「それで、中国は？」には、とりわけ「身体」に関する以下のような一節が読まれることを指摘しておきたい。

　「身体はと言えば、いかなる媚態も見かけは消滅していて（流行も化粧もない）、服装は画一的だし、身振りは散文のように素っ気ないが、これらすべての欠如は、非常に密集した群集に沿って倍増され、こうしたかつてない気持ちを引き起こす。それは悲痛なと言ってもいいかもしれない。もはや身体は理解されるべきものではないような気がするのである。あちらでは、身体は（舞台の上は別として）かたくななまでに、意味作用をするまい、エロティックあるいはドラマティックな読み取りをされまいとしているような気

がするのだ」(IV, 517)。

その4年後にも，ベルナール＝アンリ・レヴィと対談のなかで，バルトは中国で出会った記号について，「記号が私にとって重要になるのは，記号が私を誘惑したり苛立たせたりするときだけということです。記号がそれ自体で私にとって重要になることはありません。私がそれを読みたいという欲望を抱かなければならない。私は解釈学者ではないのです」(V, 369) と語ることになるだろう。中国には「無味な」fade 記号しかなく，ひとつまみの塩のような味わいをもつシニフィアンが欠けていたのである。「実際，現地では性愛的，官能的，恋愛的な次元での備給の可能性はまったく見つかりませんでした。いつくかのささいな理由から，私はそれを認めます。それと，ひょっとしたら構造上の理由もあるかもしれません。私が特に考えているのは，現体制の道徳主義のことです」(V, 370)。

だが，旅行中の手記においては，『中国』の一連の映像がまったく忘却されていたわけではなく，むしろ逆に，アントニオーニ的なアプローチを選ぶことに対する自覚が，旅行者のうちに旅程の初期から形成されていた可能性もある。たとえば，4月15日に上海で出会った中国人の老人は，「アントニオーニには裏表の二面がある」，「5階建ての家を撮りたくなくて，博物館となったあばら家を撮った」，「中国人を中傷することだ」[41] という非難を語ったという。バルトは手記の欄外に「ばか笑い！」と記したうえで，この挿話の最後にも再度，「なんというばか笑いだ！」と書いているが，この一般市民からの嘲笑は，旅行の3カ月前に『人民日報』が掲載した弾劾記事を想起させたと思われる。

というのも，その5日後の4月20日，南京の寺院で風景の写生をしている中国人学生たちを眺めた後で，バルトは「アントニオーニを思い出す。『卑劣な手法と悪辣なたくらみ』」[42] と記しているからである。この『人民日報』の記事のタイトルからの連想は，帰国便のエールフランスの座席で，それまで付けてきた手記をふりかえったときにも，乗客のペン先にそのまま回帰してきている。

索引をつくるために手記を読み返してみて，これをそのまま出版したら，まちがいなくアントニオーニの作品のようになるだろうということに気づく。だが，ほかにどうすればいいのか。実際にはつぎのことしかできない：
　　——ほめること。「流行り」の言説：不可能。
　　——批判すること。流行りでない言説：不可能。
　　——滞在を思いつくままに描写すること。現象学。
　アントニオーニ。「有罪だ！」「卑劣な手法と悪辣なたくらみ」[43]。

　「アントニオーニの作品」l'Antonioni，つまり『中国』では，その冒頭部において，監督は天安門広場を撮影しつつ，その場所の持つ政治的意味からは離れて，「ありふれた何の変哲もない日」にここに来ることを選んだのだと語り，「われわれは中国という国を説明したりしない。ただ，さまざまな顔つき，身ぶり，習慣についての巨大な目録（gran repertorio di volti, gesti, abitudini）を観察したいのだ」と自らの意図を説明している。バルトもまた，4月14日の朝，北京のホテルの窓から，バドミントンをしている中国人たちを見ながら，「私は彼らのことをまったく解明できないだろうという気がする。だが，彼らから私たちを解明することだけはできるだろう」[44]と書いており，異国の政治・社会・文化，とりわけ「性現象」を解き明かそうという解釈学的な意志を，早期の段階で放棄しているように見える。このようなアントニオーニ＝バルトの姿勢は，たとえば文化大革命に関する政治学・社会学的解明の鍵を提供しようとした，ヨリス・イヴェンスとマルスリーヌ・ロリダンの大作『愚公，山を動かす』（当局の検閲を受けた結果，大幅に改編されたわけだが）と対照をなすものであろう。
　だが，帰途についた旅行者には，自らの手記の言葉を，ユートピアの探究としての「ざわめき」に換えることに対する現実的な障害，彼の言葉を待ち受けている政治的なジレンマもまたすでに予想されていた。この5月4日の記述には，自国のメディアの過剰な期待を憂慮する批評家の逡巡がにじみ出ている。バルトは現地で中国人のアントニオーニに対する拒絶反応に接し

第 6 章　無味の帝国の夷狄たち　　345

たばかりであったし（もっとも一般の中国人は，当のフィルムそのものを鑑賞する機会には恵まれてはいなかったのだが），フランスでは知識人に対する共産党の権威がアメリカなどの場合より強力であり，共産圏から帰還した著名な批評家の報告が，国内で注目を集めるのは当然のことであった。

「それで，中国は？」のバルトが選んだのは，「ほめること」でも「批判すること」でもない第3の話法，すなわち単純明快な賛成・反対の二元論を避けて「滞在を思いつくままに描写する」ディスクールであったように思われる。この新聞記事において，現地の印象を表す主な語句の一つが，ほかでもない「無味」fadeur（IV, 517）である。この言葉は，旅行中の手記でも，現地の印象を「無味乾燥な国 fade」[45]と形容するのに使われているが，すでに見たようにサド的身体の属性でもあったことは，きわめて重要である。

バルトの持ち帰った中国像が「無味」であることに対し，メディアではいくつもの否定的な反応が巻き起こったが，その一例を伝えているのが，この新聞記事を翌年秋に小冊子として世に送り出したクリスチャン・ブルゴワ自身による前書きである。バルトの中国論に好意的なこの出版社の社主は，それを単行本にしたのは自分の書棚に保管したいという私的な考えからだと述べ，「私がそのような考えを抱いたのは，あるテレビ番組の放送の際，私の以前知っていた一人の知識人が，胸いっぱいの満足をえられなかったため，バルトのことを嘲笑するのを聞いたからである。バルトは中国と中国人について語るべきことが何もないにもかかわらず，われわれの聖書のごとき日刊紙［『ル・モンド』を指す］の第一面にそういうことを書いた，というわけだ」[46]と，批評家を弁護する理由を陳述している。

バルト自身も『それで中国は？』の刊行時に後書きを寄せ（日付は1975年10月である），以下のような釈明を試みている。すなわち，彼が中国についてつくろうと試みたディスクールは，「断言的でも否定的でも中性的でもないものであった。ノーコメントというのがその調子となっていると思われるようなコメント。同意であって（倫理学に，それからもしかしたら美学にも属している言語活動の叙法だ），必ずしも賛成や拒否ではない（賛成や拒否は，理性や信仰に属する言語活動の叙法である）」（IV, 520）。原文では

「ノーコメント」が太字で強調されているが、われわれがここで注目したいのはむしろ、「同意」assentiment という名詞のほうである。なぜなら、この語は高等学術院のセミナーや、『彼自身によるロラン・バルト』でも、キーワードとして使われているからである。

　まずセミナーでは、バルトは結語の部分で、「加盟 adhésion（戦闘的な意味での）」から「同意」を峻別し、後者については、「これは承認要求に積極的に応じるものであり、またもしかすると愛の要求にもかもしれないが、これに対してはもしかすると現地で私が最も敏感だったかもしれない」[47]と語り、すでに1950年代後半にミシェル・ヴィナヴェールの戯曲『今日、あるいは朝鮮の人びと』との関連でその考察を試みたことがあると付け加えている。この戯曲の解釈については、『彼自身によるロラン・バルト』の「選択ではなく、同意」という断章において、バルトは三人称の「彼」を使いながら、微妙に距離をとりつつ以下のように語っている。

　「それからかなりたって（1974年）、中国へ旅行したおり、彼はふたたびこの『同意』という言葉を使って、『ル・モンド』Monde の読者たちに——すなわち彼自身の世界 monde に——理解してもらおうと試みた。彼は中国を『選択した』わけではなく（この選択を明らかにしようとしても、彼にはあまりにも多くの要素が足りないのであった）、当地で営まれていることを、ちょうどヴィナヴェールのあの兵士のように、沈黙（それを彼は「無味」fadeur と呼んだ）のうちに受諾したのだということを、理解させようとした」(IV, 628)。

　ここでは指摘すべき点が2つある。第1に、ここで新聞名と「世界」モンドの二重の意味を持たせられている « monde » という語は、アントニオーニが短編集で投げかけていた「それにしてもバルトは、どうして世界などという、こんなにあやふやな実体をあてにできたりするのだろうか」という問いをわれわれに思い出させる。この日刊紙を購読する層を想定しながら、「選択ではなく、同意」はつぎのように続けられている。「知的な読者層が求めているのは、選択である。控えの場所から超満員の闘技場に飛び出す闘牛のように、中国から出てこなければならないのだった。つまり、怒り狂ったり、勝

ち誇ったりした状態で，である」(IV, 628)。

　フランス国内のメディアで期待されていたのは，かぎられた情報しか入ってこないために過度に神話化された文化大革命をめぐっての，知識人どうしによる政治闘争の縮小再生産であり，読者層にとって理解可能なものとなった，かつ派手なスペクタクルである。だが，批評家が選択しようとしたのは，そのようなステージで照明を浴びる役割ではなかった。「無味」ないしは「和平」，「意味の戦争が廃棄されていて，私たちにとってはユートピアに見えるあの領域」(IV, 517)を淡々と語るディスクールは――たとえば，バルトが語る現地の色彩のなかには，看過法的な配慮から「赤」が欠けている――「闘牛場」で華々しくマオイズムのために闘ってみせるかわりに，あくまでも「意味の音楽」の困難なる探求にたずさわるという欲望に忠実たろうとしているように見える。「人間という主体は，別の欲望を持つことはできないのだろうか，自らの言表行為を宙吊りにして，にもかかわらずそれを廃棄しないでおきたいという欲望を？」(IV, 519)。彼は単行本の後書きでも，「私が（音楽的な意味で）音程の正しいディスクールを与えようと試みたのは，このようなユートピアに対してである」(IV, 520)と述べている。

　第2に，ここで「無味」と呼ばれているのは，アジアの風景や飲食物や身体といった現地の対象物ではなく，『今日，あるいは朝鮮の人びと』に登場する6人の白人の兵士のうち，現地にとどまるブレールの「沈黙」silence という態度にほかならないことである。そのかぎりにおいて，重要となるのは中国の風景や料理や身体じたいが，鮮烈か無味かという内容ではなく，それについて語る話法そのものの繊細化である。バルトは「政治的なもの」と「言語活動」の関係を，「もっぱら直接的に政治的であるディスクールのかたちを取る場合」(IV, 520)だけに限定するような先入観の粗暴さを指摘し，「知識人（あるいは作家）には居場所がない――というか，この居場所というのは《間接的なもの》にほかならない」(IV, 520)と述べて，「政治的なもの」を「間接的」なディスクールで語るという可能性を強調している。

　この「直接的」と「間接的」という二分法は，5年後に書かれる「親愛な

るアントニオーニ」でも、この映画作家を「権力」に対立する「芸術家」として定義する文脈へ再導入されることになるだろう。「この映画［『中国』をさす］がある人たちから一時的に拒絶されたのは——彼らはこの映画の愛の力がどんなプロパガンダにも優るものだということを理解すべきだったのですが——、この映画が真理への要請にしたがってではなく、権力の反射作用にしたがって判断されたからです。芸術家は権力を持ちませんが、真理とはなんらかの関係を持っています。彼の作品は、偉大な作品であれば、つねにアレゴリー的であり、真理を斜めから捉えています。彼の世界は真理の『間接的なもの』なのです」（V, 902-903）と批評家は語っている。

「しかしそれにしても、この当時、まさしく紅衛兵たちがしきりに騒ぎたてていたあの中国を、彼が中性的なものとして伝えているのは奇妙なことだ」[48]と疑問を呈しているルイ＝ジャン・カルヴェのようなフランスの知識人層は、やはりどこかでバルトのテクストに「鮮やかな色彩、濃い味付け、むきだしの感覚といったもの」（IV, 520）を期待していたように見える。だが、それらの要素こそ、「これらはみな《男根》の果てしないパレードと関連がないわけではない」（IV, 520）と指摘されているように、バルトが警戒していたヒステリックなスペクタクル化を招くものではなかっただろうか。

カルヴェによれば、官能的な記号の幸わう国としての日本とは違って、バルトは中国では退屈するしかなかったが、旅行を主導した親中派のフィリップ・ソレルスやジュリア・クリステヴァとの友情は、彼にとってなくてはならないものだった。「そこで彼は、フランスに帰って、何と形容してもかまわないのだが、退いた、中性的な、やわらげられた記事を書いて、自分には何も言うことはないと言ったのである。この文体練習の真の機能が、とりわけ『テル・ケル』誌の友人たちとの仲違いを避けることにあるのは、彼らの情熱がおそらく彼には迷惑というより面白いからである」[49]。

だが、『中国』から中国へと到る批評家の内在的な軌跡をこのように跡付けてきたわれわれとしては、「自分には何も言うことはない」と語るバルトのディスクールは、同行者たちとの友情のために、帰国後になってから無理やり演じられた綱渡りではなく（現に手記の最終日には、それら「友人たち」

のことは何も記されていなかった），映画館でバルトを魅了していたあの「ざわめき」を目指そうとする言葉の連なりとして捉えうるように思われる。3部構成の映画全体の最後は，つぎのような一節で結ばれていた。

> 中国はその門戸を開放しているが，まだまだ近づきにくい世界であり，大部分は未知のままだ。われわれはこの映画では一瞥を投げかけたにすぎない。中国の古い諺にもある，「虎の皮を描くことはできるが，骨は描けない」。「人の顔を描くことはできるが，その心は描けない」。

晩年のアントニオーニ論でも，バルトはこの映画監督の「意味」に対する態度をつぎのように理解している。「あなたは意味を押しつけません，けれども，あなたは意味を廃棄しません。この弁証法は，あなたの映画に（ふたたび同じ語を用いることにするが）大いなる繊細さを与えています」(V, 901)。アントニオーニの映画が備えている「繊細さ」subtilité とは，まさしく「村の小学校」のシークエンスでバルトが感じとっていた，「このシーンの微細さ」subtilité (IV, 802) にあたるものだ。「自分には何も言うことはない」という言説内容の「意味」しか読みとることのできない読み手が読み落としているのはこの「繊細さ」であり，そのような「意味」の繊細化の試みが「冷戦」という文脈において持ちうる政治性である。

なぜならバルトは，「意味を繊細化すること＝かすめとること Subtiliser は，第2次の政治活動なのです」(V, 903) と語っているからである[50]。たとえば，バルトが文化大革命に対して抱いていた関心は，「直接的」に政治の領域へと向かうような言説には見えないかもしれない。「それで, 中国は？」のなかで，彼が取り上げている文化大革命に固有の政治運動は「批林批孔」にかぎられている。しかも，その扱いかたは，「キャンペーンの呼び名（中国語ではピリン・ピコンという）そのものが陽気な鈴の音のように響く」(IV, 518) というように，書きとめられているのは中国語のシニフィアンの響きだけであった。さきほどの出版者ブルゴワによれば，こうした帰国者の文章については，「政治活動家たちは，どちらの側も，『大革命』に対する関心の

明白な不在に対し，私を前に憤慨した」[51]という。

　だが，「周」の政治を理想としていた聖人に対する批判を装いつつ，じつは映画監督を招聘した責任者でもある政敵，周恩来を「間接的」に攻撃しようとしていた江青たちの権力闘争から，「陽気な鈴の音」という「意味の音楽」を「繊細化する＝かすめとる」ことによって，「無味」の帝国から帰還した夷狄のうちのひとりは，いまひとりの名誉のために一矢を報いたことになるのではなかろうか。アントニオーニの「大いなる繊細さ」は，「意味」すなわち作品内容への盲信を攪乱する，優れて現代的な芸術の営みであり，同時に「それは危険なしにはいかない」(V, 903)。とすれば，バルトが旅行の最後の移動日に書き付けた，「これをそのまま出版したら，まちがいなくアントニオーニの作品のようになるだろうということに気づく」という一節の意味はいまや誰の目にも明らかだろう。あのドキュメンタリー・フィルムのようになるということは，中国についてのバルトのディスクールもまた，「間接的」な真理を目指すのみならず，その繊細さ，その間接性ゆえに，「悪辣なたくらみと卑劣な手法」という非難を「世界」から浴びせられる位置に立つという危険を引き受けることも意味している。「ざわめき」の冒険家は，「世界」と対峙するというより困難な試練を，いまひとりの冒険家とともに分かちあおうとしたのである。

【注】
1) 本稿におけるロラン・バルトの著作からの引用は，原則として下記のスイユ社の5巻本の全集から行い，本文中に (V, 900-905) というように，その巻数とページをローマ数字とアラビア数字で表記する形にする。Roland Barthes, *Œuvres complètes*, nouvelle édition revue, corrigée et présentée par Éric Marty, 5 vol., Éditions du Seuil, 2002.
2) Louis-Jean Calvet, *Roland Barthes 1915–1980,* Flammarion, 1990. Marie Gil, *Roland Barthes. Au lieu de la vie,* Flammarion, 2012.
3) Michelangelo Antonioni, « Cher ami,... », *Cahiers du cinéma,* no. 311, mai 1980, p. 11.

4) Michelangelo Antonioni, *Ecrits : Ecrits et Entretiens de 1960 à 1985,* Images Modernes, 2003, p. 141.
5) *Ibid*.
6) Michelangelo Antonioni, *Ce bowling sur le Tibre,* Images Modernes, 2004, p. 59.
7) *Ibid.,* p. 88.
8) Antonioni, *Ecrits,* op. cit., p. 411.
9) *Ibid*.
10) Michelangelo Antonioni, *Scénarios non réalisés,* Images Modernes, 2004, p. 104-154.
11) この論文の仏訳は,『中国』のフランス語版 DVD (後出の注 17 を参照) に併録された以下の文献で読むことができる。« Intention perverse, truquages méprisables: critique du film antichinois de M. Antonioni », dans *La Chine-Chung Kuo: retours sur Antonioni, Mao et l'influence des images,* Carlotta Films, 2009, p. 17-23. また当時の「人民日報」評論員による和訳「アントニオーニの反中国映画『中国』を批判する」は, 以下の文献に掲載されている。『人民中国』1974 年 4 月号, 12-17 頁。
12) Umberto Eco and Christine Leefeldt, "De Interpretatione, or the Difficulty of Being Marco Polo" (On the Occasion of Antonioni's China Film), *Film Quarterly,* Vol. 30, No. 4, Special Book Issue (Summer, 1977), p. 9.
13) Roland Barthes, *Carnets du voyage en Chine,* Christian Bourgois Éditeur / IMEC, 2009, p. 21.
14) Christophe Bourseiller, *Les maoïstes. La folle histoire des grandes rouges français,* (Plon, 1996), Points, 2008, p. 400-401.
15) Roland Barthes, *Le lexique de l'auteur : séminaire à l'École pratique des hautes études 1973-1974,* Seuil, 2010, p. 202.
16) Roland Barthes, « Le bruissement de la langue », dans *Vers une esthétique sans entrave : mélanges offerts à Mikel Dufrenne,* U. G. E., 1975, p. 239-242.
17) アントニオーニの映画『中国』は現在, 以下のイタリア語版およびフランス語版の DVD で視聴できる。*Cina Chung Kuo,* Feltrinelli, 2008, ISBN-13: 978-8807740367. *La Chine Chung Kuo,* Carlotta, 2009, ASIN: B001SBCAYO. なお本書の軸である, 社会科学研究所の共同研究の一環として, 2011 年 12 月 10 日に専修大学神田校舎にて行った『中国』上映・討論会の際, 中国の現地事情に関しては, 研究者の土屋昌明氏の監修のもと, われわれはフランス語字幕からの全訳を行っている (イタリア語のナレーションについてもネイティヴ・チェックを受けた)。本文で引用するナレーションの和訳は, その成果を踏まえたものである。
18) Ernest Renan, *Nouvelles études d'histoire religieuse,* Calmann Lévy, 1884, p. 406.

19) *Ibid.*
20) *Ibid.*, p. 407.
21) *Ibid.*, p. 407–408.
22) *Prétexte, Roland Barthes,* [Colloque organisé par le Centre culturel international de Cerisy-la-Salle, 22–29 juin 1977], U. G. E., 1978, p. 126.
23) Jean Laplanche et Jean-Bertrand Pontalis, *Vocabulaire de la psychanalyse,* PUF, 1984, p. 152–153. ちなみにバルトが引用している定義の全文は、« le fantasme est un scénario imaginaire où le sujet est présent et qui figure, de façon plus ou moins déformée par les processus défensif, l'accomplissement d'un désir, et, en dernier ressort, d'un désir inconscient. »（大意は「主体がそのなかに現前している想像上のシナリオであり、そしてそのシナリオは、防衛過程によって多かれ少なかれ歪曲されたかたちで、欲望の、結局のところ、無意識的欲望の、充足をあらわしている」。強調は本論の筆者による）。引用時にバルトは、「防衛過程によって多かれ少なかれ歪曲されたかたちで」と、「結局のところ、無意識的欲望の」という２か所を省略しているが、この削除そのものがじつは「抑圧」の場であるとしたら？
24) Sade, *Œuvres III,* édition établie par Michel Delon, avec la collaboration de Jean deprun, Gallimard, Collection "Bibliothèque de la Pléiade", 1998, p. 720.
25) *Ibid.*, p. 1252.
26) *Ibid.*, p. 1125. ただし、この箇所からのバルトの引用には、３種類の異同がある。以下の１つ目の引用は『悪徳の栄え』の1998年刊のプレイアッド版から (p. 1125)、２つ目は『サド・フーリエ・ロヨラ』の1971年の初版（Édition du Seuil, 1971, p. 160）からの引用である（イタリックの強調は本論の筆者による）。

« Tiens, mon *ami*, voilà mon cul ; joignons-nous au tableau; formons un de ses épisodes. [...] ».

« Tiens, mon *amie* ... joignons-nous au tableau; formons l'un de ses épisodes. [...] ».
第１の相違点は、「あんた」mon ami から、「あなた」mon amie への変化である。第２の相違点は、バルトによって、「これがわたしのお尻よ」というサドの文章がまるごと省略されていることである。第３の相違点はいたって微小だが、デュランが「エピソード」をつくろうと誘いかけている部分において、バルトがその「一つ」un という不定代名詞に、エリジオンによって付け加えている定冠詞 le のことである。ことはほかでもない性的ファンタスムに関わる「失錯」Fehlleistung である。すなわち、『日常生活の精神病理』の第６章Ｂでフロイトが例証していたような「書き間違い」であるが、われわれがその失錯性、非意図性、非志向性を強調すればするほど、このタイプの失錯の身体的・無意識的性格は、かえって前景化せざるをえなくなるだろう。すでに『S/Z』（III, 325）においても、この ami / amie の去勢作用について論じていたバルトは、サド的な語り手（デュラン）によって誘惑されていた人物（荷担ぎ人足か水夫）を、mon

amie として女性化（あるいは象徴的に去勢化）すると同時に，語り手自身に可能な性行為の範囲から mon cul を削除することによって，その受動性を消し去っている。もともとサドの原文では，誘惑する者と誘惑される者のカップリングが想定されている以上，誘惑される者の女性化ないしは受動化は，誘惑する者の能動化ないしは男性化によって相互的に補完されねばならないのではないか。そして，そのようなものとして特定可能となる「エピソード」，サドの原文からの反転形として限定される内容をもった「エピソード」として，バルト的なカップリングからつくりだされるべき「エピソード」に，あの定冠詞が付け加えられたのではなかろうか（この点に関してはまた稿を改めて論ずるのがふさわしいだろう）。

27)「毛澤東（マオ・ツートン）的（の）好孩子（よい子供）」は「毛澤東のよい子（たち）」の意。この点に関しては，映画研究者の劉文兵氏と，中国研究者の鈴木健郎氏から貴重な助言を戴いた。朗読の大まかな内容としては，子供が（大人と協力して？），悪い地主を成敗する教訓のようであり，画面中の教科書の挿絵では，灰色の服の人物が，黒い服の人物（地主？）を懲らしめているように見える。音声としては，「啊（あ），壞蛋（ファイタン＝くさった卵＝悪党）王二虎（ワン・アルフー＝人名）家（jia）」つまり「悪党のワン・アルフーの家」などが断片的に聞き取れるという。劉・鈴木両氏に記して感謝する。

28) Barthes, *Le lexique de l'auteur,* op. cit., p. 200.

29) *Ibid,* p. 202.

30) Seymour Chatman & Paul Duncan (Ed.), *Michelangelo Antonioni. The Investigation 1912-2007,* TASCHEN, 2008, p. 67.

31) Antonioni, *Ecrits,* p. 277

32)『中国』と『さすらいの二人』のカメラマンは同一人物（フランコ・アルカッリ Franco Arcalli）である。とりわけ，『中国』の林県におけるロケについては，拙論「あるドキュメンタリー映画の存在証明」（『専修大学社会科学研究所月報』第591号，2012年9月，p. 75-76）を参照。

33) バルトによって念頭に置かれているのは，マラルメが『芝居鉛筆書き』の「祝祭」Solennité において言語活動を劇場化するヴィジョンを提唱しているつぎのような一節だと考えられる（Stéphane Mallarmé, *Divagations,* Bibliothèque-Charpentier; Fasquelle, 1897, p. 228）。「なんという上演だろう！ 世界がそこに収まっているのだ。われらの手のなかの1冊の本は，なにか崇高な観念を言い表しているのなら，ありとあらゆる劇場の代わりになるが，それは劇場の忘却を引き起こすからではなく，反対に，劇場を否応なく呼び戻すことによってである」。あるいは，「それゆえにこそ，幾枚もの紙片の数の中に逃げ込んだ精神は，壮大な＜劇場＞ la Salle と＜舞台＞ la Scène とを，それらが実在するようにと，己が夢において構築するのを怠っている文明など，ものともしないのだ」。

34) Barthes, *Carnets du voyage en Chine,* op. cit., p. 42.
35) *Ibid.,* p. 175.
36) *Ibid.,* p. 192.
37) ソランジュ・ブラン『北京1966　フランス女性が見た文化大革命』下澤和義・土屋昌明編訳，勉誠出版，2012年。
38) Barthes, *Carnets du voyage en Chine,* op. cit., p. 95.
39) *Ibid.,* p. 184.
40) *Ibid.,* p. 185-186.
41) *Ibid.,* p. 44.
42) *Ibid.,* p. 95.
43) *Ibid.,* p. 215.
44) *Ibid.,* p. 22.
45) *Ibid.,* p. 111. フランソワ・ジュリアンのように，このバルトの「無味」という視点を取り上げて，中国プロパーの思想・詩・絵画における「無味」という主題で1冊の文化論を書き上げている中国研究者もいることを付記しておく（François Jullien, *Éloge de la fadeur. À partir de la pensée et de l'esthétique de la Chine,* Édition Philippe Piquier, 1991 ; Le Livre de Poche, 2007, p. 23）。とはいえ，おそらくこのシノローグは，バルトにおける「無味」が，サドの女性像に根差した感覚であることは知らなかったのではあるまいか。
46) この前書きのテクストにはタイトルは無く，出版者のイニシアルによる「C. B.」という署名が付けられている。Roland Barthes, *Alors la Chine?,* Christian Bourgois Éditeur, 1975, p. 5.
47) Barthes, *Le lexique de l'auteur,* op. cit., p. 245.
48) Calvet, *Roland Barthes,* op. cit., p. 242.
49) *Ibid.,* p. 244.
50) バルトは1971年の或る対談でも，「意味は，たんに反対の意味を主張することによって，正面から攻撃できるものではありません。ごまかし，盗み，微細化する＝かすめとる（この語の2つの意味のとおり，所有権を細かくし，消滅させる）ことが必要です」（III, 997）と語っていた。
51) Barthes, *Alors la Chine?,* op. cit., p. 5.

第7章
中国のハリウッド，ハリウッドの中国
―中国におけるアメリカ映画の受容史

劉　文兵

1. はじめに

　アメリカ映画は1897年に上海で初めて上映され，その後，徐々に影響力を増した。1920年代半ばになると，次第にフランスなどのヨーロッパ映画を中国市場から駆逐していき，やがて中国の映画産業をも圧迫するほど特権的な地位を獲得した。

　1930～40年代の中国の映画館では，一番館にかかるのはハリウッド映画であり，中国映画は新作であってもよくて二番館にしかかからなかったほどであった。中国の映画人は，なんとか三番館から二番館での上映を目指し，最後はハリウッド映画と肩を並べる一番館での封切りを夢見ていた。

　だが，このような中国におけるハリウッド映画の神話は20世紀半ばに一気に崩壊した。すなわち，1949年に中華人民共和国が成立し，翌年に朝鮮戦争が勃発したことをうけて，中米関係は完全に冷え込んだ。それに伴って，ハリウッド映画も中国から一掃されることになったのである。

　ハリウッド映画の上映が解禁されたのは，文化大革命（1966-1976年）が終焉した1970年代後半であったが，その上映本数はわずかであり，大衆文化のレヴェルでの影響力も微々たるものだった。

　ハリウッド映画が過去の栄光を取り戻すことができたのは，1990年代半ば以降であった。とりわけ，1999年11月に中国がWTO（世界貿易機関）に加盟したことをうけて，毎年10～20本のハリウッドの大作映画が正式に

中国に輸入されることになり，映画市場で絶大な存在感を示すに至った。

このように，アメリカ映画は三つの世紀にわたって，中国の映画製作のみならず，中国社会や国民のメンタリティーにも多大な影響を及ぼしてきたのである。

本稿は，中国におけるアメリカ映画の受容に焦点を合わせ，その歴史的変遷をたどってみる。なお本研究テーマに関しては，アメリカおよび中国本土の映画研究者が中心となって優れた研究を蓄積してきた。本論文はそれらの先行研究を踏まえつつ映画史的事実を整理するとともに，映像分析をつうじてアメリカ映画が中国映画に与えた影響を検証することを試みる。

2．ハリウッド映画の上映

(1) 上海との深いかかわり

20世紀前半の中国におけるハリウッド映画の最大市場は上海であった。諸外国の租界が占拠していた上海では，多くの外国人が居住しており，また外国との接触が多いなかで教育レヴェルが高く，西洋の文化や言語を理解する中国人も次第に上海に集まってきた。両者は合わせてハリウッド映画の主な観客層となった[1]。

それに対して，中国の広大な農村地域では，字も読めない農民には中国映画を観てもよく理解できず，まして外国映画などは彼らにとって未知の世界であり，地方都市でも似たような状況であった。

天津の平安映画館に20年間つとめた馮紫樨(フォン・ツーシー)は次のように証言している。

　　最初のアメリカのトーキー映画の上映は観客に新鮮な驚きを与えた。ロードショーには外国人居留民が多く集まったばかりでなく，英語のセリフがわからないにもかかわらず，見栄を張るためにくる中国人でも賑わっていた。だが，満席になるのはせいぜい2，3日にすぎなかった。のちにこれらの映画が別の映画館で上映されたときに，観客のほとんどが中国のビジネスマンや大学生であり，観客が集まるのはもっぱら

ミュージカル，アクションもの，動物映画，コメディーで，セリフの多い映画は相変わらず人気がなかった。やむをえず，映画館はハリウッド映画の上映を取りやめ，国産のカンフー映画に切り替えた[2]。

そのような状況のなかで，中国におけるハリウッド映画の興行収入の半分以上が上海によって生みだされていたのである[3]。

ハリウッド映画が上海の映画市場をほぼ独占するに至る経緯を振り返ってみよう。

(2) フランス映画との王位争い

1896年8月11日に上海では「西洋影劇」といわれるヨーロッパの短編映画が上映され，これが中国での最初の映画上映となったが，その翌年にアメリカ映画が上海に上陸した。すなわち，1897年7月に米国人のジェームス・リカールトン（James Ricalton）が上海天華茶園(ティエンホアチャユアン)（喫茶店兼遊郭）などでアメリカの短編映画を上映した。「スペインダンス」，「インド人の踊り」，「パリの街角」など，異国の風俗を記録したフィルムが上映プログラムに含まれていたのである[4]。

ところが，その頃から1920年代半ばまでの中国映画市場において，最も大きなシェアを占めていたのはアメリカ映画ではなく，フランス映画だった。1896年から1924年まで中国で659本の外国映画が上映されたが，そのうち，アメリカ映画はわずか138本だった[5]。アメリカ映画の上映権の販売価格がヨーロッパ映画のそれよりはるかに高く，またアメリカ映画界が中国市場への進出に慎重な態度をとっていたからである。

ところが，第一次世界大戦の勃発（1914～1918年）によって状況は一変した。ヨーロッパ映画の輸出ルートが戦火によって遮断されたことをうけて，アメリカ映画の中国への輸出本数は急激に増加した。そして1920年代に入ると，ハリウッドの映画製作会社は相次いで中国に出張所を開設し，本格的な中国進出を果たすようになった。

(3) ハリウッド映画の中国進出

1921年にユニバーサル社が上海出張所を設立したのを皮切りに，20世紀フォックス，ワーナー・ブラザーズ，コロムビア，パラマウント，メトロ・ゴールドウィン・メイヤー，ユナイテッド・アーティスツ，RKOの8社は，1925年まで相次いで出張所や事務所を設置した。出張所の設置によって，米国の映画製作会社は自社の作品をめぐって，中国の税関や映画検閲機構と直接交渉することが可能となった。

1920年代までは，中国映画の場合，国内での流通に重い税金がかかったのに対して，アメリカ映画の場合，輸入される際に関税を支払いさえすれば，後は中国国内での移動には金がかからなかったという事情が，アメリカ映画の隆盛にさらに拍車をかけた。

だが，1930年代になると従来の関税にくわえ，「中国電影貿易商会（The Board of Film Trade）」が輸入されたアメリカ映画に対し，「二次進口税（二次的関税）」を徴収するようになった。二重の税金が課された結果，米国側が支払う税金額は興行収入の10%にのぼったという。増税に対して1939年6月に米国公使のクラレンス・ガオス（Clarence Gauss）は中国政府に正式に抗議した。にもかかわらず，中国側は減税の措置をとらなかった[6]。

カリフォルニア州立大学の蕭知緯（シャオチーウェイ）氏の研究によると，1920年代半ばからの40年代末にかけて，米国は中国映画市場から平均年間600万～700万米ドルの利潤を得ていたという[7]。

(4) ハリウッド流の配給スタイル

米国映画製作会社の中国出張所のもう一つの重要な業務は，自社の作品を中国の映画館へ直接に配給することだった。

その配給方法は2通りあった。一つは上映館側に一括上映権を売却する方法であり，もう一つは上映された後に上映館と売り上げを分け合う方法であるが，後者が主流だったようだ。

上映館とシェアする場合，上映館側は詳細な興行収入の報告書を米国側に提出する義務を課されており，米国側は随時，映画館に立ち入って，実際の

観客数や売り上げ，帳簿などを確認する権利を有していた。収入の分配は一作品の上映後にあるいは一年ごとにおこなわれた。

　また契約するにあたっては，上映館側と作品ごとに契約するケースもあったが，複数の作品を抱き合わせて，同じ分配比率で上映館と契約を交わすことが圧倒的に多かった。むろん，人気のある作品にそうでない作品を抱き合わせる商法は，配給側にとって最も好都合である。さらに，それによって米国側は上映館を長期間にわたって確保することも可能となった。

　映画館の立地や設備の充実度，快適さ，とりわけ一番館・二番館・三番館というような上映順位の違いによって，米国側と上映館の収入の分配比率が大きく違ってくる。米国側はフィルムのコピーの数を制限した上，上映する映画館の順番を決めていくことによって，数多くの中国の映画館をみずからのコントロール下に置くことをつうじて，上海の映画市場の全体を左右するに至ったのである。

(5) ハリウッド映画の上映形態

　ハリウッド映画を上映する上海の映画館には，一番館から八番館までの順位が存しており，それによって入場料金が異なっていた。たとえば，一番館の「大光明」映画館のチケットの最高額は2元であるのに対して，八番館の「万国」映画館の最高額は 10 分の 1 の 2 角だった。ちなみに，1931 年当時の上海では一番館の 2 元という入場料の値段は，3 人家族の半月分の主食の米を買える金額だった[8]。従って，実際に映画館に通えるのは，ひと握りの中国人だけだった[9]。

　当時の上海の映画館では，ハリウッド映画がどのような形で上映されたのだろうか。1912 年生まれの映画監督王為一(ワン・ウェイー)は，1920 年代の上海で無声映画を鑑賞した際の状況について貴重な証言を残している。

　　上海の最も有名な娯楽場「大世界」で，チャップリン映画を観た。その際に，英語が堪能な兄に英語の字幕を逐一に同時通訳してもらった。
　　また日本人が多く住んでいた上海の虹口の映画館では，弁士付きの欧

米映画を観たこともあった。スクリーンの両サイドの高い台の上に，二人の弁士が座っていてそれぞれ蘇州語と広東語を用いて，交互に映画の内容を語った。

　上海の一流の映画館では，欧米人のピアニストがサイレント映画の展開や雰囲気に合わせて演奏することが多かったが，二流の映画館では何の音声もなかったので，バイクが登場するシーンや，馬が走るシーンがスクリーンに映しだされると，それらの画面に合わせて，観客たちが自発的にアフレコする光景をしばしば目にしたものである[10]。

トーキー映画の時代になると，上海でのハリウッド映画の主な上映形態は，オリジナルの英語版と，中国語同時解説イヤホンガイド付きの2通りであった。1931年生まれの映画脚本家・プロデューサーの徐世華(シュイ・シーホア)は，1940年代後半の上海でハリウッド映画を鑑賞していた時の様子を次のように語っている。

　上映中のイヤホンガイドは，セリフを逐一に翻訳するものではなく，大まかなストーリー展開の説明に留まっていた。またオリジナルの英語版の場合，観客はまったく英語がわからないと鑑賞できないため，上映館では，上映作品の基本情報を紹介する中国語パンフレットが，有料と無料の2種類必ず用意されていた[11]。

ちなみに1950年代以降，中国語吹き替え版は外国映画上映の主流となり，1990年代半ばまで続いていたが，その後，それがまた中国語字幕版に取って代わられたのである。このようにハリウッド映画を観賞するにあたっては，中国の観客に一定の英語力，そして米国の文化や社会的状況についての予備知識が要求されたように思われる。

　そのため，ハリウッド映画を文化的な土壌の異なる中国市場にいかに適応させるかは，各社の中国出張所にとって大きな課題であった。実際に8社の出張所を仕切っていたのは米国人だったが，他の職員のほとんどはアメリカ

帰りの留学生か中国系米国人だった。

　米中両国の文化に精通している彼らは，東西間のトランスナショナルな文化交流の活性化に寄与する緩衝材となって，ハリウッド映画を一般の中国人にとってより身近なものにしたのである。たとえば，1933年に中国で公開されたRKO製作の『母子の絆（The Silver Cord）』（ジョン・クロムウェル監督，1933年）は，主人公の青年が，独裁者のような母親の支配から飛びだして独立していくというストーリーで，母親があくまでも悪役として戯画的に描かれていると受けとめられた。この作品が親孝行を重んじる一般の中国人の価値観に反しており，彼らに容易に受け入れられないだろうと判断したRKO出張所の中国人職員は，映画の中国語題を，子供を思う親心を好意的にとらえる中国語の慣用句である「可憐天下父母心」にした。それによって，この映画に対する中国人観客の拒否反応を和らげたという[12]。

　さらに，出張所の中国人職員たちは，自社作品の台本やあらすじを中国語に翻訳し，中国語版の劇場プログラム（パンフレット）を作成する一方で，上映館側が自社との契約を実行しているかどうかをチェックする監視役をつとめ，中国の映画市場に関してリサーチをおこない，本社にフィードバックしていたのである。

(6) ハリウッド映画の上映本数

　20世紀前半の中国におけるハリウッド映画の上映本数に関しては，諸説まちまちであるが，いくつかのデータを紹介しておこう。

　1920年代の上映件数の正確なデータはきわめて少ない。そのなかで，ピーコック・モーション・ピクチャー・コーポレーション（Peacock Motion Picture Corporation）取締役のリチャード・パターソン・ジュニア（Richard Patterson Jr.）による証言は貴重なものである。彼によると1926年に中国で公開された450本の外国映画のうち，アメリカ映画が400本前後で90%を占めている。同年のハリウッド映画の製作総本数449本と照らし合わせると，約9割のアメリカ映画がほぼリアルタイムで中国で公開されていたことがわかる[13]。

1930年代に入っても，ハリウッド映画は中国映画市場におけるその特権的な立ち位置を維持しつづけた。

南京国民党政府の電影検査委員会の統計によると，1934年に412本の外国映画が中国で封切られたが，そのうち364本がアメリカ映画で，88％に達している[14]。

さらに映画史研究者の汪朝光(ワン・チョウクワン)氏は1998年の時点で次のように指摘している。

> 1933年に輸入された431本の映画のうち，ハリウッド映画が355本で82％を占めていた。1934年に輸入された407本の映画のうち，ハリウッド映画が345本で85％を占めていた。1936年に輸入された367本の映画のうち，ハリウッド映画が328本で89％を占めていた。この3年間は比較的平穏な時期であり，戦争の影響を考慮に入れるとすれば，毎年輸入されたハリウッド映画の平均が200本となり，1920年代から40年代末にかけての20数年間，合計4000本以上のハリウッド映画が上映されたことになる。それに対して，誕生してから1940年代末にかけての45年間に作られた中国映画は1600本にすぎなかった[15]。

このように「1937年から45年までの日中戦争のあいだには，ハリウッド映画の輸入本数は急激に減少したが，戦後再び息を吹き返した」という説が，通説として定着したのである。

しかし，近年の研究では，上海のみならず，戦中の国民党政府所在地だった重慶においてもハリウッド映画が数多く上映されていたという映画史的事実が明らかになった[16]。戦中の重慶で配給された映画の総本数，そのうちの中国映画の本数，さらにアメリカ映画の本数を表1に示す。

さらに終戦後の1946年11月に，中国国民党政府とアメリカ政府は「中米友好通商航海条約」に調印した。それをうけて，アメリカの8つの映画会社は自社の新作に，戦中に製作した古い映画を抱き合わせて中国へ大量に輸出することが可能となった。その結果，1946年の一年だけで881本のハリ

表1　戦中の重慶で配給された映画の本数

	公開本数	中国映画	アメリカ映画	備　　　　考
1939年	269本	121本	82本	
1940年	160本	59本	82本	日本軍による空襲で公開本数が落ち込んだと考えられる。
1941年	311本	121本	144本	
1942年	398本	134本	214本	
1943年	469本	197本	219本	
1944年	870本	253本	419本	中国を支援するために参戦したアメリカ空軍が日本軍の空襲から重慶を守っていたため，映画市場は繁栄をきわめた。
1945年	519本	167本	272本	終戦とともに起きた帰郷ブームにより，上映本数がまた激減した。

ウッド映画が中国で上映された。ちなみに，その年にアメリカで製作された新作映画は252本であった[17]。

1933年の統計資料では，上海の37軒の映画館のうち，19軒がハリウッド映画専門の上映館で，残りの映画館は中国映画とハリウッド映画の両方を上映していたが，第二次世界大戦が終わると上海の映画館は大幅に増え，50軒以上に達した[18]。よって戦後の中国映画市場におけるハリウッド映画の上映は，戦前と戦中のそれをさらに上回るほど盛んになった。

続いて第3節において，アメリカ映画が中国映画の製作や映画人に与えた影響について考察してみよう。

3．ハリウッド映画の影響

(1) 中国映画人とハリウッド映画

(1.1) 草創期の中国映画製作

19世紀末の上海でいち早く映画製作をおこなったのはアメリカ人であった。1898年に米国トーマス・エジソン社が，世界一周の観光映画を製作す

るために撮影チームを上海に派遣し，通行人，警察などの町の光景をフィルムに収めた。

続いて1901年，米国ウォーウィック（Warwick）社のキャメラマンであるジョセフ・ローゼンタール（Joseph Rosenthal）は，『上海の南京路』を撮影し，清朝末期の上海の様子を記録した貴重な映像を残した。

1909年，ユダヤ系アメリカ人のベンジャミン・ブロドスキ（Benjamin Brodsky）は，上海で映画製作会社「亜細亜電影公司（China Motionpicture Company）」を設立し，10万米ドルをかけて，撮影スタジオと，編集・現像をおこなう作業室を建設した。その後，上海と香港を製作拠点に数本の短編劇映画をつくっていたが，経営不振のため1912年に「亜細亜電影公司」は，米国人のイスラエル（Israel）に売却された[19]。

上海で保険会社を経営していたイスラエルは，さっそく上海の米国商社の広告部門につとめていた中国人張石川、新劇演出家の鄭正秋を招聘し，中国初の短編劇映画『難夫難妻』（張石川，鄭正秋監督）を製作した。のちに張石川と鄭正秋は「中国映画の父」といわれ，中国映画の草分け的な存在となった。

いっぽう，それまでに印刷と出版業を営んでいた「上海商務印書館」は，映画製作への投資に失敗した米国の実業家から機材を買い取ったことをきっかけに，1917年から映画製作を開始した。

同年，米国のユニバーサル社は，中国ロケの際に「上海商務印書館」のスタジオを借りて撮影をおこなっていたが，その際に米国人スタッフが，中国人スタッフに映画撮影やフィルム現像の技術を伝授した。また撮影が終わったあとに，「上海商務印書館」はユニバーサル側から，撮影照明用のアーク灯を買い取ったという[20]。

初期の中国の映画製作においては，使われていたフィルムや機材は主に米国産のものだった。当時の中国の映画人が愛用していた3つのメーカーによるフィルム，すなわちコダック，デュポン，アグファ（AGFA）のうち2つは米国の製品であった。当時の中国の映画館で使われていた映写機や音響機器のほとんども米国製であり，WECとRCAが主なメーカーであった。機

材の販売に加えてメーカー側は映画館に機材をレンタルする形で多額のレンタル料をとっていたという[21]。

1922年，中国の民族資本による大手映画会社の「明星電影公司」が上海で設立され，それに続いて中国での映画製作は急速に本格化していき，1920年代後半になると，上海では175社にものぼる映画会社が，雨後の筍のごとく現れてきたのである。

産業としての中国映画はこうして成立した。その過程において，中国の映画人はハリウッドの映画作りのノウハウを会得するために，涙ぐましい努力を重ねていた。その習得の方法やルートは実に多様なものだった。いくつか挙げてみよう。

(1.2) 映画技法の習得

1930年代の上海映画の巨匠・孫瑜(ソン・ユイ)監督は，実際にアメリカへ留学し，そこで学んだ知識を上海へ持ち帰り，自分の演出のスタイルをつくり上げた。1900年に四川生まれの孫瑜は，1923年に国費留学生としてアメリカへ留学し，ウィスコンシン大学やコロンビア大学などにおいて，映画のシナリオ，演出，撮影，現像，編集，メイクなどを学び，1926年に帰国し，1927年に映画界入りを果たした[22]。

孫瑜はそのハリウッド仕込みのスマートな演出法と垢抜けした人物像によって，当時の中国映画に新しい気風を吹き込んだ。とりわけ孫瑜監督は，近代的な風貌と精神をもつ，黎莉莉(リー・リーリー)や王人美(ワン・レンメイ)ら「肉体派」女優を積極的に起用することによって，従来の中国のスクリーンの多くを占めていたナイーヴで病弱な女性像を一掃し，健康的で元気のいい新しい女性美を打ちだした(図1)。男性の瞳を真っ直ぐに見つめ返してくる黎莉莉たちの目の表情，あるいはキャメラに向かってストッキングを引き上げたりして脚線美を披露する彼女たちの仕草は，明らかにマレーネ・ディートリッヒを模している。そのため，それまで中国映画を観なかった大学生や高校生が映画館まで足を運ぶようになったという[23]。

図1：脚線美を披露する黎莉莉。
『スポーツの女王』（原題『体育皇后』孫瑜監督、1934年）

　また，1925年に上海映画のトップ女優の張織雲(チャン・チーユン)は，ハリウッドを訪問し，エルンスト・ルビッチ監督の撮影現場を見学することができた。撮影をおこなったのは，港から離れていく船を皆が見送るという場面であった。埠頭のセットの背景に巨大なガラス板が立てられており，その上に海や，空，船の絵が描かれている。そのガラス板の前で，手を振ったりして演技する俳優やエキストラたちが，キャメラを通すと自然に船を見送る人々に見えた。

　上海に帰った張織雲が，このハリウッドでの体験をスタッフたちに語っていたところ，偶然，それを耳にした張石川監督はすぐ実験するようにとスタッフに命じた。実験が無事成功したため，興奮した張石川監督は「上海には何でもあるけれども山だけがない。しかし，この技法を使用することで，これからは中国各地の山を上海に持ち込むことができるんだ」と豪語した[24]。のちに，張石川監督が手がけた，山を主な舞台とするカンフー映画『紅蓮寺の焼き討ち（火焼紅蓮寺）』（1928–1930年）シリーズは大ヒットしたが，この撮影トリックが功を奏したように思われる。

　また，山だけでなく，低い建物を実物より高く見せることも可能となった。

たとえば，高層ビルを撮影する場合も，絵を描いたガラス板をキャメラの前に置き，それを実物の建物上部につなぎ合わせ，高層ビルに見立てることができた。中国語で「接頂(ジェイティン)」と呼ばれたこの技術は，1980年代までの中国映画の製作に活用されていた。

いっぽう，多くのアメリカの技術スタッフが中国映画界に招聘され，上海で中国映画の製作に携わった。中国人スタッフの陳祥興(チェン・シャンシン)は，1930年代初頭にアメリカ人技師からトーキー映画の編集の技術を学んでいた経緯を次のように振り返っている。

　1931年「天一」映画会社が，初のトーキー映画を製作するにあたり，撮影や録音，現像，編集の技術スタッフは，すべてアメリカから招聘された。私は現像・編集を担当するスミス氏のもとで働いた。早く技術を覚えたいと思っていたが，彼のすぐ側に立つと，「どけ」と怒鳴られ，警戒されていた。彼に近づくために英語を猛勉強し，ようやく彼と簡単な話ができるようになった。また，彼の機嫌をとるために自分の少ない給料でタバコや飲料水を買ってあげ，彼の朝から晩までの仕事の順番に合わせて，手袋やはさみなどの道具を事前に用意しておいた。こうして，だんだん彼との仲が良くなり，作業の全プロセスを見せてもらえるようになった。スミス氏のもとで2本の作品の製作を通して，私はトーキー映画の現像と編集の技術を完璧に身につけた。それを知った「天一」映画会社は，給料の高いスミス氏を解雇し，私を起用するようになった。

　（中略……）録音技術の習得も同様だった。「天一」映画会社はアメリカ人の録音スタッフのグリム氏を呼ぶとともに，録音機材も持ってこさせた。撮影が終わり，グリム氏は録音機材をアメリカへ持って帰ろうとした。それが軌道に乗ったばかりの中国のトーキー映画の製作にとって大きな打撃であるのは言うまでもない。グリム氏の帰国までになんとか録音機のメカニズムを解明すべく，司徒慧敏(スートウ・ホイミン)，呉蔚雲(ウー・ウェイユン)ら中国人スタッフは彼の留守中を狙い，その作業室に忍び込んだ。だが，彼らが録音機を研究していた最中に，たまたま作業室の前を通りかかったグリム氏が，

部屋に電気がついていることに気づき,作業室に突入した。彼は中国人スタッフたちに拳銃を突きつけ,「出ていかないと撃つぞ!」と恫喝したが,司徒慧敏らは「貴方はアメリカ人であっても中国側に雇われた一スタッフにすぎない。仕事に使う機械が今,中国のスタジオに置いてあるのに,どうして中国人が見てはいけないのか」と立ち向かった。その直後に中国人の手によって映画撮影用の録音機「三友式」「中華通」の実験が成功したのである[25]。

アメリカまで行って研究することができず,またアメリカ人スタッフに直に学ぶことのできない中国の映画人は,外国の映画雑誌を仔細に見て,映画技術を吸収していた。たとえば上海映画において,照明用の反射板や移動撮影のためのドリー,雨を降らせるホース,雪を舞わせる材料など,すべて外国の映画雑誌から習得したものである[26]。

撮影技法も映画雑誌を媒介とした場合があった。程歩高(チェン・ブーガオ)監督は次のように語っている。

　　ヒッチコック監督の作品では,狭いドアをキャメラが次々と通り抜けて,主人公を追っていく長廻しがあったが,当時の大きなキャメラをどうやって狭いドアから通り抜けさせるか不思議に思った。その時,偶然見た写真から謎が解けた。ドア全体が真ん中から割れるように仕掛けられており,キャメラが通りかかったその瞬間,左右に取り除くのであった[27]。

照明も映画雑誌から吸収したものがあったようだ。ハリウッド映画の夜のシーンでは,中国映画とは違って画面全体が明るいだけではなく,電柱も白く見える。そこで不思議に思ったキャメラマンの董克毅(トン・クーイー)は様々な実験を重ねたが,どんなに光を強くしても電柱は黒ずんでいた。そんなあるとき,彼は一枚のハリウッド映画の撮影風景の写真を手に入れた。拡大鏡を使って仔細に調べてみたところ,電柱に白い粉を塗りつけていることがわかった。さっ

そくチョークを柱に塗りつけて実験してみると,成功したという[28]。

実際にはさらに多くの中国の映画人は,ハリウッド映画を浴びるほど鑑賞することによって映画作りのノウハウを会得していった。彼らに最も大きな影響を与えたハリウッドの映画監督は,D・W・グリフィス,チャールズ・チャップリン,エルンスト・ルビッチであったようである。

(2) グリフィスと中国のメロドラマ

1910年代後半から1924年にかけて,計10本のD・W・グリフィス監督作品が上海で上映された。すなわち,『国民の創生』(1915年),『イントレランス』(1916年),『世界の心』(1918年),『散り行く花』(1919年),『大疑問』(1919年),『スージーの真心』(1919年),『東への道』(1920年),『愛の花』(1920年),『嵐の孤児』(1921年),『恐怖の一夜』(1922年)である。

これらの作品は,中国の評論家から高い評価を得ていた。たとえば,小説家・周痩鵑(チョウ・シュウオウ)は,1919年の暮れに上海の「維多利亜劇院(ビクトリア シアター)」で上映されたグリフィス監督の『世界の心』と『イントレランス』の2本の作品を鑑賞したあと,次のように評している。

> 『世界の心』の洗練されたストーリー展開や豪奢なセットを観て,改めてハリウッド映画のスケールの大きさと思想の深さに感服した。また米国の文化や美術の発達ぶりも,この映画から見て取れるだろう。『イントレランス』の最も賞賛すべき点は,人の心に訴えかける奥深いテーマ性にほかならない。その点においてはグリフィスの作品は,ストーリー展開だけで観客を喜ばせる探偵映画やチャップリン映画,ロイドのコメディー映画とは趣を異にするように思われる[29]。

中国で上映された10本の作品のうち,『イントレランス』と『東への道』は最も中国の観客に支持されたという。『イントレランス』は,古代バビロンの崩壊を描く「バビロン篇」,キリストの悲運を描く「ユダヤ篇」,聖バーソロミューの虐殺を描く「中世篇」,ストライキで職を失った青年と乙女の

純愛を描く「現代篇」の四つの物語を同時進行する超大作であり,『東への道』は田舎町のシングルマザー（リリアン・ギッシュ）の不幸をセンチメンタルに描いたメロドラマである。前者のハリウッド的スペクタクル性,そして後者の洗練されたメロドラマの作法は,当時の中国の観客を魅了したのである。

いっぽう,中国人男性と哀れな白人少女（リリアン・ギッシュ）との切なくかなわぬ愛を描いた名作『散り行く花』は,1923年にいったん上海で公開されたが,わずか4日後に上映が打ち切られてしまった。映画に登場するイギリス人の悪役がきわめて戯画的に描かれていることが原因で,上海のイギリス租界側から抗議をうけたようだ[30]。そのため,『散り行く花』は中国の映画評論家のあいだで高い評価をうけながらも,一般観客に与えたインパクトは微々たるものだったようだ。それとは対照的に上海で空前の大ヒットとなったのは『東への道』であった。

(2.1) 特権的な『東への道』

1922年に上海で封切られた『東への道』は,1924年までの3年間において,中国の観客の要望にこたえて5回ほど上映され,最も人気を集めたグリフィス作品となった。

『東への道』ブームのなかで,同作品をめぐる映画評論集まで出版され,当時,まだ高校生だった孫瑜監督が執筆した論文もこの評論集に収録されている[31]。そのなかで,とりわけラストシーンの演出が多くの評論家に取り上げられ,絶賛されている（図2）。

氷が解け始めた川で,流氷の上で失神したヒロイン（リリアン・ギッシュ）が流されていくが,男性主人公は彼女を救うべく氷から氷へと跳躍しながら追いかけ,すぐ先には滝が待ち受けているという間一髪のところで彼女を救出する。細かいカット割りで女,男,流氷が滝に近づくありさまを映しだし,緊張感を高めていく。この場面において,グリフィスは平行モンタージュを用い,「最後の瞬間の救出（ラスト・ミニッツ・レスキュー）」を演出してみせている。

程歩高監督,桑弧監督,脚本家の洪深など,多くの中国の映画人はこの『東

第 7 章 中国のハリウッド, ハリウッドの中国　371

図2：流氷の上で失神したヒロイン。『東への道』

への道』のラストから大きな衝撃をうけたと証言している。脚本家の田漢も
その一人である。彼は1926年の講演で平行モンタージュの映画技法につい
て次のように指摘している。

　近年の映画メディアの大きな進歩がグリフィスによってもたらされ
た。すなわち，文学的手法を用いて映画を演出するというスタイルであ
る。グリフィス作品のなかで用いられたクロースアップ，フェードイン，
フェードアウト，平行モンタージュなどの映画技法は，むしろ「文学的」
であるといえる。
　たとえば，中国の古典小説『紅楼夢』では，男性主人公の賈宝玉が親
に騙されて愛してもいない薛宝釵と結婚式をとりおこなう一方で，それ
を知った恋人の林黛玉は悲しむあまり，彼からもらった愛の印である
書簡などを燃やして死んでいくという二つの場面が交互に描写されてい
る。よってグリフィスの平行モンタージュの技法は実は文学的である[32]。

また『東への道』が上海で公開された際に，新聞「申報」に掲載された広告にも，「『東への道』を観ることは古典『紅楼夢』を読むのと等しく」という謳い文句が使われていたという[33]。

グリフィスの映画言語と，文学的描写との類似性についての田漢らの言及は，1948年にフランスの映画批評家アレクサンドル・アストリュック (Alexandre Astruc) が提唱した「キャメラ＝万年筆」論と一脈通ずるかもしれない。

(2.2) グリフィス的メロドラマ作法の借用

平行モンタージュのほかに，グリフィスのメロドラマの作法も多くの中国の映画人にインスピレーションを与えたようだ。たとえば，1930年代から60年代にかけて，数多くのメロドラマを手がけていた卜万蒼(ブー・ワンツァン)監督の初期の代表作に，激動の時代に翻弄された母娘の運命を描いた『母性之光』(1933年) というメロドラマがある。悲劇であるにもかかわらず，コミカルな場面がところどころに挿入されている点は，この作品を特徴づけたものだった。すなわち，中国のローレル＆ハーディーと称される韓蘭根(ハン・ランゲン)と殷秀岑(イン・シュツェン)，そしてコメディーの名優・劉継群(リュー・ジーチュン)が扮した三人の醜男はヒロインに横恋慕しており，同時に同じ表情や動作をしてコミカルな効果を生みだしている (図3)。それについて，卜万蒼監督の作品に数多く出演した俳優顧也魯(グー・イェルー)は次のように指摘する。

> 卜万蒼監督のメロドラマ製作の秘訣は，クライマックスに達した5分後に，必ずギャグを入れて気持ちの高ぶった観客を笑わせ，緊張をほぐすことにある[34]。

このようなメロドラマ作法のルーツはグリフィス作品に遡ることができるだろう。『東への道』のなかに，間抜けな警察官やお節介な女性などのコミカルな脇役がしばしば登場し，道化役のように観客を笑わせていることを思

図3：『母性之光』に登場する道化役（韓蘭根，劉継群）

い出せばよいだろう。というのも、柔軟なメロドラマ映画の話法が、1910年代にグリフィスによって確立されたからである[35]。

また卜万蒼監督は、シェークスピアの『ヴェローナの二紳士』を翻案した大作映画『梅の一枝』（原題『一剪梅』，1931年）において、二人の女性と三人の男性のあいだで繰り広げられる複雑な恋愛関係を、鮮やかに描きだしている（図4）。これもまた、当時の中国映画にしてはきわめて大胆な試みであった。たとえば、映画監督の侯曜(ホウ・ヤウ)は、1926年の時点で著書『影劇劇作作法』において次のように語っている。

> 一つの作品のなかで、二つ以上のテーマを扱わないほうがいい。ラブストーリーであれば、恋の駆け引きに専念したほうがよい。

つまり、複数のプロット・ラインを歓迎しない中国の伝統的なメロドラマの作法が存在していたわけだ。それに対して、複数のプロット・ラインをクロースさせながら、同時進行するという趣の『梅の一枝』は、『イントレランス』を彷彿させるといえるだろう。

また大金を投じ, 広州, 香港までロケを敢行した『梅の一枝』は, グリフィス的な大作映画である。キャメラが様々な角度から雄々しく行進する兵士をとらえるパレードのシーンや, 新しい機械文明の象徴であった自動車, 汽車, 飛行機が多く登場するシーンにおいては,『イントレランス』や『国民の創生』に見られるグリフィス的スペクタクルを実現しているといえるだろう。

図4：『ヴェローナの二紳士』を翻案した『梅の一枝』

だが, 中国の映画人によるグリフィス作品への模倣には限界があったようだ。1928年の時点で, 王元龍監督は「国産映画の進歩」と題するエッセイにおいて, 米国との大きな製作規模の格差について次のように語っている。

セシル・B・デミル監督の『十戒』（1923年）は200万米ドル以上, フレッド・ニブロ監督の『ベン・ハー』（1925年）も400万米ドルの製作費を費やした。さらに近頃のハリウッド大作映画の製作費が1000万米ドルに達したケースもある。これに対して, 我が国の映画は大作であってもせいぜい10万米ドルで, 米映画の100分の1にすぎない[36]。

第 7 章　中国のハリウッド，ハリウッドの中国　375

　限られた製作費のもとで，多くの中国の映画人は，スペクタクル性を追求することよりも，むしろグリフィスのメロドラマ的な作風を積極的に模倣したように思われる。それもまた映画監督・映画理論家の鄭君里(チョン・ジュンリー)は，1936 年の時点で「中国の恋愛映画というジャンルの確立に決定的な影響を与えたのはグリフィスの作品だった」と指摘していたゆえんである[37]。

(3) チャップリンの神話

　中国初の長編劇映画が製作されたのは 1921 年だったが[38]，それまでの中国映画には，ニュース映画，観光映画，京劇の舞台記録などの短編が多かった。メイン・ジャンルは何と言っても短編のドタバタ喜劇だった。鄭君里が 1936 年の時点で次のように指摘している。

> 　中国のドタバタ喜劇は，米国キーストン映画社のマック・セネット監督が手がけた一連のスラップスティック・コメディーからの影響を強くうけている。数多くの作品には，生活苦に陥った小市民が夢のなかで大金持ちになったりするような奇想天外なストーリー設定が見られるが，それらはすべてチャップリンの初期の作品をそのまま模倣したものである。そのなかで，チャップリンを主人公として登場させる中国映画『コメディーの王様が上海にやってくる（滑稽大王遊滬記）』（張石川監督，1922）がつくられた。イギリス人俳優が扮したチャップリンが上海を訪れ，追いかけっこや，大柄の相方との殴り合い，パイ投げなど，チャップリン映画でお馴染みのギャグを次々と披露していく[39]。

(3.1) スラップスティックというジャンル

　チャップリンの影響を考察するために，現存する最も古い中国映画『八百屋の恋』（原題『労工之愛情』，別名『擲果縁』，張石川監督，1922 年）を取り上げてみよう。そのストーリーは次のようなものである。

　八百屋を営む元大工の男が医者の娘に恋心を抱き，プロポーズをする。娘の父親は身分不相応ということで反対するが，大勢の患者を連れてくれば，

娘を嫁にやると約束する。そこで八百屋の男は元大工の手腕を発揮し，麻雀クラブの階段に仕掛けを作り，酔っぱらって下りてくる客が滑り落ちるようにする。打撲や骨折した患者が次々と医者のもとに駆けつけ，病院は大繁盛。医者は喜んで，娘の結婚を認める（図5）。

図5：医者（左）は娘と八百屋(中央)の結婚を認める。『八百屋の恋』

『八百屋の恋』はストーリー展開から演技のスタイル，カメラワークに至るまで，チャップリン映画を模しているのが一目瞭然である。たとえば，ミューチュアル映画社（1916-1917年）に所属していた頃のチャップリンの代表作に，酔っぱらって帰宅する主人公が二階にある寝室にたどりつくまで，何度も階段から落ちてくるという筋書きの『午前一時』(1916年）があり（図6，図7），また1915年から1923年までのほぼ全作品において，チャップリンが演じる放浪紳士が，エドナ・パーヴィアンスが扮した美しい娘に恋をするという「お約束」の設定がある[40]。さらに初期のチャップリン映画では，カメラはやや俯瞰でフィックスの長廻しで撮ることが多く見られるが，その場合，役者たちは画面からはみ出さないように演技をしているように見受けられる。これらはいずれも，『八百屋の恋』において反復されているといえる。

図6：階段落ちの場面。『八百屋の恋』

図7：チャップリンの『午前一時』

　いっぽう，チャップリン映画の影響下からスタートした中国のコメディー映画は『八百屋の恋』に至ると，そのギャグの作り方はじつに綿密である。たとえば，冒頭で八百屋の男がサトウキビの皮をカンナで削るシーンが挿入されることで，元大工だったことを示し，後半のクライマックスのシーンで仕掛けを作る伏線となっている。また娘の父親のメガネを掛けた八百屋の男の視点ショットとして，ぼやけた映像が用いられたり，男の姿と彼が思い浮

かべる娘の姿とがオーバーラップされたりする手法は、初期の中国映画にしては斬新な試みだった。

(3.2) チャップリン人気の背後

1920年代の中国においては、チャップリンのほかハロルド・ロイド、バスター・キートン、ローレル＆ハーディーも人気を博していた。とりわけチャップリンとロイドが双璧とされていた。

だが、第4節（2）で述べることになる『危険大歓迎』騒動や、さらにトーキー映画の普及によって、中国でのロイドの人気が衰え、チャップリンだけが不動の地位を守りつづけた。チャップリンが中国人に支持されつづけた理由として、彼のコメディーが哀愁を帯びていた点が当時の中国の映画評論家にたびたび指摘されていた。

チャップリンが従来のスラップスティックのなかに、貧困や差別、戦争などのテーマやヒューマンドラマの要素を取り入れた『移民』（1917年）、『犬の生活』（1918年）、『担へ銃』（1918年）、『キッド』（1919年）、『巴里の女性』（1923年）、『黄金狂時代』（1925年）、『サーカス』（1928年）、『街の灯』（1931年）などの作品が中国の人々の共感を得たように思われる。

またチャップリンのコメディーの作法のみならず、キャメラワークなどの演出も当時の上海の映画人に手本とされていた。程歩高監督は著書『影壇憶旧』のなかで次のように振り返っている（図8）。

> チャップリン映画では、キャメラのアングルやポジション、被写体との距離、高さ、ワンショットの長さが、すべて観客の目線から綿密に構築されており、いずれも観客がストーリーの展開を理解する上で最も効果的なものであった（中略……）。
>
> かといって、チャップリンの演出はけっして凡庸なものではなかった。たとえば、『巴里の女性』では、汽車が駅ホームに到着するシーンがあるが、キャメラは汽車そのものを撮る代わりに、駅ホームに落ちる黒い影をやや俯瞰で映しだしている。この簡潔かつ斬新な演出は当時の上海

図8：ヌードショーの場面。『巴里の女性』

の映画人たちに絶賛され，またその後の彼らの作品において繰り返し模倣されていた[41]。

　チャップリン人気の背後には社会的要因もあった。1930年代初頭に，日本の満州進出をうけて中国のナショナリズムが高揚し，左翼的勢力が台頭しているなかで，チャップリン作品に内包された資本主義批判のメッセージ性も褒め称えられるようになった。さらに日中戦争中に至ると，ヒトラーを風刺する『独裁者』（1940年）が，日本と戦っている最中の中国人の共感を呼び，チャップリンの人気は頂点となったのである。ちなみに，『独裁者』は日本占領下の上海で上映禁止になったが，重慶では公開されたのである[42]。

　1940年代後半にハリウッドを席巻した赤狩りの嵐をうけて，チャップリンは「容共的である」とアメリカ政府に見なされ，召喚命令を何度もうけたのち1952年に国外追放された。それに対して，冷戦のさなかでアメリカと激しく対立していた中国においては，チャップリンが左翼的映画人として共産党政府によって高く評価されていた。アメリカ映画の上映が全面的に禁止されたにもかかわらず，チャップリン映画だけは例外だった。また1954年

7月，ヨーロッパ訪問中の周恩来はジュネーブでチャップリンに接見し，その政治的姿勢を絶賛したのである（図9）。

図9：周恩来とチャップリン

とりわけ1970年代末の中国ではチャップリン映画が新作扱いで，すべての映画館にかかっていた時期があった。すなわち1979-1980年にかけて上映された『キッド』（中国語題『尋子遇仙記』），『黄金狂時代』（中国題『淘金記』），『街の灯』（中国語題『城市之光』，1931年），『モダンタイムス』（中国語題『摩登時代』，1936年），『独裁者』（中国語題『大独裁者』），『殺人狂時代』（中国語題『凡爾杜先生』，1947年），『ライムライト』（中国語題『舞台生涯』，1952年），『ニューヨークの王様』（中国語題『一個国王在紐約』，1957年）などだった。これらのフィルムのほとんどは外貨が限られていた1978年に「中国電影公司」がイギリスの配給会社から安い値段でまとめて購入したものであった[43]。

話を1920年代の上海に戻そう。1920年代前半に身体によるギャグに頼らずに，巧みな物語運び，洗練された台詞を用いたコメディー，いわゆるシ

チュエーション・コメディーが中国で人気を博すようになった。巨匠のエルンスト・ルビッチの一連の作品はその代表格である。

中国の映画プロデューサー・周剣雲(チョウ・ジェンユン)は，1925 年の時点でチャップリンとルビッチの両監督の作品について次のように評している。

> おびただしい数のハリウッド映画においては，ルビッチとチャップリンの作品が，作品の深みと溢れる才気という点において群を抜いている。ハリウッド映画といえば豪華なセット，オールスターキャスト，最先端を行くファッションなどを連想する者が多いだろう。しかし，これらは一時的な話題を集めることができても，観客の心に深く残るものはない。それに対して，ルビッチとチャップリンがそれぞれ手がけた『三人の女性』(1924 年)，『巴里の女性』は，スペクタクルを誇示することもなく，テーマ性やメッセージ性を生き生きとしたイメージをつうじて，叙情的に観客の心に訴えかけ，その洒脱なストーリー展開が観客に大きな余韻を残している[44]。

ルビッチの作品は，ストーリー展開や映画言語，人物造形といった点において当時の上海映画にどのような影響を残したのか。それについて次項において詳しく検証する。

(4) ルビッチ・タッチの変形と発展

複数の上海の映画監督がインタビューのなかでみずから語っているように，彼らがエルンスト・ルビッチから学ぶものは多かった[45]。周知のように，ルビッチの映画はブルジョア世界での軽妙なタッチのものが多く，しかもスラップスティックではなく，それぞれの人物について思惑の食い違いや誤解から生じる姿を描くシチュエーション・コメディーとなっている（図10）。

従って，彼の作品は有産階級の豪邸か高級ホテルの客室といった，広々とした空間を舞台とする場合が多い。そのため，流れるような横移動撮影やパンニング，高い天井からの俯瞰ショット，階段を駆け上がったり下りたりす

図10：妻，夫，愛人。『淑女超特急』

る人物をスピーディーに追うクレーンショットが可能となっている。

　とりわけ，扉はルビッチ映画のストーリーの展開や演出において重要な役割を果たしている。厚みのあるドアがいったん閉まれば，外とのつながりが完全に遮断され，密室状態の新しい空間が生まれる。登場人物が扉の内と外において別人のように振る舞うところにギャグが生じてくる（『結婚哲学』[1924年]，『天使』[1937年]，『淑女超特急』[1941]，『生きるべきか死ぬべきか』[1942]など）。階段も異質な二つの空間をつなぎ合わせるという点で扉とほぼ同じように使われ，登場人物は階段を上り下りするごとに，人格が変わり，異なる顔を見せる（『陽気な中尉さん』[1931]，『極楽特急』[1932]，『生きるべきか死ぬべきか』など）。

　いっぽう，上海映画には一般庶民が住むアパートを主な舞台とする映画が数多く見られる。『上海昨日今日』（原題『新旧上海』，程歩高監督，1936年）や『十字路』（原題『十字街頭』，沈西苓監督，1937年），『街角の天使』（原題『馬路天使』，袁牧之監督，1937年），『家々の灯』（原題『万家灯火』，沈浮監督，1948年），『カラスとスズメ』（原題『烏鴉与麻雀』，鄭君里監督，1949年）などが，その代表作品である。これらを「上海アパート映画」と

して括ることができる。

　上海アパート映画に登場するのは、けっして裕福とはいえない一般市民であるが、気取っていて相手に自分をよく見せるため、多大に神経を使っている。そこから誤解と食い違いが生じてくる。

　また、こうした誤解や食い違いは、「共同の場」と「プライベートな場」の共存によって生じている。すなわち、アパートの住民が共同利用している玄関、炊事場、階段、屋上、そして、それぞれの間借り人の部屋というプライベート空間である。同じ人物がこの二つの場で全く別の顔を見せることになる。

　その描き方はまさに「ルビッチ・タッチ」といってもよい。「ルビッチ・タッチ」は豊かなブルジョア世界を描いて初めて成立するものと思われがちであるが、じつはそうではないことを一連の上海アパート映画が実証しているといえる。

　しかし、上海アパートの狭いスペースではキャメラを動かすことがきわめて困難であり、ルビッチ映画のように室内で動き回る登場人物を自由自在にとらえるキャメラワークはほとんど見られない。その代わり画面の奥行きがなく、人物が壁のすぐ前に立って話す姿をバストショットやクローズアップで映しだすことが多い。照明も人物の顔がはっきり見えるように配置されている。

　空間の狭さによる撮影上の制約を解消するために、『カラスとスズメ』ではセットが活用されている。鄭君里監督は次のように述べている。

　　この映画はロケーションが少なく、室内のシーンがほとんどである。しかもいくつかの部屋に限られている。いかに上海アパートの雰囲気を出すか、またキャメラを自由に動かし、構図が単調になることを避けるかが我々の課題になった。まずそれぞれの住民の職業、経済状態に合わせて様々な道具を用い、各部屋のセットに異なる雰囲気を醸しだそうとした。

　　次に部屋のセットの大きさについては撮影に応じて自由に変えた。た

とえば，母が泣きながら重病の娘を抱くシーンは部屋の大きさを無視し，ロング・ショットで撮ることにより，頼る者のいない哀れな親子の姿を際立たせている。すなわち，アパートをありのまま再現するのではなく，状況に応じてセットや広角レンズ，様々なキャメラアングルを駆使して室内空間を演出して見せる[46]。

とはいえ，そこには限界がある。アパートの室内を映しだす際に，大きなセットを使ったり，広角レンズを用いたりするというような手法では，狭い空間を現実にはありえないほど広く見せてしまい，リアリティーを損なってしまう恐れがある。そこで名キャメラマンの朱今明(チュウ・ジンミン)は『家々の灯』において『カラスとスズメ』とは対照的な試みをおこなった。

上海で会社員として働く夫と妻と娘の三人家族は，狭いアパートの一室に住んでいる。そこに，大飢饉から逃れるため田舎から夫の母と弟の一家が出てきて，アパートに身を寄せることになる。部屋をカーテンで仕切り，大勢がひしめき合って暮らしている。

そのシチュエーションを表現するために，朱今明はセットや広角レンズを使う代わりに，奥行きを強調した縦の構図を多用するとともに，扉や窓の一部をあえて画面の前景に据えつつ，画面の奥にいる人物を撮るという手法を用いている。

くわえて，仕切りとなるカーテンに投影した登場人物のシルエットを映しだすことなどをつうじて，あえて狭さを際立たせようとした。すなわち，『家々の灯』のスタッフは空間の狭さを逆手にとって巧みな撮影技法を生みだそうとしたのである（図11）[47]。

また上海アパート映画では，ルビッチ映画に出てくる防音効果のある扉や壁が望めないが，それに代えて，中国の映画人たちは，上海アパートの建築上の特徴を活用しつつ，ルビッチ的なシチュエーション・コメディーの妙を生みだしている。

ルビッチ映画における空間の密室性とは対照的に，上海アパートのそれぞ

図11：狭いアパートの一室で暮らす大家族。『家々の灯』

れの部屋を仕切る壁は薄く，天井にまで届かず上部が大きく開いている始末だ。そのため，私的な空間であるべき各々の部屋が，実は容易に越境を許してしまう空間でもある。上海アパート映画ではこの仕切りこそがしばしばストーリー展開の契機を提供している。

たとえば，『十字路』では，室内に洗濯物を干している男性が，開いている仕切りの上部から，物干し竿の一部を隣の女性の部屋にかけるのだが，そうすると昼寝をしている女性の枕に，洗濯物の水滴が落ちてくる。仕返しに女性が自分の部屋の薄い壁に釘を打ちつけると，その振動で男性の部屋の壁に掛けてあるものがすべて落ちてしまう。こうして，二人の報復がエスカレートしていく。ところが，この二人は外で出会い，隣人とは知らずに様々な経緯を経て親密さを増してゆく女性に愛の告白をした男性は，二人を隔てていた壁を足で蹴り倒し，二つの部屋を一つにしてしまい，プライベートな空間を一気に合体させる（図12）。

このように上海の映画人は，ハリウッドの技法を吸収し，当時の様々な制約をくぐり抜けて，映画表現の可能性を追求してきたのである。彼らは上海という都市の表象を豊かなものにするとともに，生活者の視点からの独自の表現スタイルをも確立したのである。

図12:『十字路』

4. ハリウッド映画に描かれた中国

　1920〜30年代のハリウッド映画における中国人の表象は，差別的なものが多かった。その植民地主義的な眼差しに対して中国側は強く反発した。映画評論や観客の反応にくわえ，本論はとりわけ中国側の映画検閲に注目して，ハリウッドと中国のあいだで織りだされた「見る・見られる・見返す」視線を析出する。

(1)『バグダッドの盗賊』をめぐる論争

　中国側による批判の矢面に立たされた「悪名高い」ハリウッド映画といえば，ダグラス・フェアバンクス主演の『バグダッドの盗賊』(ラオール・ウォルシュ監督・1924年)，ハロルド・ロイド主演の『危険大歓迎(『Welcome danger』』(ハロルド・ロイド監督，1929年)，そしてマレーネ・ディートリッヒ主演の『上海特急』(ジョセフ・フォン・スタンバーグ監督，1932年)

が挙げられる。

　古典『千夜一夜物語』を原作とした『バグダッドの盗賊』は，1920年代にリアルタイムで中国で上映され，その奇想天外なストーリー展開と新奇な特撮シーンに当時の中国の観客は熱狂した。

　しかし，このおとぎ話は中国人のナショナリズムを逆撫でにもした。映画のなかでバグダッドの国王が王女のための婿選びをおこなうが，そこに乗り込んできたモンゴル人の王子が，策略を用いてバグダッド城を攻め落とし，王女を空飛ぶ絨毯に乗せてさらっていこうとする。間一髪のところ，ダグラス・フェアバンクスが演じる盗賊が現れ，王女を救いだすとともに，モンゴル人の王子とその側近を，彼ら自身の弁髪の長い髪をその首にぐるぐる巻きつけたうえ，天井に吊るして懲らしめる。

　悪役のモンゴル人の王子の服装や弁髪が，清朝の満州族の風俗に見えるし，くわえてモンゴル人の女スパイを演じたのが中国系の女優アンナ・メイ・ウォン（黄柳霜）であるため，一部の中国人は「またもや中国を侮蔑している」と考え，『バグダッドの盗賊』を糾弾したわけである（図13）。

　その騒ぎはしばらくして収まったが，1929年のダグラス・フェアバンクス訪中によって再燃した。人気絶頂のフェアバンクスが上海を訪問し，一大センセーションを巻き起こした。

　そのなかで，脚本家・評論家の洪深はその熱狂ぶりに水を差した。「涙ながらにフェアバンクスを歓迎する」というエッセイで洪深は次のように言っている。

　　　フェアバンクスの訪問に対して，私たちは複雑な感情を抱いている。この大スターの素顔を見ることを心待ちにしているいっぽう，中国を侮辱したフェアバンクスに我々の歓迎を利用されたくない。彼の主演作で中国人が弁髪を用いて縊死するという，ありえないようなエピソードがいまだに記憶に新しいからだ。フェアバンクスは悪意を持っていたわけではなく，単に中国について無知であったにすぎないと思いたい。彼の今回の訪問を単に冷淡に扱うのではなく，中国のありのままの姿を知ら

しめるのに役立てようではないか。残念なことに6日間の滞在中，彼の接した中国は半分西洋化された都市であり，彼の周りに群がるのは半分西洋化された中国人ばかりである。中国の文化をよく理解し，尊重しているとは思われないこれらの中国人は，この世界的に有名な大スターの前で萎縮している。従って，今回の訪問によってもたらされる文化的交流および両国の相互理解はゼロに近い[48]。

それをうけて，上海映画人協会もフェアバンクス宛に手紙をだし，『バグダッドの盗賊』における東洋人の描写を批判したうえで，今回の中国訪問で得られた中国の真実の姿を本国に帰って伝えてほしいと懇願した[49]。

このようなナショナリズムの高揚に対して，魯迅は冷ややかな視線を向けていた。たとえば，「『現代映画と有産階級』訳者付記」では，フェアバンクスの訪中について次のように述べている。

図13：ダグラス・フェアバンクス（右）とアンナ・メイ・ウォン。『バグダッドの盗賊』

抑圧されてきた古い国である中国，特に租界地である上海においては，中国人が完全に征服され，自分の無力感を痛感した。そのために，フェアバンクスに懇願して中国四千年の悠久の文化を宣伝してもらうしかない。四千年の悠久の文化を自慢するいっぽう，彼にへつらっている[50]。

また『バグダッドの盗賊』について，魯迅は次のように評している。

モンゴル人の王子が突き落とされ，死んでしまうシーンに抗議した中国人がいるが，『千夜一夜物語』を基にした『バグダッドの盗賊』は単なる娯楽作品であり，中国を侮辱するために製作したものではないし，フェアバンクスは監督や脚本家ではなく，報酬をもらって演じている一役者にすぎないので，彼に抗議してもしかたがない（中略……）。

それよりも問題なのは，フェアバンクスが上海に現れると多くの中国人がこれに熱狂し，彼をこぞって招待したにもかかわらず，フェアバンクスが一切の招待を断ったため，彼の周りに群がる中国人の面目がつぶれてしまったことだ[51]。

さらに魯迅は，1927年に「中国人の顔を論じる」というエッセイにおいて次のように語っている。

西洋人の描いた中国人の絵をみると，彼らが我々に敬意をもっていないことがわかる。はっきり覚えていないが，それは『千夜一夜物語』あるいは『アンデルセンの童話』の挿し絵であるかもしれない。頭に赤い房と羽根のついた帽子をかぶり，長い髪を編んで垂らしており，靴が厚底となっている。清朝の満州族の風俗が我々中国人全般に及んでいる。しかし，目が歪み，口を開けて歯を見せながら，何かに見ほれているような表情は，リアルであり，このような表情を見せる中国人の精神には何かが欠けているにちがいない[52]。

魯迅は、さらに長谷川如是閑のエッセイに言及している。長谷川の論によれば、「人間性＋獣性＝西洋人」という図式が成立する。魯迅はそれにならって、「人間性＋家畜性＝ある種の中国人」という図式を作り、さらに「野生動物が人間に飼い馴らされると、その野性は失われ、家畜になってしまうが、それは飼い主にとって都合の良いことであり、その動物自身には何のメリットもない」と言い、このような家畜性が中国人の顔に見て取れると指摘する[53]。

このように『バグダッドの盗賊』は、大きな波紋を呼んだにもかかわらず、1920年代後半の中国で上映されつづけていた。しかし、1930年代になると、国民党による映画検閲が徹底された結果、同映画はついに上映禁止となったのである。

(2)『危険大歓迎』騒動

『危険大歓迎』は、人気俳優ハロルド・ロイドが演じる探偵が米国のチャイナタウンでアヘン密売事件を処理するという筋書きだが、ネガティヴな中国人像ばかりが描かれていると受けとめられていた（図14）。同映画はロイドの初のトーキー映画にあたるだけに、注目度が高く、上海「光陸」「大光明」の2軒の映画館で同時に上映された[54]。

1930年2月21日に「大光明」映画館でこの作品を観た洪深は、強い憤りを感じ、映画館のステージに飛び上がって観客に向かってボイコットを呼びかけた。その後、洪深は300人ほどの観客を率いてチケット売り場に押しかけ、チケット代の払い戻しを求めた。その直後に洪深は租界の警察当局に拘禁され、暴力を振るわれた。それをきっかけに、中国人蔑視のハリウッド映画を排斥する抗議運動が広がり、上海の国民党側の映画検閲機関や、上海共同租界の映画検閲機関「上海租界工部局電影戯劇検査処」はその対応に追われた。映画館側は慌てて『危険大歓迎』の上映を打ち切ったのである。

事件の渦中にあるロイドが、1930年7月28日に謝罪の声明を上海の新聞に発表し、「今後、中国人民とその文化を尊重し、米中両国の友好を損なうようなことは、二度としない」と明言したことで、事態はようやく収まった。

第 7 章　中国のハリウッド，ハリウッドの中国　391

図14 『危険大歓迎』でのハロルド・ロイド（右）

　にもかかわらず，1934 年にロイドはまた，米国チャイナタウンの中国人裏社会を描いた『ロイドの大勝利（The Cat's Paw）』をつくり，中国側の反感を買った。製作側が『ロイドの大勝利』を中国に持ち込もうとした際，そのフィルムは中国の税関に没収された。のちにアメリカ領事館の斡旋により，中国側は「米国以外の外国で上映しないように」との条件付きで，そのフィルムを返還したという[55]。
　「『危険大歓迎』騒動」は当時の中国社会を大きく震撼させたばかりでなく，翌年の中国の映画検閲制度の確立にも拍車をかけたのである。

(3) 中国の映画検閲制度の確立
　1931 年 3 月に国民党行政院は「電影検査法施行規則」「電影検査委員会組織規程」を頒布すると同時に，「電影検査委員会（映画審査委員会）」を設けた。これをもって中国の映画検閲制度は確立した[56]。

「電影検査委員会」は1931年から1934年にかけて，計2511本の映画を検閲した。このうち中国映画が588本，外国映画は1923本だった。審査の結果，上映禁止された中国映画は87本，外国映画は71本で，このうちハリウッド映画は42本だった[57]。上映禁止となったハリウッド映画には，中国を差別的・侮蔑的に扱った作品が少なくなかったのである。

中国側の検閲に引っかかった最初のアメリカ映画は，『東は西（East Is West）』（モンタ・ベル監督，1930年）であった（図15）。同映画では奴隷として競りにかけられた中国人女性が登場し，また西洋人の主人公が中国革命を侮辱するセリフを口にしていたからだ。それを製作したユニバーサル社に対して，中国の映画検閲機関は「全編の撮りなおし，もしくはすべてのフィルムの処分，さらに公式の謝罪を求める。応じない場合，ユニバーサル社のすべての作品の（中国での）上映を禁ずる」と通告した[58]。

人気キャラクターの黒猫フィリックス・シリーズ『フィリックスの偽りの花瓶（Felix the Cat Goes to China — False Vases）』（1929年）というアニメーションは，黒猫が弁髪姿の中国人をからかうというストーリーであるため，中国の検閲側は「すべてのフィルムおよびそのコピーを直ちに焼却するように」と製作側に要請し，厳しい姿勢で臨んだ（図16）[59]。

また，一部のシーンのカットや修正を求める場合もあった。米国チャイナタウンで貧しい暮らしをしている中国人の姿や，弁髪の上におわん帽を被った中国人の召し使いの滑稽な姿，中国のスラム街，町を走る人力車夫の姿，さらに中国人に対して差別語を使ったセリフなどが規制の対象となった[60]。

だが，中国側の検閲をくぐり抜けるため，アメリカ側は様々な手段を講じた。

たとえば，シャーリー・テンプル主演の『テンプルの灯台守』（デヴィッド・バトラー監督，1936年）のなかでテンプルが演じる少女が歌った歌詞には「勇敢な彼（灯台守のアメリカ人）は，ナイフ一本だけで三人の中国人を倒した」という歌詞があり，灯台守のセリフにも「中国は野蛮な国だ」「中国では多くの海賊が跋扈している」といった表現もあった。中国側による検閲の際に問題となるだろうと判断した20世紀フォックス社は，それらのシーンをカッ

第 7 章 中国のハリウッド, ハリウッドの中国　393

図15：競りにかけられた中国人女性（ルーベ・ヴェレス）。『東は西』

図16：黒猫と弁髪姿の中国人。『フィリックスの偽りの花瓶』

トしたうえで, 中国側の検閲にかけた。案の定, 無事通過した。しかし, 同映画が実際に中国で公開された際に, カットされたはずのシーンがまた「復活」していたという[61]。

また，1936年にパラマウント映画『将軍暁に死す』（ルイス・マイルストン監督，1936年）も中国側の検閲に引っかかった（図17）。とりわけ，ラストシーンは過激なものであった。すなわち，死期の迫った中国軍閥のヤン将軍が部下の兵士を向き合って二列に並ばせ，互いにピストルで撃ち合わせて殉死させる。その際に，ゲーリー・クーパーが演じる米国人パイロットに「彼らもみな妻子や家族をもっているのに」と指摘されても，ヤン将軍は「中国人であれば，私のやり方がわかる」と平然と言う……。

パラマウント社は，問題となるシーンをカットした『将軍暁に死す』のフィルムを中国の映画検閲機構に再度提出するいっぽうで，オリジナル版を日本を含め，国際市場に流通させた[62]。

結局，『将軍暁に死す』は中国での一般公開が見送られ，そのため，ルイス・マイルストン監督の前作『西部戦線異状なし』（1930年）に魅了された多くの中国のファンはがっかりしたという[63]。

図17：ヤン将軍（中央に立つ者）。『将軍暁に死す』

中国国内の映画検閲にくわえ，在米の中国領事館や大使館が，ハリウッド映画に対する検閲の役割を果たしていた側面を看過してはならない。
　たとえば，1933 年，中国人男性が妖しいエロスで米国の女性宣教師を誘惑するというストーリーの『風雲のチャイナ』（フランク・キャプラ監督，1933 年）が封切られる直前に，在米中国大使館は，それを製作したコロムビアに対しても，7 カ所のセリフと 4 つの場面を削除するよう求め，これを受け入れたコロムビアは，アメリカ国内で流通したヴァージョンに修正を加えた（図 18）。しかし，アメリカ以外の国際市場で出回っていたフィルムはオリジナルのままだったという[64]。
　フランク・キャプラ監督の作品では『風雲のチャイナ』のほかに，戦火に包まれた中国内陸と桃源郷のシャングリ・ラとを対比させた『失はれた地平線』（1937 年）も中国で上映禁止の憂き目に遭ったのである。
　また，1936 年に在ロサンゼルスの中国領事館員が，パラマウント映画『美しき野獣（Klondike Annie）』（ラオール・ウォルシュ監督，1936 年）を観て，中国を侮辱する映画と認定し，パラマウント社に一部のシーンをカットするよう求めた。それに従って，パラマウントは同映画を中国に持ち込む前

図18：袁将軍と米国の女性宣教師『風雲のチャイナ』

に，中国側に問題視されたシーン，たとえばヒロイン（メエ・ウェスト）が中国人を殺害するシーンや召し使いの中国人女性を戯画的に描いたシーンなどをみずからカットした。そのため，『美しき野獣』は無事中国側の検閲を通過し，上海「大光明戯院」で公開されたのである[65]。

(4) スタンバーグ監督の「上海」

ジョセフ・フォン・スタンバーグ監督とマレーネ・ディートリッヒの名コンビによる，パラマウント製作の『上海特急』(1932年）は，ハリー・ハーウェイの小説を原作とし，中国内戦の最中の1931年に北京と上海のあいだで中国人の軍閥によって列車が乗っ取られた事件を題材にしたものである（図 19）。

『上海特急』が1932年にドイツで公開された際に，それを観た中国人留学生・張又新（チャン・ユーシン）らは「中国を侮蔑するきわどい作品だ」と判断し，即座に中国南京政府に同映画の上映禁止を求める手紙をだした[66]。

図19：高級娼婦の上海リリー（マレーネ・ディートリッヒ）。『上海特急』

その時に『上海特急』はすでに「電影検査委員会」の映画検閲を通過して公開をひかえていた。中国人留学生の通報をうけた同委員会は『上海特急』の再審査をおこなった。その結果，同映画は上海で公開されてからわずか2日で上映禁止となったのである[67]。

さらに「電影検査委員会」はパラマウント側に対して，10日以内に世界各地に出回っていた『上海特急』のフィルムを回収し，焼却するよう求めた。10日経ってもパラマウント側は何の措置も取らなかったため，「電影検査委員会」は，1932年6月10日からパラマウント社のすべての作品に対する検閲および配給免許の交付を停止することを決定した。

大きな経済的損失を恐れたパラマウントは，中国側に公式に謝罪するいっぽうで，在南京米領事館を通して中国側に抗議した。外交的圧力に屈した中国側は，パラマウント社の映画に対する検閲の業務を再開した。その後，『上海特急』は世界各地で上映されつづけたが，中国側はそれを黙認していた[68]。

『上海特急』をめぐる事件がようやく沈静化したかと思いきや，1936年にスタンバーグ監督の訪中をきっかけに，同映画を糾弾する声が再び高まった。

そのなかで魯迅は次のようにコメントしている。

> 多くの中国人が身の程をわきまえる聡明さに欠けているだけではなく，自分で自分を騙していて，しかもその偽りのイメージで他人を騙そうとしている。体が浮腫（むく）んでいる病人が自分は太っているだけだと嘘をついているうちに，本当に自分でもそう信じてしまう。人から浮腫んでいることを指摘されると，がっくりして恥じ，そして怒りだし，相手を罵倒する。『上海特急』を観ないようにすることは決して得にはならないし，観た後，反省しないことは恥ずべきことである[69]。

魯迅は，ハリウッド映画に描かれる中国の姿に一喜一憂すべきではないとし，そこから「中国人がいかに自省するか」こそが課題であるとしたのであ

る。

　いっぽう，中国側の批判の矢面に立たされたスタンバーグ監督は，上海滞在中に一向にひるむことはなかった。彼は中国のマスコミに次のように語っていた。

　　上海滞在中に『上海特急』をめぐって中国のメディアから詰問されたことが随分あった。今回の訪問をつうじて，僕はリアルな中国に触れることができた。僕はキャメラを持ってこなかったが，僕の目はそれをけっして忘れることはない[70]。

　そして，5年後の1941年にスタンバーグは，上海訪問で見聞したことをベースに，上海最大の賭博場「大世界」を舞台とした『上海ジェスチャー』を製作した（図20，図21）[71]。賭博場の女主人は「血も涙もない龍」と呼ばれている中国人のジンスリング（オナ・マンソン）であり，彼女の店はイギリス人の実業家チャルトルによって租界地から追いだされようとしている。実は，昔ジンスリングはチャルトルの恋人であり，二人のあいだには子供がいたのに，彼に財産を奪われ，捨てられてしまったのだ。ストーリーはこの親子三人の再会を軸として展開していく。正月の宴会というクライマックスの場面では，ジンスリングが皆の前で事実を暴いたうえ，わが娘をピストルで撃ち殺してしまう。

　この過激な映画に対して，駐ロサンゼルス中国大使館のT. K. ジャン（T. K. Zhang）大使は，1941年8月に『上海ジェスチャー』のプロデューサーのアーノルド・プレスバーガー（Arnold Pressburger）に抗議の手紙を出し，またスタンバーグ監督と面会した。その際に，「この映画の舞台は租界であり，物語は完全にフィクションである」と明示するよう求めた。

　製作側は中国側の要望に応えた形で，映画の冒頭に次の字幕を入れるようにした[72]。

　　何年か前から神秘に満ちた中国から小さな破片が抜き取られて，それ

第7章　中国のハリウッド，ハリウッドの中国　399

図20：賭博場の俯瞰ショット。『上海ジェスチャー』

図21：賭博場の女主人（左）とその混血の娘。『上海ジェスチャー』

が上海になった。上海は今日の世界を悩ませている問題を映す歪んだ鏡であり，法律すれすれのことをして暮らしたいと望む人々のための避難所となった。それは現代のバベルの塔と言えるだろう。中国とも，ヨーロッパとも，イギリスとも，アメリカとも言えず，広がりつつある戦禍

のなかで上海は上海であり続けてきた。その運命は神々の思うままになる。それはすべての都市の運命でもある。私たちのストーリーは現実の上海とは関係がない[73]。

にもかかわらず,『上海ジェスチャー』は中国で公開されることはなかったのである。

(5) 中国ロケに対する規制

中国でロケーションをおこなう外国映画,とりわけアメリカ映画が増えつづけるなかで,中国側の許可なしで撮影をおこなったことでトラブルとなる事例は多かった。また現地での撮影が,従来の差別的な中国の表象に「説得力」と「信憑性」をもたらす恐れがあるということで,「電影検査委員会」は1932年に「外人在華摂制電影片規程草案(外国人が中国で映画を撮影することに関する規定)」を定め,外国映画の中国ロケを規制しようとした。

1934年にパラマウント社は,ニュース映画撮影チームを中国の広州へ派遣し,中国人の浮浪児や豚肉売り,尼僧など物珍しい町の光景を隠し撮りしていた。これに気づいた広州市政府はパラマウントに対し,直ちに撮影を中止し,すべてのフィルムを2カ月以内に焼却するように求め,さもなければパラマウントのすべての作品の広州での上映を禁止すると通告した。パラマウントは撮影したフィルムを,アメリカ領事館を経由して広州市政府に渡したという[74]。

また『支那ランプの石油』(マーヴィン・ルロイ監督,1935年)は,中国で灯油を販売するアメリカ人セールスマンの視点から,盗賊が跋扈する治安の悪い中国のネガティヴなイメージを描きだしている。その上,申請なしで中国東北地方でのロケーションをおこなっていたため,1935年に同映画に対して「電影検査委員会」は上映禁止の処分を下した。だが,翌年にワーナー・ブラザーズは中国側の希望に沿って『支那ランプの石油』のフィルムに修正を加え,再び検閲にかけ,1936年にようやく中国で公開されるようになった[75]。

いっぽう，米中コラボレーションの成功例として，1937年のパール・バックの小説を原作とする『大地』が挙げられる。MGMが事前に提出した脚本を，中国側は16回にわたって審査をおこない，ようやく許可したという。また中国側はロケ撮影の全過程を監視し，撮影したすべてのフィルム，そして完成した作品を審査する権利を留保したのである[76]。

(6) ポジティヴな中国人像

1937年に日中戦争が始まると，フランクリン・ルーズベルトが率いる米国政府は蔣介石が率いる中華民国を支援し，さらに1941年に太平洋戦争が勃発し，中華民国は連合国として日本に対し公式に宣戦を布告した。それをうけて，同時期のアメリカ映画における中国の表象には，ポジティヴなものが多くなった。『チャイナガール (China Girl)』(ヘンリー・ハサウェイ監督，1942年)，パール・バックの小説を原作とした『ドラゴン・シード (Dragon Seed)』(ジャック・コンウェイ監督，1944年)，『王国の鍵 (The Key of the Kingdom)』(ジョン・M・スタール監督，1944年)，『中国の空 (China Sky)』(レイ・エンライト監督，1945年) などの劇映画においては，日本

図22：キャサリン・ヘップバーンが演じた中国人ゲリラ戦士。『ドラゴン・シード』

軍の侵略に立ち向かう中国の民衆が好意的に描かれている（図22）。また、フランク・キャプラは、日中戦争を扱うドキュメンタリー映画『ザ・バトル・オブ・チャイナ（The Battle of China）』（1944年）をアメリカ陸軍と国民党「中製」映画撮影所の協力の下に製作していたのである。

ところが、1949年、国共内戦の結果、蒋介石の国民党が台湾へ逃れ、毛沢東が率いる共産党が中華人民共和国を建国した。それをうけて、中国におけるハリウッド映画の受容は大きな転機を迎えることとなる。

5. ハリウッド映画との断絶・連続
——中国人民共和国成立後（1949〜1976年）

(1) 断絶——1950年の米国映画批判キャンペーン

1949年10月に中華人民共和国が成立してから、しばらくはアメリカ映画の上映は続いていたが、1950年6月に朝鮮戦争が始まり、米中関係が悪化したことをうけて、ハリウッド映画の上映を規制する「国外影片輸入」「電影新片領発上演執照」などの法令が、同年7月から中国政府によって打ちだされ、9月からアメリカ映画を批判するキャンペーンが、政府主導で全国的におこなわれた[77]。その一方で、ソ連映画が新中国に大量に輸入され、プロレタリア文芸の手本として持ち上げられた。

1950年6月に創刊された映画雑誌『大衆電影』の創刊号「発刊詞（刊行の言葉）」は、そうした政府の意図を反映したものである。

　　　かつて有害な映画（筆者注：ハリウッド映画）に慣れ親しんだ観客を進歩的な映画（筆者註：ソ連映画）を観てみようかという気持ちにさせて、さらに好んで進歩的な映画を観るという習慣を彼らに身につけさせることが、『大衆電影』の使命の一つである[78]。

『大衆電影』創刊号の表紙がソ連映画のスチール写真によって飾られたば

かりでなく，その中身はアメリカ映画をこき下ろし，ソ連映画を称揚する内容がほとんどであった。

そうしたハリウッド映画批判キャンペーンのなかで，『映画ファン（影迷伝)』(洪謨監督，1949 年）という中国のコメディー映画が持ち上げられた。これはハリウッド映画に描かれた風俗やライフスタイルをまねしようとして失敗し，滑稽な存在になった上海人カップルのストーリーである。

このような社会的な風潮のなかで，MGM 映画の上映一番館である「大華」映画館が，1950 年 10 月に米国映画の上映を打ち切った。同年 11 月，上海映画館同業組合は緊急会議を開き，会員であるすべての映画館での米国映画の上映を打ち切ることを決めた。1951 年 1 月に，アメリカの 8 つの大手映画会社の中国駐在事務所に対して，中国側は軍事管制の措置をとり，その活動を制限するようにしたのである。これにより，中国におけるハリウッド映画はその盛んな歴史の幕を閉じた[79]。

ハリウッド映画の中国市場からの撤退とともに，ソ連映画がそれに取って代わる形で中国映画市場において特権的な地位を獲得した。

だが，ハリウッド映画に慣れ親しんでいた観客は，ソ連映画に拒否反応を示したため，映画館はソ連映画の上映日数と回数を減らすよう政府に求めた。それに対して政府は「ソ連映画週間」などのキャンペーンをおこない，映画館での上映に加えて工場や農村，軍隊，少数民族地域での巡回上映に力を入れたのである[80]。

また，ソ連映画の大規模な上映に伴って，上映形態にも大きな変化が起きた。すなわち，外国映画の吹き替え版を製作するための専門スタジオが上海と長春にそれぞれ設立され，中国語吹き替え版の上映が主流になったのである。字が読めなくても，外国映画の鑑賞が可能となったことで，ソ連映画の観客層がさらに拡大した[81]。

次第にソ連映画は中国国内で圧倒的な地位を占めるに至った。1949 年から 1966 年まで，中国で一般公開された 857 本の外国映画のうち，ソ連映画は 421 本もあり，約半分の割合を占めている[82]。そのうち，『チャパーエフ』(中国語題『夏伯陽』，セルゲイ・ワシリーエフ，ゲオルギー・ワシリー

エフ監督,1934年),『十月のレーニン』(『列寧在十月』,ミハイル・ロンム監督,1937年)などがロングヒットとなったのである[83]。

しかし,ハリウッド映画が中国の映画人に与えた影響が一気に消え去ったわけではなかった。

(2) 連続——中国第三世代映画監督とハリウッド

1950～60年代の中国映画の担い手となった映画監督は,大きく二つに分類することができる。すなわち,孫瑜,湯暁丹(タン・シャオタン),鄭君里,蔡楚生(ツァイ・チューション),史東山(シー・トンシャン),沈浮,徐韜(シュイ・タオ),謝晋(シェ・チン),桑弧(サン・フー)など,かつて上海で映画製作を学んだ監督のグループと,そして成蔭(チェン・イン),凌子風(リン・ツィフォン),水華(シュイ・ホア),崔嵬(ツイ・ウェイ),郭維(クア・ウェイ),蘇里(ソー・リー),林農(リン・ノン),武兆堤(ウー・チャオティ),謝鉄驪(シェ・ティリー),厳寄洲(イェン・ジーチュー),李俊(リー・チュン)など,延安をはじめとする共産党の根拠地から来た軍人出身の監督のグループである。上海グループの監督がハリウッド映画から強い影響をうけていたのは言うまでもない。ここでは,両グループのなかで1950年代に監督デビューを果たした,いわゆる中国の「第三世代監督」に注目したい。

(2.1) 謝晋監督の場合

『芙蓉鎮』(1986年)などの名作を手がけた,中国の黒澤明と呼ばれる謝晋監督は,1954年に短編映画『蘭橋会』で初めてメガホンを執ることになったが,1940年代後半の上海のスタジオで助監督としてキャリアを積んでいた。そのことが,彼の監督人生にとって決定的なものであった。すなわち,1948年に謝晋監督は,中国映画の父と呼ばれる張石川が経営する「大同」映画会社に入社,『唖妻』(呉仞之(ウ・レンジー)監督,1948年),『幾番風雨』(何兆璋(ハー・チャオチャン)監督,1948年),『両百伍小伝』(別名『梨園英烈』,鄭小秋(チョン・ショオチュウ)監督,1948年)といった作品の助監督をつとめていた。その際に,謝晋はハリウッド映画の技法を貪欲に吸収した。

そうした知識と経験が基盤となって,1950年代後半から謝晋監督はメロドラマ,コメディー,スポーツ映画など,様々なジャンルの作品の演出を柔軟にこなすことができた。そのため,謝晋監督の作品には,ハリウッド映画

第 7 章　中国のハリウッド，ハリウッドの中国　405

からうけた影響の痕跡が歴然としている。『女籃五号』（1957 年）の女子バスケットボールのコーチと選手の母親のあいだで繰り広げられるラブロマンスでは，『哀愁』（マーヴィン・ルロイ監督，1940 年）や『カサブランカ』（マイケル・カーティス監督，1942 年）などのメロドラマの話法が生かされているといえるし，上海の大物コメディアンが総出演した『三人の李さん』（原題『大李小李和老李』，1962 年）は，謝監督お気に入りのローレル&ハーディーのコメディー映画を連想させずにはいられない（図 23，24）[84]。

図23：メロドラマ『女籃五号』

図24：『三人の李さん』のポスター

それに対して，軍人グループの監督はソ連映画からの影響を強くうけており，ハリウッド映画とは無縁だったと思われがちで，従来の中国映画史の記述においても通説となっている。しかし，実際には必ずしもそうではなかった[85]。それを検証するために，軍人監督の厳寄洲（イェン・ジーチュウ）を取り上げることにする。

(2.2) 中国の「赤いヒッチコック」

1917年に江蘇省常熟に生まれた厳寄洲は，1938年に共産党八路軍に入隊した老革命家で，1952年より中国人民解放軍の直轄下に置かれた八一映画撮影所（八一電影製片廠）に配属され，それ以降1990年代にかけてサスペンス映画を撮りつづけていた中国の娯楽映画の巨匠であった（図25）。

図25：1966年，『南海長城』撮影現場での厳寄洲監督（サングラス姿）

注目すべきは，厳寄洲監督が共産党軍に加わるまでの1935年から1938年のあいだ上海に滞在していたという経歴である。そのあいだに，数多くのハリウッド映画を鑑賞していたことについて，彼は自伝のなかで次のように振り返っている。

その間，週に4〜5本というペースでおよそ600〜700本の映画を鑑

賞した。集めた映画のパンフレットを製本したものは10冊にのぼった。そのほとんどはハリウッド映画だった[86]。(中略……) ボリス・カーロフ主演の『フランケンシュタインの花嫁』(ジェイムズ・ホエール監督,1935年) のようなホラー映画や，ジェームズ・キャグニー主演のギャング映画，ローレル＆ハーディー主演のコメディー，『或る夜の出来事』(フランク・キャプラ監督,1934年) のような恋愛もの，セシル・B・デミルが演出を手掛けた『十字軍』(1935年) などの戦争映画を幅広く鑑賞していた[87]。

また厳寄洲監督は1988年の時点で映画雑誌によるインタビューのなかで「その当時，アルフレッド・ヒッチコックの作品に夢中だった」と証言している[88]。上海での滞在期間から考えると，彼が観たヒッチコック作品は，イギリス時代のヒッチコックが手がけた『三十九夜』(1935年),『間諜最後の日』(1936年),『第3逃亡者』(1937年),『バルカン超特急』(1938年) ではないかと推察する。

1949年から1950年にかけて，厳寄洲は四川省成都で共産党政府の映画検閲官として数多くのハリウッド映画を審査していた。その際にもハリウッド時代のヒッチコックの作品に接していたのかもしれない[89]。

さらに「のちに自分が映画監督となってからもヒッチコックにかんする資料を手に入れて研究していた」と彼はみずから語っている[90]。

そのためか，厳寄洲監督の作品にはスパイものや，サスペンスものが大きな比重を占めているばかりでなく，そのなかにもヒッチコックの影響を容易に見いだすことができる。

たとえば，厳寄洲監督の代表作の一つに，1940年代末に共産党軍がミャンマーとの国境の近くで，国民党軍の一部の敗残部隊や土着の匪賊を一掃した史実に基づいたサスペンス映画『英雄虎胆』(1959年) がある。戦場での戦いを描く代わりに，匪賊の巣窟に入り込んだ共産党の工作員が，疑い深い敵によって仕掛けられた試練を次々と潜り抜けていかに信用を得たのか，また彼らが共産党内部に潜伏していた敵のスパイをいかに洗いだし，摘発す

るかがストーリーの軸に置かれている。このようなヒッチコックの名作『汚名』(1946年)と酷似したストーリー設定のもとで,厳寄洲監督はサスペンス映画の醍醐味を追求していた[91]。

たとえば,共産党内部に潜伏していた敵のスパイの正体が暴露される決め手となったのは,彼の人差し指を欠いた右手となっており,また片目であることや刺青といった身体的特徴も,他の登場人物の身分の特定に繋がるモティーフとして用いられている。これはヒッチコックの『三十九夜』のなかで,片手の小指のない男がスパイ組織の首領だというくだり,あるいは『第3逃亡者』において,事件のキーマンが瞼のけいれんという障害をもつことで突き止められるという設定を強く想起させ,一種の映画史的引用だったといえるだろう。(図26)。

図26:「右手の小指じゃないのかね?」『三十九夜』の有名なシーン

また,ヒッチコックはいつも自作のなかで通行人などの役で姿を見せているが,厳寄洲監督も自分の監督作品にしばしば脇役として登場する。『英雄虎胆』の冒頭で囚われの身となった国民党のスパイ役を好演しており,1985年に手がけた『柳菲の遺書』でも海外のスパイ組織のボス役に声だけで出演している。この趣向は同世代の中国の監督にはほとんど見られなかっ

たため，やはりヒッチコックを意識したものではないだろうか。

さらに，ヒッチコック作品の典型的人物造型が，厳寄洲監督作品において繰り返し反復されているように思われる。それは，どことなく屈折したミステリアスな美女にほかならない。

厳寄洲監督作品の定番であるキャラクターは，何といっても「敵側の美しい女スパイ」である。初期の『英雄虎胆』，『南海長城』（1966年，未完成）から，文革以後の『零時の離陸（零点起飛）』（1981年），『柳菲の遺書（柳菲的遺書）』（1985年），『チーターの出撃（獵豹出撃）』（1990年）に至るまで，厳寄洲監督は一貫して国民党軍や匪賊，テロ組織，敵対国の女スパイという悪役をフェティッシュな視線で描きつづけている（図27）。性的な魅力に満ちた女スパイたちがハリウッド的な身振りコードを体現しており，また政治的選択，あるいは恋の選択に苦しんでいる彼女たちの心の揺れ動きが，サスペンスストーリーと有機的に結び付けられている点において，「ヒッチコック的」な女性像を踏襲しているといえるかもしれない。

図27：『英雄虎胆』のポスター

(3) 文革時代とハリウッド映画

　文化大革命（1966-1976年）の10年間において，外国映画の上映は北朝鮮，アルバニア，ルーマニアなど，社会主義国の映画に限られていた。アメリカ映画を含めた資本主義国の映画を観ることができる唯一のルートは，「内部上映」と称される政府機関内の映画試写会のみとなったが，この「内部上映」においても，毛沢東夫人の江青を頂点とした一部の幹部があらかじめ「毒味」をおこなうことがしばしばであった。

　江青は，1934年から1937年まで上海で女優として活動していた頃，熱烈なハリウッド映画ファンで，男優のタイロン・パワーが一番のお気に入りだった。そのため，文革中にタイロン・パワーの出演作ならなんでも輸入して中国語吹き替え版をつくらせた[92]。また，斬新なプロレタリア文芸をつくりだそうとした江青は，技法面の参考にするために，新作の恋愛映画『ダブ』（中国語題『鴿子号』，チャールズ・ジャロット監督，1974年）なども特別に輸入した。『ダブ』のラストは，船で帰ってくる青年と，港で彼の帰りを待つ恋人が一刻も早く会いたくて，入港を待ちきれずにそれぞれ海に飛び込んで近寄るというシーンだが，試写でそれを観て感激した江青が「こんな時，私だって海に飛び込むわよ」と叫んだという逸話も残っている。

　いっぽう，文革中に江青の指導のもとで製作していた一連のプロパガンダ映画や演劇には，ハリウッド映画のエンターテインメント性と共通するものがあるように思われる。つまり，普通の労働者，農民，兵士を意識して製作された文革時代のプロパガンダ作品には，勧善懲悪的なシンプルなストーリー，善玉と悪役をはっきりさせた人物像，お約束のハッピーエンド，痛快な立ち回り，覚えやすく美しいメロディーといった娯楽的要素が揃っているからである。逆にいえば，自国中心主義やヘゲモニー的志向が常に根底に流れているハリウッド映画もある種のプロパガンダと見なすことができるかもしれない。中国のプロパガンダ映画との違いは，エンターテインメントを媒介として伝達されるイデオロギーの質・度合いの違いにすぎないのではないだろうか。

6. ハリウッド映画の再来——文化大革命（1976〜2013年）

(1) 偏った上映プログラム

　文革が終焉を迎えると，ユーゴスラビアのような非同盟主義に立つ社会主義国の映画のみならず，アメリカ，ヨーロッパ，日本，インドなど資本主義諸国の映画が解禁され，盛んに上映されるようになった。

　保有外貨が限られている中国の経済事情にあって，「中国電影公司」は1970年代後半から90年代初頭にかけて年に30本ほどの各国の映画を買い付けていたが，わずか100万米ドルの予算しかなく，一本あたり平均3万米ドルの低予算で輸入できたアメリカ映画は，おのずとほとんどが低予算で無名の作品となった。象徴的な例を挙げれば，1980年代の中国で最も有名なアメリカ人女優はデボラ・ラフィンだった。理由は簡単で，彼女が出演した『ダブ』，テレビ映画『女子大生の恐怖の体験旅行』（中国語題『悪夢』，ジョン・リュウェリン・モクシー監督，1976年），テレビ映画『激走！コンボイウーマン　ウイラ』（中国語題『維拉』，ジョーン・ダーリング，クラウディオ・ガスマン監督，1979年），『ラスト・レター』（中国語題『情暖童心』，ガス・トリコニス監督，1980年）などが立て続けに公開されたからである。

　1980年代後半に『スーパーマン』（中国語題『超人』，リチャード・ドナー監督，1978年）など，ハリウッド大作映画もわずかに公開されたとはいえ，製作されてから中国で上映されるまでには大きなタイムラグがあった。従って，大衆文化レヴェルでのアメリカ映画の影響はさほど大きいものではなかったのである。

(2) ハリウッド映画の襲来

　1994年になると，状況は一変した。

　中国の映画市場は1980年代後半から年々縮小し，年間観客動員数が1979年の293億人から1994年の3億人にまで激減し，まさに存亡の危機に瀕していた。

それをうけて，1994年に中国の政府部門は「実際の興行収入を製作側とシェアするという形で，毎年10本の海外の大作映画を輸入する」という新しい政策を打ちだした[93]。言ってみれば，一種の応急措置であった。

同年11月にサスペンスアクション映画『逃亡者』(中国語題『亡命天涯』, アンドリュー・デイヴィス監督，1993年)が中国の6つの都市で同時に封切られると，さびれていた映画館は再び熱狂的な観客で賑わうようになった。翌年4月に『トゥルーライズ』(中国語題『真実的謊言』, ジェームズ・キャメロン監督，1994年)は1億200万元 (17億円) の興行収入を収め，大ヒットした。

続いて『フォレスト・ガンプ／一期一会』(中国語題『阿甘正伝』, ロバート・ゼメキス監督，1994年)，ディズニー映画『ライオン・キング』(中国語題『獅子王』1994年) なども次々と公開され，多くの中国のファンを魅了した。

そして，1998年に中国で公開された『タイタニック』(中国語題『泰坦尼克号』, ジェームズ・キャメロン監督，1997年) は記念碑的作品である。3.2億元 (52億円) の興行成績を収め，1998年の中国映画市場の年間興行収入総額の2割以上を稼ぎだしたからだ[94]。

1999年11月15日，中国対外経済貿易部の石広生(シー・クワンション)部長と米通商代表部 (USTR) のシャーリーン・バシェフスキー代表は「中国の世界貿易機関 (WTO) 加盟に関する中米二国間協定」に調印した。この協定においては，中国のWTO加盟後，毎年20本のハリウッド映画の大作が正式に中国市場に輸入され，その後は年々輸入本数を拡大していく方針が明記された。中国映画はハリウッド映画との熾烈な競争を強いられている。

(3) ハリウッド的製作・配給システムの導入

中国の映画産業を振興するべく，2001年に政府は，製作資金があって企画が審査を通れば，誰でも映画をつくれるという，映画製作の民営化を目指した革新的な政策 (電影単片摂制許可証制度) を打ちだした。

これをうけて，従来，映画製作機構の中枢として全国各地に設立されていた国営の映画撮影所は，2001年より次々と再編されていき，製作・配給・

上映の各事業が一体化した企業としての「電影集団公司」に生まれ変わった。同時に、民間資本による映画製作や、インディペンデント映画製作などの多様な製作スタイルも可能となった。2003年の時点で民間の映画製作会社が製作した作品の本数は、中国映画の年間製作本数の68.5％を占め、興行収入の3分の2を生みだした。かつての映画撮影所システムに取って代わり、民営の映画製作会社は中国映画の主要な担い手となったのである[95]。

それと同時に、中国映画の配給にもハリウッド的システムが導入された。2002年より、政府の指導下で、日本の「松竹系映画」や「東宝系映画」のような配給・上映が一本体化した配給ルートが数多くつくられ、全国を網羅した新たな配給網が編みだされた。このような配給システム（院線制）の導入によって、配給・上映側は、市場のニーズに合った作品の上映権を中間の業者を経由せずに直接購入したり、自由に上映プログラムを決めたりすることが可能となった。なにより、それぞれの配給系列のあいだに競争原理がはたらくことで、製作側も自らの作品を理想的な価格で売りだすことができた。

さらに、実際の興行収入を、製作側と配給側がシェアするというシステム（Box Office Split）が、外国の大作映画にのみならず中国産の大作映画にも適用され、プロモーションの段階において作品のターゲットを定め、情報を多方面から大量投入するというハリウッド流の宣伝方法も用いられた。その流れのなかで、『HERO』（原題『英雄』、張芸謀監督、2002年）や、『LOVERS』（原題『十面埋伏』、張芸謀監督、2004年）、『PROMISE　無極』（原題『無極』、陳凱歌監督、2005年）といった中国産大作映画は、ハリウッド映画と匹敵できるほど興行的大成功を収めたわけである。

(4) 中国映画の大作路線

メディア環境の変化に伴って、ハリウッド映画の受容形態も多様化してきたことを看過してはならない。1990年代後半より、DVDの時代の到来とインターネットの普及によって、中国人の映画館離れが加速した。

やがて映画館へ足を運ばずとも、映画をDVDやインターネットによって気軽に観ることができるという一種の"文化"が1990年代後半から根付き

始めた。このような文化の定着により，海賊版など深刻な著作権問題が生じた一方で，ハリウッド映画がそれまでにはなかった自由な形で鑑賞できるようになった。

海賊版の横行に伴って，映像ソフトやインターネットを介してハリウッドの大作映画に通じていった，新しい「観客層」が現れた。彼らは従来の中国映画に不満を抱き，ハリウッド映画のようなアトラクション的な感動を求めるうちに，皮肉なことに，次第に画質と音質の悪い海賊版にも辟易するようになり，充実した設備をもつ映画館での映画鑑賞を望むようになった。

そのような新手の映画マニアの欲求にタイミングよく応えたのが，『HERO』であった。同作品が中国国内のみならず，アメリカでも興行的に大成功を収めたことをうけて，中国映画界では国際市場も視野に入れつつ，CG技術を駆使したファンタスティックなカンフー映画に代表される大作路線が確立した。

これらの作品においては，テンポの速さと細かいカット割りが顕著であり，セットやロケでしか得られないようなリアリティーを追求するよりも，CG技術が生みだした瞬間瞬間のアトラクションや，カタルシスが重んじられた。演出のテレビゲーム化あるいはアニメーション化ともいえる傾向も，まさにハリウッド的であるといえよう。かくして，ハリウッド映画は中国映画製作の方向性を決定づけるに至ったのである。

だが，ワイヤーアクションの時代劇に代表される中国映画の大作路線にはかげりが見え始めた。スター俳優の出演料や製作費の高騰などのコスト面の問題に加え，中国人が置かれている世界から完全にかけ離れているという題材の非現実性がしばしば指摘されたからである。

こうした流れをうけて，2000年代後半より，大作映画は徐々に多様化していった。日本でも公開された，『戦場のレクイエム』（原題『集結号』，馮小剛監督，2007年），『花の生涯〜梅蘭芳〜』（原題『梅蘭芳』，陳凱歌監督，2008年），『さらば復讐の狼たちよ』（原題『譲子弾飛』，姜文監督，2010年）はそれぞれ戦争，人物伝，ガン・アクションを特色とした作品であり，ワイヤーアクション時代劇を大勢とした従来の大作映画とは明らかに一線を画し

ていた。

　2005年以降,中国映画は好景気を迎えている。海外資本の誘致などによって膨れ上がった巨大な国内資金は映画界にも流れ込み,映画製作に活力をもたらしている。くわえて,1980〜90年代生まれの新しい世代の中国人は,映画館に通う習慣を取り戻しつつある。

　その結果,2005年から2012年までの8年間で映画興行収入は8.5倍に増加した。2012年の興行収入は前年比30.18%増の170.73億元（約2817億円）となり,スクリーン数は1万3118に達し,前年比50%の増加であった。これで,中国は北米（米国,カナダ）に次ぐ世界第二の映画市場となった[96]。

　しかし,2011年度公開の国内外映画の興行成績ではベストテンのうち,ハリウッドの大作映画が5本を占めており,トップは10億元（約165億円）の興行収入を誇った『トランスフォーマー／ダークサイド・ムーン』（中国語題『変形金剛3　黒月之時』,マイケル・ベイ監督,2011年）であった。

　そして,2012年1月に「米中映画に関する覚え書き」が調印され,それまでにハリウッド映画が中国で上映された後に,アメリカ側はその興行収入の13%をシェアしていたが,同覚え書きにより25%にまで引き上げられ,さらにそれまで毎年20本に制限されていたハリウッド映画の輸入枠も拡大され,最大34本まで上映可能となった[97]。それをうけて,2012年度公開の国内外映画の興行成績ではベストテンのうち,3D版『タイタニック』（ジェームズ・キャメロン監督,2012年）,『バトルシップ』（中国語題『超級戦艦』,ピーター・バーグ監督,2012年）をはじめとするハリウッドの大作映画が7本を占めるという結果となった[98]。

(5) ハリウッド映画の「中国化」

　中国はハリウッドにとっても魅力的な海外マーケットだ。またハリウッド映画は中国の俳優やスタッフを使い,中国ロケをおこない,中国側の投資が製作費の3分の1に達せば,米中合作映画と見なされる。そうすると,アメリカ側は中国市場での興行収入の43%をシェアすることが可能となる。

近年のハリウッド映画に「中国的」な要素が増えつつあるゆえんである。

『ハムナプトラ3 呪われた皇帝の秘宝』(中国語題『古墓麗影3 労拉的冒険』、ロブ・コーエン監督、2008年) や、『2012』(ローランド・エメリッヒ監督、2012年) は物語の主な舞台が中国に設定されており、『カンフー・パンダ』(中国語題『功夫熊猫』、ジョン・スティーヴンソン監督、2008年) においては中国的なモティーフが主題化されている[99]。

またここ数年、中国本土の女優は次々とハリウッド・デビューを果たし、余男(ユイ・ナン)が『エクスペンダブルズ2』(中国語題『敢死隊2』、サイモン・ウェスト監督、2010年) に、李氷氷(リ・ビンビン)が『バイオハザードV リトリビューション』(中国語題『生化危機5 懲罰』、ポール・W・S・アンダーソン監督、2012年) に、許晴(シュイ・チン)が『LOOPER/ルーパー』(中国語題『環形使者』、ライアン・ジョンソン監督、2012年) に、周迅(チョウ・シュン)が『クラウド・アトラス』(中国語題『曇図』、ラナ・ウォシャウスキーほか監督、2012年) に、それぞれ出演している。とはいえ、いずれも出番がわずかで、飾り物感は否めない。

たとえば、2012年に美人女優範氷氷(ファン・ビンビン)が『アイアンマン3』(中国語題『鋼鉄侠3』、ジェーン・ブラック監督、2013年) に出演したことで、中国社会で大きな話題を呼んだが、実際には彼女は国際市場に広く流通しているヴァージョンにまったく出演しておらず、「中国限定版」にちょっと顔を出しただけだった。彼女の特別出演は中国市場を狙った商業的トリックにすぎなかったようだ。

そのなかで、近年、ハリウッド映画が中国の映画検閲の基準としばしば抵触してしまうケースを看過してはならない。

『007 スカイフォール』(中国題『007 大破天幕殺機』、サム・メンデス監督、2012年)、『クラウド・アトラス』などは中国で公開される際に大幅にカットされ、『クラウド・アトラス』の中国限定版はオリジナルヴァージョンより40分も短縮された。いずれも過激な暴力やエロスの表現が原因だったようだ。現在の中国映画ではアメリカ式の成人向き指定のレーティング・システムが存在せず、子供から年寄りまで皆観ることのできるワン・レーティングしか存在しない。それもまた中国の映画検閲の基準が厳しく定められて

いる要因である。

　いっぽう，外敵の侵略から祖国を守ろうとするアメリカの若者たちの姿を描いたファンタジックな戦争映画『レッド・ドーン』（ダン・ブラッドリー監督，2012年）は，悪役が中国人民解放軍に設定されたことで，封切る前に中米両国で物議を醸した。それをうけて，MGM は 2011 年 3 月に 100 万ドルを投じてその悪役を中国から北朝鮮へ変更した[100]。にもかかわらず，『レッド・ドーン』は中国で日の目を見ることができなかった。

　またスター俳優キアヌ・リーブスが演出を手がけた『太極侠（Man of Tai Chi）』（2013年）は，北京を舞台に善悪の決闘を描いたアクション映画だが，中国の闇組織や，警官の不正行為がクローズされていたため，中国側の検閲に引っかかり，製作側は急遽，映画の舞台を北京から香港に変更したという[101]。

(6) ハリウッドにどう対抗すべきか

　中国の映画産業を保護すべく，2012 年 6 月下旬より「国産映画月間」が政府主導で実施され，ハリウッドの大作映画を上映プログラムから外した上で，20 数本の国産映画が一気に封切られた。もっとも，蓋を開けてみると，興行収入の 3 分の 2 が大作のホラー時代劇『画皮　あやかしの恋Ⅱ』（原題『画皮Ⅱ』，烏爾善（ウー・アルシャン）監督，2012 年）によってもたらされるという結果になった[102]。この『画皮　あやかしの恋Ⅱ』の大ヒットにしても，必ずしも作品自体の力によるものではなく，政府の保護政策がなければ，ハリウッドの大作映画に太刀打ちできなかったという見方もある[103]。

　いっぽう，中国の映画人は大作路線に見切りをつけ，新しい製作路線を模索し始めた。

　2011 年，低予算のコメディー映画『失恋の 33 日』（原題『失恋 33 天』，滕華涛（トン・ホワタオ）監督，2011 年）は 2 億元（約 33 億円）の興行収入を稼ぎだし，数多くの大作映画を制して国内作品年間興行成績の第 4 位に躍り出た。同作品のヒットは，中国版のツイッター（微博（ウェイ・ボー））を活用した配給側の宣伝活動が功を奏したものとみられている。

2012年，タイでオールロケを敢行した，コメディータッチのロードムービー『ロスト・イン・タイ』(『人在囧途之泰囧』, 徐崢監督，2012年) は，10億461万元（166億円）の興行収入をもって3D版『タイタニック』を制して，国内外映画興行収入の第1位という快挙を遂げた。

2013年，スター女優湯唯主演の恋愛映画『北京ロマンinシアトル』(原題『北京遇上西雅図』，薛暁路監督)，ヴィッキー・チョウ（趙薇）が演出を手掛けた青春映画『致我們終將逝去的青春 So Young（過ぎ去りし青春の日々）』も，それぞれ5億元（82億円），7億元（115億円）の興行成績を収めた。

かくして，中国政府による保護政策が映画人たちの努力と相まって，映画市場に大きな変化をもたらしている。2013年1月から6月まで，中国映画市場の興行収入総額は109.97億元（1815億円）であるが，そのうちの62.33%を占める68.5億元（1130億円）が中国映画によって生みだされたもので，はじめて外国大作映画（ほとんどがハリウッド映画）に圧勝したのである[104]。

7．おわりに

すでに考察してきたように，ハリウッド映画はいくつもの世代の中国の映画人に多大な影響を与えつづけてきた。中国映画の重鎮だった夏衍が「ハリウッド映画が中国映画の最初の師匠にあたる」[105]と語ったように，「180度軸の尊重」や「アクションによる繋ぎ」といった古典ハリウッド映画の鉄則は，20世紀前半の上海映画を支えた基本的な語法となっていた[106]。中華人民共和国成立以降，冷戦時代の到来により，ハリウッド映画が中国のスクリーンから一掃されたとはいえ，かつてのハリウッド映画がもたらした鮮烈な記憶は，中国の映画人のなかで色あせることはなく，彼らの作品に何らかの形で投影されていた。さらに，近年，ハリウッド映画は中国映画製作の方向性を決定づけるに至ったのである。

いっぽう，映画表象の背後には，常に現実世界における厳しい権力関係が

繰り広げられていた。周知のように，アヘン戦争以来，近代化に立ち遅れた中国は西洋列強や日本から蹂躙され，植民地に陥る危機に晒されていた。映画産業も同様であった。20世紀前半の中国映画市場では，ヘゲモニーがハリウッド映画によって握られており，国民党政府による映画検閲制度がいちおう存したものの，ハリウッド映画に繰り返し描かれた差別的な中国の表象に対する規制は強制力に欠けていたため，無力そのものであった。

それに対して，現在，世界第2位の経済大国となった中国においては，ハリウッド映画の輸入本数や上映プログラムの決定から検閲や配給に至るまで，すべてが中国側のコントロール下に置かれているように見える。しかし，同時に，経済の急成長に映画をはじめとする文化の発達が伴っておらず，中国映画はハリウッド映画との熾烈な競争を強いられている。

かつての中国映画がハリウッド映画に圧迫されていた苦しい状況が，半世紀後の現在の中国で繰り返されていることは，中国における資本主義経済モデルの不可逆的な浸透という現実を鑑みれば，一種の歴史の皮肉であるともいえる。

ハリウッド映画への対抗を契機とする，2000年代以降の国産大作映画の隆盛は，その後の中国がグローバル化を深める国際経済における「世界の工場」として「勝ち組」にのし上がっていく過程を予兆したものといえるかもしれない。そして，近年，そうした大作路線が危機に瀕していることは，2008年の世界経済危機以降，とりわけ2012年の欧米における財政危機に端を発した世界的な「二番底」ともいうべき事態に直面して，飛ぶ鳥を落とす勢いであった中国経済にも若干かげりが見えてきた状況を反映しているのではないか。

【注】
1) 汪朝光「民国年間美国電影在華市場研究」『電影芸術』1998年第1号，57頁。
2) 馮紫樨「我在平安電影院二十年的経歴」『天津文史資料選輯』第32輯，天津人民出版社，1985年，216頁。

3) 汪朝光「20世紀上半叶的美国電影与上海」『電影芸術』2006年第5号，60頁。
4) 程季華『中国電影発展史』第1巻，中国電影出版社，1981年，8-9頁。
5) 前掲汪朝光「20世紀上半叶的美国電影与上海」，38頁。
6) 蕭知緯（尹鴻，何美訳）「好莱塢在中国：1897-1950」『影視芸術』2006年第2号，71頁。
7) 前掲蕭知緯「好莱塢在中国：1897-1950」，71-72頁。
8) 陳剛『上海南京路電影文化消費史』中国電影出版社，2011年，83-84頁。
9) 商業スペースの一般の映画館での上映にくわえ，キリスト教青年会（YMCA）による映画上映活動も中国各地でおこなわれていた。上映プログラムにはハリウッド映画が多く含まれていた。煙橋「済南之電影」『電影月報』第2期，1928年5月1日，18頁／菅原慶乃「「猥雑」の彼岸へ――「健全たる娯楽」としての映画の誕生と上海Y.M.C.A」，日本映像学会『映像学』第90号，2013年。
10) 王為一『難忘的歳月』中国電影出版社，2006年，1-2頁。
11) 周夏編『海上影踪：上海巻』民族出版社，2011年，64-65頁。
12) 前掲蕭知緯「好莱塢在中国：1897－1950」，68頁。
13) 前掲蕭知緯「好莱塢在中国：1897－1950」，69頁。
14) 前掲蕭知緯「好莱塢在中国：1897－1950」，70頁。
15) 前掲汪朝光「民国年間美国電影在華市場研究」，57-64頁。
16) 余紀「抗戦陪都電影市場的好莱塢景観」『電影芸術』2006年第6号，42-46頁／前掲程季華『中国電影発展史』第2巻，3-133頁。
17) 前掲蕭知緯「好莱塢在中国：1897－1950」，70頁。
18) 瑪麗・坎珀（汪朝光訳）「上海繁華夢――1949年前中国最大城市中的美国電影」，『電影芸術』1999年第2号，87頁。
19) 草創期の中国映画の製作に関しては，前掲程季華『中国電影発展史』第2巻，前掲汪朝光「20世紀上半叶的美国電影与上海」などを参照。
20) 胡克「卓別林喜劇電影対中国早期電影観念的影響」『当代電影』2006年第5号，110頁。
21) 前掲蕭知緯「好莱塢在中国：1897－1950」，69頁。
22) 「導演孫瑜」特集『当代電影』2004年第6号，46-68頁。
23) 「女優黎莉莉　上海映画を語る」日本国際交流基金編『上海映画特集』，1987年，7頁。
24) 程歩高『影壇憶旧』，中国電影出版社，1963年，175頁。
25) 中国電影工作者協会電影史研究室編『感慨話当年』中国電影出版社，1962年，94-97頁。
26) 前掲程歩高『影壇憶旧』，137頁。
27) 前掲程歩高『影壇憶旧』，137-138頁。
28) 前掲程歩高『影壇憶旧』，173-174頁。

29) 周痩鵑「影戯話」『申報』1929年6月27日。
30) 「与乃神談葛礼菲士之七片」『電影雑誌』1924年第1巻第1号, 4頁。
31) 前掲「導演孫瑜」特集, 68頁。
32) 陳建華「格里菲斯与中国早期電影」『当代電影』2006年第5号, 118頁（原文：李涛「聴田漢講演後」中国電影資料館『中国無声電影』, 498-499頁）。
33) 前掲陳建華「格里菲斯与中国早期電影」, 118頁。
34) 顧也魯『影壇芸友悲歓録』中国電影出版社, 1996年, 117頁。
35) ジョン・マーサー, マーティン・シングラー（中村秀之, 河野真理江訳）『メロドラマ映画を学ぶ ジャンル・スタイル・感性』, フィルムアート社, 2013年, 30頁。
36) 王元龍「吾国影戯的進歩」『電影月報』第1期, 1928年4月1日, 19頁。
37) 前掲陳建華「格里菲斯与中国早期電影」, 114頁（鄭君里『現代中国電影史略』良友図書印刷公司, 1936年）。
38) 実際に上海で起きた殺人事件を再現した『閻瑞生』（任彭年監督）はそれにあたる。
39) 前掲胡克「卓別林喜劇電影対中国早期電影観念的影響」110頁（原文：前掲鄭君里『現代中国電影史略』）。
40) 階段落ちのシーンは『悔悟』（1916年）,『替え玉』（1916年）,『霊泉』（1917年）,『勇敢』（1917年）などにも出てくる。
41) 前掲程歩高『影壇憶旧』, 149-150頁。
42) 前掲瑪麗・坎珀「上海繁華夢——1949年前中国最大城市中的美国電影」, 86頁。
43) 孫渝烽「訳制中的卓別林影片」『電影故事』1979年5月号, 27頁／『中国電影年鑑1981』中国電影出版社, 1981年。
44) 前掲胡克「卓別林喜劇電影対中国早期電影観念的影響」, 111頁（原文：剣雲「評『三個婦人』」『明星特刊・上海一婦人』, 1925年）。
45) 桑弧監督や朱石麟監督などは, ルビッチの影響を強くうけていた映画監督である。刈間文俊・佐藤忠男著『上海キネマポート 甦る中国映画』凱風社, 1985年, 118-119頁。
46) 鄭君里「新旧時代的交替——回憶『烏鴉与麻雀』的拍撮」『電影芸術』1979年第3号, 10頁。
47) 李晨声「傑出的電影撮影師朱今明」『電影芸術』2008年第3号, 79-80頁。
48) 洪深「揮涙歓迎範朋克」『民報日報・戯劇週刊』1929年12月11日。
49) 魯迅「二心集・現代電影与有産階級」『魯迅全集4』人民文学出版社, 2005年, 420頁。
50) 前掲魯迅「二心集・現代電影与有産階級」, 422頁。
51) 前掲魯迅「二心集・現代電影与有産階級」, 420頁。
52) 魯迅「略論中国人的臉」『魯迅全集3』人民文学出版社, 2005年, 432頁。
53) 前掲魯迅「略論中国人的臉」, 432-433頁。
54) 前掲瑪麗・坎珀「上海繁華夢——1949年前中国最大城市中的美国電影」, 85頁。
55) 黎煜「関於辱華片的中美較量」『当代電影』2010年第5号, 75-76頁。

56) 中国の最初の映画検閲機構は，1928年8月18日に国民党上海党務指導委員会宣伝部が上海で設立した「戯曲電影審査委員会」であったが，その権限はあくまでも上海に止まっていた。また同年9月に国民党「内政部」が，中国初の映画検閲の法規「検査電影片規則」をつくり，1929年7月1日から実施されることになったが，中国全土に及ぼす効力はもっていなかった。
57) 汪朝光「三十年代初期的国民党電影検査制度」『電影芸術』1997年第3号，66頁。
58) 前掲黎煜「関於辱華片的中美較量」，71頁。
59) 前掲黎煜「関於辱華片的中美較量」，71頁。
60) 前掲黎煜「関於辱華片的中美較量」，71頁。
61) 前掲黎煜「関於辱華片的中美較量」，73-74頁。
また『テンプルの灯台守』がまだ中国側の検閲を通過していなかった段階で，それを製作した20世紀フォックスが勝手に上海で新聞広告を出したため，1936年4月に3000元の罰金がかせられた。
62) 前掲黎煜「関於辱華片的中米較量」，74頁。
63) 前掲瑪麗・坎珀「上海繁華夢——1949年前中国最大城市中的美国電影」，87頁。
64) 前掲黎煜「関於辱華片的中米較量」，74頁。
65) 前掲黎煜「関於辱華片的中美較量」，73頁。
66) 「電影検査委員会呈 1932年6月10日」『電影検査委員会公報』1932年8月1日第1期。
67) 魯迅「立此存照3」『魯迅全集6』人民文学出版社，2005年，646頁（原文：粛風「馮史丹堡過滬記」『大公報』1936年9月20日）。
68) 前掲黎煜「関於辱華片的中美較量」，72頁。
69) 前掲魯迅「立此存照3」，648-649頁。
70) 前掲魯迅「立此存照3」，647頁（原文：棄揚「芸人訪問記」『戯曲与電影』1936年9月）。
71) 里克・屈爾「上海"手勢"：好莱塢全球市場輸出与"扭曲"的中国形象」，『影視芸術』2006年第6号，82-83頁。
72) 前掲里克・屈爾「上海"手勢"：好莱塢全球市場輸出与"扭曲"的中国形象」，82-83頁。
73) 筆者が『上海ジェスチャー』の英語字幕に基づいて，日本語に翻訳したものである
74) 前掲黎煜「関於辱華片的中美較量」，73頁。
75) 前掲黎煜「関於辱華片的中美較量」，73頁。
76) 前掲黎煜「関於辱華片的中美較量」，72-73頁。
77) 前掲蕭知緯「好莱塢在中国：1897－1950」，74頁。
78) 於伶「発刊詞」『大衆電影』創刊号，1950年6月，1頁。
79) 饒曙光，邵奇「新中国電影的第一個運動：清除好莱塢電影」『当代電影』2006年第5

号，121頁．
80) 前掲饒曙光，邵奇「新中国電影的第一個運動：清除好萊塢電影」，123-124頁．
81) 前掲饒曙光，邵奇「新中国電影的第一個運動：清除好萊塢電影」，124頁．
82) 李亦中「電影国門滄桑録――中外電影交流世紀回望」『当代電影』2008年第11号，36頁．
83) 1950年代後半から60年代前半にかけて中ソ関係は対立を深め，中国側はソ連がすでにマルクス・レーニン主義思想から逸脱し，修正主義的・覇権主義的国家に成り下がったと見なすようになった．それをうけて，ソ連映画もほとんど輸入されることがなくなったのである．
84) 劉文兵「激動の時代こそ，良い作品を生み出す――謝晋監督の映画人生」『東方』2007年3月号，3頁．
85) 軍人出身の監督の，革命に加わる前の経歴も視野に入れるべきであろう．崔嵬は1930年代前半に「山東省実験戯曲学校」において演劇の修業をしていたし，同じ頃，水華監督は日本留学中に築地小劇場で演劇の勉強を重ねた．凌子風監督は1935年に北京にある名門の芸術学校「国立劇専」に入学し，その第一期生として美術を学んだのち，俳優として上海映画の製作に携わったのである．

　中華人民共和国建国当初，軍人出身の監督のほとんどは，湯曉丹，史東山，鄭君里をはじめとする上海映画の名監督のもとで助監督ないしは共同監督を務めたのち，独立して監督デビューを果たすというルートをたどった．このように上海の映画人を経由して，ハリウッド的な映画技法を吸収したように思われる．
86) 厳寄洲『往事如煙　厳寄洲自伝』中国電影出版社，2005年，4頁．
87) 前掲厳寄洲『往事如煙　厳寄洲自伝』，67-68頁．
88) 頼丁力「不平坦的道路――記『死亡地帯』導演厳寄洲」『電影評介』1988年第5号，29頁．
89) 前掲厳寄洲『往事如煙　厳寄洲自伝』，56-57頁．
90) 前掲頼丁力「不平坦的道路――記『死亡地帯』導演厳寄洲」，29頁．
91) 『汚名』のストーリーは以下の通りである．ナチスのスパイであった父親をもつアリシア・ハバーマン（イングリッド・バーグマン）が世間から激しいバッシングをうける．その汚名をそそぐべく，彼女はFBIの要請で第二次世界大戦後に南米に逃げたナチの残党の本部に入り込み，情報収集をおこなう．
92) 朱安平「波譎雲詭"内参片"」，『大衆電影』2013年第5号，41-42頁．
93) DVD「百家講壇　中国電影百年　紀念中国電影誕生一百周年　2」における戴錦華の発言，中国国際電視総公司出版，2005年．
94) 1998年の中国映画市場の年間興行収入の総額は14.4億元である．
95) 「中国民営影視入佳境」『大衆電影』2005年第2号，4頁．
96) 中国電影家協会産業研究中心編『2013　中国電影産業研究報告』中国電影出版社，

2013 年，4-8 頁／「中国の映画市場急拡大」，『日本経済新聞』2012 年 1 月 21 日。
97)　少彤「中国花旦搶灘好萊塢」『大衆電影』2013 年第 2 号，45 頁
98)　前掲中国電影家協会産業研究中心編『2013　中国電影産業研究報告』，142-143 頁。
99)　「外国大片因中国市場改変情節」http://v.ifeng.com/ent/movie/201311/01fec6be-a519-4508-b8e3-3bf64d26faa7.shtml。最終確認日 2013 年 12 月 1 日。
100)　Russ Fischer「More MGM Fallout: Red Dawn Delayed, Perhaps Indefinitely?」，http://www.slashfilm.com/more-mgm-fallout-red-dawn-delayed-perhaps-indefinitely/，最終確認日 2013 年 12 月 1 日。
101)　前掲「外国大片因中国市場改変情節」。
102)　「娯評 "国産保護月" 只保了三部片」『信息日報』2012 年 7 月 25 日。
103)　「国産片保護月：保得了一時，保不了一世」，http://ent.cn.yahoo.com/ypen/20120805/1226731.html，最終確認日 2013 年 12 月 1 日。
104)　「2013 上半年電影産業数拠出炉　国産片力圧進口片」，http://news.mtime.com/2013/07/11/1514603.html，最終確認日 2013 年 12 月 1 日。
105)　前掲劉文兵「激動の時代こそ，良い作品を生み出す──謝晋監督の映画人生」，5 頁。
106)　180 度軸は「アクション軸」とも呼ばれ，画面内の人物の視線を延長したものを指す。ハリウッド映画においては「アクション軸」の規則が神聖視され，向き合った人物配置，相互の関わり合いを示す様々なショットなど，アクション軸においては，片方からの撮影が前提とされた。つねにキャメラの位置は「正しい」側に描き出される 180 度の弧によって決定される。

　　アクションによる繋ぎ (match on action) は，あるショットから次のショットにつなぐ時に，人物のアクション（行為）が時間的・空間的に連続している印象を与えることを指す。たとえばあるショットで，人物の手を途中まで上げ，次のショットで，同じ位置から手をさらに上に上げるとき，「アクションが一致している」という。

【参考文献】（註で出所を明記したものは省略した）
〈英語文献〉

Thompson, Kristin 1984 *Exporting Entertainment: America in the World Film Market 1907–1934.* London: British Film Institute.

Vasey, Ruth 1997 *The World According to Hollywood 1918–1939.* University of Wisconsin Press.

Hu, Jubin 2003 *Projecting a Nation: Chinese National Cinema before 1949.* Hong Kong University Press.

Zhang, Zhen 2005 *An Amorous History of the Silver Screen: Shanghai Cinema, 1896–1937.* Chicago: University of Chicago Press.

Xiao, Zhiwei 2005 "Hollywood in China, 1897-1950: A Preliminary Survey," *Chinese Historical Review* 12, no. 1 (Spring).
Zhang, Yingjin 2010 *Cinema, Space, and Polylocality in a Globalizing China.* Honolulu, University of Hawaii Press.

〈日本語文献〉
デヴィッド・ボードウェル 1992（杉山昭夫訳）『小津安二郎　映画の詩学』青土社。
蓮實重彦 1993『ハリウッド映画史講義――翳りの歴史のために』筑摩書房。
村上由見子 1993『イエローフェイス　ハリウッド映画にみるアジア人の肖像』朝日新聞社.
劉文兵 2004『映画のなかの上海――表象としての都市・女性・プロパガンダ』慶應義塾大学出版会。
劉文兵 2013「中国映画におけるグローバル化の軌跡」地域研究コンソーシアム『地域研究』編集委員会『地域研究〈Vol. 13, No. 2〉総特集 混成アジア映画の海――時代と世界を映す鏡』昭和堂。

〈中国語文献〉
鄭君里 1979『画外音』中国電影出版社。
龔稼農 1980『龔稼農従影回憶録』伝記文学出版社（台湾）。
田漢 1981『影壇追懐録』中国電影出版社。
呉永剛 1986『我的探索和追及』中国電影出版社。
孫瑜 1987『銀海泛舟――回憶我的一生』上海文芸出版社。
李欧梵 2000『上海摩登』牛津大学出版社。
張英進 2007『審視中――従学科史的角度観察中国電影与文学研究』南京大学出版社。

〈映画雑誌〉（1928-1949 年）
『電影芸術』電影芸術社（上海）／『電影週刊』電影週刊社（上海）／『電影画報』良友図書印刷有限公司（上海）／『聯華画報』聯華影業公司（上海）／『明星半月刊』明星影片公司（上海）／『電通半月画報』（電通影片股份有限公司）／『青青電影』青青電影社（上海）ほか。

補論
三つ以上の地域の相互関係を研究する意味について

鈴木　健郎

1. はじめに

　まえがきにも記したとおり，本書は，専修大学社会科学研究所特別研究助成共同研究「フランスと東アジア諸地域における近現代学芸の共同主観性に関する研究」（平成21年度～23年度。代表：鈴木健郎）に基づく。本書所収の諸論文は，ヨーロッパと東アジアの諸地域，具体的にはフランス・中国・日本・韓国を中心とする複数地域にまたがる近現代の学術・思想・文学・翻訳・映画表象の形成過程の問題を扱っている[1]。

　共同研究および本書の全体としての特徴は，方法論として意識的に，二つの地域・国家間の学術・文化の相互関係ではなく，三つ以上の地域・国家間の学術・文化の複雑な関係，相互交流の過程を問題とすることである。二つの主体（個人・地域・国家・あるいは「民族」「人種」など）に限定された関係においては，自／他の関係は比較的単純であり，それぞれが独自に対等あるいは優劣のイメージや認識を形成することが可能である。この場合，その評価や判断，自／他のイメージは，共通のものであっても相互に異なるものであってもかまわない。どちらの主張も「客観的」に証明することはできず，相手からの異議申し立ては「勘違い」や「思い込み」として（自らの勘違いや思い込みに基づいて）否定・無視することが可能だからである。これに対し，三つ以上の主体間の関係になると，様相は格段に複雑になるとともに原理的に変化する。この場合，二者間の対等・差異や優劣・正邪には，自

己・相手・および第三者（一〜多数）の中で，相対的多数（二対一〜多数対少数）による承認・同意，理想的には全員一致による「客観的」評価・判断を確保することが必要となる。そこでは，多数による「客観的」「普遍的」な評価の確保のための競争・戦略が生じることになる。さらには自己認識やアイデンティティ自体が，競争の結果形成された「客観的」イメージに影響されて変容する事態までが起こってくることになる。これらは，ヨーロッパでもアジアでも現実に起こってきたことであるが[2]，東アジアにおいては特にヨーロッパによる植民地化の脅威にさらされた近代以降において激しくなったということができる。本論では，近代以前と近代以後の世界情勢の劇的な違いとこれに付随して猛威をふるった社会進化論，本書構成論文が論じる学術・翻訳・映画などのトピックに目配りしつつ，このことを概観することにしたい。

2. 近代以前のヨーロッパと東アジア諸地域

　近代以前の長い歴史において，さまざまな東西交渉・東アジア諸地域間の交流があったことは周知の事実である。古くから，いわゆる「シルクロード」や「海のシルクロード」をはじめ，東アジア地域・中央アジア地域・中近東地域・欧州地域を結ぶ陸海の複数の交易ルートが存在し，多くの人・物・情報が往来していた[3]。東アジア諸地域でも，中華帝国の華夷秩序や冊封体制に対する受容と対抗という政治的文脈を踏まえつつ，東アジア地域にとどまらない世界的な交易の中で，金銀銅，硫黄，陶磁器，香辛料，薬草，食物，生糸，絹織物，ガラス，宝石，貨幣，武器，書物などの諸物，多くの宗教・思想・文学・技術などの知識や情報が流通し，官僚・僧侶・商人・海賊などの人間が移動していた。日本史における渡来人，仏教伝来，遣隋使，遣唐使，勘合貿易，朱印船貿易，鉄砲やキリスト教の伝来，都市計画や城郭建築，倭寇，長崎貿易（あるいは博多，坊津における貿易），石見銀山や佐渡金山などのよく知られたトピックも，中国・朝鮮（あるいは琉球・台湾・ヴェトナム・インドネシア）などの地域のみならず，ヨーロッパ（およびアラビア・

ペルシア・トルコ・インドなど）を含む世界的な交易や移動の歴史文脈の中で考察される必要があることは，現在では広く認識されつつあるといってよいだろう。

　近代以前において，ヨーロッパにおける大航海時代の開始に伴って世界規模の貿易が拡大し，その影響を受けつつ，「東アジア」諸地域が，交易・海賊・戦争などを通じて，いろいろな意味でより緊密に連結されてくる画期は16世紀ころである。明では，ポルトガルの使節が来航し（1517年），マカオがポルトガル人の貿易拠点となり（1557年），イエズス会のマテオ・リッチが科学技術を武器に中国の支配階層に浸透し本格的なキリスト教布教をおこなった。日本では，戦国時代にポルトガル船が種子島に漂着して鉄砲が伝来し（1543年），ザビエルらによるキリスト教布教が始まり，ポルトガルとの長崎貿易（1570年）が始まり[4]，江戸時代にはオランダの長崎平戸商館が開設（1609年）される[5]。16世紀には，戦国時代の日本人を含む海賊「倭寇」が明や朝鮮で猛威をふるい，明は海禁政策を緩和して民間貿易を許可する（1567年）[6]。朝鮮では，豊臣秀吉による「文禄の役」（「壬辰倭乱」1592年）・「慶長の役」（「丁酉倭乱」1597年），後金による「丁卯胡乱」（1627年），清による「丙子胡乱」（1636年）と戦乱が続き，こうした戦乱は明の滅亡と清の建国，豊臣政権の滅亡と江戸幕府の成立（1603年）に密接に関連している。豊臣秀吉による朝鮮（および明）への軍事侵攻の実施や，朝鮮王朝による上述の一連の戦乱への呼称などからわかるように，このころには中国・朝鮮・日本のそれぞれの地域において，それぞれ自国を中心とする中華的な自己認識が存在していた。こうした自／他の認識や観念は，それぞれ孤立的に成立したものではなく，中国・朝鮮・日本そしてヨーロッパの国々との相互関係（交易や戦争）の影響を強く受けており，近代以降の民族主義やナショナリズム，外国認識や外交姿勢にも接続してゆく。

3. 近代以降のヨーロッパと東アジア諸地域

　上述のように，近代以前においてもヨーロッパ（特にポルトガルやオラン

ダ）と東アジア諸地域（中国・朝鮮・日本）では，交易や戦争を通じて，多様な相互交流，相互認識が海を越えて存在していた。しかし，これを近代以降の状況と比べるならば，その範囲と影響力において，未だ本質的な相互浸透には至っていないというべきであろう。近代以降，ヨーロッパ列強諸国の圧倒的な軍事力・科学力・経済力を背景とした世界的な植民地化と戦争の中で，交易と思想・文化・宗教などを含む相互交流の質と量は大きく変化し，自／他のイメージの往還的かつ再帰的な構成プロセスを通じて，「国家」や「民族」としての自己認識や自己表現に本質的な影響をおよぼすようになる。よく知られるように，アヘン戦争以降の度重なる軍事的敗北により領土の租借・割譲・植民地化が進行し，各地に貿易港を開かされるとともに不平等条約を結ばされ，かつての朝貢国を軍事侵略されて華夷秩序・冊封体制の崩壊に直面した中国（大清帝国～中華民国）や，幕末に結ばされた不平等条約の改正と国際的地位を求める日本の明治新政府では，当時のヨーロッパの国際法・条約の体制＝「万国公法」に参加して自らの権利や正当性を主張しようとする活動がおこなわれていた。同時に，当時はスペンサーに代表されるような社会進化論が，ダーウィンの生物進化論の権威に乗る形で「科学」的真理として広く信じられていた。日本や中国でも「生存競争」「優勝劣敗」「適者生存」「進化」（日本での訳語）あるいは「物競」「天択」「天演」（厳復の訳語）などの用語が流布し，当時の軍事的・経済的闘争に満ちた世界情勢・国際関係の中で，生物個体間ではなく集団・国家・「民族」・「人種」間の生存競争が，客観的な科学法則に基づく選択の余地のない現実として考えられていた[7]。

　こうした「競争」の中で，主要な武器となるのはむろん，経済力・軍事力の強大さであり，いわゆる「富国強兵」「殖産興業」が国家目標となるが，それに付随しつつ，国家・「民族」・「人種」の生物学的な強さ・優秀性が求められて体育・スポーツや軍事訓練が国策として奨励され[8]，はなはだしくは「人種改良」のための優生学が信奉・実施されることになる。

　これらとともに，国家・「民族」・「人種」に“固有”の「歴史」「文化」「学問」「芸術」，その古さや美しさや洗練度といったものもまた，多数の国家や民族が競争を繰り広げる世界の中での有力な武器と考えられることになり，

純粋な学問・芸術の追求と意図的な宣伝戦略とが融合的に進行する。

重要なのは，価値や優劣を自らが認めるのみでは不十分であること，二者間の優劣判定は原理的に水かけ論であり決定不能であること，決定には第三者の客観的な判定が必要であること，第三者は多数であればあるほど（自身や競争相手をも内包した）普遍性と客観性が高まることである。

こうした構図の中で，自国・相手国・他国の学問・歴史・宗教・思想・美術などについての比較研究が盛んにおこなわれるようになる。考古学，歴史学，宗教学，文化人類学，美術史学などは近代的な学問としての組織化・制度化においてこうした時代背景と密接に結びついている。フランスの近代の東洋学・中国学・日本学は，エジプト学やオリエント学や東南アジア研究などを含むフランスの世界的な植民地政策と密着して発達したものであり，純粋な知的・学問的興味だけにおさまるものではない。エジプト学はナポレオンのエジプト遠征と，アンコール・ワットをはじめとするクメール文化研究はフランス領インドシナの植民地と，本格的な中国研究や敦煌文書研究はイエズス会宣教師による布教伝道およびイギリスやドイツやロシアとの植民地獲得や知的威信の競争と，日本研究は幕末・明治維新以来の日本との政治的・軍事的関係と，それぞれ密接な関連を有している。一方で，そのきわめて高度なレベルに達した学問研究は，日本の中国学や東洋史研究，比較宗教学，文化人類学，社会学，哲学，文学からさらには自国である日本の研究にも大きな影響を与えている。このことは中国に関してもあてはまり，イエズス会士による科学技術とキリスト教の伝達から始まって，啓蒙思想から左翼思想まで含む政治思想，理想化から停滞文明扱いまで含む多くの「中国」イメージの流布，敦煌学や中国研究，多数の革命家のフランス留学など，中国とフランスの間には長期にわたる人・物・情報の相互交流がおこなわれている[9]。このようにフランス・中国・日本の三カ国の間には密接な交流の歴史があるが，一方でフランスの東洋学はエジプト学やオリエント学や東南アジア学を含む世界規模のものであり，地理的にきわめて遠方（「極東」）の日本や中国の研究はその一部を占めるにすぎないことも意識しておく必要がある。このことは例えばフランス最大の「東洋美術館」であるパリのギメ東洋美術館の

所蔵品や展示の構成（クメール美術が最大部分を占め，インド美術やアフガニスタン美術とともに日本美術や中国美術が並列的に展示される）を見てもわかる[10]。

日本美術と中国美術を大量に蔵する美術館としてはアメリカのボストン美術館が有名であるが，そのコレクションに大きな役割を果たしたのが，エドワード・シルヴェスター・モース（1838-1925年），アーネスト・フェノロサ（1853-1908年），ウィリアム・スタージス・ビゲロー（1850-1926年），岡倉天心（1862-1913年）である。モースは日本に初めてダーウィンの進化論を公に紹介した動物学者であり，フェノロサはモースが東京帝国大学に哲学教授として紹介，ビゲローもモースに同行して来日した人物であった。そして岡倉天心は，東京美術学校の創立，日本美術院の創設，「日本画」の確立，英文による外国への「日本美術」紹介，日本美術品の収集，ボストン美術館日本部長就任など，精力的かつ戦略的に「日本美術」「日本画」ひいては「日本」の価値を，日本国内にとどまらず多数の国家から成る国際舞台で確立しようとした。

博物館・美術館が，学問・美術のための機関であるのみならず，価値や優秀性を可視化し権威づける装置としても機能すること，万博やオリンピックなどにも，俗化した一系的進化論図式の中で，個人ではなく人種や民族や国家の先進性と後進性，優秀性と劣等性を多数の国家から構成される公の場で明示する機能が含まれてきた歴史があることはすでに広く認識されている。

フランスで生まれた技術である映画も，芸術映画・娯楽映画・プロパガンダ映画・ドキュメンタリー映画・ニュース映画というさまざまな形態において，世界中の民族・国家・国民の典型的な自己や他者のイメージ形成にきわめて大きな役割を果たしてきたことはいうまでもないだろう[11]。

近代のヨーロッパと東アジア諸地域の関係が，近代以前に比べてはるかに密接かつ複雑になったことを具体的に見るために，以下では中国や日本におけるヨーロッパ由来の進化論・社会進化論の翻訳・受容と関連する諸観念について，具体的事項を整理しておきたい[12]。

4. 進化論と社会進化論

　ダーウィンの著作『自然選択による種の起源』*On the Origin of Species by Means of Natural Selection*（1859年）は，生物は最終的に生き残れる数よりもはるかに多い数の子供を産み，その中に現れた個体の偶然の変異に対して自然選択がはたらくことの積み重ねにより，新しい「種」が形成されるといういわゆる「進化論」を提示し，科学的精密さに裏付けられた説得力によって広範な影響を呼び起こした。その思想史的意味は一般に，神による創造を前提とする「種」の不変と存在する万物の階梯的秩序という伝統世界観を否定し，機械論的かつ唯物論的な自然観への転換をもたらしたとされる[13]。一方，「進化論」的な思想自体は『種の起源』以前からさまざまな分野で現れていたこと，キリスト教内部には科学と親和的あるいは調停的な傾向（理神論など）も存在していたことが指摘されている。ダーウィンの進化論に至る直前の科学史的な状況を簡単に見ておくと以下のようであり，自然現象や聖書の記述に対して理性的・論理的・数学的なアプローチ・解釈・批判が現れてきていることが見える。

　　1637年　デカルト『方法序説』
　　1687年　ニュートン『プリンキピア』（自然哲学の数学的原理）
　　1735年　リンネ『自然の体系』
　　1748年　ラ・メトリ『人間機械論』
　　1802年　ペイリー『自然神学』（理神論・デザイン論）
　　1809年　ラマルク『動物哲学』（用不用説＋獲得形質による「種」の変化）
　　1830～33年　ライエル『地質学原理』（科学的地質年代）
　　1835年　シュトラウス『イエスの生涯』（高等批評）
　　1856年　ネアンデルタール人化石発見
　　1859年　ダーウィン『種の起源』
　　1871年　ダーウィン『人間の起源』

1900年メンデルの法則「再発見」※原発見は1865年

　ダーウィンの理論は生物の進化における特定の目的や意味や価値を認めないことに特徴があるが，実際により大きな社会的影響力を発揮したのは，「進化」の適用範囲を拡大するとともに，そこに意味や価値判断を読み込んだハーバート・スペンサー（1820-1903）に代表される社会進化論であった．スペンサーの『進歩―その法則と原因』（1857年），『総合哲学体系』（1860～92年），『第一原理』（1862年）は，宇宙・地球・生物・社会・言語・芸術すべてが，単純で劣ったものから複雑で優れたものへと「進化」すると唱え，「進化」evolution ＝「進歩」progress とした．スペンサーの「最適者生存 survival of the fittest」や「生存闘争」などの用語や「進化」理論は，優れた者が生き残り劣った者は淘汰されるという「優劣」の価値判断を伴った「法則」としてヨーロッパ・アメリカ・日本・中国などに大きな影響を与えた．当時の苛烈な国際情勢の中での「民族」「国家」「人種」といった集団的な血統と文化の生存闘争という観念・イメージを支え，また自国における優秀な血統を保護し劣等な血統を断絶することで民族の優秀化を図る優生学的政策を促進することにもなった[14]．

　一方，トマス・ヘンリー・ハクスリー（1825-1895）は，ダーウィン理論の理解者・擁護者であり，1893～94年の『進化と倫理』（ロマネス講演「進化と倫理」1893年，「プロレゴメナ」1894年）においては，自然的「宇宙過程」（生存闘争・適者生存）は必ずしも人間社会における「よきもの」を保証しない酷薄なものであること，これを人為的「倫理過程」（法・道徳・宗教）によって抑制する必要を説き，‘最適’と‘最善’が一致する保証はないこと，善悪や良し悪しを判断する人間知性自体の限界に論及している．この著作は厳復により『天演論』として翻訳刊行され，辛亥革命前後の中国の知識人層に巨大な影響を与えることになる．

　このほか，発生学における反復説（個体発生と系統発生）で知られるヘッケルは『有機体の一般形態学』（1866年），『自然創造史』（1868年），『世界の謎』（1899年）などを著し，人類の発展を最終目的とする目的論的進

化論を主張し,「ドイツ一元者同盟 Deutcher Monistenbund」の名誉会長に就任（1906年），「一元論」という反カトリックの「自然宗教」を標榜した[15]。また'相互扶助'の原理による倫理の進化を説くクロポトキン『相互扶助論』(1902年）も日本などに影響を与えている。

アヘン戦争以来の国際状況下，西洋列強による植民地化への危機意識とナショナリズムが形成されつつあった日本や中国では，主にスペンサー流の「進化論」が大きな影響を与え，「人種」「民族」「国家」の「優勝劣敗」「生存闘争」が喧伝された。特に日本ではダーウィンやスペンサーなど進化論関係の著作が盛んに翻訳され，日本人による進化論的著作も次々に刊行されていた。

ヨーロッパの軍事的脅威を受けて，日本では幕藩体制が崩壊して明治維新が起こり，中国では大清帝国の皇帝制・冊封体制・華夷秩序が崩壊してゆく中で変法運動や辛亥革命が起こる。先行した日本の明治維新において実施された天皇集権化・国家神道化・軍事力強化・産業振興・議会開設などの諸政策は，中国の近代化のモデルとしておおいに参照されたが，その内容は日本においても中国においても担い手によりそれぞれ異なり複雑で多様なものであった。日本・中国・欧米の国際関係，戦争，日本や中国における政治・思想・宗教・移民問題，進化論関係著作の翻訳などについて基本的なできごとをおさえておくと以下のようであり，立て続けに国際的事件と国内事件の起こる緊迫した情勢の中で「進化論」が現実性をもった科学的理論，ひいては「客観的事実」として深刻に受け止められ，あるいは使用されていったようすがうかがえる。

1840〜42年　アヘン戦争 16)
1848年〜　米国ゴールドラッシュ　移民労働者（広東→カリフォルニア）
1851〜64年　太平天国
1854年　日米和親条約
1856〜60年　アロー戦争
1859年　ダーウィン『種の起源』*On the Origin of Species by Means of Natural Selection*

1868 年　明治維新→1874 年　台湾出兵，1879 年　琉球領有
1870 年　加藤弘之『真政大意』※天賦人権説
1872 年　森有礼『日本における信教の自由』※啓蒙的政教分離論
1874 年　加藤弘之『国体新論』※天賦人権説
1877 年　尾崎行雄『権利提綱』←1854 年　スペンサー　*Social Statics*
1877～79 年　モースが東京大学で進化論を講義
1870 年代　カリフォルニアで中国人排斥運動
　→（1882 年　排華移民法 Chinese Exclusion Act ）
1879 年　植木枝盛『民権自由論』
1879 年　井沢修二『生種原始論』←1862 年　ハクスリー　*Lectures on Origin of Species*
1881 年　神津専三郎『人祖論』←1871 年　ダーウィン　*The Descent of Man*
1882 年　乗武孝太郎『社会学原理』←1876 年　スペンサー　*The Principle of Sociology Vol. 1*
1883 年　石川千代松『動物進化論』
1883 年　井上哲次郎『倫理新説』
1882 年　加藤弘之『人権新説』※「進化論」採用、天賦人権否定、国権主義
1883 年　中村尚樹（編）『人権新説論集駁論集』
（矢野文雄「人権新説駁論」、植木枝盛「天賦人権弁」、馬場辰猪「天賦人権論」）
1883 年　有賀長雄『社会と一個人の関係』『社会進化論』『宗教進化論』
1884 年　高橋義雄『日本人種改良論』※「黄白雑婚」
1884 年　清仏戦争
1886 年　ノルマントン号事件
1886～87 年　井上円了『真理金針』（三冊）
1888 年　康有為「変法自強」上奏
1889 年　井上哲次郎『内地雑居論』

1893 年　井上哲次郎『教育と宗教の衝突』
1893 年　加藤弘之『内地雑居尚早全』
1894 年　加藤弘之 1894『道徳法律進化之理』
1894～95 年　日清戦争
1896 年　立花銑三郎『生物始原論』← 1859 年　ダーウィン *The Origin of Species*
1898 年　厳復『天演論』(ハクスリー『進化と倫理』訳注。スペンサー紹介）※「物競」「天択」
1898 年　戊戌変法→梁啓超日本亡命
1899～1902 年　ボーア戦争→イギリスにおける優生学の流行
1900 年　義和団事件
1903 年　梁啓超、アメリカ旅行→開明専制論へ
1904～05 年　日露戦争
1905 年　ドイツ皇帝ヴィルヘルム 2 世の「黄禍」演説
1910 年　韓国併合
1911 年　辛亥革命
1914 年～　第一次世界大戦
1924 年　米国「帰化不能外国人移民禁止」(いわゆる「排日移民法」)
1931 年　満州事変
1933 年　ナチス政権→優生断種法

『真政大意』『国体新論』などの著作で啓蒙思想を紹介していた加藤弘之は，自由民権運動の隆盛に対して天皇制を核とする集権国家体制を擁護する立場に転換し，前掲二著を絶版にして，1882 年に『人権新説』を著して「進化論」を根拠に天賦人権説を虚妄として否定した。これに対し矢野文雄，植木枝盛，馬場辰猪らの民権派からなされた反論（民権運動を政府が抑えることこそ自然な競争による進化を妨げるとする主張や過酷な競争の中で民権を守る武器としての「人権」の必要性の主張など）にもまた進化論の影響が見られる。政治的主張を異にする者同士が，社会進化論的な枠組を前提したうえで，

主張の優劣や優勝を競うという形があらわれていることから,当時いかに「科学」的な「進化」論の用語や思考法が一般化していたかがわかる。

　当時の生物学や進化論を,発展途上の仮説としてではなく,客観的「科学」の真理法則として受け止めた人々にとっては,文化的に構築された観念としてではなく実体的にとらえられた「人種」や「宗教」は大問題であった。不平等条約改正のためには欧米並みの近代国家として諸国の認定を受けなければならないが,そのために外国人の居住・移動の自由＝「内地雑居」や「信教の自由」＝キリスト教の信仰や布教を自由化するかどうかが問題となる。この問題はそれ自体の単純な是非ではなく,認めた場合には日本人という「人種」や日本の"古来の"文化や「宗教」が,白色「人種」および白人の「宗教」であるキリスト教との「生存競争」によって「淘汰」されてしまうのではないか,という進化論的な危機感とからんでいた[17]。

　截然と区別される生物学的「人種」として白人と有色人種（黄,赤,黒）を考え,有色人種である日本人や中国人は「白人種」に比べて劣等人種である（しかし「黄」は「赤」や「黒」よりは優勝であるとされることが多い）という「人種」論的コンプレックスと差別感情は,当時の日本や中国の多くの言説に見出される。白色人種（＝優勝）と有色人種（＝劣敗）の「人種闘争」が不可避であるとする,コンプレックスと危機感を伴った思考の呪縛は,一方では白人との国際結婚・混血による日本人の「人種改良」といった極論,他方では悲壮感さえ伴った純血主義・国粋主義を生じることになった。

　1884年（明治17）の高橋義雄『日本人種改良論』は,「黄白雑婚」による日本人の「人種改良」を提唱した。1889年（明治22）の井上哲次郎[18]『内地雑居論』は,「種々なる人種一国に雑居し,種々なる風俗宗教言語同時に存在するときは,大に其国の合同力を損傷し之を統治管理すること極めて困難なりとす」として国家統治の統一性の観点から「内地雑居」を否定すると同時に「日本人種と他の劣等人種」「要するに欧州人に対しては皆劣等人種なり」などとも言う。「生存闘争」における優勝＝「進化」＝「進歩」という図式をナイーブかつ固定的に適用する限り,欧米人＝白人が軍事的・経済

的覇権を握っているという現状認識は直ちに白人種＝優勝／有色人種＝劣敗という不変の「科学的真理」に結びついてしまい，本来は勝敗の可変性を含意するはずの「闘争」プロセスがどこかへいってしまうことになるのであるが,逆に言えばドイツ留学により当時のヨーロッパと日本の格差を実体験し，また「洋行帰り」であることが帝国大学教授としての威信につながっていた井上哲次郎のような人物にとって，当時の世界情勢はこうしたトートロジー的な循環から抜け出すことを困難にするほど深刻なものであったともいえるだろう。

1873年の解禁後に西洋文明の先進性と結びついて拡大の勢いを見せていたキリスト教に対し，1886～87年（明治19～20）の井上円了[19]『真理金針』は，「進化論」を利用してキリスト教を「迷信」として攻撃する一方，宗教進化論の文脈の中に仏教を上位に位置づけようとした。井上哲次郎は，『倫理新説』『教育と宗教の衝突』などの著作において，キリスト教を進化論・科学・哲学や天皇制と相容れぬものとして攻撃した。1883（明治16）年の井上哲次郎『倫理新説』（1881東京大学講演）は，「其基督教徒は真神を以て情欲ありて常に喜怒する者と思惟し，百度虚誕を装飾し，以て愚夫愚婦を誘惑するの久しきより，遂に邪道に陥りて自ら知らざりしかど化醇論（＝進化論）の起こるに及んで始めて其非を暁りしに非ずや」と述べ，1890（明治23）年の『内地雑居の結果如何』では「内地雑居について其,結果の最も大なるものは人心上の関係にしてこれ主として宗教上より来るものなり我が仏教並びに神道のためには内地雑居は悲むべき結果を与ふることなるべし何となればこれ大に耶蘇教を拡むるの原因となればなり」「仏教の敗を取るも宗教として敗るるにあらずして耶蘇教は之を拡るもの〻強き欧州人なるによる」「神道とても同じ道理にて雑居以後の神道は耶蘇教に圧倒せらる〻神道なることをこゝろすべし」「之を要するに古来，我国，民心を結合し来りたる所の宗教は遂に敗北滅絶して異分子，異宗教，其〻一致統合を害するは最も恐るべしとなすなり」とする。

1893（明治26）年の『教育と宗教の衝突』においては，「俗人の絶えざる間は宗教も後を絶たざるべく，殊に高尚なる哲学科学等を解する能はざる

もの及び婦女子等に取りては耶蘇教は其の効なきにあらず，然れども耶蘇教は智識の開発に従ひて其勢力を失ふことは復た疑ひなきなり」として哲学的知識の進化により宗教・キリスト教は消滅するという。

　清朝末期の中国では，西洋列強と日本による中華秩序・冊封体制崩壊と本国の分割植民地化の危機の中，魏源の『海国図志』，黄遵憲の『日本国志』が著され，1898年には厳復の『天演論』が刊行された。『天演論』は，トマス・ヘンリー・ハクスリーが「宇宙過程」（生存闘争・適者生存）を「倫理過程」（法・道徳・宗教）によって抑制する必要を説いた『進化と倫理』の翻訳にスペンサー社会進化論的な立場から批判的コメント（「案語」）を付けた体裁の著作であり，生存闘争の過酷さを強調して大きな反響を呼んだ。

　康有為（1858-1927年）は，『新学偽経考』（1891年）や『孔子改制考』（1898年）などの著作によって政治体制の変革者としての孔子のイメージを宣伝し，「孔子教」や「孔子紀年」の採用を唱えた。死後に刊行された『大同書』（1935年公表）では『礼記』礼運篇と公洋学の三世説が混合した「拠乱世→升平世→大同世」という社会進化論を提示している。

　康有為の協力者であった梁啓超は，1898年の政変後，日本で『清議報』（1898年）（「論中国人種之将来」，「支那の宗教改革について」などを執筆），続いて『新民叢報』（1902年）を立ち上げた。1902年の「新民説」は，民族の強弱が国の強弱に直結し，競争に生き残るには「国民の性質を新たにする」ことが必要であると主張した。

　康有為ら清朝存続派と袂を分かち，漢民族による排満革命を唱えた章炳麟（1869-1936年）は，古文経学に基づく「国粋」を唱えるとともに，日本経由で宗教学や進化論の思想も吸収し，岸本能武太の『社会学』（スペンサー主義に基づく）を翻訳出版している。唯識と法相（華厳）思想を中心に仏典を研究した後，1906年には善悪の並進を指摘する「倶分進化論」（『民報』7号）を発表している。章炳麟は命がけで民族革命を推進する主体を形成するための「革命道徳」や「宗教」の必要を主張する一方で（「建立宗教論」「革命之道徳」），仏教思想に基づいて究極的には「世界」自体すら存在しないとする「五無論」（『民報』17号。「無政府」「無聚落」「無人類」「無衆生」「無

世界」を説く)などを発表している。西洋流の進化論を受容しつつ仏教思想によってこれを相対化しメタレベルから無化する試みであるといえる。

　日本人や中国人は、「白人種」への劣等感や反感を抱くとともに、自分たち「黄人種」を「黒人種」よりも優れたものとして位置づける傾向があった。一方、1848年のゴールドラッシュを契機に中国系移民が急激に増大したアメリカではカリフォルニアを中心に1870年代から白人下層労働者による排斥運動が盛んになり1882年には排華移民法が成立した。中国における義和団事件や日露戦争における日本の勝利に対し、ドイツ皇帝ヴィルヘルム二世は「黄禍」論を唱え、多くの日本人の反感を買った。

　「人種」間の闘争による「進化」と、「優勝劣敗」の法則による自「人種」の転落や滅亡への恐怖、優越感と劣等感は、「白人の優勝／有色人種の劣敗」をスタートに、「有色人種間の優劣」を派生し、さらには「有色人種の優勝／白色人種の劣敗」の可能性と恐怖を産出するというように、複雑な往還運動による変化を生じていった。一方で、「生存競争における優勝劣敗による進化・進歩」という観念は、普遍化・強化されていったともいえる[20]。

5. おわりに

　本書は、フランス・日本・中国・韓国を中心として、ヨーロッパ諸国と東アジア諸国の近現代の文化・思想・学術などが、多重の往還的プロセスの中で相互に影響し、変容したり共同主観的に構築されたりする様相をとらえようとするものであることはすでに述べた。本論で強調したのは、(相手の主張の無視や自己充足が可能な)二者間ではなく、客観的な第三の審級・共同の場における多数の承認が必要なものとして現れる三者以上の間での相互関係の研究をすることの方法論的な重要性である。そしてこのことは、世界の一体化が格段に緊密となる近代以降の文化現象の研究において非常に重要であることも指摘した。本論では、植民地化に伴って進行した社会進化論的な思考枠組みの諸国間での流通を主な例として取り上げたが、論中にも簡単に言及したように、東洋学のような学術研究・映画表象におけるイメージの形

成と流通・翻訳における言語間に生じる諸問題・「国民」意識の形成過程など，幅広い主題に適用可能であることを強調しておきたい．

【注】
1) 「東アジア」という地域区分・用語は，もとはヨーロッパにより，当の「東アジア」地域においても日本を中心に使用されてきたものであること，したがって必ずしも普遍性を有するものではないこと，また諸地域における「近世」「近代」といった時代区分に関して多様な説があることは広く知られている．本書では概ね19世紀から現代にいたる中国・朝鮮半島・日本を中心とする地域を扱うために便宜的にこれらの用語を使用している．
2) ヨーロッパ人による「東洋」幻想と自己／他者イメージや表象の生産の歴史については，サイードの「オリエンタリズム」論，爾永信美『幻想の東洋』などを参照．
3) 「シルクロード」は，もともとは19世紀にドイツのリヒトホーフェンが唱えた「ザイデンシュトラーセン」の英訳．現在ではより広く，中央アジアのオアシス・ルート，北方のステップ・ルートの陸路に加えて，中国南部―東南アジア―インド洋―ペルシア湾・紅海という「海のシルクロード」，この三つを相互に結合する交易ルートなど複雑な様相が明らかになっている．
4) キリシタン大名であった大村純忠の領内に長崎港が整備された．
5) 島原の乱（1637～38年）を経てポルトガル船の来航は禁止された（1639年）．
6) 日本への渡航は禁止．
7) 「万国公法」という語には，科学法則のごとく普遍的で公平な法体系というナイーブなイメージが一定程度付与される．一方で，それがもともとはヨーロッパのローカルなルールが力によって他の国々に押しつけられたものであるという認識も存在していたと思われる．しかし「適者生存」の進化論を客観的科学法則・真理として受容するならば，結局二つの認識は矛盾なく一致してしまうことになる．
8) 大日本帝国のスポーツ政策に関しては，高島航『帝国日本とスポーツ』塙書房2012年が詳しい．
9) フランスは本格的なシノロジー（中国学）の発祥・中心地であり，極東学院，コレージュ・ド・フランスなどの組織を中心に，レミュザ，ジュリアン，シャヴァンヌ，マスペロ，ペリオなど著名な学者を大量に輩出している．仏中の学術交流は現在でも盛んであり，例えば『法国漢学』（中華書局）という中国語の学術雑誌が中国の学者とフランス極東学院との協力で刊行されている．
10) フランスの東洋学，美術品収集については藤原貞朗『オリエンタリストの憂鬱―植民地時代のフランス東洋学者とアンコール遺跡の考古学』めこん2008年が詳しい．

11) 中国の文化大革命期のドキュメンタリー映画の国際比較に関しては，土屋昌明編『目撃！文化大革命―映画『夜明けの国』をめぐって』勉誠出版，劉文兵「中国の「アンドレ・バザン」と「ヌーヴェル・ヴァーグ」―文化大革命終焉直後の中国におけるフランス映画文化の受容」(『専修大学社会科学研究所月報』568 号, 2010 年 10 月)，「シンポジウム　映像としてのアジア―アントニオーニの『中国』」(本共同研究によるシンポジウムに基づいた特集号『専修大学社会科学研究所月報』591 号, 2012 年 9 月) を参照されたい。
12) この分野の参考文献は膨大であるが，基本的なものとして，Arthur O. LOVEJOY, *The Great Chain of Being: A Study of the History of an Idea,* Harvard University Press, 1936. (アーサー・O・ラヴジョイ『存在の大いなる連鎖』(内藤健二訳) 晶文社 1975 年), Peter J. Bowler, *Evolution: The History of Idea,* University of California Press, 2003, 柴谷篤弘・長野敬・養老孟司編『講座進化 2　進化思想と社会』東京大学出版会 1991, Benjamin I. Schwartz, *In Search of Wealth and Power: Yan Fu and the West,* Harvard University Press, 1964. (B・I・シュウォルツ『中国の近代化と知識人―厳復と西洋』(平野健一郎訳) 東京大学出版会 1978 年), Paul A. Cohen, *Discovering history in China: American historical writing on the recent Chinese past,* Columbia University Press, 1984. (ポール・A・コーエン『知の帝国主義―オリエンタリズムと中国像』(佐藤慎一訳) 平凡社 1988 年), 坂本ひろ子『中国民族主義の神話』岩波書店 2004 年，佐藤慎一『近代中国の知識人と文明』東京大学出版会 1996 年，などを参照。
13) ラヴジョイ『存在の大いなる連鎖』は，万物の階層的秩序(「充満の原理」と「連続の原理」) ＝「存在の連鎖」に 18 世紀に「時間化」が生じた，とする。
14) ノックス『人種』(1850 年)，ゴビノー『人種不平等論』(1855 年)，ロンブローゾ『犯罪者論』(1876 年) などの著作に続いて，ゴルトン (1822-1911 年) とピアソン (1857-1936 年) は計測・統計という「科学」的手法を用い，『遺伝的天才』(1869 年) を著し，さらに『人間の能力とその発達に関する研究』(1883 年) で優生学 eugenics を提唱した。
15) ヘッケルは日本でも人気があり，宮沢賢治の詩に登場したりしている。
16) アヘン戦争を中国近代の起点とみなすのが中国では一般的である。
17) 「内地雑居」および「キリスト教布教の自由」に関しては，当初は知識人やキリスト教徒による賛成論が多く見られたが，1886 (明治 19) 年のノルマントン号事件による排外主義の高まりもあって，反対論が増加した。
18) 東京帝国大学教授。ドイツに留学，ドイツ観念論や現象即実在論を喧伝。
19) 真宗大谷派。ヘーゲル，スペンサーの影響を受けた進化論によりキリスト教を攻撃した。哲学館 (後の東洋大学) の創立者。
20) 19 世紀的な社会進化論の思考枠組みは，かつてほど素朴で極端な形態ではないものの，

「競争」「成長」「進歩」などの観念があふれる現代においてもさまざまな形態で残存しているということができる。

執筆者紹介 (掲載順)

根岸徹郎（ねぎし　てつろう）

[現職] 専修大学法学部教授。[専門] 現代フランス文学・フランス演劇。
[著書・論文] 編著に『日本におけるポール・クローデル』、論考に「詩人＝大使クローデルの誕生」、『古典・実行・舞台芸術―クローデルとジュネをめぐる二冊の本』、「ジャン・ジュネにとっての"あなたたち"と"わたしたち"―『公然たる敵』を中心に」など。翻訳に『ジュネ伝』(E・ホワイト)、『公然たる敵』(J・ジュネ)、『パパも食べなきゃ』(M・ンディアイ) など。

土屋昌明（つちや　まさあき）

[現職] 専修大学経済学部教授。[専門] 中国文学・思想史。
[著書・論文]「『理性の国』と文化大革命―梁漱溟における儒教の変容」『東アジア社会における儒教の変容』専修大学出版局、2007年。書評：「印紅標『失踪者的足跡―文化大革命期間的青年思潮』」『専修大学人文科学研究所月報』第244号、2010年3月。「いま文化大革命をいかに問題化するか」『情況』2010年10月号。「従日本人的眼睛看記録片《中国》」中国艺术研究院『艺术研究』2012年第10期。「文革時期を撮った映像と文革社会史」『専修大学社会科学研究所月報』596号、2013年2月。

厳　基珠（おむ　きじゅ）

[現職] 専修大学ネットワーク情報学部教授。[専門] 朝鮮文学。
[著書・論文]「六堂崔南善の獄中親筆原稿について」『韓国近代文学と日本』ソウル：Somyeong出版、2003年。「朝鮮本『薛仁貴伝』の形成様相」『長安都市文化と朝鮮・日本』汲古書院、2007年。「東アジア三国における『剪燈新話』の存在様相」『東アジア社会における儒教の変容』専修大学出版局、2007年。「中国・日本・韓国における愚人譚の一類型比較」『専修人文論集』86号、2010年。

三枝壽勝（さえぐさ　としかつ）

[現在] 東京外国語大学名誉教授。[専門] 朝鮮文学および東アジア文学。
[著書・論文]（以下すべて原文は朝鮮語）『韓国文学研究』ペトゥルブック、2000年。「鄭芝溶の詩『郷愁』に現れた単語の考察」『詩と詩学』1997年夏号。「金素雲は何をしたのか？―金素雲翻訳詩集備忘録」『韓国近代文学と日本』Somyeong出版、2003年。「笑話集と話芸」『国語国文学』136号、2004年5月。

下澤和義（しもざわ　かずよし）

[現職] 専修大学商学部教授。[専門] フランス文学，表象文化論。
[著書・論文] 共著に『アルス・イノヴァティーヴァ　レッシングからミュージック・ヴィデオまで』中央大学出版部，『フランス現代作家と絵画』水声社ほか。訳書にロラン・バルト『小さな歴史』『小さな神話』以上，青土社，『ロラン・バルト著作集第 5 巻　現代社会の神話』みすず書房，グロード／ルエット『エッセイとは何か』法政大学出版局ほか。共訳にコルバン／クルティーヌ／ヴィガレロ監修『身体の歴史 III』藤原書店ほか。

劉　文兵（りゅう　ぶんぺい）

[現職] 専修大学経済学部非常勤講師。[専門] 表象文化論，映画学。
[著書・論文] 著書に『中国抗日映画・ドラマの世界』祥伝社新書，2013 年，『中国映画の熱狂的黄金期―改革開放時代における大衆文化のうねり』岩波書店，2012 年，『証言 日中映画人交流』集英社新書，2011 年，『中国 10 億人の日本映画熱愛史―高倉健，山口百恵からキムタク，アニメまで』集英社新書，2006 年，『映画のなかの上海―表象としての都市・女性・プロパガンダ』慶應義塾大学出版会，2004 年。共著に『日本映画は生きている　踏み越えるドキュメンタリー』岩波書店，2010 年，『表象のディスクール　メディア』東京大学出版会，2000 年がある。論文多数。

鈴木健郎（すずき　たけお）

[現職] 専修大学商学部准教授。[専門] 宗教学宗教史学，中国宗教史・道教研究。
[著書・論文]「丹道在日本的實踐性展開：宗教・武術・醫術」『丹道實踐：近代人文與科技相遇的養生文化』政大出版社 2013 年，「白玉蟾と道教聖地」日本道教学会『東方宗教』120, 2012 年，「道教と「スピリチュアリティ」」日本宗教学会『宗教研究』84/365 (2), 2010 年，「「道教美術」とは何か」齋藤龍一・鈴木健郎・土屋昌明共編『道教美術の可能性』（アジア遊学 133）勉誠出版 2010 年，「「洞天」の基礎的考察」『道教と共生思想』大河書房 2009 年，「白玉蟾の雷法説」日本道教学会『東方宗教』103, 2004 年，「白玉蟾の内丹説」日本道教学会『東方宗教』102, 2003 など。

専修大学社会科学研究所　社会科学研究叢書 16
学芸の還流
―東-西をめぐる翻訳・映像・思想

2014 年 3 月 28 日　第 1 版第 1 刷

編著者	鈴木健郎・根岸徹郎・厳　基珠
発行者	渡辺政春
発行所	専修大学出版局

　　　　〒101-0051　東京都千代田区神田神保町 3-8
　　　　　　　　　　㈱専大センチュリー内
　　　　　電話　03-3263-4230 ㈹

印　刷	電算印刷株式会社
製　本	

©Takeo Suzuki et al. 2014 Printed in Japan
ISBN 978-4-88125-291-8

◇専修大学出版局の本◇

社会科学研究叢書 15
東アジアにおける市民社会の形成——人権・平和・共生——
内藤光博 編　　　　　　　　　　　　　　　　　　　　A5判　326頁　3800円

社会科学研究叢書 14
変貌する現代国際経済
鈴木直次・野口　旭 編　　　　　　　　　　　　　　　A5判　436頁　4400円

社会科学研究叢書 13
中国社会の現状Ⅲ
柴田弘捷・大矢根淳 編　　　　　　　　　　　　　　　A5判　292頁　3600円

社会科学研究叢書 12
周辺メトロポリスの位置と変容——神奈川県川崎市・大阪府堺市——
宇都榮子・柴田弘捷 編　　　　　　　　　　　　　　　A5判　280頁　3400円

社会科学研究叢書 11
中国社会の現状Ⅱ
専修大学社会科学研究所 編　　　　　　　　　　　　　A5判　228頁　3500円

社会科学研究叢書 10
東アジア社会における儒教の変容
土屋昌明 編　　　　　　　　　　　　　　　　　　　　A5判　288頁　3800円

社会科学研究叢書 9
都市空間の再構成
黒田彰三 編著　　　　　　　　　　　　　　　　　　　A5判　274頁　3800円

社会科学研究叢書 8
中国社会の現状
専修大学社会科学研究所 編　　　　　　　　　　　　　A5判　222頁　3500円

社会科学研究叢書 7
東北アジアの法と政治
内藤光博・古川　純 編　　　　　　　　　　　　　　　A5判　378頁　4400円

社会科学研究叢書 6
現代企業組織のダイナミズム
池本正純 編　　　　　　　　　　　　　　　　　　　　A5判　268頁　3800円

社会科学研究叢書 4
環境法の諸相——有害産業廃棄物問題を手がかりに——
矢澤昇治 編　　　　　　　　　　　　　　　　　　　　A5判　326頁　4400円

社会科学研究叢書 3
情報革新と産業ニューウェーブ
溝田誠吾 編著　　　　　　　　　　　　　　　　　　　A5判　370頁　4800円

社会科学研究叢書 2
食料消費のコウホート分析——年齢・世代・時代——
森　宏 編　　　　　　　　　　　　　　　　　　　　　A5判　390頁　4800円

社会科学研究叢書 1
グローバリゼーションと日本
専修大学社会科学研究所 編　　　　　　　　　　　　　A5判　310頁　3500円

（価格は本体）